SCHÄFFER
POESCHEL

Otto von Campenhausen / Achim Grawert

Steuerrecht im Überblick

Zusammenfassungen und Grafiken

6., überarbeitete, erweiterte und aktualisierte Auflage

2021
Schäffer-Poeschel Verlag Stuttgart

Dozenten finden Lehrmaterialien unter
http://www.sp-dozenten.de (Registrierung erforderlich).

Gedruckt auf chlorfrei gebleichtem, säurefreiem und alterungsbeständigem Papier

Bibliografische Information der Deutschen Nationalbibliothek
Die Deutsche Nationalbibliothek verzeichnet diese Publikation in der Deutschen Nationalbibliografie; detaillierte bibliografische Daten sind im Internet über http://dnb.d-nb.de abrufbar.

Print: ISBN 978-3-7910-5197-0 Bestell-Nr. 20087-0005
ePDF: ISBN 978-3-7910-5198-7 Bestell-Nr. 20087-0154

www.schaeffer-poeschel.de
service@schaeffer-poeschel.de

Umschlagentwurf: Goldener Westen, Berlin
Umschlagestaltung: Kienle gestaltet, Stuttgart

Printed in Germany
August 2021

Schäffer-Poeschel Verlag Stuttgart
Ein Unternehmen der Haufe Group

Vorwort zur 6. Auflage

Der Gesetzgeber hat nun nach bereits zwei Jahren eine neue Auflage notwendig gemacht, da vor allem im Rahmen der Corona-Krise viele Änderungen im Steuerrecht vorgenommen worden sind. Die komplett aktualisierte und erweiterte 6. Auflage präsentieren wir hiermit der geneigten Leserschaft.

Alle dauerhaften Regelungen, die der Gesetzgeber bis zum 1.7.2021 verabschiedet hat und die die im Buch besprochenen Steuerarten betreffen, wurden in die entsprechenden Abschnitte aufgenommen. Im Hinblick auf die Übersichtlichkeit und um Komplexität zu vermindern, haben wir darauf verzichtet, die nur noch im Jahre 2021 geltenden Sonderregeln, die bei Unternehmen und Privatleuten die Härten der Corona-Pandemie abfedern sollen, in den Text aufzunehmen. Stattdessen werden wir an dieser Stelle die wichtigsten dieser Regeln, die die im Buch besprochenen Steuerarten betreffen, kurz und prägnant erläutern.

Am 10.3.2021 haben Bundestag und Bundesrat das Dritte Gesetz zur Umsetzung steuerlicher Hilfsmaßnahmen zur Bewältigung der Corona-Krise (Drittes Corona-Steuerhilfegesetz) verabschiedet. Das Gesetz regelt u.a., dass der Verlustrücktrag nach § 10d EStG für Verluste aus 2020 und 2021 von maximal 1 Mio. € bzw. 2 Mio. € bei Zusammenveranlagung auf 10 Mio. € bzw. 20 Mio. € bei einer Zusammenveranlagung erhöht wird, §§ 10d Abs. 1 Satz 1, 52 Abs. 18b EStG.

Bereits am 29.6.2020 hatten Bundestag und Bundesrat das zweite Gesetz zur Umsetzung steuerlicher Hilfsmaßnahmen (sog. Zweites Corona-Steuerhilfegesetz) verabschiedet. Das Gesetz setzt u.a. einen steuerlichen Investitionsanreiz durch Einführung einer degressiven Abschreibung für Abnutzung (AfA) für in den Jahren 2020 und 2021 angeschaffte bewegliche Wirtschaftsgüter, § 7 Abs. 2 EStG. Die Abschreibung beträgt höchstens das 2,5-Fache der linearen AfA, maximal 25%.

Für die Reinvestitionsrücklagen nach § 6b EStG und für die Rücklage für Ersatzbeschaffung können die Reinvestitionsfristen um ein Jahr verlängert werden, wenn diese ansonsten nach dem 29.2.2020 und vor dem 1.1.2021 ablaufen würden.

Die Home-Office-Pauschale gibt es voraussichtlich nur noch im Jahr 2021. Das Finanzamt erkennt pauschal 5 € an für jeden Tag, an dem während der Corona-Pandemie ausschließlich von zu Hause gearbeitet wurde. Der Betrag ist allerdings gedeckelt, das heißt: mehr als 600 € dürfen nicht eingetragen werden. Diese Summe wird bei 120 Tagen im Home Office erreicht.

Auf Regelungen, die vor dem 1.7.2021 ausgelaufen sind, wird nicht eingegangen.

Berlin, im Juli 2021

Otto von Campenhausen
Achim Grawert

Vorwort zur 1. Auflage

Dieses Buch richtet sich an Studierende der Wirtschaftswissenschaften und an Leser, die sich einen Überblick über das deutsche Steuerrecht verschaffen möchten. Die in Klausuren und in der Praxis wichtigsten Steuern – Einkommensteuer, Umsatzsteuer, Gewerbesteuer, Körperschaftsteuer – sind ausführlich behandelt. Außerdem werden das Besteuerungsverfahren der Abgabenordnung und das internationale Steuerrecht – mit Doppelbesteuerungsabkommen – in Grundzügen erläutert.

Rechtsstand ist der 29.02.2008.
Die Einführung der Abgeltungssteuer ab 2009 ist bereits berücksichtigt.

Anregungen und Verbesserungsvorschläge werden dankbar angenommen (campenha@fhw-berlin.de).

Berlin, im März 2008 Otto v. Campenhausen

Inhaltsverzeichnis

Abkürzungsverzeichnis

Abs.	Absatz
AEAO	Anwendungserlass zur Abgabenordnung
AEUV	Vertrag über die Arbeitsweise der Europäischen Union
AfaA	Absetzung für außergewöhnliche technische oder wirtschaftliche Abnutzung
agB	außergewöhnliche Belastungen
AK	Anschaffungskosten
AktG	Aktiengesetz
AlkStG	Alkoholsteuergesetz
ANK	Anschaffungsnebenkosten
AO	Abgabenordnung
ARAP	Aktiver Rechnungsabgrenzungsposten
Art	Artikel
AStG	Außensteuergesetz
AV	Anlagevermögen
BA	Betriebsausgaben
BB	Betriebsberater (Zeitschrift)
BewG	Bewertungsgesetz
BFH	Bundesfinanzhof
BGB	Bürgerliches Gesetzbuch
BierStG	Biersteuergesetz
BIP	Bruttoinlandsprodukt
BMF	Bundesfinanzministerium
BMG	Bemessungsgrundlage
BranntwMonG	Branntweinmonopolgesetz
BT-Drs.	Bundestags-Drucksache
BV	Betriebsvermögen
BVerfGE	Bundesverfassungsgerichtsentscheidung
DB	Der Betrieb (Zeitschrift)
EnergieStG	Energiesteuergesetz
ErbSt	Erbschaftsteuer
ErbStG	Erbschaft- und Schenkungsteuergesetz
ESt	Einkommensteuer
EStDV	Einkommensteuerdurchführungsverordnung
EStH	Einkommensteuerhandbuch mit Hinweisen des Bundesfinanzministeriums
EStG	Einkommensteuergesetz
EStR	Einkommensteuerrichtlinien
EUSt	Einfuhrumsatzsteuer
EWR	Europäischer Wirtschaftsraum
FA	Finanzamt
FGO	Finanzgerichtsordnung
FVG	Finanzverwaltungsgesetz
GdE	Gesamtbetrag der Einkünfte
GewSt	Gewerbesteuer
GewStG	Gewerbesteuergesetz
GewStR	Gewerbesteuerrichtlinien
GG	Grundgesetz
GrEStG	Grunderwerbsteuergesetz

GrS	Großer Senat
gWG	geringwertiges Wirtschaftsgut i.S.d. § 6 Abs. 2 EStG
HB	Handelsbilanz
HGB	Handelsgesetzbuch
HK	Herstellungskosten
HS	Halbsatz
i. H. d.	in Höhe des
i. H. v.	in Höhe von
i. R. d.	im Rahmen der/des
i. S. d.	im Sinne des
i. V. m.	in Verbindung mit
InvZulG	Investitionszulagengesetz
KaffeeStG	Kaffeesteuergesetz
KifG	Kinderfreibetrag
KSt	Körperschaftsteuer
KStDV	Körperschaftsteuerdurchführungsverordnung
KStG	Körperschaftsteuergesetz
LStDV	Lohnsteuerdurchführungsverordnung
LuF	Land- und Forstwirtschaft
MwStSystRL	Mehrwertsteuersystemrichtlinie
NAK	Nachträgliche Anschaffungskosten
NHK	Nachträgliche Herstellungskosten
OFD	Oberfinanzdirektion
PRAP	Passiver Rechnungsabgrenzungsposten
PV	Privatvermögen
Rdvfg	Rundverfügung
S.	Satz
SA	Sonderausgaben
Soli	Solidaritätszuschlag
SolZG	Solidaritätszuschlagsgesetz 1995
StB	Steuerbilanz
TabStG	Tabaksteuergesetz
UStAE	Umsatzsteueranwendungserlass
USt	Umsatzsteuer
UStDV	Umsatzsteuerdurchführungsverordnung
UStG	Umsatzsteuergesetz
UV	Umlaufvermögen
VE	verdeckte Einlage
vGA	verdeckte Gewinnausschüttung
WK	Werbungskosten
zvE	zu versteuerndes Einkommen

Einführung

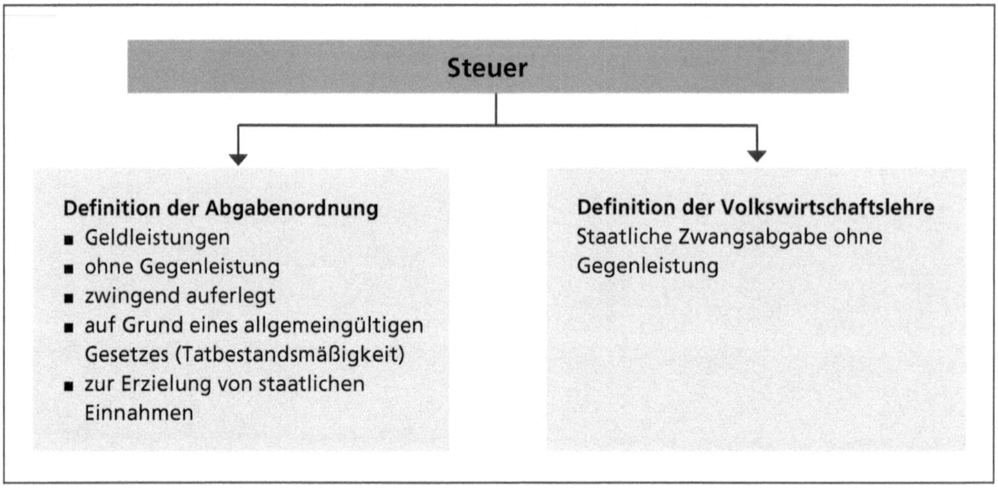

1 Definition von Steuern

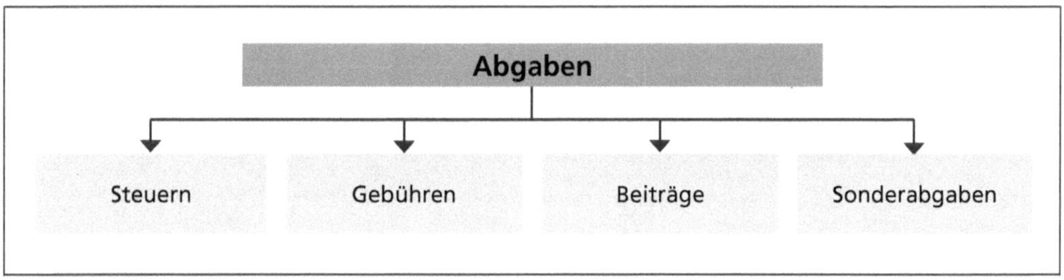

2 Begriff der Abgaben

Begriff der Steuer

Definition aus der Abgabenordnung

Nach § 3 Abs. 1 der Abgabenordnung (AO) sind Steuern »Geldleistungen, die nicht eine Gegenleistung für eine besondere Leistung darstellen und von einem öffentlich-rechtlichen Gemeinwesen zur Erzielung von Einnahmen allen auferlegt werden, bei denen der Tatbestand zutrifft, an den das Gesetz die Leistungspflicht knüpft; die Erzielung von Einnahmen kann Nebenzweck sein«.

Damit wird der Begriff der Steuer mehrfach eingegrenzt: [1]

- Geldleistung: Sach- und Dienstleistungen sind keine Steuern.
- Gegenleistungsfrei: Im Gegensatz zu Gebühren gibt es bei einer Steuer keine Gegenleistung. Die Verwendung der Steuer obliegt allein dem Parlament, welches sich stets neu entscheiden kann.
- Zwangsabgabe (»auferlegt«): Steuern zahlt man nicht freiwillig.
- Steuern sind Einnahmen der öffentlich-rechtlichen Gemeinwesen (insbesondere Bund, Länder und Gemeinden).
- Tatbestandsmäßigkeit und Gleichmäßigkeit: Steuern können nur auf Grund eines allgemein geltenden Gesetzes erhoben werden.

Diese gesetzliche Definition der AO dient folgenden Zwecken:

- Die AO gilt nur für Steuern, §§ 1 Abs. 1, 3 Abs. 1 AO.

Beispiel: Student S bekommt einen ESt-Bescheid und einen Gebührenbescheid seiner Hochschule. Beide Bescheide hält er für falsch und möchte ein Rechtsmittel einlegen. Da die ESt eine Steuer ist, gilt die Abgabenordnung. Folglich findet S in der Abgabenordnung unter den §§ 347 ff. AO die Voraussetzungen für einen Einspruch. Da der Gebührenbescheid keine Steuer festsetzt, gilt die Abgabenordnung in diesem Falle nicht.

- Die Finanzämter sind für die Verwaltung der Steuern i.S.d. AO zuständig, § 17 Finanzverwaltungsgesetz (FVG).

Beispiel: Sozialversicherungsbeiträge sind keine Steuern i.S.d. AO, da sie eine Gegenleistung, nämlich den Versicherungsschutz, gewähren. Folglich gilt die AO nicht für Sozialversicherungsbeiträge und die Finanzämter sind nicht zuständig.

- Die Finanzgerichte sind zuständig für Steuern i.S.d. AO, § 33 Finanzgerichtsordnung (FGO).
- Das Grundgesetz hat den Steuerbegriff der AO übernommen, BVerfGE 67, 256, 282. Das bedeutet, dass § 3 AO für die Abgrenzung der Steuerhoheiten in den Art. 105–108 GG relevant ist.

Es handelt sich hierbei um eine gesetzliche Definition. Das bedeutet, dass

- in jedem Land der Erde eine andere Definition gilt,
- der allgemeine Sprachgebrauch von der gesetzlichen Definition abweicht,
- andere wissenschaftliche Disziplinen abweichende Definitionen verwenden.

Volkswirtschaftlicher Steuerbegriff

In der volkswirtschaftlichen Steuerlehre werden Steuern definiert als **staatliche Zwangsabgaben ohne Gegenleistung**. Die Volkswirtschaftslehre fragt nach den ökonomischen Auswirkungen einer Steuer. Dabei ist es irrelevant, ob die Zwangsabgabe eine Geld-, Sach- oder Dienstleistung ist. Folglich ist der volkswirtschaftliche Steuerbegriff nicht auf Geldleistungen beschränkt, sondern umfasst auch Sach- und Dienstleistungsverpflichtungen. [1]

Abgaben

Häufig wird der Begriff der Abgaben als Oberbegriff von Steuern, Gebühren, Beiträgen und Sonderabgaben definiert. [2]

Gebühren sind Entgelt für die Inanspruchnahme einer staatlichen Leistung. Gebühren unterscheiden sich also von Steuern dadurch, dass sie eine Gegenleistung haben. Beispiele sind Studien-, Bibliotheks-, Park- oder Abfallgebühren.

Beiträge stehen zwischen Steuern und Gebühren. Beiträge sind wie die Gebühren Entgelt für eine Leistung. Allerdings muss diese Leistung nicht tatsächlich in Anspruch genommen werden. Ausreichend ist, dass der Bürger die bloße Möglichkeit der Inanspruchnahme hat. Ein Beispiel ist der Erschließungsbeitrag, der auch zu zahlen ist, wenn der Grundstückseigentümer das Grundstück brach liegen lässt und somit etwa die Wasserversorgung nicht in Anspruch nimmt.

Sonderabgaben sind gegenleistungsfreie Zahlungen an den Staat, die nicht unter die Kompetenzregelungen des Grundgesetzes für Steuern fallen. Sie dienen der Finanzierung besonderer Aufgaben durch einen bestimmten Personenkreis. Sonderabgaben sind z.B. die Ausgleichsabgabe nach dem Schwerbehindertengesetz oder Beiträge zur Entschädigungseinrichtung deutscher Banken.

Die vier Steuerwissenschaften

Steuerrechtswissenschaft

= Erläuterung und Systematisierung der Steuernormen

- Allgemeines Steuerrecht (= für alle Steuerarten geltende Normen)
- Besonderes Steuerrecht (= Einzelsteuergesetze)
- Einfluss von Europa- und Verfassungsrecht auf die Besteuerung

Betriebswirtschaftliche Steuerlehre

= einzelwirtschaftliche qualitive und quantitative Analyse der Besteuerung

- Steuerwirkungslehre: Einfluss der Besteuerung auf
  - Investition
  - Finanzierung
  - Produktion
  - Absatz
- Steuergestaltungslehre
  - Steuerlastrechnung
  - Rechtsformwahl
  - Standortwahl
  - Steuerbilanzpolitik

Finanzwissenschaftliche Steuerlehre

= gesamtwirtschaftliche qualitive und quantitative Analyse der Besteuerung

- Steuertechnik
- Steuerverteilung (= Überwälzung)
- effiziente Besteuerung
- gerechte Besteuerung

Politikwissenschaft

= Analyse der Steuerpolitik

- Steuerpolitische Präferenzen der Parteien
- Akteure in der Steuerpolitik
- Umsetzung von Steuerpolitik

[1] Die vier Steuerwissenschaften

Die Steuerwissenschaften

Vier Wissenschaften befassen sich aus unterschiedlichen Perspektiven mit Steuern: Die **Steuerrechtswissenschaft**, die **Finanzwissenschaftliche Steuerlehre**, ein Teilgebiet der Volkswirtschaftslehre, die **Betriebswirtschaftliche Steuerlehre** und die **Politikwissenschaft.** [1]

Die **Steuerrechtswissenschaft** beschäftigt sich mit der rechtlichen Ordnung der Besteuerung. Im Zentrum steht die **Darstellung** und **Systematisierung der Steuergesetze** und ihre Einordnung in die Gesamtrechtsordnung, insbesondere in das Verfassungs- und Europarecht. Üblicherweise wird das Steuerrecht folgendermaßen gegliedert:

- Das **Allgemeine Steuerrecht** befasst sich mit Themen, die für alle Steuerarten gelten. Kernstück ist das Steuerverfahrensrecht, also die Organisation der Finanzverwaltung, die Ermittlung der Besteuerungsgrundlagen, der Erlass von Steuerbescheiden, allgemeine Fristen und Termine bei der Erhebung der Steuern, Vollstreckungsmaßnahmen und der Rechtsschutz des Bürgers gegen Maßnahmen der Finanzbehörden. Wichtige Gesetze sind die Abgabenordnung und die Finanzgerichtsordnung.
- Das **Besondere Steuerrecht** umfasst die Einzelsteuergesetze. Wichtige Gesetze sind das Einkommensteuergesetz (EStG), das Umsatzsteuergesetz (UStG), das Körperschaftsteuergesetz (KStG), das Gewerbesteuergesetz (GewStG), das Umwandlungsteuergesetz (UmwStG) und das Erbschaft- und Schenkungsteuergesetz (ErbStG).
- Das **Steuerstrafrecht** regelt strafrechtliche Folgen bei Verstoß gegen Steuergesetze.
- Schließlich ist die Prüfung der Übereinstimmung der Steuergesetze mit dem Verfassungsrecht und dem Europarecht zu nennen.

Die Finanzwissenschaftliche Steuerlehre befasst sich mit der gesamtwirtschaftlichen Auswirkung der Besteuerung. Themen sind:

- die Technik der Besteuerung, insbesondere die Tariflehre,
- die Verteilungswirkung der Steuern, also die Frage, wer letztendlich die Steuer trägt (Überwälzung, Steuerinzidenz),
- die effiziente Besteuerung, also die Frage, welche volkswirtschaftlichen Kosten Steuern über das bloße Steuerzahlen hinaus mit sich bringen (z. B. Preiserhöhung und Einfluss auf Arbeitslosigkeit),
- die Gerechtigkeit von Steuern, insbesondere die horizontale und die vertikale Gleichheit, die überperiodische Gleichheit und die Messung von Leistungsfähigkeit.

Die **betriebswirtschaftliche Steuerlehre** befasst sich mit dem Einfluss der Steuern auf das Unternehmen. Wichtige Themen sind:

- die **Steuerwirkungslehre**, also der Einfluss von Steuern auf die betrieblichen Funktionen Investition, Finanzierung, Produktion und Absatz,
- die **Steuergestaltungslehre**, insbesondere die Steuerlastrechnung, d. h. die Berechnung der Summe aller einzelnen Steuern, die Frage nach der steuerlich optimalen Rechtsform und dem Standort mit den niedrigsten Steuern, sowie die steuerlich optimierte Bilanzpolitik.

Die **Politikwissenschaft** untersucht die Präferenzen der politischen Parteien, fragt nach den Akteuren der Steuerpolitik und untersucht die institutionellen Bedingungen, unter denen Steuerkonzepte politisch realisiert werden können.

Beispiel: Das Zusammenwirken der verschiedenen Disziplinen soll an dem Beispiel einer Reform der Besteuerung von Unternehmen veranschaulicht werden:
Die **Volkswirtschaftslehre** kann Auskunft darüber geben, wie sich eine Änderung der Unternehmensbesteuerung auf die Arbeitslosigkeit, das Wirtschaftswachstum und die Verteilungsgerechtigkeit auswirken wird. Bezeichnenderweise sind die Beamten im Bundesfinanzministerium, die sich mit Steuerpolitik beschäftigen in der Regel Volkswirte.

Die **betriebswirtschaftliche Steuerlehre** untersucht die Auswirkungen der Reform auf ein einzelnes Unternehmen.

Die **Steuerrechtswissenschaft** hilft bei der Erstellung der konkreten Gesetzesformulierung. Dabei muss berücksichtigt werden, dass sich die Gesetzesänderung in das bestehende Steuerrecht einpasst sowie verfassungs- und europarechtskonform ist. Die Beamten des Bundesfinanzministeriums, die die konkreten Gesetzesentwürfe erarbeiten sind i.d.R. Juristen und Finanzbeamte. Außerdem erklärt die Steuerrechtswissenschaft die Anwendung des Gesetzes.

Die **Politikwissenschaft** untersucht, welche Parteien und Bevölkerungsgruppen welche Änderungen favorisieren.

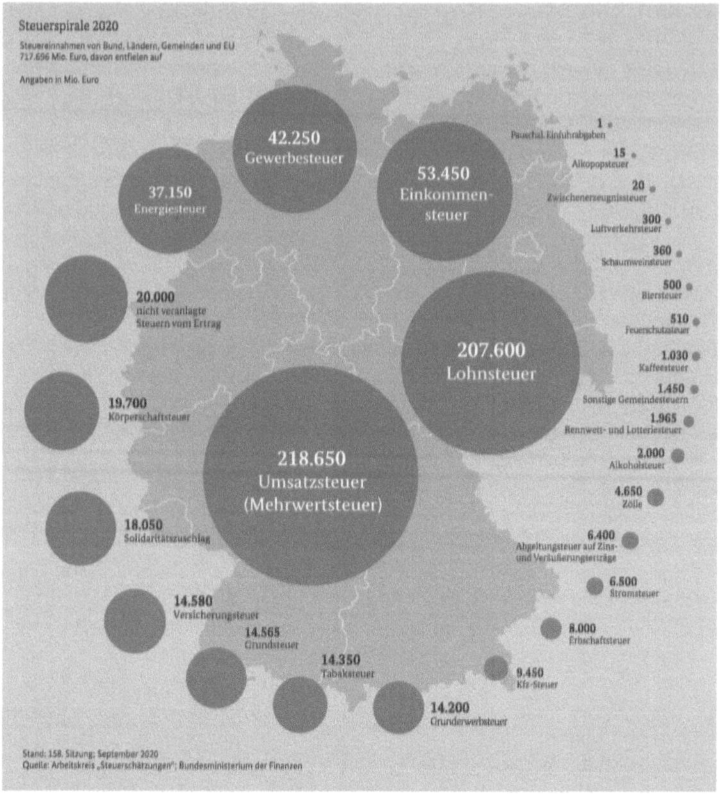

1 Steueraufkommen

Einteilungsmöglichkeiten

Steuern können nach verschiedenen Kriterien systematisiert werden:

- Überwälzbarkeit: direkte und indirekte Steuern
- Steuergegenstand: Subjekt- und Objektsteuern
- Angriffspunkt im Wirtschaftskreislauf
  - Steuern auf das Einkommen
  - Steuern auf das Vermögen
  - Steuern auf die Einkommensverwendung (Konsum)
- Steueraufkommen
  - Bundessteuern
  - Gemeinschaftssteuern (Bund/Länder/Gemeinden)
  - Landessteuern
  - Gemeindesteuern
- Gesetzgebungshoheit
  - Bundesgesetze mit und ohne Zustimmung des Bundesrats
  - Landesgesetze
  - Gemeindesatzungen
- Verwaltungshoheit
  - durch den Bund (Zoll)
  - durch die Bundesländer (Finanzämter)
  - durch die Gemeinden

2 Einteilung der Steuern

Steueraufkommen

Das deutsche Steueraufkommen betrug im Jahr 2020 ca. 718 Mrd. €. Das sind ca. 22,9 % des Bruttoinlandsprodukts (sog. Steuerquote). [1]

Steuerarten

Direkte Steuern – indirekte Steuern

- Bei einer direkten Steuer ist der Steuerzahler mit der Steuerzahlung auch wirtschaftlich belastet. Der Steuerzahler ist zugleich Steuerträger oder Steuerdestinatar. Beispiele sind die ESt, KSt oder ErbSt (zu den Begriffen siehe S. 13).
- Bei einer indirekten Steuer fallen Steuerzahler und Steuerträger auseinander. Der Steuerzahler kann die Steuer auf eine andere Person überwälzen. Da das Gesetz nur den Steuerzahler bestimmt, können persönliche Verhältnisse des Steuerträgers nicht berücksichtigt werden. Hauptbeispiel ist die USt. Der Unternehmer kann den Preis der verkauften Waren um die USt erhöhen und so die Steuer auf den Abnehmer abwälzen. Weitere Beispiele sind die Mineralölsteuer, die Alkoholsteuer und die Tabaksteuer.

  Diese Unterscheidung ist **problematisch**, da die Abwälzbarkeit einer Steuer nicht vom Gesetzgeber bestimmt werden kann, sondern von der Marktmacht einer Person abhängt. So kann ein gefragter Maschinenbauingenieur seine ESt auf seinen Arbeitgeber abwälzen, indem er verlangt, dass der Arbeitgeber die ESt zahlt (Nettolohnvereinbarung). Damit wird die ESt zur indirekten Steuer, die den Arbeitgeber belastet. Umgekehrt kann ein Einzelhändler häufig eine USt-Erhöhung nicht auf den Abnehmer abwälzen, wenn der Warenpreis 0,99 € beträgt. Damit wird die USt zur direkten Steuer, die den Einzelhändler belastet. [2]

Subjektsteuern – Objektsteuern

- Subjektsteuern, die juristische und natürliche Personen besteuern (Personensteuern), können die persönliche Leistungsfähigkeit des Steuerpflichtigen berücksichtigen. So berücksichtigt die ESt etwa die Höhe des Einkommens, die Kinderzahl und Unterhaltszahlungen. Weitere Beispiele sind die KSt, die ErbSt und der Solidaritätszuschlag. Subjektsteuern sind immer direkte Steuern.
- Objektsteuern, auch Realsteuern genannt, knüpfen an die durch ein Objekt gegebene sachliche Leistungsfähigkeit an. So bemisst sich die GewSt nach dem Gewerbeertrag eines Unternehmens. Persönliche Merkmale des Inhabers werden nicht berücksichtigt. Weitere Objektsteuern sind die Grundsteuer und die Kraftfahrzeugsteuer.

Steuern im Wirtschaftskreislauf

Schließlich können Steuern nach ihrem Zugriff im Wirtschaftskreislauf eingeteilt werden. Versteht man den Wirtschaftskreislauf als Kreislauf von Einkommenserzielung, erworbenem Einkommen (= Vermögen) und Einkommensverwendung (= Konsum), dann lassen sich die Steuern folgendermaßen einteilen:

- Steuern auf das Einkommen: ESt, KSt und GewSt.
- Steuern auf das Vermögen: Dies sind die Vermögensteuer sowie die Vermögensteuern (in Deutschland nicht erhoben) auf spezielle Gegenstände, wie die Grundsteuer.
- Steuer auf den Konsum: Hier ist die USt als die allgemeine Verbrauchsteuer zu nennen. Hinzu kommen spezielle Verbrauchsteuern, wie die Tabaksteuer, die Mineralölsteuer und die Alkoholsteuer.

Steueraufkommen (Art. 106 GG)

Man kann die Steuern auch einteilen nach der Frage, wem das Steueraufkommen zusteht.

- Bundessteuern: z.B. Tabaksteuer, Energiesteuer, Stromsteuer;
- Landessteuern: z.B. ErbSt, Grunderwerbsteuer, Spielbankabgabe;
- Gemeindesteuern: z.B. GewSt, Grundsteuer;
- Gemeinschaftsteuern von Bund und Ländern: ESt, KSt und USt.

Gesetzgebungshoheit (Art. 105 GG)

- Bundesgesetze ohne Zustimmung des Bundesrats: z.B. Tabaksteuer, Stromsteuer, Energiesteuer;
- Bundesgesetze mit Zustimmung des Bundesrats: z.B. ESt, KSt, USt, GewSt, ErbSt, Grundsteuer;
- Landesgesetze: z.B. Hundesteuer.

Verwaltungshoheit (Art. 108 GG)

- Bundesverwaltung: Der Bund verwaltet durch den Zoll z.B. die Tabaksteuer, die Energiesteuer und die Stromsteuer.
- Landesverwaltung: Die Bundesländer verwalten durch die Finanzämter z.B. die ESt, die KSt und die USt.

Rechtsnormen des Steuerrechts		
Rechtskreise	**Rechtssätze**	**Beispiele aus dem Steuerrecht**
EU-Recht	Primäres EU-Recht ■ EU-Vertrag ■ Vertrag über die Arbeitsweise der EU (AEUV)	■ Art. 18 Antidiskriminierungsverbot ■ Art. 28 Freier Warenverkehr ■ Art. 45 Arbeitnehmerfreizügigkeit ■ Art. 49 Niederlassungsfreiheit ■ Art. 56 Dienstleistungsfreiheit ■ Art. 63 Kapitalverkehrsfreiheit
	Sekundäres EU-Recht ■ EU-Richtlinien ■ EU-Verordnungen	■ Mehrwertsteuer-Systemrichtlinie ■ Durchführungsverordnung (EU) zur MWSt-SystRL
Bundesrecht	Grundgesetz	■ Art. 3 Gleichbehandlungsgrundsatz ■ Art. 104 a – 115 Finanzverfassung
	Gesetze	Allgemeine Steuergesetze ■ Abgabenordnung ■ Finanzgerichtsordnung ■ Bewertungsgesetz Besondere Steuergesetze ■ Einzelsteuergesetze – Einkommensteuergesetz – Umsatzsteuergesetz ■ Gesetze zu speziellen Regelungstatbeständen – Außensteuergesetz – Umwandlungssteuergesetz
	Verordnungen	EStDV, LStDV, KStDV
Landesrecht	Landesverfassung Gesetz Verordnung Satzung	Vergnügungssteuergesetze, Spielbankabgaben

1 Rechtsquellen des Steuerrechts

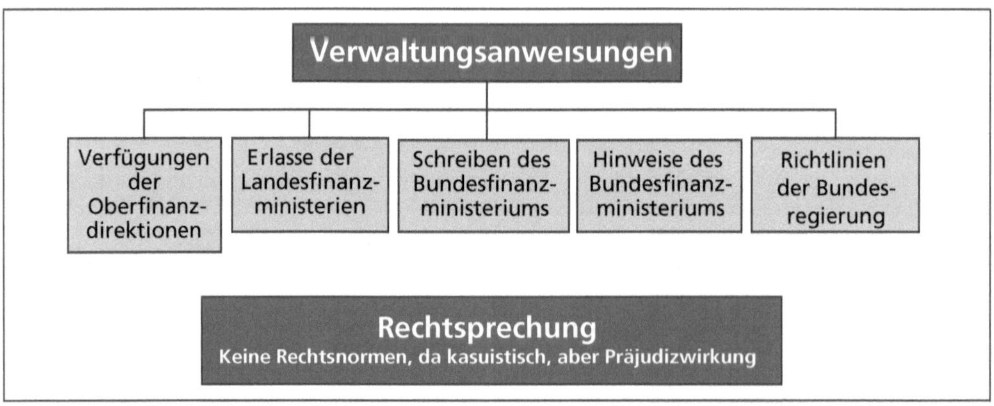

2 Weitere Rechtsquellen des Steuerrechts

Rechtsquellen der Besteuerung

Grundgesetz (GG)

Aus dem Rechtsstaatsprinzip (Art. 20 Abs. 3 GG) folgt, dass Steuern nur durch Gesetz erhoben werden dürfen. Die staatlich auferlegte Verpflichtung, Steuern zahlen zu müssen, ist ein so empfindlicher Eingriff in die Privatsphäre der Bürger, dass nicht die Finanzverwaltung, sondern das Parlament entscheiden muss, ob und in welcher Höhe Steuern gezahlt werden müssen. Ferner regelt das Grundgesetz die Finanzverfassung, also die Fragen, welche Steuern der Bund und welche Steuern die Länder gesetzlich regeln (Gesetzgebungshoheit), erheben (Verwaltungshoheit) und vereinnahmen (Ertragshoheit) dürfen, Art. 105–108 GG.

Allgemeine Steuergesetze

enthalten Vorschriften, die für alle oder mehrere Steuerarten gelten. Hierzu zählen die Abgabenordnung (AO), die grundsätzliche Regelungen, wie z.B. Verjährungsfristen, für fast alle Steuerarten enthält, die Finanzgerichtsordnung (FGO) oder das Bewertungsgesetz (BewG), das Vorschriften zur Bewertung von Wirtschaftsgütern, z.B. für die Erbschaftssteuer, festlegt.

Besondere Steuergesetze

Bei den **besonderen Steuergesetzen** wird zwischen Einzelsteuergesetzen und Gesetzen zu speziellen Regelungstatbeständen unterschieden. **Einzelsteuergesetze** betreffen die einzelnen Steuerarten, wie z.B. das EStG oder das UStG.

Gesetze zu speziellen Regelungstatbeständen enthalten z.B. Vorschriften, um den Steueranspruch des Inlands bei internationalen Sachverhalten, etwa den Wegzug des Steuerpflichtigen aus Deutschland, zu sichern (Außensteuergesetz - AStG) oder um die steuerlichen Folgen der Umstrukturierung von Unternehmen zu regeln (Umwandlungssteuergesetz - UmwStG).

Rechtsverordnungen

sind Rechtsnormen, die nicht durch den Bundestag, sondern direkt von der Exekutive, also durch den Bundesfinanzminister oder die Bundesregierung, aufgrund einer gesetzlichen Ermächtigung erlassen werden, Art. 80 Abs. 1 S. 2 GG. Rechtsverordnungen dienen der Ergänzung und Erläuterung von Steuergesetzen. Zu allen wichtigen Gesetzen gibt es Durchführungsverordnungen, wie z.B. die EStDV, KStDV oder UStDV.

Verwaltungsvorschriften

Neben den Rechtsnormen wirkt eine Vielzahl von Verlautbarungen der Finanzverwaltungen auf das konkrete Steuerrecht ein. Diese »Dienstanweisungen« haben eine unmittelbare Bindungswirkung nur für Behörden und haben damit keinen Gesetzescharakter. Sie sollen eine gleichmäßige Besteuerung durch eine einheitliche Rechtsanwendung gewährleisten. Aus den Verwaltungsvorschriften ist das Verhalten der Finanzbehörden für alle Beteiligten absehbar. Die Bundesregierung erlässt mit Zustimmung des Bundesrats **Richtlinien** (Art. 108 Abs. 7 GG), wie z.B. Einkommensteuer- oder Körperschaftsteuerrichtlinien (EStR, KStR). Daneben werden vom Bundesfinanzministerium **Hinweise und Schreiben** (z.B. BMF-Schreiben zu Pensionsrückstellungen vom 03.07.2009, IV C 6 - S 2176/07/10004) und von den Länderfinanzministerien **Erlasse** herausgegeben. Die Oberfinanzdirektionen erlassen **Verfügungen**. Zahlreiche Verwaltungsvorschriften werden - genau wie Steuergesetze - laufend im Bundessteuerblatt I (BStBl I) veröffentlicht.

Völkerrechtliche Verträge

Bedeutung für das Steuerrecht haben vor allem die **Doppelbesteuerungsabkommen** (DBA), die das Besteuerungsrecht zwischen den einzelnen Staaten regeln. Sie erlangen nach Zustimmung durch den Bundestag den Rang eines Bundesgesetzes, Art. 59 Abs. 2 S. 1 GG.

Recht der Europäischen Union

Das EU-Recht lässt sich einteilen in das Primärrecht und das Sekundärrecht. Das **Primärrecht** besteht aus den von den EU-Staaten untereinander geschlossenen Verträgen. Steuerlich relevant ist der Vertrag über die Arbeitsweise der Europäischen Union (AEUV (früher EG-Vertrag)). Nach diesem Vertrag ist eine Benachteiligung von EU-Ausländern in Deutschland verboten, Art. 18 AEUV.

Das **Sekundärrecht** betrifft das von der EU erlassene Recht. Besondere steuerliche Bedeutung haben die **EU-Richtlinien**. Sie bewirken keine direkten Pflichten der EU-Bürger, sondern verpflichten die betroffenen Mitgliedstaaten zu einer Anpassung nationaler Vorschriften an die Richtlinie, um eine Harmonisierung des Steuerrechts in der Gemeinschaft zu erreichen; z.B. Vereinheitlichung des europäischen Umsatzsteuerrechts durch die Mehrwertsteuersystemrichtlinie. Dahingegen haben **EU-Verordnungen** unmittelbare geltende Wirkung. Das EU-Recht hat Anwendungsvorrang vor deutschem Recht.

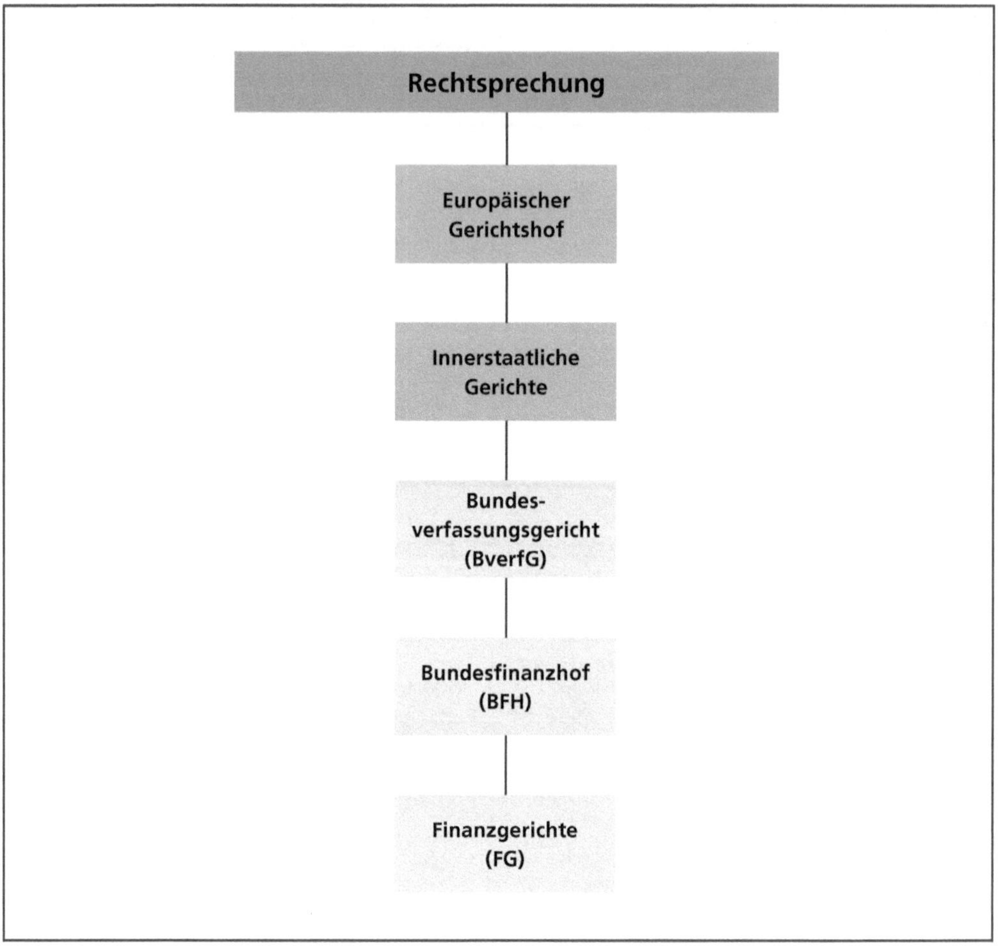

1 Rechtsprechung

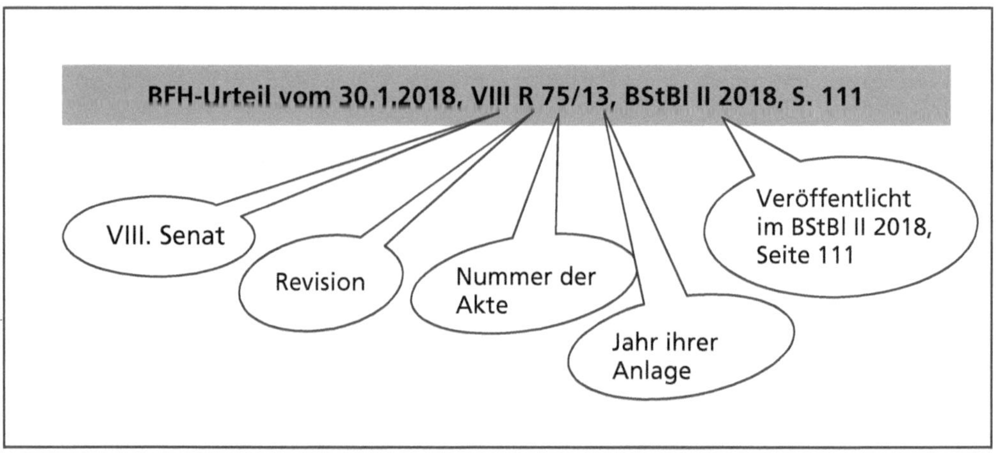

2 Zitierweise der BFH-Urteile

Rechtsprechung

Die **Finanzgerichtsbarkeit** wird nach § 1 der Finanzgerichtsordnung (FGO) durch unabhängige, von den Verwaltungsbehörden getrennte, besondere Finanzgerichte ausgeübt. Die Gerichte der Finanzgerichtsbarkeit sind die Finanzgerichte (FG) der Länder und der **Bundesfinanzhof** (BFH) mit Sitz in München, der als Revisionsgerichtshof fungiert.

Daneben haben Entscheidungen des **Bundesverfassungsgerichts** (BVerfG) und des **Europäischen Gerichtshofes** (EuGH) große Bedeutung. Der EuGH kann von den Finanzgerichten angerufen werden, um zu klären, ob eine nationale Vorschrift gegen das Europäische Gemeinschaftsrecht verstößt. Seine Entscheidung ist für das nationale Gericht bindend. Kläger und Beklagtem steht kein Vorlagerecht zu [1].

Die Urteile der Steuergerichte (FG-Urteile und BFH-Urteile) sind grundsätzlich kasuistisch, d.h. sie haben keine allgemeine Bindung und betreffen nur den zu entscheidenden Einzelfall (§ 110 FGO). Dennoch werden sie in der Praxis zur Kenntnis genommen, da der Tenor der Urteile Anhaltspunkte für gleich gelagerte oder ähnliche Fälle gibt (sog. **ständige Rechtsprechung**).

Die Entscheidungen des BFH werden, soweit sie nicht ausschließlich nur auf einen Fall anzuwenden sind, im Bundesteuerblatt (BStBl) Teil II amtlich veröffentlicht. Vorab werden die zur Veröffentlichung bestimmten Entscheidungen auf der Internet-Seite des BMF mit einer Kurzbeschreibung bekannt gemacht (sog. Grüne Liste). Bereits durch die Aufnahme in die Grüne Liste sind die Entscheidungen zwingend auch von den Finanzbehörden bei der Bearbeitung gleich gelagerter Fälle zu beachten (OFD Frankfurt/Main, Rdvfg vom 22.02.2005, FG 2029 A - 4 - St. II 4.01). Ist jedoch die Finanzverwaltung aus inhaltlichen Gründen mit einem Urteil nicht einverstanden, so erfolgt keine Veröffentlichung im Bundessteuerblatt oder sie gibt einen sog. Nichtanwendungserlass heraus. Damit wird angeordnet, dass die jeweilige Entscheidung nicht über den beurteilten Einzelfall hinaus angewendet wird.

Innerhalb des **Bundesfinanzhofes** sind gemäß § 10 Abs. 2 FGO Senate zu bilden. Beim Bundesfinanzhof sind derzeit elf Senate mit jeweils einem Vorsitzenden und vier oder fünf Richtern tätig. Die Richterzahl beträgt insgesamt 60. Die Zuständigkeit für die konkreten Rechtsgebiete der einzelnen Senate und deren Besetzung mit Richterinnen und Richtern sind durch den jährlichen Geschäftsverteilungsplan des Gerichts festgelegt. Daneben wird gemäß § 11 FGO ein **Großer Senat** (GrS) gebildet. Er besteht aus dem BFH-Präsidenten und je einem Richter der übrigen Senate. Der Große Senat entscheidet nur in wichtigen Ausnahmefällen. Zum einen kann jeder Senat Fragen von grundsätzlicher Bedeutung, die er nicht alleine entscheiden will, dem Großen Senat vorlegen. Zum anderen ist dies gemäß § 11 Abs. 2, 3 FGO der Fall, wenn ein Senat von der bisherigen Rechtsprechung eines anderen abweichen, der andere aber an seiner bisherigen Rechtsauffassung festhalten möchte.

BFH-Urteile folgen immer dem gleichen Aufbau, wie er in § 105 Abs. 2 FGO vorgegeben ist. Am Beginn steht ein sog. Leitsatz, der dem Leser angibt, worum es in dem Rechtsstreit geht und wie das Urteil ausfiel. Im Anschluss daran wird der zu entscheidende Sachverhalt geschildert und das Urteil begründet.
Neben der Veröffentlichung im Bundessteuerblatt finden sich BFH-Urteile u.a. in der Zeitschrift »Entscheidungen der Finanzgerichte« und in Fachzeitschriften, wie z.B. »Der Betrieb« (DB) oder »Betriebsberater« (BB). Wird in Aufsätzen oder anderen Veröffentlichungen auf ein BFH-Urteil Bezug genommen, dann ist dieses vollständig zu zitieren. Die **Zitierweise** ist dabei wie folgt: [2]
Dabei gibt die römische Zahl den zuständigen Senat an, R zeigt an, dass es sich um eine Revision handelt. Darauf folgt die laufende Nummer der Akte, hier Nr. 75, und das Jahr ihrer Anlage, hier 2013. Der Fall war demnach fünf Jahre beim BFH anhängig. Er ist im Bundessteuerblatt II (BStBl II) des Jahres 2018 veröffentlicht worden. Bei dem Zitat eines Urteils muss nicht unbedingt auf die originäre Veröffentlichung im BStBl II verwiesen werden.
Wenn eine BFH-Entscheidung das Kürzel GrS enthält, z.B. 17.12.2007 - Aktenzeichen: GrS 2/04, ist dies eine Entscheidung, die der Große Senat getroffen hat. Diese Entscheidungen sind meist von großer Bedeutung.
Im Jahr 2019 waren am BFH 4.064 Verfahren anhängig. Davon konnten 2.334 Verfahren erledigt werden, so dass zum 31.12. des Jahres 2019 noch 1.730 Verfahren auf eine Entscheidungen warteten (Quelle: BFH).

Folgende Grundlagen muss der Gesetzgeber regeln, wenn er eine Steuer schaffen will:

Wer muss Steuern zahlen?	Was wird besteuert?	Wert des Steuerobjekts?	Wie viel?
Steuersubjekt	**Steuerobjekt**	**Bemessungsgrundlage**	**Steuersatz**
Beispiele: ▪ natürliche Person ▪ juristische Person ▪ Unternehmer ▪ Personengesellschaft	Beispiele: ▪ Einkommen ▪ Umsatz ▪ Erbschaft ▪ Stromverbrauch ▪ Vermögen	Beispiele: ▪ Wert des Einkommens ▪ Wert des Umsatzes ▪ Wert der Erbschaft ▪ Wert des Stromverbrauchs ▪ Wert des Vermögens	Beispiele: ▪ proportional ▪ progressiv ▪ Stufentarif

1 Allgemeiner Steuertatbestand

Wer?	Was?	Wert?	Wie viel?
Steuersubjekt § 1 EStG	Steuerobjekt § 2 Abs. 1 EStG	Steuerbemessungsgrundlage § 2 Abs. 2–5 EStG	Steuersatz § 32a EStG
natürliche Person	sieben Einkunftsarten	zu versteuerndes Einkommen	progressiver Tarif

2 Einkommensteuertatbestand

Allgemeiner Steuertatbestand

Alle Steuergesetze folgen der gleichen Systematik: Sie regeln

- Steuersubjekt,
- Steuerobjekt,
- Steuerbemessungsgrundlage und
- Steuersatz.

Dies nennt man den allgemeinen Steuertatbestand. [1], [2]

Steuersubjekt

Zunächst muss festgelegt werden, wer die Steuer zahlen soll (Steuersubjekt oder Steuerpflichtiger). Steuersubjekt können etwa natürliche Person, juristische Person, Erben oder Halter eines Autos sein.

Etwas komplizierter definiert die Abgabenordnung: Danach ist **Steuerpflichtiger** jeder, der eine durch das Steuergesetz auferlegte Verpflichtung zu erfüllen hat, § 33 AO. Also z.B. auch derjenige, der eine Steuererklärung abzugeben hat.

Steuerschuldner i.S.d. AO ist dahingegen ein Unterbegriff des Steuerpflichtigen, §§ 37, 43 AO. Steuerschuldner ist nur der Steuerpflichtige, der eine Steuer schuldet.

Zu berücksichtigen ist allerdings, dass die Einzelsteuergesetze teilweise eine abweichende Terminologie haben. So wird etwa der Steuerschuldner i.S.d. §§ 37, 43 AO in der ESt Steuerpflichtiger genannt, § 1 Abs. 1 EStG.

Bei Quellensteuern ist zwischen dem Steuerschuldner und dem **Entrichtungspflichtigen**, § 43 S. 2 AO zu unterscheiden. Der Entrichtungspflichtige zahlt eine Steuer für Rechnung des Steuerschuldners. Er ist folglich Steuerpflichtiger i.S.d. § 33 AO, aber nicht Steuerschuldner i.S.d. § 37 AO. Die wichtigsten Quellensteuern sind die Lohnsteuer und die Kapitalertragsteuer.

Steuerzahler – Steuerträger

Das Steuersubjekt ist nicht zwingend derjenige, der auch wirtschaftlich die Steuer trägt. Salopp formuliert: Der Steuerpflichtige ist nicht immer der Dumme, der auf der Steuer sitzen bleibt (= Steuerträger). Häufig gelingt es dem Steuerzahler, die Steuer auf einen anderen abzuwälzen. So hat z.B. der Gesetzgeber bei der USt vorgesehen, dass der Unternehmer die USt zahlt. Er kann aber die USt auf den Verbraucher überwälzen, indem er den Preis entsprechend erhöht. Auch bei allen anderen Steuern besteht die Möglichkeit, die Steuer abzuwälzen. Ob das gelingt, hängt von der Marktmacht des jeweiligen Steuersubjekts ab, siehe auch S. 7.

Beispiel: Ein gesuchter Computerspezialist und ein Pförtner suchen nach einer Arbeit. Der Computerspezialist kann von seinem Arbeitgeber ein Gehalt von 100.000 € »nach Steuern« verlangen. Das bedeutet, dass der Arbeitgeber so viel zahlen muss, dass nach Abzug aller Steuern 100.000 € übrig bleiben. Dies nennt man eine Nettolohnvereinbarung. Damit trägt der Arbeitgeber die ESt des Computerspezialisten, obwohl dieser der Steuerpflichtige ist. Anders der Pförtner. Er wird, wie fast alle Arbeitnehmer, einen Bruttolohn vereinbaren müssen. Dem Arbeitgeber ist es »egal« wie viel Steuern der Pförtner zahlt. Damit trägt der Pförtner die ESt.

Steuerobjekt

Dann muss geklärt werden, was besteuert wird. Z.B. wird bei der ESt das Einkommen und bei der Kfz-Steuer das Halten eines Autos besteuert.

Bemessungsgrundlage

Um eine Steuer berechnen zu können, muss das Steuerobjekt quantifiziert werden. Bei Wertsteuern (z. B. ESt, ErbSt) muss die Bemessungsgrundlage in Euro angegeben werden. So bestimmt z.B. § 8 Abs. 2 EStG, wie hoch das Einkommen ist, wenn der Arbeitgeber dem Arbeitnehmer unentgeltlich ein Auto zur Verfügung stellt. Für die ErbSt muss geregelt werden, wie ein geerbtes Haus zu bewerten ist. Bei Mengensteuern wird die Bemessungsgrundlage dahingegen in Stück, Liter oder Kilogramm etc. angegeben (Branntweinsteuer, Energiesteuer).

Steuersatz (Tarif)

Schließlich muss bestimmt werden, wie hoch die Steuer im Verhältnis zur Bemessungsgrundlage sein soll. Bei Wertsteuern ist der Tarif eine Prozentgröße der Bemessungsgrundlage. Bei der ESt beträgt der Tarif zwischen 0% und 45%, § 32a Abs. 1 EStG. Bei der Energiesteuer, einer Mengensteuer, wird die Steuer in €/Liter Öl angegeben.

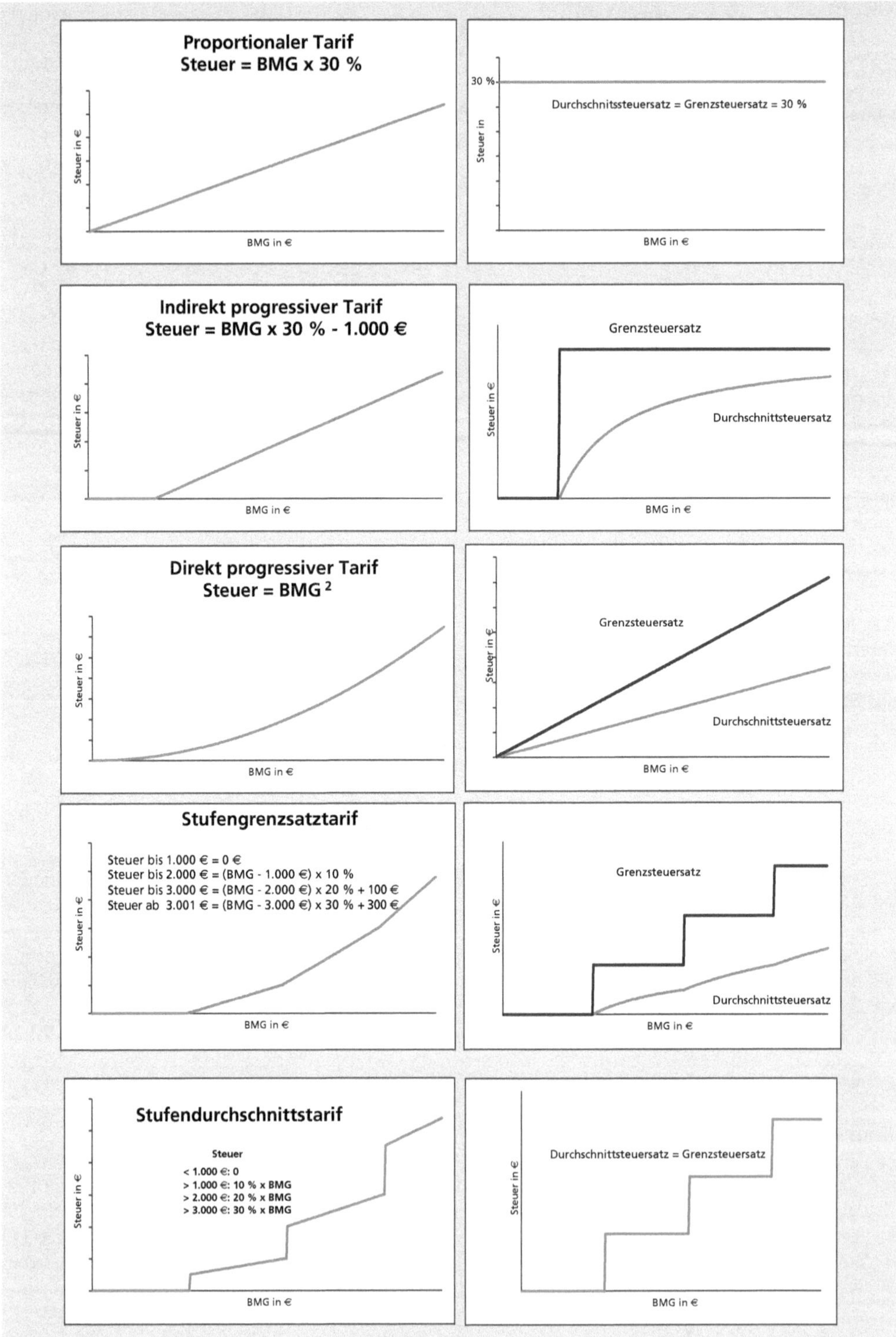

1 Tarifformen

Tariflehre

Ein Tarif ist eine mathematische Funktion, die jeder Bemessungsgrundlage eine bestimmte Steuer zuordnet.

Zur **Analyse** der Tarife bieten sich folgende Maßstäbe an:

- **Durchschnittsteuersatz:** Der Durchschnittsteuersatz ist der Quotient aus Steuer und Bemessungsgrundlage oder einfacher formuliert: das Verhältnis von Steuer und Bemessungsgrundlage. Der Durchschnittsteuersatz gibt die prozentuale Steuerbelastung wieder.

$$\text{Durchschnittsteuersatz} = \frac{\text{Steuer}}{\text{Bemessungsgrundlage}}$$

Beispiel: Handwerker H hat ein zvE von 60.000 €. Er fragt, wie viel ihm netto zum Leben bleibt.
Lösung: H muss 16.063 € (= 0,42 x 60.000 € ./. 9.136,63 €) ESt zahlen, § 32a Abs. 1 Nr. 4 EStG. Der Durchschnittssteuersatz beträgt 27 % = 16.063 €/ 60.000 €.

- **Grenzsteuersatz:** Der Grenzsteuersatz gibt an, wie sich die Steuer ändert, wenn sich die Bemessungsgrundlage um eine Einheit ändert. Anders formuliert sagt der Grenzsteuersatz, wie viel mehr Steuer auf einen zusätzlich verdienten Euro gezahlt werden muss. Während der Durchschnittsteuersatz die Gesamtbelastung angibt, bezeichnet der Grenzsteuersatz die Zusatzbelastung. Der Grenzsteuersatz entspricht der Steigung (= 1. Ableitung) der Tariffunktion. Der **Differenzsteuersatz** dagegen gibt die zusätzliche steuerliche Belastung auf ein zusätzliches zu versteuerndes Einkommen an.

$$\text{Differenzsteuersatz} = \frac{\text{Veränderung Steuer}}{\text{Veränderung BMG}}$$

Beispiel: Handwerker H hat ein zvE von 60.000 €. Dafür muss er 16.063 € ESt zahlen. Er fragt, wie viel er nach Steuern zusätzlich verdient, wenn er einen weiteren Auftrag für 100 € annimmt.
Lösung: Nimmt H den Auftrag an, so muss er 16.105 € (= 0,42 x 60.100 € ./. 9.136,63 €) ESt zahlen. Damit zahlt er zusätzlich 42 €. Der Differenzsteuersatz beträgt damit 42 % = 42 €/100 €. Von den 100 € verbleiben 58 €.

Die wichtigsten **Tarifformen** heißen: [1]

- proportionaler Tarif,
- progressiver Tarif,
- Stufentarif.

Ein **proportionaler** Tarif kann auf zwei Arten definiert werden:

- Bei einer Verdoppelung der Bemessungsgrundlage verdoppelt sich die Steuer.
- Das Verhältnis von Steuerschuld zur Bemessungsgrundlage ist konstant.

$$\frac{\text{Steuer}}{\text{BMG}} = \text{konstant} = \text{Steuersatz}$$

Beispiel: Die Tarife der USt (19 %) und der KSt (15 %) sind proportional.

Ein **progressiver** Tarif kann auf zwei Arten definiert werden:

- Bei einer Verdoppelung der Bemessungsgrundlage steigt die Steuer um mehr als das Doppelte.
- Der Durchschnittsteuersatz steigt mit wachsender Bemessungsgrundlage.

$$\frac{\text{Steuer (x)}}{\text{BMG (x)}} < \frac{\text{Steuer (x + 1)}}{\text{BMG (x + 1)}}$$

Progression kann auf zwei Arten erreicht werden: Bei einem **direkt progressiven Tarif** steigt der Grenzsteuersatz mit steigender Bemessungsgrundlage.

Beispiel: Der ESt-Tarif ist von 9.745–57.918 € ein direkt progressiver Tarif. Der Grenzsteuersatz steigt in diesem Bereich von 0 auf 42 %. Der Durchschnittsteuersatz steigt in diesem Bereich dahingegen nur von 0 auf 26 %.

Bei einem **indirekt progressiven** Tarif bleibt der Grenzsteuersatz konstant. Es steigt nur der Durchschnittsteuersatz.
Beispiel: Der ESt-Tarif ist ab einem zvE von 57.919 € ein indirekt progressiver Tarif. Der Grenzsteuersatz beträgt ab 57.919 € 42 % und ab 274.613 € 45 %. Der Durchschnittsteuersatz beträgt bei einem zvE von 57.919 € 26 % und nähert sich asymptotisch in zwei Stufen 45 %.

Stufentarif: Bei einem **Stufengrenzsatztarif** steigt der Grenzsteuersatz in Stufen. Der Grenzsteuersatz einer Stufe wird nur auf den die Schwelle übersteigenden Teil der BMG angewendet.
Beispiel: ESt-Tarif in den beiden Proportionalzonen, § 32a Abs. 1 Nr. 4 und 5 EStG.

Bei einem **Stufendurchschnittstarif** wird der Steuersatz jeder Stufe auf die gesamte BMG angewendet.
Beispiel: Erbschaftsteuertarif § 19 ErbStG

Kapitel 1
Einkommensteuer

1 Steuerpflicht

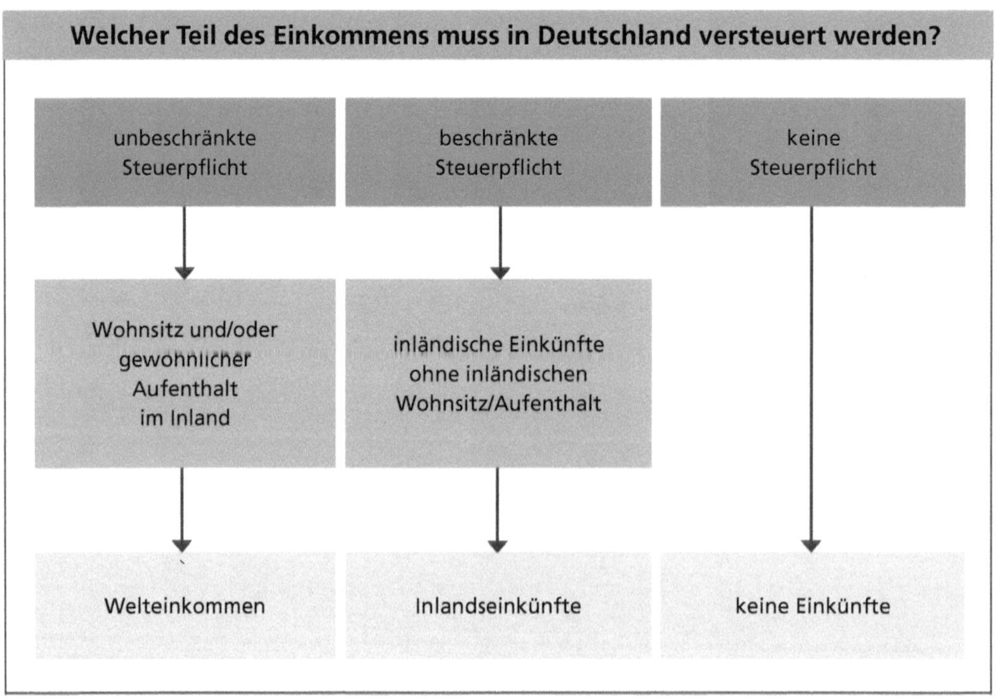

2 Arten der Steuerpflicht

Einführung

Einkommensteuerpflicht

§ 1 Abs. 1 EStG regelt zwei Fragen:

- Wer muss ESt zahlen **(Steuerpflicht)**? [1]
- Welcher Teil des Einkommens muss in Deutschland versteuert werden? Dies wird **Art der Steuerpflicht** genannt. [2]

Steuerpflicht

ESt muss jede natürliche Person zahlen. Damit ist zweierlei geregelt:

- **Jeder**: Es gibt keine Ausnahme von der ESt-Pflicht. So müssen auch Kinder ESt zahlen, z.B. wenn sie ein großes Vermögen geerbt haben. Auch der Bundespräsident ist einkommensteuerpflichtig.
- **Natürliche Person**: Nur natürliche Personen (= **Menschen**) müssen ESt zahlen.

Juristische Personen (z.B. GmbH, AG, Vereine) müssen keine ESt zahlen. Sie zahlen stattdessen KSt. Die Gesellschafter müssen erst Steuern zahlen, wenn die Körperschaft Gewinne ausschüttet (Trennungsprinzip).
Personengesellschaften zahlen dahingegen weder ESt noch KSt. Hier gilt das **Transparenzprinzip**: Der Gewinn von Personengesellschaften wird von den Gesellschaftern besteuert (§ 15 Abs. 1 Nr. 2 EStG). Sind etwa an einer OHG Frau A und eine Y-GmbH zu gleichen Anteilen beteiligt, so zahlt Frau A für den halben Gewinn der OHG ESt und die GmbH für die andere Hälfte KSt.

Art der Steuerpflicht

Natürlich wäre es unsinnig, wenn alle Menschen dieser Erde in Deutschland ESt zahlen müssten. Daher muss die ESt-Pflicht auf Deutschland bezogen werden. Dazu unterscheidet das Gesetz zwei Arten der Steuerpflicht:

- **Unbeschränkte Steuerpflicht:** Wer in Deutschland seinen Wohnsitz (§ 8 AO) oder seinen gewöhnlichen Aufenthalt (§ 9 AO) hat, muss seine weltweiten Einkünfte in Deutschland besteuern.
- **Beschränkte Steuerpflicht:** Wer hingegen in Deutschland keinen Wohnsitz und auch keinen gewöhnlichen Aufenthalt hat, der muss nur Einkünfte versteuern, die aus Deutschland stammen (sog. »inländische Einkünfte« (§ 49 EStG)).
- Damit ist zugleich geregelt, dass alle, die nicht in Deutschland leben und auch keine Einkünfte aus Deutschland beziehen, in Deutschland nicht einkommensteuerpflichtig sind.

Was ein **Wohnsitz** ist, bestimmt § 8 AO. Voraussetzung ist danach

- das Innehaben einer Wohnung und
- die Absicht, diese Wohnung zu nutzen und beizubehalten.

Beispiel: H aus Holland hat in Deutschland eine Betriebsstätte seines Farbengroßhandels. H schläft einige Male auf einer Matratze in der deutschen Betriebsstätte.
Lösung: H hat keinen Wohnsitz in Deutschland. Die Matratze in der Betriebsstätte ist keine Wohnung.

Der **gewöhnliche Aufenthalt** ist in § 9 AO definiert. Ein gewöhnlicher Aufenthalt ist stets ein zeitlich zusammenhängender Aufenthalt von mehr als sechs Monaten, § 9 S. 2 AO.

Beispiel: P wohnt in Polen und kommt täglich zur Arbeit nach Frankfurt/Oder.
Lösung: Der gewöhnliche Aufenthalt im Inland ist zu verneinen, wenn der Steuerpflichtige unter Benutzung einer im Ausland gelegenen Wohnung lediglich seine Tätigkeit im Inland ausübt. Grenzgänger haben ihren gewöhnlichen Aufenthalt grundsätzlich im Wohnsitzstaat (AEAO, § 9 Nr. 2).

Doppelbesteuerungsabkommen

Wenn ein Inländer in Frankreich ein Haus vermietet, muss er grundsätzlich als unbeschränkt Steuerpflichtiger die Miete in Deutschland versteuern. Zugleich ist er aber in Frankreich beschränkt steuerpflichtig. Er muss folglich, da die Mieteinkünfte französische Einkünfte sind, die Miete ein zweites Mal in Frankreich versteuern. Dieselben Einkünfte müssen in zwei verschiedenen Staaten versteuert werden. Dies nennt man Doppelbesteuerung. Zur Vermeidung der Doppelbesteuerung hat Deutschland mit über 80 Staaten Verträge geschlossen, sog. Doppelbesteuerungsabkommen (DBA), in denen geregelt ist, welcher Staat im Falle der Doppelbesteuerung auf sein Besteuerungsrecht verzichtet. In dem DBA-Deutschland-Frankreich ist bestimmt, dass Mieten nur in dem Staat versteuert werden, in welchem das Grundstück gelegen ist (Art. 3 DBA-Frankreich). Liegt kein DBA vor, wird die dann eintretende Doppelbesteuerung durch § 34c EStG abgemildert (vgl. ausführlich S. 165).

Einkünfte aus Land- und Forstwirtschaft
+ Einkünfte aus Gewerbebetrieb
+ Einkünfte aus selbstständiger Arbeit
+ Einkünfte aus nichtselbstständiger Arbeit
+ Einkünfte aus Kapitalvermögen soweit keine Abgeltungsteuer
+ Einkünfte aus Vermietung und Verpachtung
+ sonstige Einkünfte
= **Summe der Einkünfte (§ 2 Abs. 1 EStG)**
./. Altersentlastungsbetrag (§ 24a EStG)
./. Entlastungsbetrag für Alleinerziehende (§ 24b EStG)
= **Gesamtbetrag der Einkünfte (§ 2 Abs. 3 EStG)**
./. Verlustabzug (§ 10d EStG)
./. Sonderausgaben (§§ 10–10g EStG)
./. außergewöhnliche Belastungen (§§ 33–33b EStG)
= **Einkommen (§ 2 Abs. 4 EStG)**
./. Freibeträge für Kinder (§ 32 Abs. 6 EStG)
= **zu versteuerndes Einkommen (§ 2 Abs. 5 EStG)**

* Das zvE wird ohne Kapitaleinkünfte (§ 20 EStG) ermittelt, § 2 Abs. 5b EStG, wenn keine Ausnahmetatbestände vorliegen.

[1] Schema zur Ermittlung des zu versteuernden Einkommens

Tarifliche Einkommensteuer (§§ 2 Abs. 6, 32a EStG)
./. anrechenbare ausländische Steuer (§ 34c EStG)
./. Parteispenden (§ 34g EStG)
./. Steuerermäßigung bei gewerblichen Einkünften (§ 35 EStG)
./. Steuerermäßigung für haushaltsnahe Dienstleistungen (§ 35a EStG)
+ Kindergeld, wenn Kinderfreibetrag günstiger ist (§ 31 EStG)
+ Altersvorsorgezulage, wenn der Abzug von Sonderausgaben günstiger ist (§ 10a Abs. 2 EStG)
= **festzusetzende Einkommensteuer (§ 2 Abs. 6 EStG)**

[2] Schema zur Ermittlung der Einkommensteuer

festzusetzende Einkommensteuer
./. vierteljährliche ESt-Vorauszahlungen (§ 36 Abs. 2 Nr. 1 EStG)
./. einbehaltene Lohnsteuer (§ 36 Abs. 2 Nr. 2 EStG)
./. einbehaltene Kapitalertragsteuer, wenn eine Veranlagung durchgeführt wird (§§ 32d Abs. 6, 36 Abs. 2 Nr. 2 EStG)
./. Bauabzugssteuer, sofern noch nicht mit LSt oder ESt-VZ verrechnet (§ 36 Abs. 2 Nr. 2 EStG)
= **Abschlusszahlung/Erstattung (§ 36 Abs. 4 EStG)**

[3] Schema zur Ermittlung der Abschlusszahlung

Schema zur Ermittlung der Einkommensteuer

Zu versteuerndes Einkommen (zvE), § 2 Abs. 1–5 EStG

Die sieben Einkunftsarten werden zu der Summe der Einkünfte aufsummiert. Werden hiervon die Entlastungsbeträge für Alter und für Alleinerziehende abgezogen, gelangt man zum Gesamtbetrag der Einkünfte. Nach dem Abzug eines Verlustvortrags und der abzugsfähigen Privatausgaben (Sonderausgaben/außergewöhnlichen Belastungen) erhält man das Einkommen. Dieses vermindert um die Entlastungsbeträge für Kinder, ergibt das zu versteuernde Einkommen. [1]

Für Kapitaleinkünfte (§ 20 EStG) gilt folgende Besonderheit: Die Summe der Einkünfte wird grundsätzlich ohne Kapitaleinkünfte (§ 20 EStG) ermittelt, da diese der Abgeltungssteuer unterliegen. Nur sofern Ausnahmetatbestände vorliegen, werden Kapitaleinkünfte in die Summe der Einkünfte einbezogen. Insbesondere können Steuerpflichtige auf Antrag die Kapitaleinkünfte in die Ermittlung einbeziehen (sog. Günstigerprüfung), § 32d Abs. 6 EStG, vgl. S. 42 ff.

Festzusetzende Einkommensteuer, § 2 Abs. 6 EStG

Unter Anwendung der Tarifformel des § 32a EStG gelangt man zur tariflichen ESt. Von dieser können die sog. Steuerermäßigungen abgezogen werden. Dadurch erhält man die festzusetzende ESt. [2]

Abschlusszahlung, § 36 Abs. 4 EStG

Zieht man von der festzusetzenden ESt die bereits durch Vorauszahlungen und Quellensteuern geleistete ESt ab, so erhält man die **Abschlusszahlung** bzw. bei zu hohen Vorauszahlungen eine Erstattung. [3]

Beispiel: Der in Berlin wohnende, allein stehende verwitwete Rechtsanwalt R erzielt 2021 einen Gewinn i.H.v. 100.000 €. Er hat am 10.03., 10.06., 10.09 und am 10.12. ESt-Vorauszahlungen i.H.v. jeweils 5.000 € geleistet. Außerdem erzielt R Verluste aus Vermietung und Verpachtung i.H.v. ./. 10.000 €. R hat ein Kind im Alter von sechs Jahren. (Achtung: Ein verwitweter Elternteil erhält den Freibetrag beider Elternteile). R hat abzugsfähige Sonderausgaben i.H.v. 5.000 €. Zusätzlich hat R an das Deutsche Rote Kreuz und an eine politische Partei jeweils 100 € gespendet.

Lösung:

§ 1 Abs. 1 EStG: R ist unbeschränkt einkommensteuerpflichtig, da er einen Wohnsitz, § 8 AO, im Inland hat.

Ermittlung der Summe der Einkünfte		
Einkünfte aus selbstständiger Arbeit, § 18 Abs. 1 Nr. 1 S. 2 EStG		100.000 €
Einkünfte aus Vermietung und Verpachtung, § 21 Abs. 1 Nr. 1 EStG		./.10.000 €
Summe der Einkünfte		90.000 €
Entlastungsbetrag für Alleinerziehende, § 24b EStG		./.4.008 €
Gesamtbetrag der Einkünfte		85.992 €
Sonderausgaben		./.5.000 €
Spende an das DRK, § 10b Abs. 1 EStG		./.100 €
Einkommen		80.892 €
Freibeträge für Kinder, § 32 Abs. 6 S. 1 und 3 Nr. 1 EStG		
Kinderfreibetrag	2 x 2.730 €	./.5.460 €
Betreuungsfreibetrag	2 x 1.464 €	./.2.928 €
zu versteuerndes Einkommen		72.504 €
tarifliche Einkommensteuer		21.315 €
Steuerermäßigung bei Zuwendung an politische Parteien, § 34g EStG		
	1/2 x 100 €	./.50 €
Kindergeld-Rückzahlung (12 x 219 €)		2.628 €
festzusetzende Einkommensteuer		23.943 €
Steueranrechnungen		
Einkommensteuervorauszahlungen, § 36 Abs. 2 Nr. 1 EStG		
	4 x 5.000 €	./.20.000 €
Abschlusszahlung		3.893 €

Subjektives und objektives Nettoprinzip

Einnahmen ./. **Erwerbsausgaben** (Werbungskosten/Betriebsausgaben)	objektives Nettoprinzip
= Einkünfte ./. **progressionsabhängige Privatabzüge** (Sonderausgaben, außergewöhnliche Belastungen) = zvE multipliziert mit Steuersatz = tarifliche Steuer ./. **progressionsunabhängige Privatabzüge** = festzusetzende Einkommensteuer	subjektives Nettoprinzip

1 Subjektives und objektives Nettoprinzip

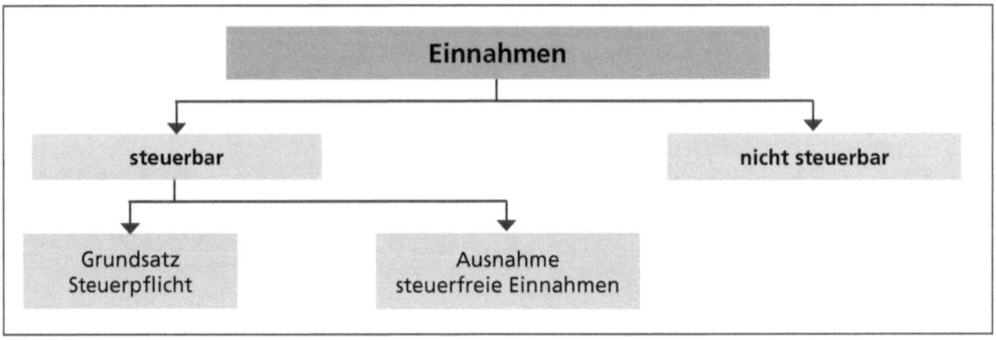

2 Einnahmen

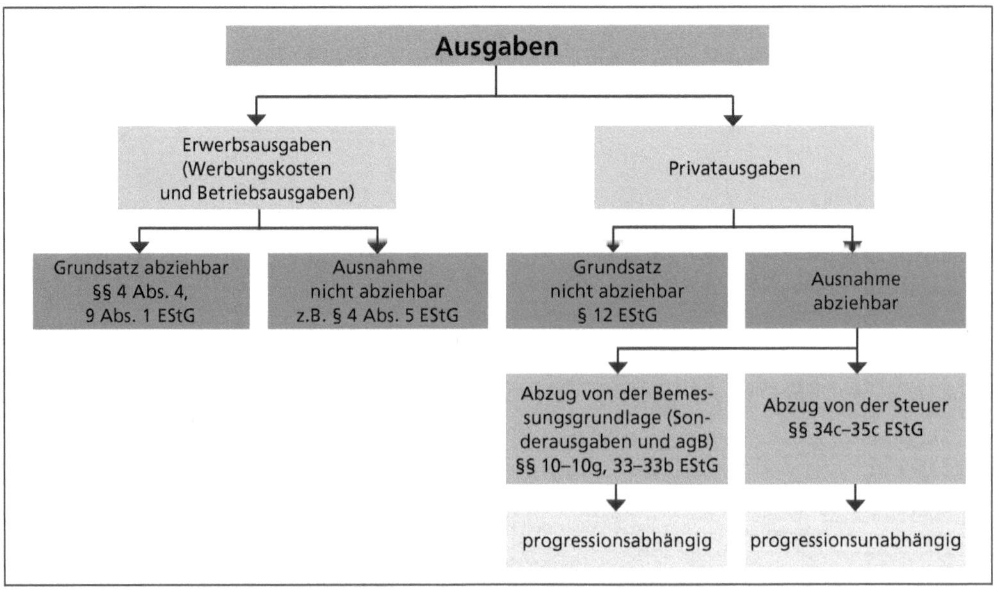

3 Ausgaben

Einnahmen und Ausgaben

Zunächst müssen die **Einnahmen** ermittelt werden. Einkommensteuerlich relevant sind Vermögensmehrungen, die aus einer wirtschaftlichen Tätigkeit resultieren, d.h. einer Teilnahme am wirtschaftlichen Verkehr mit der Absicht einer Gewinnerzielung (**steuerbare Einnahmen**). Damit sind Vermögensmehrungen, die ausschließlich auf zufälligen oder Glücksumständen beruhen, nicht Gegenstand der ESt, wie z.B. ein Lottogewinn. Dasselbe gilt für Vermögensmehrungen, die auf Erbschaft oder Schenkung beruhen (nicht steuerbare Einnahmen).

Grundsätzlich sind alle steuerbaren Einnahmen steuerpflichtig. Nur wenn eine ausdrückliche gesetzliche Steuerbefreiung vorliegt, unterbleibt die Besteuerung. Wichtige Steuerbefreiungen sind in § 3 EStG geregelt. [2]

Von den Einnahmen können **Ausgaben** abgezogen werden. Die Ausgaben sind zu unterteilen in:

- Erwerbsausgaben (Werbungskosten/Betriebsausgaben) und
- Privatausgaben (Sonderausgaben, außergewöhnliche Belastungen und Steuerermäßigungen). [3]

Zieht man von den Einnahmen die Erwerbsausgaben ab, so erhält man die **Einkünfte**. Zieht man von den Einkünften die abziehbaren Privatausgaben ab, so erhält man das **zu versteuernde Einkommen**. Es gelten folgende Regeln:

Erwerbsausgaben, also Betriebsausgaben und Werbungskosten, dürfen angesetzt werden, es sei denn, es besteht ein ausdrückliches gesetzliches Abzugsverbot. Der Grund ist einleuchtend: Nicht die (Brutto-)Einnahmen bestimmen die Leistungsfähigkeit. Nur das, was nach Abzug der zur Erzielung der Einnahmen erforderlichen Ausgaben übrig bleibt, also der Nettobetrag, kann konsumiert werden und steigert somit die Leistungsfähigkeit. Man spricht vom sog. **objektiven Nettoprinzip**. Das Wort »netto« bedeutet, dass von den Einnahmen die Erwerbsausgaben abgezogen werden müssen. »Objektiv« bedeutet, dass Werbungskosten und Betriebsausgaben ohne Ansehung der Person und damit bei allen Steuerpflichtigen gleich abgezogen werden können. [1]

Beispiel: Unternehmer U 1 hat Einnahmen von 20.000 € und Ausgaben von 10.000 €. Zum Konsum verbleiben ihm nur 10.000 €. Unternehmer U 2 hat Einnahmen von 100.000 € und Ausgaben von 90.000 €. Auch U 2 stehen nur 10.000 € zum Konsum zur Verfügung, obwohl seine Einnahmen höher sind als die von U 1. Folglich knüpft die ESt nicht an die Einnahmen an, sondern an die Einkünfte. Die Einkünfte von U 1 und U 2 sind gleich hoch.

Bei **Privatausgaben** ist es umgekehrt: Privatausgaben dürfen grundsätzlich nicht die Steuer mindern. Sie können daher in der Regel nicht abgezogen werden, § 12 Nr. 1 S. 2 EStG. Nur wenn das Gesetz es ausdrücklich anordnet, ist ein Abzug möglich.

Die abzugsfähigen Privatausgaben stehen häufig in einem Zusammenhang mit den persönlichen Verhältnissen. Daher spricht man vom sog. **subjektiven Nettoprinzip**. [1]
Bei den abzugsfähigen Privatausgaben gibt es wiederum zwei Arten:

- ein **Abzug von der Bemessungsgrundlage** (Sonderausgaben und außergewöhnliche Belastungen) und
- ein **Abzug von der Steuer** (sog. Steuerermäßigungen).

Ein Abzug von der Bemessungsgrundlage (Sonderausgabe/außergewöhnliche Belastung) erfolgt vor Anwendung des progressiven ESt-Tarifs. Der Abzug wirkt daher progressionsabhängig.

Beispiel: Arbeitnehmer Arm hat ein zvE von 10.000 €. Die ESt beträgt im Jahr 2021 36 €. Arbeitnehmer Reich hat ein zvE von 100.000 €. Seine ESt beträgt 32.863 €. Wenn Arm nun 100 € an das DRK spendet (Sonderausgabe, § 10b Abs. 1 EStG), so sinkt sein zvE (= BMG) auf 9.900 €. Die ESt mindert sich dadurch um 14 €. Wenn Reich 100 € spendet, so sinkt sein zvE (= BMG) auf 99.900 €. Die ESt mindert sich um 42 €. Wie man sieht, wird Reich stärker entlastet als Arm. Da eine Spende von der Bemessungsgrundlage abgezogen wird, ist die Steuerminderung progressionsabhängig.

Ein Abzug von der Steuer (Steuerermäßigungen) wirkt dahingegen progressionsunabhängig.

Beispiel: Sachverhalt wie oben, jedoch spenden Arm und Reich jeweils 100 € an die Autofahrer-Partei.
Lösung: Die ESt von Arm und Reich ermäßigt sich bei beiden gleichermaßen um jeweils 50 € = 1/2 x 100 €, § 34g EStG.

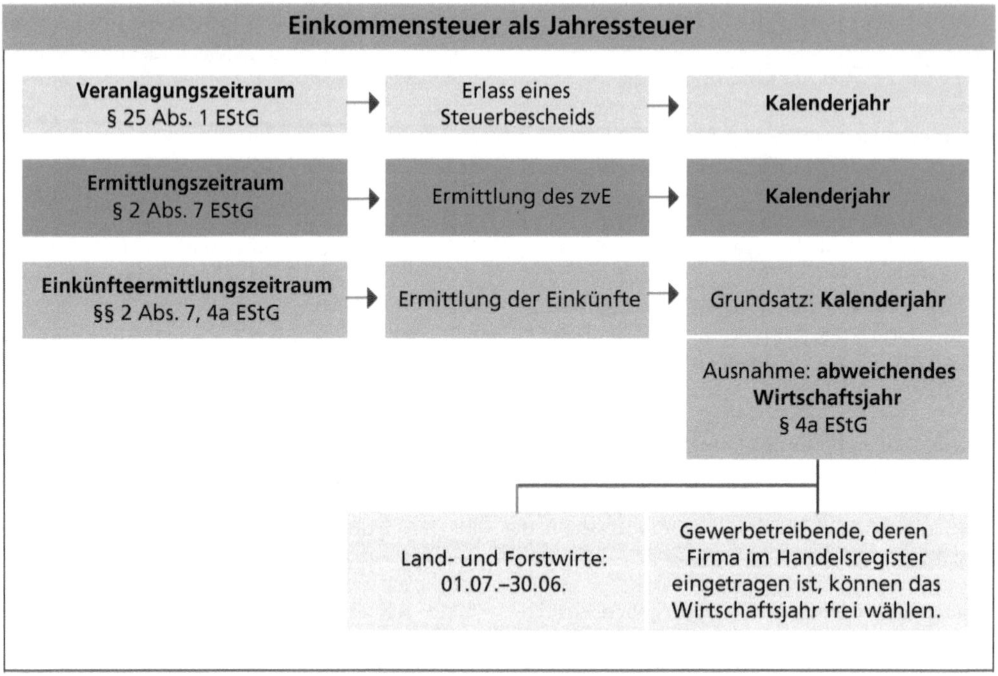

1 Einkommensteuer als Jahressteuer (stark modifiziert entnommen aus: Heinrich Weber-Grellet, Bilanzsteuerrecht, 18. Aufl. 2020, RZ. 90)

Die Einkommensteuer als Jahressteuer

Die ESt wird jeweils für ein Kalenderjahr durch einen Steuerbescheid festgesetzt. Dabei sind zu unterscheiden:

- Veranlagungszeitraum,
- Ermittlungszeitraum,
- Einkünfteermittlungszeitraum. [1]

Veranlagungszeitraum

Veranlagungszeitraum ist der Zeitraum, für den eine Veranlagung erfolgt, d.h. der Zeitraum für den eine Steuererklärung abzugeben ist und für den ein Steuerbescheid ergeht. Veranlagungszeitraum ist das Kalenderjahr, § 25 Abs. 1 EStG.

Ermittlungszeitraum (Bemessungszeitraum)

Ermittlungszeitraum ist der Zeitraum, für den die Besteuerungsgrundlage, also das zvE zu ermitteln ist. Auch der Ermittlungszeitraum ist das Kalenderjahr, § 2 Abs. 7 S. 1 und 2 EStG. Das bedeutet, dass z.B. alle Werbungskosten, Sonderausgaben und außergewöhnlichen Belastungen immer für ein Kalenderjahr zu ermitteln sind.

Einkünfteermittlungszeitraum

Auch die Einkünfte werden grundsätzlich für ein Kalenderjahr ermittelt. Für Land- und Forstwirte sowie Gewerbetreibende gibt es das vom Kalenderjahr **abweichende Wirtschaftsjahr**, § 4a EStG:

- Bei **Einkünften aus Land- und Forstwirtschaft**, § 13 EStG, wird der Gewinn für das Wirtschaftsjahr vom 01.07. bis 30.06. ermittelt, § 4a Abs. 1 Nr. 1 EStG. Der Gewinn wird bei der Ermittlung des zvE anteilig auf die Kalenderjahre verteilt, § 4a Abs. 2 Nr. 1 EStG. Der Grund für diese Regelung ist einfach: Am 30.06. ist die alte Ernte verkauft und die neue Ernte hat noch nicht begonnen. Damit sind die Vorräte in den Scheunen klein. Das erleichtert die Inventur.
- **Gewerbetreibende**, § 15 EStG, deren Firma im Handelsregister eingetragen ist, können das Wirtschaftsjahr frei wählen. Das Gesetz gibt ihnen damit die Möglichkeit, den Inventurzeitpunkt auf eine für sie günstige Zeit zu legen. Der Gewinn eines Wj. gilt in dem Kj. bezogen, indem das Wj. endet, § 4a Abs. 2 Nr. 2 EStG.

Beispiel: Das Wirtschaftsjahr von Kaufmann Konrad beginnt am 01.05. eines Jahres und endet am 30.04. des darauffolgenden Jahres. Im Wirtschaftsjahr 05/06 erzielte Konrad einen Gewinn von 100.000€. Der Gewinn gilt in dem Jahr bezogen, in dem das Wirtschaftsjahr endet. Der Gewinn von 100.000 € muss daher in 06 versteuert werden.

Beispiel: Studentin Stefanie handelt neben ihrem Studium über eBay. Da sie nur geringe Umsätze hat, ist sie nicht im Handelsregister eingetragen und ermittelt ihren gewerblichen Gewinn nach § 4 Abs. 3 EStG. Stefanie muss ihren Gewinn jeweils für das Kalenderjahr ermitteln. Ein vom Kalenderjahr abweichendes Wirtschaftsjahr ist nicht möglich, da sie nicht im Handelsregister eingetragen ist. Zu beachten ist, dass bei den anderen Einkunftsarten (§§ 18, 19, 20, 21, 22 EStG) ein abweichendes Wirtschaftsjahr nicht gewählt werden kann.

Beispiel: Anton ist Rechtsanwalt und zugleich Vermieter eines Wohnhauses (Privatvermögen). Anton kann weder für seine Einkünfte als Rechtsanwalt (§ 18 EStG) noch für seine Einkünfte aus Vermietung (§ 21 EStG) ein vom Kalenderjahr abweichendes Wirtschaftsjahr wählen.

Umstellung des Wirtschaftsjahrs

- Eine Umstellung vom Kalenderjahr oder einem abweichendem Wirtschaftsjahr **auf ein** (anderes) **abweichendes Wirtschaftsjahr** ist nur mit **Zustimmung des FA** möglich, § 4a Abs. 1 Nr. 2 S. 2 EStG.
- Daraus folgt im Umkehrschluss: Eine **Umstellung** von einem abweichenden Wirtschaftsjahr **auf das Kalenderjahr** ist **immer möglich**.
- Ein Wirtschaftsjahr darf nie länger als zwölf Monate sein. Bei einer Umstellung ist daher ein Wirtschaftsjahr von weniger als zwölf Monaten zwingend (sog. Rumpfwirtschaftsjahr).

Beispiel: Kaufmann Konrad hat ein mit dem Kalenderjahr übereinstimmendes Wirtschaftsjahr. Ab dem Jahr 2021 möchte er den Bilanzstichtag auf den 31.08. verlegen. Konrad muss die Zustimmung des Finanzamts einholen. Wird diese erteilt, so muss Konrad zunächst im Jahr 2021 ein sog. Rumpfwirtschaftsjahr vom 01.01.2021–31.08.2021 bilden. Der Gewinn wird im Jahr 2021 versteuert. Danach kann Konrad das erste vollständige abweichende Wirtschaftsjahr vom 01.09.21–31.08.22 bilden.

Beispiel: Kaufmann Knut hat ein Wirtschaftsjahr vom 01.06.–31.05. Knut möchte ab dem Jahr 21 das Wirtschaftsjahr auf das Kalenderjahr umstellen. Eine Zustimmung des Finanzamts ist nicht erforderlich. Das Rumpfwirtschaftsjahr vom 1.6.–31.12. wird zusammen mit dem vorhergehenden Wirtschaftsjahr in 21 versteuert.

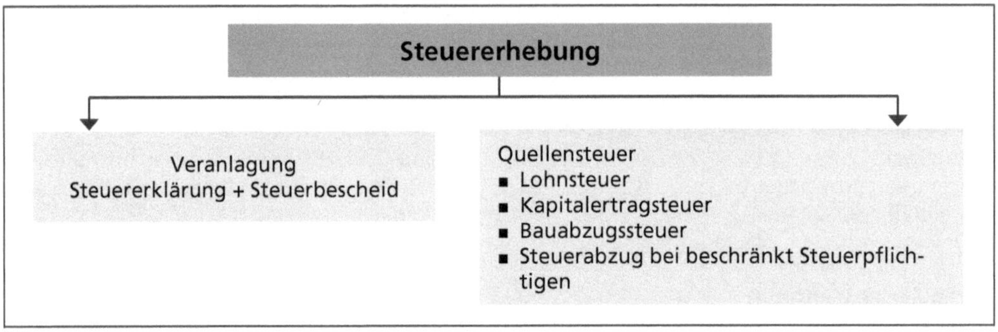

1 Steuererhebungsformen

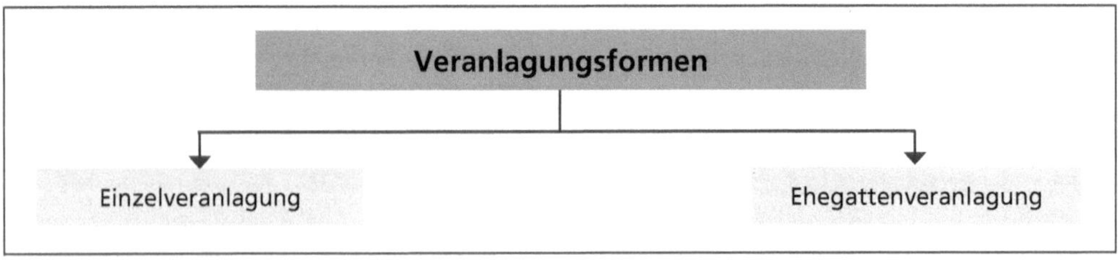

2 Veranlagungsformen

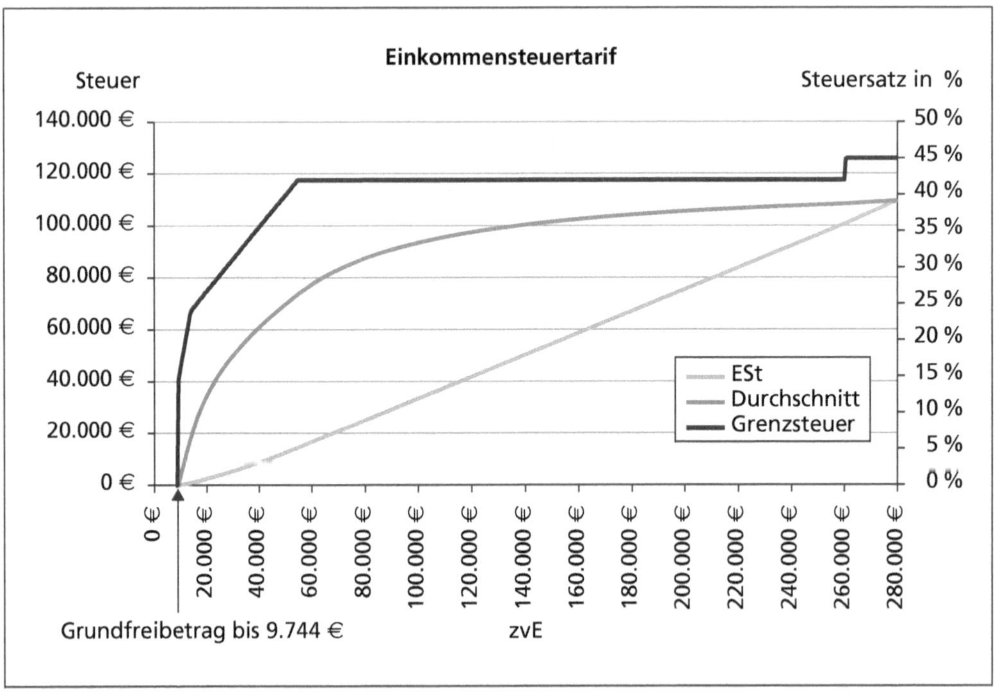

3 Einkommensteuergrundtarif, § 32a Abs. 1 EStG, Durchschnitts- und Grenzsteuersätze

Steuererhebung, Veranlagung und Tarif

Steuererhebung

Wie kommt der Staat zu seinem Geld? Es gibt zwei Wege: Die Veranlagung und die Quellensteuer. [1]

Veranlagung: Hier ist der Bürger verpflichtet, dem Staat seine Einkünfte zu erklären. Der Staat erlässt dann einen Steuerbescheid, den der Bürger bezahlen muss. Grundsätzlich wird jeder Mensch einzeln veranlagt, d. h. er muss eine eigene Steuererklärung abgeben und erhält einen eigenen Steuerbescheid, § 25 EStG (**Einzelveranlagung**). Bei Ehegatten kommt eine **Ehegattenveranlagung** in Betracht, § 26 EStG. [2]

Quellensteuer: Die wichtigsten Quellensteuern sind die Lohnsteuer und die Kapitalertragsteuer. Ferner gibt es noch die Bauabzugssteuer, §§ 48 ff. EStG, und den Steuerabzug bei beschränkt Steuerpflichtigen, § 50a EStG.

Lohnsteuer: Der Arbeitgeber zahlt bereits einen Teil des Lohns als »Steuervorauszahlung« an das Finanzamt, §§ 38 ff. EStG. Der Arbeitnehmer erhält nur den Nettolohn, also den um die Lohnsteuer, den Soli und die Sozialabgaben gekürzten Lohn ausgezahlt. Wichtig ist, dass auch Arbeitnehmer eine Steuererklärung abgeben können, § 46 Abs. 2 Nr. 8 EStG. Die bereits bezahlte Quellensteuer wird dann als geleistete Vorauszahlung von der festgesetzten ESt abgezogen (»angerechnet«). Die Lohnsteuer ist also keine eigene Steuer, sondern nur eine besondere Erhebungsform der ESt.

Kapitalertragsteuer: Die meisten Kapitalerträge unterliegen einem Quellensteuerabzug von 25 %, §§ 43 ff. EStG. Hinzu kommt der Solidaritätszuschlag von 5,5 %. Die wichtigste Form ist die Abgeltungsteuer auf Kapitaleinkünfte im Privatvermögen (insbesondere auf Dividenden, Zinsen und Aktienveräußerungsgewinne, § 20 EStG), § 43 Abs. 5 EStG. Diese Einkünfte unterliegen also nicht mehr dem progressiven ESt-Tarif (vgl. S. 42 ff.).

Beispiel: Anton hat Bundesobligationen und erhält 10.000 € Zinsen. Er hat keinen Freistellungsauftrag gestellt. Die Depotbank darf nicht die vollen Zinsen auszahlen. Sie muss 25 % Kapitalertragsteuer (Abgeltungsteuer) zuzüglich 5,5 % Solidaritätszuschlag einbehalten und an das Finanzamt zahlen. Anton erhält nur 7.363 € Zinsen ausbezahlt.

Tarif

Der ESt-Tarif 2021 ist ein progressiver Tarif, § 32a EStG. Das bedeutet, dass es keinen konstanten, sondern einen steigenden Durchschnittsteuersatz gibt. Bei einer Verdoppelung des zvE steigt die ESt um mehr als das Doppelte. Der ESt-Tarif ist in vier Zonen unterteilt:

- **Grundfreibetrag:** Bis zu einem zvE von 9.744 € muss keine ESt gezahlt werden. Der Grundfreibetrag orientiert sich am Existenzminimum. Nur die über das Existenzminimum hinausgehenden Beträge müssen versteuert werden. So wird verhindert, dass ein Sozialhilfeempfänger ESt zahlen muss.
- Zwischen 9.745 € und 57.918 € gibt es zwei **Progressionszonen.**
- In der ersten **Proportionalzone** von 57.919 € bis 274.612 € bleibt der Grenzsteuersatz konstant bei 42 %. Allerdings steigt der Durchschnittsteuersatz weiterhin. Es handelt sich also um einen indirekt progressiven Tarif.
- In der **zweiten Proportionalzone** (sog. Reichensteuer) ab 274.613 € beträgt der Grenzsteuersatz 45 %. [3]

Beispiel: Bei einem zvE von 10.000 € beträgt die ESt 36 €. Damit müssen 36 €/10.000 € = 0,36 % (Durchschnittsteuersatz) an das Finanzamt gezahlt werden. Bei einer Erhöhung des zvE um 40 € auf 10.040 € steigt die ESt um 6 € auf 42 €. Die zusätzlich verdienten 40 € werden somit mit 6 €/40 € = 15 % (Differenzsteuersatz) versteuert.

Beispiel: Bei welchem zvE beträgt der Durchschnittsteuersatz 40 %?

Lösung:
40 % = ESt/zvE
40 % = (0,45 x zvE ./. 17.374,99 €)/zvE
zvE = 17.374,99 €/0,05 = 347.500 €
Probe: ESt bei 347.500 € = 0,45 x 347.500 € ./. 17.374,99 € = 139.000 €. Durchschnittsteuersatz: 139.000 €/347.500 € = 40 %.

Beispiel: Wie hoch sind bei einem Ledigen mit einem zvE von 274.613 € der Grenz- und der Durchschnittsteuersatz?
Lösung: Bei einem Ledigen mit einem zvE von 274.613 € beträgt der Grenzsteuersatz 45 %, der Durchschnittsteuersatz aber nur knapp 39 %.

Erhebung des Solidaritätszuschlages

- **Einkommensteuer** inklusive Lohn- und Abgeltungsteuer
- **Körperschaftsteuer**

[1] Auf welche Steuern wird der Solidaritätszuschlag erhoben?

Tarifzone	Höhe des Solidaritätszuschlages	Bemessungsgrundlage bis (ab) ESt	Entspricht zvE bis (ab)
Nullzone	0	Single 16.956 € Splitting 33.912 €	Single 62.125 € Splitting 124.255 €
Überleitungszone	0 < Soli < 5,5%	11,9 % des Unterschiedsbetrages zwischen Bemessungsgrundlage und Freigrenze	Single bis 96.820 € Splitting bis ca. 193.642 €
Normalzone	5,5 %	Single 31.528 € Splitting 63.056 €	Single ab ca. 96.821 € Splitting ab ca. 193.643 €

[2] Tarifzonen des Solidaritätszuschlages in der Einkommensteuer

	Allgemeiner Tarif	Abgeltungssteuer	Körperschaftsteuer
ESt/KSt-Spitzensteuersatz	45 %	25 %	15 %
ESt/KSt-Spitzensteuersatz + Solidaritätszuschlag	47,475 %	26,375 %	15,825 %

[3] Spitzensteuersätze mit und ohne Solidaritätszuschlag

Exkurs: Solidaritätszuschlag

Durch den Solidaritätszuschlag (umgangssprachlich Soli) sollten ursprünglich die Kosten für die deutsche Einheit finanziert werden. Daneben diente er auch zur Milderung der Belastungen durch den Zweiten Golfkrieg und der Unterstützung von Ländern in Süd-, Mittel- und Osteuropa. Er wurde 1991, befristet auf ein Jahr, eingeführt. 1993 und 1994 wurde kein Solidaritätszuschlag erhoben. Ab dem Veranlagungszeitraum 1995 war der Solidaritätszuschlag fester Bestandteil der Staatseinnahmen, wobei er immer noch mit der Finanzierung der Kosten der deutschen Einheit begründet wurde. Im Jahr 2020 betrugen die Einnahmen aus dieser Steuer rund 20 Mrd. €. Der Solidaritätszuschlag wird als Ergänzungsabgabe zur Einkommen- und zur Körperschaftsteuer erhoben (§ 1 SolZG). 1

Der Solidarpakt II, in dem die Finanzhilfen und deren Verteilung geregelt wurden, ist Ende 2019 ausgelaufen. Damit wäre der Solidaritätszuschlag insgesamt nach fast 30 Jahren obsolet geworden. Dazu konnte sich der Fiskus jedoch nicht durchringen. 2019 hat sich der Bundestag lediglich auf die teilweise Abschaffung des Solidaritätszuschlags geeinigt, indem im Dezember 2019 das »Gesetz zur Rückführung des Solidaritätszuschlags 1995« verabschiedet wurde.

Durch dieses Gesetz muss die überwiegende Mehrheit der Steuerzahler – nach Rechnung des Finanzministeriums sind das rund 90 % – ab 2021 keinen Soli mehr zahlen, für sie entfällt der Zuschlag von 5,5 % auf die Einkommens- oder Körperschaftssteuer in Gänze. Weitere 6,5 % der Steuerzahler müssen den Zuschlag nur noch teilweise entrichten. Insgesamt würden 96,5 % der Steuerzahler durch das Gesetz bessergestellt. Damit werden die Steuerzahler im Jahr 2021 um rund 10 Mrd. €, im Jahr 2022 um rund 11,2 Mrd. € entlastet.

Der Solidaritätszuschlag beträgt 5,5 % der festgesetzten Einkommensteuer/Körperschaftsteuer.

Bei der Ermittlung der Bemessungsgrundlage ist von der Einkommensteuer auszugehen, die unter Berücksichtigung der Kinderfreibeträge gem. § 32 EStG festzusetzen wäre (§ 3 Abs. 2 SolZG). Damit wirken sich folgende Steuerminderungen auf die Höhe des Solidaritätszuschlags aus:

- aus Parteispenden nach § 34g EStG (vgl. S. 23),
- aus haushaltsnahen Dienstleistungen gem. § 35a EStG,
- aus Steuerermäßigungen bei Einkünften aus Gewerbebetrieb gem. § 35 EStG (vgl. S. 162 f.)
- und Steuerermäßigungen im Rahmen des Teileinkünfteverfahrens gem. § 3 Nr. 40 EStG (vgl. S. 47).

Im Rahmen des »Gesetzes zur Rückführung des Solidaritätszuschlags 1995« wird die Freigrenze in § 3 SolZG von 972 €/1.944 € (Einzel-/Zusammenveranlagung) auf 16.956 €/33.912 € angehoben sowie in der sog. Überleitungszone der Solidaritätszuschlag von 20% des Unterschiedsbetrages zwischen der Bemessungsgrundlage und jeweiliger Freigrenze auf 11,9 % gesenkt. Damit ergeben sich drei Tarifzonen (vgl. Abb. 2).

Betrachtet man das Bruttoeinkommen eines Arbeitnehmers, von dem ja verschiedene Sozialabgaben steuermindernd abgezogen werden (vgl. S. 4 f.), dann bleiben Bruttolöhne bis ca. 73.000 € solidaritätssteuerfrei. Bei verheirateten bzw. verpartnerten Paaren hängt die Steuerfreiheit von der Verteilung auf die einzelnen Partner ab. Haben beide den gleichen Lohn, dann sind Lohneinkommen bis ca. 147.000 € solidaritätssteuerfrei. Innerhalb eines Veranlagungszeitraumes wird der Solidaritätszuschlag auf Steuervorauszahlungen sowie die Lohnsteuer gem. § 3 Abs. 1 Nr. 2–6 SolZG erhoben. Auf die Abgeltungsteuer (vgl. S. 46 ff.) wird der Solidaritätszuschlag auch nach 2020 mit den vollen 5,5 % erhoben. Allerdings wirkt sich die Freistellung vom Solidaritätszuschlag in der Einkommensteuer bei einer Günstigerprüfung gem. § 32d Abs. 6 EStG in einer Erhöhung des begünstigten individuellen Steuersatzes aus.

Bei der Körperschaftsteuer gibt es keine Freistellung vom Solidaritätszuschlag. Trotzdem profitieren nicht nur Gewerbetreibende, die ihr Unternehmen als Einzelunternehmen bzw. in Form einer Personengesellschaft führen, von der Abschaffung des Solidaritätszuschlages. Auch Gewerbetreibende, die ihr Unternehmen wegen der Haftungsminderung in Form einer Kapitalgesellschaft führen, wie es häufig bei Handwerksunternehmen der Fall ist, haben nach Wegfall des Solidaritätszuschlags eine geringere Steuerlast als zuvor. Denn bei der Ausschüttung eines Gewinns aus einer Kapitalgesellschaft darf gem. § 32d Abs. 2 Nr. 3 EStG derjenige das sog. Teileinkünfteverfahren (vgl. S. 46 f.) anwenden, der entweder mehr als 25 % der Anteile oder mehr als 1 % der Anteile besitzt und für das Unternehmen mit maßgeblichem unternehmerischen Einfluss tätig ist. Der aus dem Teileinkünfteverfahren resultierende Gewinn profitiert wiederum von der Erhöhung der Freibeträge gemäß dem »Gesetz zur Rückführung des Solidaritätszuschlags 1995«.

Der Solidaritätszuschlag gehört zu den nicht abzugsfähigen Ausgaben.

Demnach ergeben sich für die Einkommensteuer im allgemeinen Tarif, die Abgeltungsteuer und die Körperschaftsteuer die in Abb. 3 aufgeführten Spitzensteuersätze inklusive Solidaritätszuschlag.

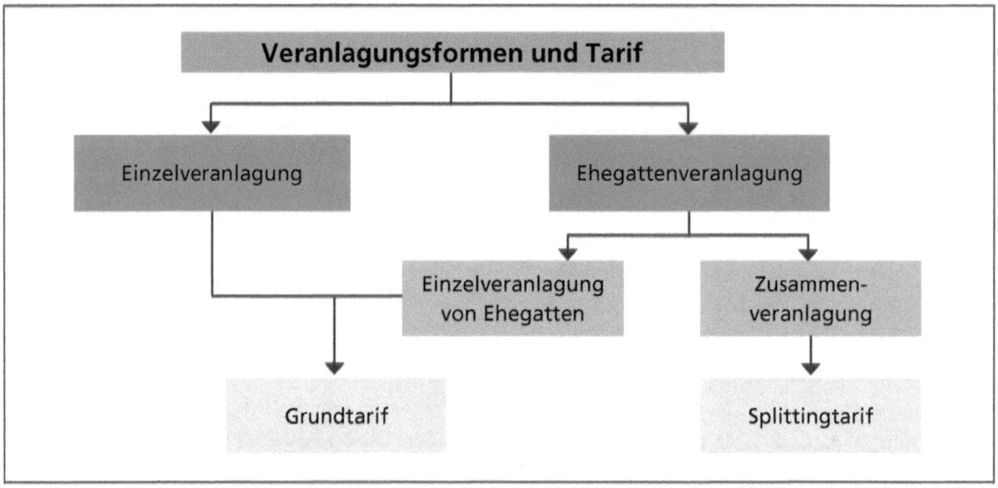

1 Veranlagungsformen und Tarif

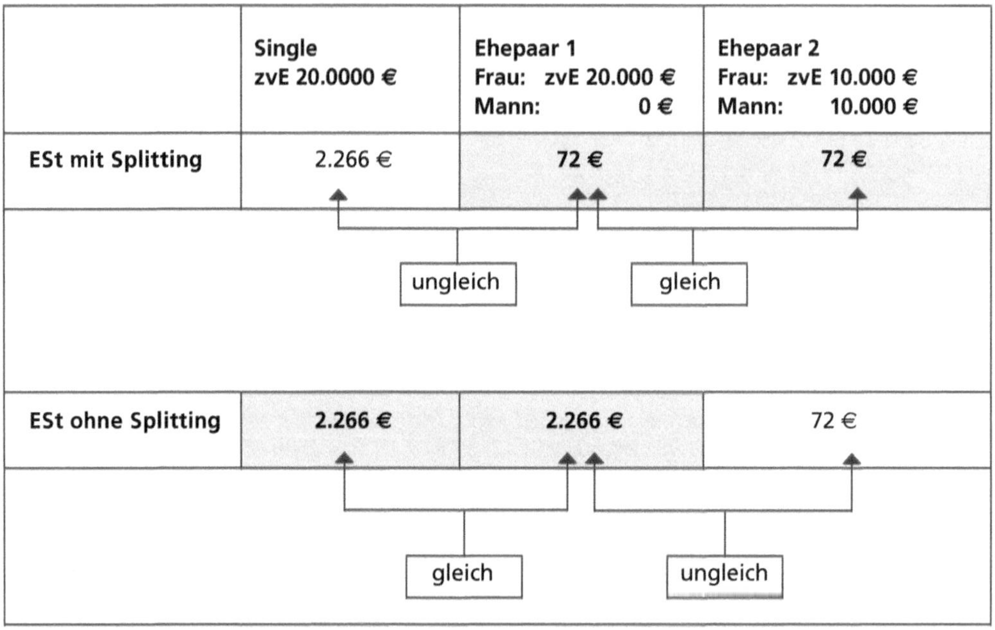

2 Eine Gleichbehandlung von Paaren und Individuen ist bei Progression nicht möglich (2021)

	Ohne Splitting	Mit Splitting	Differenz
ESt auf zvE Ehemann von 30.000 €	5.091 €	2.020 €	
Mehrsteuer für zvE Ehefrau von 10.000 €	36 €	2.512 €	
Summe	5.127 €	4.532 €	595 € = Vorteil für beide
Nettoeinkommen der Ehefrau	10.000 € ./. 36 € = 9.964 €	10.000 € ./. 2.512 € = 7.488 €	2.476 € = Nachteil der Frau

3 Splitting und Grenzsteuersatz

Ehegattenveranlagung und Splittingtarif

Für Ehegatten und Partner einer eingetragenen Lebenspartnerschaft (§ 2 Abs. 8 EStG) gibt es die Ehegattenveranlagung. Voraussetzung ist, dass (1) beide Ehegatten unbeschränkt steuerpflichtig sind und (2) nicht dauernd getrennt leben. Voraussetzungen (1) und (2) müssen an mind. einem Tag im Jahr gegeben sein, § 26 Abs. 1 EStG. In diesem Fall können die Ehegatten zwischen der **Zusammenveranlagung**, § 26b EStG, und der **Einzelveranlagung von Ehegatten**, § 26a EStG, wählen. Ohne ausdrückliche Erklärung erfolgt eine, im Regelfall günstigere, Zusammenveranlagung, §26 Abs. 3 EStG. Die Ehegatten geben eine gemeinsame Steuererklärung ab und erhalten einen gemeinsamen Steuerbescheid. Die Steuer wird nach dem Splittingtarif berechnet. Bei der Einzelveranlagung werden die Ehegatten im Wesentlichen wie nicht verheiratete Personen behandelt. [1]

Splittingtarif

Die wichtigste Folge der Zusammenveranlagung ist der **Splittingtarif**, § 32a Abs. 5 EStG. Mit dem Splittingtarif sollen negativen Folgen der Progression bei Ehegatten vermieden werden. Ehegatten werden so besteuert, als ob jeder von ihnen die Hälfte des gemeinsamen zvE erzielt hätte. Daraus folgt ein niedrigerer Durchschnittsteuersatz.
Beispiel: Die Ehefrau hat ein zvE von 60.000 €. Der Ehemann verdient nichts.
Lösung:

- Wählen die Ehegatten die Zusammenveranlagung, so wird die ESt nach Splittingtarif berechnet: Die ESt beträgt 10.182 €. Das sind 17 % des zvE. Dies lässt sich auch mit Hilfe des Grundtarifs berechnen: Beide Ehegatten müssen rechnerisch ein zvE von je 60.000/2 = 30.000 € versteuern. Die ESt nach dem Grundtarif beträgt für jeden 5.091 €. Insgesamt müssen sie 2 x 5.091 € = 10.182 € zahlen.
- Wählen die Ehegatten die Einzelveranlagung, so wird die ESt der Ehefrau nach dem Grundtarif berechnet: Die Ehefrau muss 16.063 € zahlen. Das entspricht 27 % des zvE. Der Ehemann muss keine ESt zahlen.
- Die Differenz zwischen ESt nach dem Grund- und dem Splittingtarif beträgt 16.063 € ./. 10.182 € = 5.881 €. Die Differenz ist auf den progressiven Tarif zurückzuführen. Der Durchschnittsteuersatz wächst mit steigendem zvE. Beim Splittingtarif wird ein Durchschnittsteuersatz von 17 % angewendet. Beim Grundtarif beträgt der Steuersatz 27 %.

Der höchste Splittingvorteil entsteht ab einem Einkommen von 549.226 €, sofern ein Ehegatte kein eigenes Einkommen erzielt, und beträgt 17.376 €.

Das Splitting ist in der Dauerdiskussion. **Für** das Splitting wird vorgetragen:

- Ehegatten bilden eine Erwerbs- und Verbrauchsgemeinschaft. Folglich muss auch der Staat die Eheleute zusammen so besteuern. Allerdings muss man erkennen, dass bei einem progressiven Tarif nicht gleichzeitig alle Paare und alle Individuen gleich behandelt werden können. Siehe Beispiel [2].
  Mit Splitting werden beide Ehepaare gleich gestellt. Allerdings wird der Single schlechter gestellt als die Ehefrau des Paares 1. Ohne Splitting wird der Single mit der Ehefrau des Paares 1 gleich gestellt. Jedoch werden Paar 1 und Paar 2 unterschiedlich behandelt.
- Die Abschaffung des Splittings benachteiligt Arbeitnehmer. Wenn ein Ehegatte Unternehmer ist, kann durch einen Ehegattenarbeitsvertrag das gleiche Ergebnis erzielt werden wie durch das Splitting. Bei Arbeitnehmern ist das nicht möglich.
  Beispiel: Unternehmer U erzielt einen Gewinn von 200.000 €. Wie kann er bei Abschaffung des Splittings ein »faktisches« Splitting vereinbaren?
  Lösung: U gibt seiner Ehefrau einen Beratungsauftrag (vgl. R 4.8 EStR). Das Honorar beträgt 100.000 €. Nun müssen beide Ehegatten je 100.000 € versteuern. Arbeitnehmer können diese Gestaltung nicht wählen.
- Die Abschaffung des Splittings würde sich kaum auswirken, da der mehr verdienende Ehegatte dem weniger verdienenden zum Unterhalt verpflichtet ist. Dieser Unterhalt wäre bei Abschaffung des Splittings beim Zahlenden steuermindernd zu berücksichtigen.

Gegen das Splitting wird vorgetragen:

- Das Splitting führt zu einem höheren Grenzsteuersatz bei dem geringer Verdienenden. Damit benachteiligt es typischerweise die Ehefrau.
  Beispiel: Die Ehefrau überlegt nach einer Babypause, ob sie wieder arbeiten soll. Sie würde 10.000 € verdienen. Ihr Ehemann verdient 30.000 €.
  Lösung: [3] Die Zahlen verdeutlichen das Dilemma: Insgesamt ist das Splitting für beide Ehegatten zusammen um 595 € günstiger. Aus Sicht der Ehefrau vermindert das Splitting aber ihr Nettoeinkommen um 2.476 €.
- Das Splitting benachteiligt unverheiratete Paare.

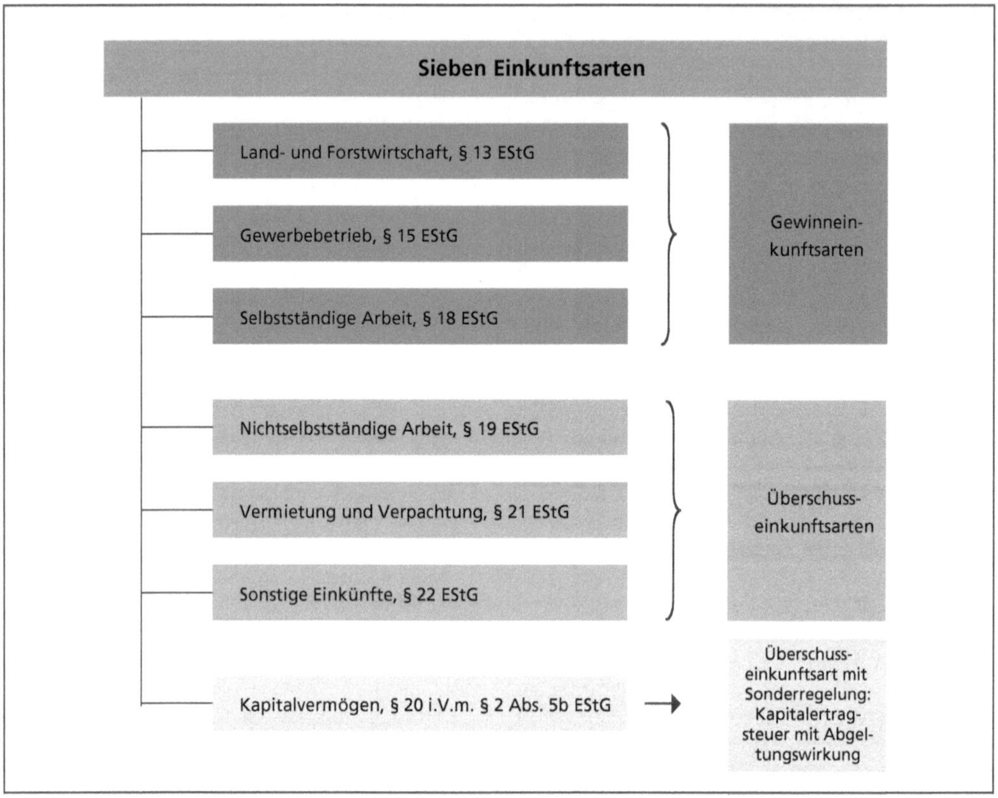

1 Die sieben Einkunftsarten

Nichtsteuerbare Vermögensmehrungen

- Erbschaften, Schenkungen
- Wertsteigerungen (ohne Realisation)
- Lottogewinn und andere Glücksspiele
- Preise, die nicht i.R.d. beruflichen Arbeit erzielt werden, nicht aber Preisgeld des Profisportlers, z.B. Nobelpreis ist steuerfrei
- Unterhaltsbezüge (Ausnahmen § 22 Nr. 1a EStG)
- Eigenleistungen (sog. »imputed income«)
- Schadensersatz außerhalb einer Einkunftsart
- Vermögensmehrung aus Liebhabereitätigkeit
- Freiwillige Zuwendungen, § 22 Nr. 1 S. 2 EStG

2 Beispiele nichtsteuerbarer Vermögensmehrungen

Die sieben Einkunftsarten

Das EStG kennt in § 2 Abs. 1 EStG sieben Einkunftsarten, [1] von denen die ersten drei Gewinn-, die übrigen vier Überschusseinkunftsarten sind, § 2 Abs. 2 EStG. Nach der Art der Tätigkeit bezeichnet man die Gewinneinkunftsarten auch als betriebliche Einkunftsarten, während die anderen Privateinkunftsarten genannt werden. Die Einkunftsarten erfüllen zwei Funktionen:

1. Abgrenzung der steuerbaren Einkünfte von nichtsteuerbaren Vermögensmehrungen
Steuerbarkeit ist nur gegeben, wenn eine der sieben Einkunftsarten erfüllt ist. Vermögensmehrungen außerhalb einer Einkunftsart sind nicht steuerbar. So fällt z. B. eine Erbschaft unter keine Einkunftsart und ist daher nicht (einkommen-)steuerbar. Allerdings greift hier die ErbSt. Auch führt die Wertsteigerung eines Betriebsgrundstücks nicht zu steuerbaren Einkünften. Steuerbare Einkünfte entstehen erst, wenn die Wertsteigerung durch Verkauf realisiert wird. [2]

2. Abgrenzung der Einkunftsarten untereinander
Eigentlich sollten alle Einkünfte gleich behandelt werden. Es sollte keinen Unterschied machen, ob man 1 € als Lohn oder als Zins erhält. Das Gesetz regelt aber Unterschiedliches:

Unterschiede zwischen den Einkunftsarten

Veräußerungsgewinne
Bei den Gewinneinkunftsarten sind Veräußerungsgewinne immer steuerbar. Bei den Überschusseinkunftsarten sind Veräußerungsgewinne nur nach §§ 17, 20 Abs. 2, 23 EStG steuerbar.

Beispiel: Vermieter V kauft ein Mietshaus und Rechtsanwalt R kauft ein Haus, in dem er seine Kanzlei betreibt. Nach 15 Jahren verkaufen beide das Haus mit einem Gewinn. Der Gewinn des Vermieters ist nicht steuerbar, denn § 23 Abs. 1 Nr. 1 EStG erfasst nur Gewinne innerhalb von zehn Jahren. Der Rechtsanwalt muss dahingegen seinen Gewinn versteuern.

Auswirkung auf andere Steuern (z. B.)
- GewSt wird nur auf gewerbliche Einkünfte erhoben, § 2 GewStG. Allerdings gilt auch nur dann die kompensatorische ESt-Entlastung nach § 35 EStG.
- § 13a ErbStG gewährt für Betriebsvermögen (§§ 13, 15, 17 und 18 EStG) Entlastungen.

Steuererhebungsart (z. B.)
- Lohnsteuer gibt es nur bei Einkünften aus nichtselbstständiger Arbeit, §§ 38 ff. EStG.
- Kapitalertragsteuer nur bei Einkünften aus Kapitalvermögen, §§ 43 ff. EStG.

Einkunftsermittlungsart, § 2 Abs. 2 EStG (z. B.)
- Bei Einkünften aus selbstständiger Arbeit, § 18 EStG (Freiberufler), kann der Gewinn immer nach § 4 Abs. 3 EStG ermittelt werden. Auch bei großen Umsätzen und Gewinnen muss keine Bilanz erstellt werden.
- Bei den Einkunftsarten §§ 19, 21–23 EStG werden die Einkünfte als Überschuss der Einnahmen über die Werbungskosten ermittelt.
- Bei Einkünften aus Kapitalvermögen können keine Werbungskosten abgezogen werden, § 20 Abs. 9 EStG.

Pauschbeträge, Freibeträge (z. B.)
- § 16 Abs. 4 EStG: Freibetrag bei Unternehmensveräußerung;
- § 19 EStG: Arbeitnehmerpauschbetrag von 1.000 €, § 9a Nr. 1a EStG;
- § 20 Abs. 9 EStG: Sparer-Pauschbetrag von 801 €;
- § 22 Nr. 1, 1a EStG: Pauschbetrag bei Renten von 102 €, § 9a Nr. 3 EStG.

Steuerbefreiungen (z. B.)
§ 3 Nr. 62 EStG: Arbeitgeberbeitrag zur Sozialversicherung bei § 19 EStG.

Verlustausgleich und Verlustabzug (z. B.)
§§ 10d, 2a, 15a, 17 Abs. 2, 20 Abs. 6, 22 Nr. 3 S. 3, 23 Abs. 3 S. 7 + 8 EStG.

Beispiel: A verkauft für 60.000 € ein Grundstück, welches er im Vorjahr für 90.000 € gekauft hat. Außerdem erzielt A als Angestellter Lohneinkünfte i.H.v. 70.000 €, § 19 EStG. Ist das Grundstück Betriebsvermögen, so beträgt die Summe der Einkünfte 40.000 € = 70.000 € ./. 30.000 €. A kann den Veräußerungsverlust mit seinen Einkünften aus § 19 EStG ausgleichen. Ist das Grundstück dahingegen Privatvermögen, so beträgt die Summe der Einkünfte 70.000 €, da der Veräußerungsverlust nicht ausgleichsfähig ist, § 23 Abs. 3 S. 7 EStG.

Steuersatz (z. B.)
Einkünfte aus Kapitalvermögen im Privatvermögen (§ 20 EStG) unterliegen der Abgeltungsteuer von 25 %, §§ 43 Abs. 5, 43a EStG. Die Steuer wird als Kapitalertragsteuer erhoben.

Einkünfte aus Land- und Forstwirtschaft

Beispiele:
- Landwirtschaft (Pflanzenanbau, Tierproduktion)
- Forstwirtschaft
- Weinbau
- Gartenbau
- Jagd, Jagdverpachtung
- Fischwirtschaft
- Imkerei

[1] Beispiele landwirtschaftlicher Einkünfte

Unterschiede zwischen § 13 EStG und § 19 EStG

	selbstständiger Land- und Forstwirt	angestellter Land- und Forstwirt
Einkunftsart:	§ 13 EStG	§ 19 EStG
Einkunftsermittlungsart:	Gewinn	Überschuss
Quellensteuer:	nein	ja: Lohnsteuer

[2] Unterschiede zwischen Einkünften aus Land- und Forstwirtschaft und Einkünften aus nichtselbstständiger Arbeit

Einkünfte aus Land- und Forstwirtschaft (LuF)

Einkunftsart

Die Einkünfte aus LuF sind in den §§ 13–14a EStG geregelt. Wie bei § 15 Abs. 2 EStG muss es sich um eine selbstständige, nachhaltige Betätigung mit Gewinnerzielungsabsicht unter Teilnahme am allgemeinen Verkehr handeln.

Beispiel: Bauer B hat einen eigenen Bauernhof. Daneben arbeitet er als angestellter Waldarbeiter. Welche Einkunftsarten liegen vor?
Lösung: Die Tätigkeit als selbstständiger Bauer unterliegt § 13 EStG. Als angestellter Forstarbeiter ist er dahingegen nichtselbstständig tätig und erzielt folglich Einkünfte aus § 19 EStG. Nur die nichtselbstständigen Einkünfte unterliegen dem Lohnsteuerabzug (§ 38 EStG). [2]

Zusätzlich zu § 15 Abs. 2 EStG müssen die Voraussetzungen des § 13 EStG gegeben sein. Eine allgemeine Definition von Land- und Forstwirtschaft enthält das Gesetz allerdings nicht. Stattdessen werden einzelne Tätigkeiten aufgezählt, u.a.:

- Landwirtschaft, Forstwirtschaft, Weinbau, Gartenbau, Pflanzenzucht und landwirtschaftliche Tierzucht (§ 13 Abs. 1 Nr. 1 EStG).
- Binnenfischerei, Teichwirtschaft, Fischzucht, Imkerei, Wanderschäferei und Saatzucht (§ 13 Abs. 1 Nr. 2 EStG). [1]

Gemeinsam ist diesen Tätigkeiten, dass es sich um Urproduktion und um die Verwertung der selbsthergestellten Produkte handelt (BFH vom 16.12.2004, IV R 4/04). Nach Verwaltungsauffassung ist LuF »die planmäßige Nutzung der natürlichen Kräfte des Bodens zur Erzeugung von Pflanzen und Tieren sowie der Verwertung der dadurch gewonnenen Erzeugnisse« (R 15.5 Abs. 1 S. 1 EStR).

Beispiel: Die Erzeugung von Energie durch Wind-, Sonnen- oder Wasserkraft ist keine landwirtschaftliche Urproduktion. Sie führt zu gewerblichen Einkünften, sofern die Erzeugung für den eigenen Betrieb nicht überwiegt (R 15.5 Abs. 11 EStR).

Einkunftsermittlungsart

Land- und forstwirtschaftliche Einkünfte sind Gewinneinkünfte, § 2 Abs. 2 Nr. 1 EStG. Das bedeutet, dass grundsätzlich Bilanzen aufgestellt werden müssen. Kleine Land- und Forstwirte können aber auf eine Bilanzierung verzichten, sofern die Grenzen des § 141 AO nicht erreicht werden.

Privilegierung

Einkünfte aus LuF sind gegenüber den gewerblichen Einkünfte privilegiert:

- Sie unterliegen nicht der GewSt.
- Bis zu einer Summe der Einkünfte i.H.v. 30.700 € gibt es einen Freibetrag i.H.v. 900 €, §§ 2 Abs. 3, 13 Abs. 3 EStG.

Beispiel: Ein Lehrer (Einkünfte aus § 19 EStG: 25.000 €) betätigt sich als nebenberuflicher Hobbyimker. Er erzielt einen steuerlichen Gewinn aus Imkerei von 500 € (alternativ 2.000 €).
Lösung: Die Einkünfte aus LuF (Imkerei) sind steuerfrei, da sie unter dem Freibetrag von 900 € liegen. In der Alternative betragen die Imkereinkünfte dahingegen 1.100 € (= 2.000 € ./. 900 €).

- Kleinere Land- und Forstwirte haben die Möglichkeit den Gewinn nach Durchschnittsätzen gem. § 13a EStG zu pauschalieren, was i.d.R. günstiger ist, als eine Gewinnermittlung durch Bilanzierung.
- Legt ein Landwirt seinen Betrieb still und erhält er dafür eine Produktionsaufgaberente, liegen Einkünften aus LuF vor (§ 13 Abs. 2 Nr. 3 EStG). Diese Rente ist i.H.v. bis zu 18.407 € steuerfrei (§ 3 Nr. 27 EStG).

Abgrenzung zu § 15 EStG

Die steuerlichen Begünstigungen machen die Abgrenzung zu den Einkünften aus Gewerbebetrieb wichtig. Gesetzlich geregelt ist diese Abgrenzung bei der Tierzucht und Tierhaltung: Die Zahl der Tiere darf bestimmte Größen pro Fläche nicht überschreiten (§ 13 Abs. 1 Nr. 1 S. 2 EStG).
Beispiel: Eine Hühnerfarm ist gewerblich, da pro Fläche sehr viele Tiere gehalten werden.

Der Zukauf fremder Erzeugnisse für die Weiterveräußerung ist unschädlich, sofern er ein Drittel nicht überschreitet (R 15.5 Abs. 5, 11 EStR).
Beispiel: Eine Gärtnerei verkauft neben selbst hergestellten Pflanzen auch Töpfe und Erde.

Werden neben dem Verkauf eigener Erzeugnisse Dienstleistungen erbracht, so liegen Einkünfte aus LuF nur vor, sofern der Verkauf eigener Erzeugnisse min. zwei Drittel ausmacht (R 15.5 Abs. 7 EStR).
Beispiel: Eine Gärtnerei bietet Gartengestaltung mit Verkauf eigener Pflanzen an. Einkünfte aus § 13 EStG liegen nur vor, wenn der Umsatz aus den Dienstleistungen höchstens ein Drittel des Gesamtumsatzes beträgt.

Gewerbliche Einkünfte, § 15 Abs. 2 EStG

Vier positive Merkmale

1. selbstständig
2. nachhaltig
3. Gewinnerzielungsabsicht
4. Beteiligung am allgemeinen wirtschaftlichen Verkehr (= am Markt)

Drei negative Merkmale

1. keine Land- und Forstwirtschaft (§ 13 EStG)
2. keine selbstständige Arbeit (§ 18 EStG)
3. keine private Vermögensverwaltung (vom BFH als ungeschriebenes Tatbestandsmerkmal hinzugefügt)

[1] Definition gewerblicher Einkünfte

Das System der sieben Einkunftsarten

Merkmale des § 15 Abs. 2 EStG		
■ selbstständig	↔	§ 19 EStG: nichtselbstständige Tätigkeit
■ nachhaltig	↔	§ 22 Nr. 3 EStG: sonstige Tätigkeit
■ am Markt	↙ (von § 22 Nr. 3 EStG)	
■ Gewinnerzielungsabsicht	↔	nicht steuerbare Tätigkeit (Liebhaberei)
■ keine private Vermögensverwaltung	↔	§§ 20, 21, 22 Nr. 3, § 23 EStG
↓		
drei Gewinneinkunftsarten		
■ keine Land- und Forstwirtschaft	↔	§ 13 EStG
■ keine selbstständige Arbeit	↔	§ 18 EStG
↓		
■ § 15 EStG: Einkünfte aus Gewerbebetrieb		

[2] Das System der sieben Einkunftsarten (modifiziert entnommen aus Jakob, Wolfgang: Einkommensteuer, 4. Auflage 2008 Rz. 73)

Einkünfte aus Gewerbebetrieb

Einkünfte aus Gewerbebetrieb kann man als
- Einzelunternehmer (§ 15 Abs. 1 Nr. 1 EStG) oder als
- Gesellschafter einer Personengesellschaft (**Mitunternehmer**) erzielen (§ 15 Abs. 1 Nr. 2 EStG).

Die Voraussetzungen nennt § 15 Abs. 2 EStG. Danach müssen vier positive und drei negative Merkmale vorliegen: [1], [2]

Selbstständigkeit
Selbstständig handelt, wer mit Unternehmerinitiative und Unternehmerrisiko tätig wird. Dieses Merkmal grenzt zu den Einkünften aus nichtselbstständiger Tätigkeit ab (§ 19 EStG). Die Abgrenzung ist besonders bedeutsam. Gewerbliche Einkünfte werden i.d.R. durch Bilanzen ermittelt und führen zur GewSt. Nichtselbstständige Einkünfte führen dahingegen zu einem Lohnsteuerabzug und meist auch zu einer Sozialversicherungspflicht.

Beispiel: Ein Apotheker erzielt Einkünfte aus § 15 EStG, wenn er eine eigene Apotheke betreibt. Er erzielt dahingegen Einkünfte aus nichtselbstständiger Tätigkeit, wenn er bei einem anderen Apotheker angestellt ist.

Nachhaltigkeit
Nachhaltig handelt, wer mind. einmal mit Wiederholungsabsicht tätig wird. Eine einmalige Tätigkeit führt dahingegen zu sonstigen Einkünften gemäß § 22 Nr. 3 EStG.

Beispiel: A vermietet einmalig sein Auto. B hat fünf Autos, die er regelmäßig vermietet. C vermietet einmalig sein Haus. Einkunftsarten?
Lösung: A erzielt sonstige Einkünfte aus § 22 Nr. 3 EStG. B erzielt gewerbliche Einkünfte und ist gewerbesteuerpflichtig. C erzielt Einkünfte aus § 21 EStG.

Gewinnerzielungsabsicht
Nicht erfasst wird die Liebhaberei. Dieses Merkmal gilt für alle Einkunftsarten. Siehe S. 52 f.

Beteiligung am allgemeinen wirtschaftlichen Verkehr
Einkünfte müssen **am Markt** erzielt werden.

Beispiel: A ist Handwerker und baut das Dachgeschoss seines eigenen Hauses aus. Von einem Kunden hätte er 10.000 € verlangt. Einkunftsart?
Lösung: A hat seine Leistung nicht am allgemeinen wirtschaftlichen Verkehr, also am Markt angeboten. Es liegen daher keine Einkünfte vor. Die Leistungsfähigkeitssteigerung des A ist durch den Dachausbau zwar gestiegen. Dies unterliegt aber nicht der ESt.

Kein § 13 EStG – kein § 18 EStG
Einkünfte aus LuF und selbstständiger Arbeit sind vorrangig. Daraus folgt im Umkehrschluss, dass die übrigen Tatbestandsmerkmale (insbesondere Selbstständigkeit, Nachhaltigkeit und Gewinnerzielungsabsicht) des § 15 Abs. 2 EStG auch bei den §§ 13 und 18 EStG vorliegen müssen.

Keine private Vermögensverwaltung
Die bloße Verwaltung eigenen Vermögens ist keine gewerbliche Tätigkeit. Vermögensverwaltung ist die Nutzung von bereits vorhandenem Vermögen. Zu einem Gewerbebetrieb wird die Tätigkeit, wenn versucht wird, das Vermögen, wie ein Händler, durch An- und Verkauf zu vermehren. Die Abgrenzung zur gewerblichen Tätigkeit kann nur durch eine Gesamtbetrachtung erfolgen.
Bei privater Vermögensverwaltung ist zu prüfen, ob Einkünfte aus Kapitalvermögen, Vermietung oder sonstige Einkünfte vorliegen (§§ 20, 21 oder 22 EStG). Hier ist einkunftsartenspezifisch zu entscheiden:

Beispiel 1 – Umfangreiche Vermietung: A erbt 50 Mietshäuser und verwaltet diese. Einkunftsart?
Lösung: Auch die Vermietung umfangreichen Grundbesitzes stellt keine gewerbliche Tätigkeit dar, sofern nicht systematisch Häuser ge- und verkauft werden. A erzielt daher Einkünfte aus § 21 EStG (BFH vom 21.08.1990, VIII R 271/84).
Beispiel 2 – An- und Verkauf von Immobilien: A kauft im Jahr 01 vier Häuser und verkauft je ein Haus in den Jahren 02–05. Einkunftsart?
Lösung: A erzielt Einkünfte aus Gewerbebetrieb, § 15 EStG. Wer mehr als drei Häuser innerhalb von fünf Jahren kauft und verkauft, handelt gewerblich, sog. Drei-Objekt-Grenze (BMF vom 26.03.2004, BStBl I 2004, 434).
Beispiel 3 – Internethandel: Achim verkauft seine selbst gesammelten ca. 2000 Micky-Maus Hefte einzeln bei eBay. Einkunftsart?
Lösung: Die Veräußerung von privatem Vermögen über eBay auch in einer Vielzahl von Fällen ist nicht gewerblich. Werden gezielt allerdings Waren aus Insolvenzmassen etc. aufgekauft, um diese über eBay weiterzuveräußern, liegt eine nachhaltige gewerbliche Tätigkeit vor.

Einkünfte aus selbstständiger Arbeit, § 18 EStG

- Nr. 1 Einkünfte aus freiberuflicher Arbeit
  - Tätigkeitsberufe
    - wissenschaftlich
    - künstlerisch
    - schriftstellerisch
    - unterrichtend
    - erzieherisch
  - Katalogberufe
    z. B.
    - Arzt
    - Rechtsanwalt
    - Notar
    - Ingenieur
    - Architekt
    - Wirtschaftsprüfer
    - Steuerberater
    - beratender Volkswirt
    - beratender Betriebswirt
    - Krankengymnast
    - Journalisten
  - den Katalogberufen ähnliche Berufe
    z. B.
    - Kfz-Sachverständiger
    - Hochbautechniker
    - Fußpfleger, Masseur
- Nr. 3 Einkünfte aus sonstiger selbstständiger Arbeit

[1] Wichtige Fallgruppen selbstständiger Arbeit

Beispiel: Anton, Berta und Caesar haben BWL studiert. Anton ist als selbstständiger Marketingberater, Berta als selbstständige Marktforschungsberaterin und Caesar als angestellter Marketingchef eines Pharmaunternehmens tätig. Welche Einkunftsarten liegen vor? Welche Folgen hat dies?

Lösung:

Anton	**Berta**	**Caesar**
Selbstständige Arbeit § 18 Abs. 1 Nr. 1 EStG Katalogberuf: beratender Betriebswirt, da umfassende Beratung in einem betriebswirtschaftlichen Hauptbereich	Gewerbebetrieb § 15 Abs. 1 Nr. 1 EStG keine beratende Betriebswirtin, da zu hohe Spezialisierung (so BFH vom 27.02.1992, IV R 27/90)	nichtselbstständige Arbeit § 19 Abs. 1 EStG
↓	↓	↓
keine GewSt keine Bilanz erforderlich	GewSt Bilanz erforderlich (sofern Grenzen des § 141 AO überschritten)	keine GewSt Überschusseinkunftsart Lohnsteuer

[2] Unterschiede zwischen §§ 15, 18 und 19 EStG

Einkünfte aus selbstständiger Arbeit

Bezieher von Einkünften aus selbstständiger Arbeit i.S.d. § 18 EStG sind gegenüber Gewerbetreibenden zweifach privilegiert: Sie müssen keine GewSt zahlen und keine Bilanzen erstellen.
Nach § 2 GewStG fällt GewSt nur bei Einkünften aus Gewerbebetrieb nach § 15 EStG an. Die selbstständigen Einkünfte werden jedoch in § 15 Abs. 2 EStG ausdrücklich von den gewerblichen Einkünften ausgenommen und in § 18 EStG als eigenständige Einkunftsart definiert. Diese Privilegierung ist anachronistisch und ungerecht. Sie ist nur mit einem hohen Freiberufleranteil unter den Parlamentariern zu erklären. Es ist nicht einzusehen, warum der Blumenhändler GewSt zahlen muss, der Wirtschaftsprüfer aber nicht.
Die zweite Privilegierung der Selbstständigen ist die Befreiung von der Verpflichtung zur doppelten Buchführung einschließlich der Verpflichtung, Bilanzen erstellen zu müssen. Handelsrechtlich folgt das daraus, dass Freiberufler keine Kaufleute sind, §§ 1, 238 HGB. Das Steuerrecht verzichtet daher auf eine nur für steuerliche Zwecke erstellte Bilanz, § 141 AO. Die Einkünfte aus § 18 EStG können vereinfacht nach einer sog. Einnahme-Überschussrechnung ermittelt werden, § 4 Abs. 3 EStG.
Die selbstständige Arbeit nach § 18 EStG setzt wie § 15 EStG eine selbstständige, nachhaltige Betätigung mit Gewinnerzielungsabsicht unter Teilnahme am allgemeinen wirtschaftlichen Verkehr voraus. Dies ist zwar nicht in § 18 EStG geregelt, folgt aber daraus, dass § 15 Abs. 2 EStG die selbstständigen Einkünfte aus § 15 EStG ausdrücklich ausnimmt.

Beispiel: Arzt A arbeitet im Krankenhaus. Arzt B hat eine eigene Praxis. Einkunftsarten?
Lösung: Arzt A erzielt Einkünfte aus nichtselbstständiger Arbeit nach § 19 EStG. Sein Arbeitgeber, das Krankenhaus, muss Lohnsteuer abführen. Arzt B ist selbstständig. Er erzielt Einkünfte aus selbstständiger Arbeit nach § 18 EStG. Lohnsteuer wird nicht erhoben.

Die Hauptfälle der selbstständigen Arbeit nach § 18 Abs. 1 EStG sind: [1]
Nr. 1: Einkünfte aus freiberuflicher Arbeit. Diese unterfallen wiederum in drei Gruppen:
- **Tätigkeitsberufe**: wissenschaftliche, künstlerische, schriftstellerische, unterrichtende oder erzieherische Tätigkeiten.
- **Katalogberufe**: Arzt, Rechtsanwalt, Notare, Ingenieure, Architekten, Wirtschaftsprüfer, Steuerberater, beratende Volks- und Betriebswirte, Heilpraktiker, Krankengymnasten, Journalisten u.a.
- Den Katalogberufen **ähnliche Berufe**.

Beispiel: Der Beruf des staatlich geprüften Fußpflegers ist nicht in den Katalogberufen aufgeführt. Da ein Fußpfleger eine Tätigkeit ausübt, die hinsichtlich Ausbildung und Berufsbild einem Krankengymnasten vergleichbar ist, liegt ein, einem Katalogberuf ähnlicher Beruf vor. § 18 Abs. 1 Nr. 1 EStG ist damit gegeben.

Freiberuflichkeit liegt nur vor, wenn der Stpfl. **auf Grund eigener Fachkenntnis leitend und eigenverantwortlich tätig** wird, § 18 Abs. 1 Nr. 1 S. 3 EStG. Das bedeutet, dass der Steuerpflichtige alle grundsätzlichen Fragen selbst entscheidet und persönlich an allen wesentlichen Tätigkeiten beteiligt ist.

Beispiel: Ein beratender Ingenieur mit 75 angestellten Ingenieuren ist danach nicht freiberuflich, sondern gewerblich tätig.

Nr. 3: Einkünfte aus **sonstiger selbstständiger Tätigkeit**, z.B. aus Testamentsvollstreckung, Vermögensverwaltung oder Aufsichtsratstätigkeit.

Darüber hinaus gibt es zwei seltener vorkommende Fallgruppen:
- Nr. 2: Einnehmer einer staatlichen Lotterie.
- Nr. 4: Einkünfte für Initiatoren von Wagniskapitalgesellschaften (sog. »carried interest«).

Die Kompliziertheit und Willkür der Abgrenzung von § 15 und § 18 EStG wird an folgenden Beispielen deutlich: Nach Auffassung der Finanzverwaltung sind Kükensortierer, Leichenredner und Kurpackerinnen gewerblich tätig. Medizinische Bademeister, Schiffseichaufnehmer und Leichenfrauen sind dahingegen freiberuflich tätig. Ein Kfz-Sachverständiger ist nur freiberuflich, wenn seine Gutachtertätigkeit mathematische Kenntnisse voraussetzt. Selbstständige Musiker eines Tanzorchesters erzielen nur bei ausreichender Gestaltungshöhe künstlerische Einkünfte, anderenfalls liegen gewerbliche Einkünfte vor (H 15.6 EStH). Ein EDV-Berater erzielt nur dann eindeutig freiberufliche Einkünfte, wenn er Systemsoftware ingenieurmäßig entwickelt, bei der Entwicklung von Anwendersoftware erzielt er u.U. gewerbliche Einkünfte (H 15.6 EStH). [2]

Unterschiede zwischen den Einkünften aus §§ 15, 18 und 19 EStG			
	§ 15 EStG	§ 18 EStG	§ 19 EStG
Einkunftsermittlungsart	Gewinnermittlungsart i.d.R. Bilanzen (§ 2 Abs. 2 Nr. 1 EStG)	§ 4 Abs. 3–Rechnung (§ 2 Abs. 2 Nr. 1, § 4 Abs. 3 EStG)	Überschussermittlungsart (§§ 2 Abs. 2 Nr. 2, 8ff. EStG)
Pauschbeträge	keine	keine	Arbeitnehmerpauschbetrag, § 9a Nr. 1a EStG: 1.000 €
Steuerbefreiungen			Arbeitgeberanteil zur Sozialversicherung, § 3 Nr. 62 EStG Arbeitslosengeld, § 3 Nr. 2 EStG Wochenend- und Nachtzuschläge, § 3b EStG
Erhebungsform	Einkommensteuervorauszahlungen, § 37 EStG	Einkommensteuervorauszahlungen, § 37 EStG	Lohnsteuer, § 38ff. EStG
GWG-Abschreibung	Wahlrecht bis 800 €: Sofortabschreibung (§ 6 Abs. 2 EStG) von 250 € bis 1.000 €: Poolabschreibung über 5 Jahre (§ 6 Abs. 2a EStG)		Wahlrecht bis 800 €: Sofortabschreibung (§ 9 Abs. 1 Nr. 7 S. 2 EStG)
Gewerbesteuer	ja	nein	nein
Umsatzsteuer	ja	ja	nein
Sozialversicherung	nein	nein	ja

1 Unterschiede zwischen Gewinneinkunftsarten und § 19 EStG

Wichtige Beispiele		
	Einkunftsart	**Sozialversicherungspflicht**
Einzelunternehmer	§§ 15, 18 EStG	nein
Geschäftsführender Gesellschafter einer OHG/KG/GbR	§§ 15, 18 EStG (bei Vermögensverwaltung: § 21 EStG)	nein (Ausnahme: angestellter Kommanditist)
Fremdgeschäftsführer einer OHG/KG/GbR	§ 19 EStG	ja
Geschäftsführer einer GmbH	§ 19 EStG	grundsätzlich: ja Gesellschafter-Geschäftsführer mit beherrschender Stellung: nein
Vorstand einer AG	§ 19 EStG	nein
Vorstand eines e.V.	§ 19 EStG	ja
Aufsichtsratsmitglied	§ 18 Abs. 1 Nr. 3 EStG	nein

2 Wichtige Beispiele

Einkünfte aus § 19 EStG – Teil 1

Begriff

Arbeitnehmer beziehen Einkünfte aus nichtselbstständiger Arbeit. Arbeitnehmer sind insbesondere Angestellte, Arbeiter und Beamte. Zu den Einkünften aus § 19 EStG gehört nicht nur der Lohn sondern auch eine Betriebsrente. Eine umfassende Definition enthält § 1 der Lohnsteuerdurchführungsverordnung (LStDV): Arbeitnehmer sind »Personen, die im öffentlichem oder privatem Dienst angestellt oder beschäftigt sind oder waren und die aus diesem Dienstverhältnis oder einem früheren Dienstverhältnis Arbeitslohn beziehen«.

Beispiel: Anton ist 65 Jahre alt. Er bezieht eine Betriebsrente seines früheren Arbeitgebers und eine gesetzliche Rente. Außerdem arbeitet er aushilfsweise in einem Gartenbaubetrieb. Einkunftsarten?
Lösung: Die Tätigkeit als Angestellter des Gartenbaubetriebs und die Betriebsrente führen zu Einkünften aus § 19 Abs. 1 Nr. 1 und 2 EStG. Die gesetzliche Rente wird dahingegen nicht von dem Arbeitgeber gezahlt, sondern von der Deutschen Rentenversicherung. Sie ist daher nach § 22 Nr. 1 EStG (sonstige Einkünfte) zu versteuern.

Abgrenzung zu den Gewinneinkunftsarten

Arbeitnehmer sind nicht selbstständig, d. h. sie haben einen Arbeitgeber. Unternehmer (§§ 13, 15, 18 EStG) sind selbstständig. Selbstständigkeit und Nichtselbstständigkeit sind Typusbegriffe, d. h. die Abgrenzung erfolgt nicht durch eine strenge Subsumtion, sondern nach einer wertenden Betrachtung des »Gesamtbildes«. Das bedeutet, dass im Einzelfall zu prüfen ist, ob die für die Selbstständigkeit oder die Nichtselbstständigkeit sprechenden Aspekte überwiegen, BFH vom 14.06.1985, VI R 150 – 152/82. Ein Unternehmer hat

- **Unternehmerinitiative**, also Gestaltungsfreiheit hinsichtlich Art, Zeit und Umfang seiner Arbeit und trägt
- **Unternehmerrisiko**, d. h. er wird auf eigene Rechnung und Gefahr tätig.

Ein Arbeitnehmer ist dagegen

- **weisungsgebunden** und
- wird auf **Rechnung und Gefahr des Arbeitgebers** tätig.

Es kommt also nicht auf den Inhalt der Tätigkeit an, sondern darauf, wie die Arbeit ausgeübt wird.
Beispiel: Ein angestellter Unternehmensberater erzielt Einkünfte aus § 19 EStG, der selbstständige Unternehmensberater dahingegen aus § 15 oder § 18 EStG.

Beispiel: Eine Putzfrau ist nichtselbstständig tätig (§ 19 EStG), wenn sie feste Arbeitszeiten hat, ein festes Gehalt bezieht und Einzelweisungen unterworfen ist. Sie ist dahingegen selbstständig (§ 15 EStG) tätig, wenn sie die Arbeitszeiten selbst bestimmen kann, nur den Erfolg schuldet und keinen Einzelweisungen unterliegt.

Unterschiede zwischen § 19 EStG und den Gewinneinkunftsarten

Die wichtigsten Unterschiede zwischen § 19 EStG und den Gewinneinkunftsarten sind: [1]

- Nur bei § 19 EStG gibt es die Lohnsteuer.
- Nur für § 19 EStG gibt es einen Werbungskostenpauschbetrag von 1.000 €, § 9a Nr. 1a EStG.
- Bei § 19 EStG werden die Einkünfte als Überschuss der Einnahmen über die Werbungskosten ermittelt, § 2 Abs. 2 Nr. 2 EStG. Es gibt weder Buchführung noch Bilanzen.
- Bei § 19 EStG gibt es, anders als bei § 15 EStG, keine GewSt.
- Bei § 19 EStG gibt es mangels Selbstständigkeit keine USt.
- Bezieher von Einkünften aus § 19 EStG sind i.d.R. sozialversicherungspflichtig.

Beispiel: Studentin S arbeitet als Buchhalterin 15 Stunden pro Woche in einem Steuerbüro. Sie erhält 20 € pro Stunde für 40 Wochen im Jahr. Einkunftsart?
Lösung: Studentin S ist weisungsabhängig und hat kein Unternehmerrisiko. Sie erzielt daher Einkünfte aus § 19 EStG (15 Stunden x 20 € x 40 Wochen ./. Arbeitnehmerpauschbetrag 1.000 € = 11.000 €). Der Arbeitgeber muss Lohnsteuer und ggf. Sozialversicherung einbehalten und abführen. S muss keine Bilanzen erstellen.
Fortführung: Nach dem Studium arbeitet S als Buchhalterin für verschiedene Steuerberater von zu Hause aus. Sie wird von den Steuerberatern von Fall zu Fall beauftragt. Einkunftsart?
Lösung: Jetzt erzielt S Einkünfte aus § 15 EStG. S ist selbstständig tätig. Sie hat Unternehmerinitiative, da sie nicht mehr weisungsabhängig ist. Außerdem trägt sie Unternehmerrisiko, da sie nur verdient, wenn sie Aufträge erhält. Für S muss jetzt keine Lohnsteuer mehr abgeführt werden. S muss ihren Gewinn durch Bilanzierung ermitteln, sofern sie die Größenmerkmale des § 141 AO überschreitet. S muss GewSt und USt zahlen. [2]

Beispiel

Ein allein stehender Arbeitnehmer, geboren 1998, aus Berlin (Krankenversicherungssatz 14,6 % + 0,9 %) erhält für Februar 2019 einen Lohn i. H. v. 3.000 €.
Wie hoch ist der ausgezahlte Nettolohn? Wie hoch ist der Arbeitgeberanteil zur Sozialversicherung?

Lösung:

Bruttolohn	**3.000,00 €**	
Lohnsteuer Steuerklasse 1	394,91 €	
Solidaritätszuschlag zur LSt	---	
Kirchensteuer 9 %	35,54 €	
Summe Steuern	**430,45 €**	

	Arbeitnehmeranteil	Arbeitgeberanteil
Krankenversicherung 14,6 % + Zuschlag 0,9 %	232,50 € (7,75 %)	232,50 € (7,75 %)
Rentenversicherung 18,6 %	279,00 € (9,3 %)	279,00 € (9,3 %)
Pflegeversicherung kinderlos 3,05 % + 0,25 %	53,25 € (1,775 %)	45,75 € (1,525 %)
Arbeitslosenversicherung 2,5 %	36,00 € (1,2 %)	36,00 € (1,3 %)
Summe Sozialversicherung	**600,75 €**	**593,25 €**

Ausgezahlter Nettolohn 1.968,80 € = 66 % des Bruttolohnes

Nettolohn/Gesamtaufwand des Arbeitgebers = 1.968,80/3.593,25 = 55 % des Gesamtaufwandes

Der Arbeitgeberanteil zur Sozialversicherung ist beim Arbeitnehmer steuerfrei nach § 3 Nr. 62 EStG.

[1] Beispiel Lohnabrechnung

Beispiel

Ein allein stehender Arbeitnehmer erhält für 2021 einen Jahreslohn i.H.v. 100.000 €. Davon hat der Arbeitgeber Lohnsteuer i.H.v. 30.000 € einbehalten und an das Finanzamt abgeführt. Ferner bezieht er Einkünfte aus Vermietung i.H.v. 40.000 € pro Jahr. Der Arbeitnehmer hat abziehbare Sonderausgaben i.H.v. 10.000 €. Wie hoch ist die Einkommensteuerabschlusszahlung?

Lösung:

Einkünfte aus V+V (§ 21 Abs. 1 Nr. 1 EStG)	40.000 €
Einkünfte aus nichtselbstständiger Arbeit, § 2 Abs. 1 Nr. 4 i.V.m. § 19 Abs. 1 EStG:	
Lohn	100.000 €
Werbungskostenpauschbetrag (§ 9a Nr. 1a EStG)	./. 1.000 €
Abzugsfähige Sonderausgaben	./. 10.000 €
Einkommen = zu versteuerndes Einkommen	129.000 €
Einkommensteuer, § 32a Abs. 1 EStG	45.043 €
Abzüglich bereits gezahlte LSt, § 36 Abs. 2 EStG	./. 30.000 €
Abschlusszahlung (= noch zu zahlende ESt)	15.043 €

[2] Beispiel zur Anrechnung der Lohnsteuer

Einkünfte aus § 19 EStG – Teil 2

Umfang der Lohneinkünfte

Zum steuerpflichtigen Lohn gehören nach § 19 Abs. 1 Nr. 1 EStG nicht nur Löhne und Gehälter, sondern alle Vorteile, die der Arbeitnehmer vom Arbeitgeber erhält. Sachbezüge, also Lohn, der nicht in Geld besteht, werden mit dem üblichen Endpreis am Abgabeort versteuert, § 8 Abs. 2 EStG. Aus Vereinfachungsgründen sind sie bis i.H.v. 44 € (ab 2022 50 €/Monat) pro Monat steuerfrei, § 8 Abs. 2 S. 11 EStG. Für häufig vorkommende Sachbezüge gibt es pauschalierende Regelungen:

- Der Wert eines freien Mittagessens beträgt im Jahr 2021 104€ pro Monat, § 8 Abs. 2 S. 6 EStG i.V.m. der Sozialversicherungsentgeltverordnung.
- Darf ein Arbeitnehmer seinen Dienstwagen auch für Privatfahrten nutzen, so muss er 1 % des Bruttolistenpreises als monatlichen Sachbezug versteuern, § 8 Abs. 2 S. 2 EStG.

Beispiel: Außendienstmitarbeiter A erhält von seinem Arbeitgeber einen Firmenwagen (Bruttolistenpreis 50.000 €). A darf das Auto privat nutzen.
Lösung: Die private Autonutzung führt zu einem Lohn i.H.v. 6.000 € = 1 % x 12 x 50.000€. Führt A ein Fahrtenbuch, so kann er auch die auf die Privatfahrten entfallenden tatsächlichen Kosten als Lohn versteuern. Darf der Arbeitnehmer mit dem Auto täglich zur Arbeit fahren, kommen noch einmal 0,03% des Bruttolistenpreises pro Entfernungskilometer hinzu.
Beispiel: Wie zuvor. Außerdem fährt A mit dem Auto zur Arbeit. Die einfache Entfernung beträgt 10 km.
Lösung: A muss zusätzlich 1.800 € = 0,03% x 10 km x 12 Monate x 50.000€ versteuern.

Steuerbefreiungen

Es gibt diverse Steuerbefreiungen für den Arbeitslohn, u.a.:

- Arbeitgeberanteil zur Sozialversicherung, § 3 Nr. 62 EStG;
- Lohnersatzleistungen, z.B. das Arbeitslosengeld, § 3 Nr. 2 EStG;
- private Nutzung eines betrieblichen PC oder Telefons, § 3 Nr. 45 EStG;
- Gehaltszuschläge zum Lohn für Nacht- und Wochenendarbeit, § 3b EStG.

Sofern der Arbeitnehmer nicht höhere Werbungskosten nachweist, wird von den Einnahmen ein **Werbungskostenpauschbetrag** i.H.v. 1.000 € abgezogen, § 9a Nr. 1a EStG. Der Pauschbetrag wird von Amts wegen angesetzt. Ein Antrag ist nicht erforderlich. Auch müssen keine Belege aufgehoben und eingereicht werden.

Beispiel: Arbeitnehmer 1 und 2 erzielen jeweils einen Lohn i.H.v. 20.000 €. Arbeitnehmer 1 hat Werbungskosten von 800 €, Arbeitnehmer 2 i.H.v. 2.000 €. Einkünfte?
Lösung: Arbeitnehmer 1 erzielt Einkünfte i.H.v. 20.000 € ./. 1.000 € = 19.000 €; Arbeitnehmer 2 i.H.v. 20.000 € ./. 2.000 € = 18.000 €.

Typische Werbungskosten

Typische Werbungskosten bei nichtselbstständiger Arbeit sind:

- Aufwendungen für Berufsverbände (z.B. **Gewerkschaftsbeiträge**), § 9 Abs. 1 Nr. 1 EStG;
- **Fahrten von der Wohnung zur Arbeit** sind beruflich veranlasst und daher Werbungskosten. Aus umweltpolitischen Gründen ist der Abzug jedoch der Höhe nach auf 0,30 € (ab dem 21. Kilometer 0,35 € (2021), ab 2024 0,38 €) (ab dem 21. Kilometer 0,35 € (2021), ab 2024 0,38 €) pro Entfernungskilometer begrenzt, § 9 Abs. 1 Nr. 4, Abs. 4 EStG;
- notwendige Aufwendungen für eine **doppelte Haushaltsführung**, § 9 Abs. 1 Nr. 5 EStG;
- Aufwendungen für **Arbeitsmittel**, § 9 Abs. 1 Nr. 6 EStG.

Lohnsteuer, §§ 38 ff. EStG

Arbeitnehmer müssen selbst keine ESt-Vorauszahlungen leisten. Stattdessen behält der Arbeitgeber einen Teil des Lohns ein und zahlt diesen als Steuervorauszahlung des Arbeitnehmers an das Finanzamt. Die Lohnsteuer ist also keine eigene Steuer, sondern nur eine besondere Erhebungsform der ESt. Dadurch wird der Arbeitgeber zum unbezahlten Steuereintreiber des Finanzamts. Aus Sicht des Staates gibt es einen weiteren Vorteil: Der Arbeitgeber hat keinen Vorteil, wenn er die Lohnsteuer nicht an das Finanzamt zahlt, denn dann muss er das Geld an den Arbeitnehmer zahlen. Daher hat der Arbeitgeber keinerlei Interesse an einer Steuerhinterziehung. Darüber hinaus ist die Lohnsteuer verwaltungsökonomisch: Die Zahl der Arbeitgeber ist deutlich geringer als die der Arbeitnehmer. Zusätzlich zur Lohnsteuer muss der Arbeitgeber noch Sozialversicherungsbeiträge (Arbeitslosen-, Renten-, Kranken- und Pflegeversicherung) abführen. Die Lohnsteuer ist meist nur vorläufig, § 46 EStG. Die exakte ESt wird bei einer Veranlagung nach Ablauf des Jahres vom Finanzamt berechnet. Die bereits gezahlte Lohnsteuer wird auf die festgesetzte ESt angerechnet, § 36 Abs. 2 Nr. 2 EStG. [1] [2]

	§ 20 Abs. 1 EStG Laufende Erträge	§ 20 Abs. 2 EStG Veräußerungsgewinne
Beteiligungen (Eigenkapital)	Nr. 1 AG: Dividenden GmbH: Gewinnausschüttungen	Nr. 1 Aktienverkauf Verkauf von GmbH-Anteilen
Forderungen (Fremdkapital)	Nr. 4 Beteiligungsergebnisse eines stillen Gesellschafters Nr. 7 Zinsen	Nr. 7 Verkauf von festverzinslichen Wertpapieren, Forderungsverkauf

1 Einkünfte aus Kapitalvermögen, wichtige Fallgruppen

Beispiel

Anton erzielt im Jahr 2021 Dividenden der A-AG i. H. v. 100.000 €. Seine Depotgebühren betragen 10.000 €. Ferner hat Anton Zinseinnahmen i. H. v. 30.000 €. Dafür zahlt er Bankgebühren i. H. v. 1.000 €. Schließlich verkauft Anton Aktien der B-AG für 20.000 €. Die Verkaufsgebühren betragen 200 €. Die Aktien hat er vor einem Jahr für 17.000 € zuzüglich 170 € Kaufgebühren erworben. Weitere Einkünfte hat Anton nicht. Anton hat abziehbare Sonderausgaben i. H. v. 10.000 €. Wie hoch ist die Kapitalertragsteuer, wenn ein Freistellungsauftrag gestellt worden ist? Erfolgt eine Veranlagung zum persönlichen Steuersatz, wenn Anton Antrag nach § 32d Abs. 6 EStG stellt? (Der Antrag ist durch Einreichung einer Steuererklärung zu stellen.)

Lösung:

Kapitalertragsteuer			
§ 20 Abs. 1 Nr. 1 EStG: Dividenden			
§ 8 Abs. 1 EStG: Einnahmen			100.000 €
kein Abzug der Depotgebühren, § 20 Abs. 9 EStG			
§ 20 Abs. 1 Nr. 7 EStG: Zinsen			
§ 8 Abs. 1 EStG: Einnahmen			30.000 €
kein Abzug der Bankgebühren, § 20 Abs. 9 EStG			
§ 20 Abs. 2 Nr. 1, Abs. 4 EStG: Veräußerungsgewinn			
Veräußerungserlös		20.000 €	
Anschaffungspreis	17.000 €		
Anschaffungsnebenkosten	170 €	./. 17.170 €	
Veräußerungskosten		./. 200 €	
			2.630 €
Sparerpauschbetrag, §§ 20 Abs. 9, 44a EStG			./. 801 €
Einkünfte			131.829 €
Kapitaltragsteuer 25 %			32.957 €
Solidaritätszuschlag			1.812 €
ESt zum persönlichen Steuersatz			
Einkünfte aus § 20 EStG			131.829 €
Sonderausgaben			./. 10.000 €
Einkommen = zu versteuerndes Einkommen (zvE)			121.829 €
tarifliche Einkommensteuer, § 32a Abs. 1 EStG			42.031 €
Solidaritätszuschlag			2.311 €

Die ESt zum persönlichen Steuersatz führt zu einer höheren ESt.
Eine Veranlagung unterbleibt daher, § 32d Abs. 6 EStG.

2 Beispiel zu Kapitaleinkünften

Einkünfte aus Kapitalvermögen, § 20 EStG – Teil 1

Wichtige Kapitalerträge [1]:

Laufende Kapitalerträge, § 20 Abs. 1 EStG:

- Nr. 1: Gewinnausschüttungen von AG und GmbH;
- Nr. 7: Zinsen.

Veräußerungsgewinne, § 20 Abs. 2 EStG:

- Nr. 1: Veräußerung von Aktien und GmbH-Anteilen;
- Nr. 7: Veräußerung insbesondere von festverzinslichen Wertpapieren.

Abgeltungssteuer

Einkünfte aus Kapitalvermögen werden gerne bei der Steuererklärung »vergessen«. Um dem entgegenzuwirken, gibt es eine 25%ige Kapitalertragsteuer mit Abgeltungswirkung, die sog. Abgeltungssteuer. Die meist von den Banken erhobene Abgeltungssteuer soll die Steuerhinterziehung auf unbürokratische Weise verhindern. Es gelten folgende Besonderheiten:

- **Proportionaler Steuersatz** von 25%; immer zzgl. Soli §§ 32d Abs. 1, 43a Abs. 1 Nr. 1 EStG: Der niedrige Steuersatz von 25% soll den Standort Deutschland für Kapitalanlagen attraktiv machen.
- **Abgeltungssteuer:** Kapitaleinkünfte werden grundsätzlich nicht mehr vom Steuerpflichtigen, sondern vom Entrichtungspflichtigen, i.d.R. der Bank, an das Finanzamt gezahlt, §§ 43 Abs. 1, 43a Abs. 1 Nr. 1 EStG. Das dient der Vereinfachung: Kapitalerträge gehören grds. nicht zum zvE, § 2 Abs. 5b EStG. Sie müssen daher nicht mehr dem Finanzamt erklärt werden. Sie werden auch nicht im Steuerbescheid berücksichtigt. Die Abgeltungssteuer wird nicht auf die ESt angerechnet, § 43 Abs. 5 S. 1 EStG.
- **Bruttobesteuerung:** Werbungskosten können nicht abgezogen werden. Es gibt lediglich einen Sparer-Pauschbetrag von 801 €, § 20 Abs. 9 S. 1 EStG. Bei Ehegatten verdoppelt sich der Pauschbetrag. Nur bei Veräußerungsgewinnen können die Anschaffungs- und die Veräußerungskosten abgezogen werden, § 20 Abs. 4 EStG.
- **Freistellungsauftrag:** Da es den Sparer-Pauschbetrag nur einmal gibt, ein Bürger aber Konten bei mehreren Banken unterhalten kann, muss bei der Bank durch einen sog. Freistellungsauftrag beantragt werden, ob und in welcher Höhe der Sparer-Pauschbetrag angesetzt werden soll, § 44a Abs. 1 Nr. 1, Abs. 2 Nr. 1 EStG.
- **Günstigerprüfung bei niedrigen Einkünften:** Auf Antrag werden Kapitaleinkünfte zum individuellen Steuersatz nach § 32a EStG besteuert, wenn dies zu einer niedrigeren ESt einschließlich eines eventuellen Solis führt, § 32d Abs. 6 EStG.

Beispiel 1: A erhält 18.000 € Dividende. [2]

1. Wie hoch sind die Kapitalertragsteuer und die Nettodividende, wenn A einen Freistellungsauftrag/Erstattungsauftrag erteilt?

Lösung:

§ 20 Abs. 1 Nr. 1 EStG	18.000 €
Sparerpauschbetrag, § 20 Abs. 9 EStG	./. 801 €
Einkünfte	17.199 €
Kapitalertragsteuer 25%	4.300 €
Solidaritätszuschlag 5,5%	236 €

Nettodividende (18.000 € ./. 4.300 € ./. 236 €) = 13.464 €

2. Wie hoch ist die ESt, wenn A einen Antrag auf Veranlagung nach § 32d Abs. 6 EStG stellt und sie abzugsfähige Sonderausgaben i.H.v. 1.000 € hat?

Lösung:

§ 20 Abs. 1 Nr. 1 EStG	18.000 €
Sparerpauschbetrag, § 20 Abs. 9 EStG	./. 801 €
Einkünfte	17.199 €
Sonderausgaben	./. 1.000 €
Einkommen = zvE	16.199 €
ESt gem. § 32a Abs. 1 EStG	1.301 €
Soli § 3 Abs. 3 Nr. 2 SolZG	0 €

Die ESt von 1.301 € ist niedriger als die Kapitalertragsteuer + Soli von 4.536 €. Ausgedrückt in Prozent: Die Kapitalertragsteuer beträgt 25%, die ESt bei einer Veranlagung hingegen nur 7,6% (= 1.301 €/17.199 €). A sollte daher eine Veranlagung beantragen. Die Einkünfte werden dann zu dem niedrigeren persönlichen Steuersatz besteuert. Die einbehaltene Kapitalertragsteuer wird angerechnet, § 36 Abs. 2 Nr. 2 EStG.

Abwandlung: A hat Depotgebühren i.H.v. 1.000 €. Wie hoch ist die ESt?

Lösung: Werbungskosten sind bei Einkünften aus Kapitalvermögen nicht abziehbar, § 20 Abs. 9 S. 1 HS 2 EStG. Die Lösung bleibt daher unverändert.

Beispiel 2: Stefan kauft eine Aktie für 100 € und verkauft sie nach 2 Jahren für 200 €. In beiden Fällen muss er jeweils 1% Transaktionskosten zahlen.

Lösung:

Verkaufspreis:	200 €
Anschaffungskosten:	./. 101 €
Veräußerungskosten	./. 2 €
Veräußerungsgewinn	97 €

Ausnahmen von der Abgeltungssteuer

Kapitalerträge im Betriebsvermögen: §§ 13, 15, 18 EStG

- zwingende Veranlagung
- Anrechnung der KapESt, § 43 Abs. 5 S. 2 EStG
- Teileinkünfteverfahren, § 3 Nr. 40, 3c Abs. 2 EStG
- Betriebsausgaben können abgezogen werden

Verpflichtende Veranlagung zum individuellen Steuersatz, § 32d Abs. 2 Nr. 1 EStG

z.B.Darlehen unter nahestehenden Personen; Gesellschafterfremdfinanzierung

Optionale Veranlagung zum Teileinkünfteverfahren bei unternehmerischer Beteiligung, § 32d Abs. 2 Nr. 3 EStG

a. Beteiligung von mind. 25% oder
b. Beteiligung von mind. 1% und berufliche Tätigkeit mit maßgeblichem unternehmerischen Einfluss für die Kapitalgesellschaft

Verpflichtende Veranlagung zu 25%, § 32d Abs. 3 EStG

- Privatdarlehen
- Erträge aus ausländischen Depots

Optionale Veranlagung zu 25%, 32d Abs. 4 EStG

KapESt wurde zu hoch abgeführt, insbesondere Sparerpauschbetrag wurde bei KapESt nicht angesetzt

Optionale Veranlagung zum individuellen Steuersatz (Günstigerprüfung), § 32d Abs. 6 EStG

1 Ausnahmen von der Abgeltungssteuer

Beispiel

Anton kauft für 1 Mio. € die X-GmbH. Er finanziert den Erwerb durch ein Darlehen und zahlt 100.000 € Zinsen. Die GmbH schüttet 110.000 € aus. ESt?

Lösung:

Die Kapitalerstragssteuer zzgl. Soli beträgt: 25 % x 1,055 x (110.000 € ./. 801 €) = 28.801 €
Der Sparerpauschbetrag kann in diesem Fall nur durch Antrag beim Finanzamt gemäß § 32d Abs. 4 EStG abgezogen werden. Beantragt Anton hingegen eine Veranlagung nach § 32d Abs. 2 Nr. 3 EStG, beträgt die ESt 0 €.
Gewinnausschüttung, §§ 20 Abs. 1 Nr. 1, 3 Nr. 40 EStG: 60 % x 110.000 € = 66.000 €
Betriebsausgaben, § 3c Abs. 2 EStG: 60 % x 100.000 € = ./. 60.000 €

2 Beispiel zur optionalen Besteuerung zum Teileinkünfteverfahren

Einkünfte aus Kapitalvermögen, § 20 EStG – Teil 2

Kapitalerträge im Betriebsvermögen, § 20 Abs. 8 EStG

Bei Anteilen im Betriebsvermögen sind die Gewinneinkunftsarten §§ 13, 15, 18 EStG vorrangig, § 20 Abs. 8 EStG (sog. Subsidiaritätsregelung).

- Es gilt der progressive Steuersatz und nicht der 25%-Steuersatz, § 32d Abs. 1 S. 1 EStG.
- Betriebsausgaben können abgezogen werden. § 20 Abs. 9 gilt nur für Einkünfte aus § 20 EStG.
- Die KapESt hat keine abgeltende Wirkung, § 43 Abs. 5 S. 2 EStG. Sie wird auf die veranlagte ESt angerechnet, § 36 Abs. 2 Nr. 2 EStG.
- Bei Gewinnausschüttungen und Veräußerungsgewinnen aus Kapitalgesellschaftsanteilen gilt das Teileinkünfteverfahren. Die Einnahmen sind nur zu 60% steuerpflichtig, § 3 Nr. 40 EStG. Die Betriebsausgaben sind nur zu 60% abzugsfähig, § 3c Abs. 2 EStG. [1]

Beispiel: Ein Gewerbetreibender hält Aktien im Betriebsvermögen, die 100.000 € Dividenden erbringen. Die Depotgebühren betragen 1.000 €.

Lösung:

Dividenden: §§ 15, 20 Abs. 1 Nr. 1, Abs. 8, 3 Nr. 40a EStG:	
60% x 100.000 € =	60.000 €
Depotgebühren, § 3c Abs. 2 EStG	
60% x 1.000 € =	./. 600 €
Einkünfte aus § 15 EStG	59.400 €

Für die KapESt gilt kein Teileinkünfteverfahren (§ 43 Abs. 1 S. 3 EStG). Obwohl die Dividende nur i.H.v. 60.000 € steuerpflichtig ist, wird von dem Unternehmen eine KESt von 25% einbehalten, die bei der Veranlagung angerechnet wird.

Verpflichtende Veranlagung zum individuellen Steuersatz, § 32d Abs. 2 Nr. 1 EStG

Nach § 32d Abs. 2 Nr. 1a EStG sind u.a. Zinsen unter nahestehenden Personen und aus Gesellschafterfremdfinanzierungen nicht mit 25%, sondern nach dem progressiven Tarif nach § 32a EStG zu versteuern. [1]

Beispiel – Darlehen unter nahestehenden Personen: Ehefrau EF ist gutverdienende Architektin (§ 18 EStG) im Spitzensteuersatz von 45%. Sie leiht sich von ihrem Ehemann EM zu betrieblichen Zwecken Geld und zahlt dafür Zinsen. Die Zinsen sind Betriebsausgaben und mindern die Steuer um 45%. Müsste EM die Zinsen nur mit 25% versteuern, könnten die Eheleute 20% Steuern sparen.

Beispiel – Gesellschafterfremdfinanzierung: A ist Alleingesellschafter einer GmbH. Er gewährt seiner GmbH ein Darlehen und bekommt dafür Zinsen. Die Zinsen sind bei der GmbH Betriebsausgabe und mindern somit die Steuern der GmbH (beachte aber § 8 Nr. 1a GewStG). Unterlägen die Zinsen jetzt nur zu 25% der ESt, wäre das ein gutes Geschäft. Daher bestimmt § 32d Abs. 2 Nr. 1b EStG, dass in diesem Fall die Zinsen dem progressiven Tarif nach § 32a EStG unterliegen.

Optionale Veranlagung zum Teileinkünfteverfahren bei unternehmerischer Beteiligung, § 32d Abs. 2 Nr. 3 EStG

Ein Gesellschafter, der mind. zu 25% beteiligt ist oder zu 1% beteiligt ist und für die Gesellschaft mit maßgeblichem Einfluss auf deren wirtschaftliche Tätigkeit arbeitet, kann beantragen, dass Gewinnausschüttungen dem Teileinkünfteverfahren unterliegen und dem individuellen Steuersatz unterworfen werden. Das ist günstig bis zu einem individuellen Steuersatz von 41,67% (= 25%/60%). Der Vorteil besteht u.a. darin, dass das Werbungskostenabzugsverbot des § 20 Abs. 9 EStG nicht gilt. Insbesondere Finanzierungskosten können zu 60% abgezogen werden. [2] [1]

Verpflichtende Veranlagung zu 25%, § 32d Abs. 3 EStG

Soweit keine Abgeltungssteuer erhoben wird, müssen Kapitaleinkünfte dem Finanzamt erklärt werden. Das Finanzamt führt dann eine Besteuerung zu 25% durch. Das ist z.B. bei **Privatdarlehen** der Fall. Privatpersonen müssen keine Kapitalertragsteuer einbehalten. Ferner müssen **Banken im Ausland** keine Kapitalertragsteuer in Deutschland zahlen. Folglich müssen Kapitalerträge aus Privatdarlehen und im Ausland erzielte Kapitalerträge dem Finanzamt erklärt werden. [1]

Beispiel: Eva gewährt Stefanie ein Darlehen und erhält dafür 1.000€ Zinsen. Da Stefanie keine Kapitalertragsteuer entrichtet, muss Eva die Zinsen dem Finanzamt erklären.

Optionale Veranlagung zu 25 %, § 32d Abs. 4 EStG

Der Steuerpflichtige kann eine Veranlagung zu 25% beantragen, wenn die Abgeltungssteuer zu hoch abgeführt worden ist. Das ist z.B. der Fall, wenn vergessen worden ist, bei der Bank einen Sparerpauschbetrag zu beantragen. [1]

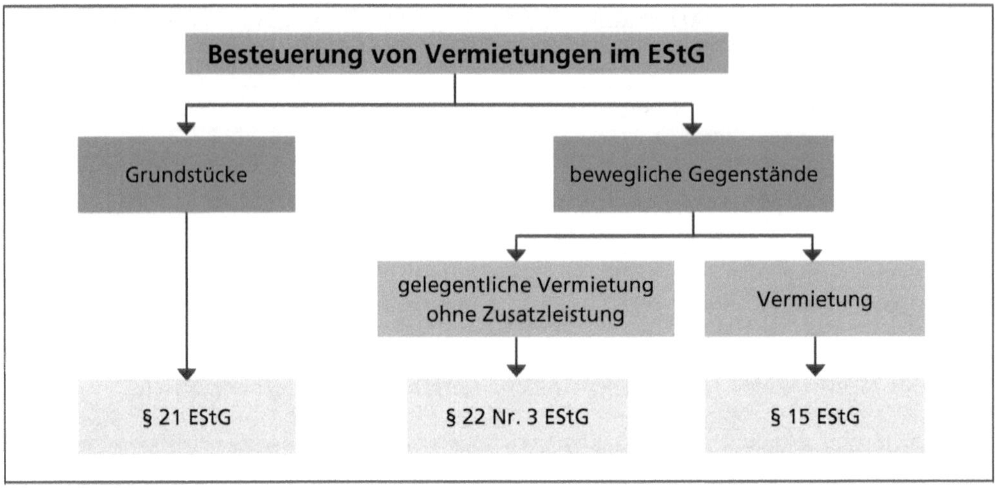

1 Vermietung im EStG

Beispiel zur Grundstücksvermietung

Anton kauft ein mit einem Einfamilienhaus bebautes Grundstück. Er zahlt:

Kaufpreis	500.000 € (Bodenanteil 50 %)
Makler	35.700 € inkl. 19 % USt
Notar	17.850 € inkl. 19 % USt
Gerichtsgebühren	8.000 €
Grunderwerbsteuer	17.500 € = 500.000 x 3,5 % (vgl. § 8, 11 GrEStG)
Grundsteuer	2.000 €
Betriebskosten	3.000 €

Lastenwechsel ist der 01.02.2018. Baujahr des Hauses ist 1995. Anton finanziert das Haus teilweise mit einem Kredit. In 2018 zahlt er Kreditzinsen i.H.v. 10.000 €. Anton kann das Haus ab dem 01.03.2018 für monatlich 3.000 € vermieten. Einkünfte 2018?

Lösung:
Einkünfte aus § 2 Abs. 1 Nr. 6, 21 Abs. 1 Nr. 1 EStG
Einkunftsermittlungsart: § 2 Abs. 2 Nr. 2 EStG Überschusseinkunftsart

Einnahmen: § 8 Abs. 1 EStG 10 x 3.000 =		30.000 €
Werbungskosten:		
Betriebskosten, § 9 Abs. 1 EStG		./. 3.000 €
Schuldzinsen, § 9 Abs. 1 Nr. 1 EStG		./. 10.000 €
Grundsteuer, § 9 Abs. 1 Nr. 2 EStG		./. 2.000 €
Absetzung für Abnutzung, § 9 Abs. 1 Nr. 7 EStG		
Berechnung der AfA-Bemessungsgrundlage:		
Kaufpreis	500.000 €	
Makler	35.700 €	
Notar	17.850 €	
Gericht	8.000 €	
Grunderwerbsteuer	17.500 €	
Summe der Anschaffungskosten	579.050 €	
auf das Haus entfallend: 50 %	289.525 €	
AfA-Satz nach § 7 Abs. 4 S. 1 Nr. 2a EStG: 2 %		
AfA für 1 Jahr: 2 % x 289.525 = 5.791 €		
AfA Februar – Dezember: 5.791 € x 11/12 =		./. 5.308 €
Einkünfte		9.692 €

2 Beispiel

Einkünfte aus Vermietung und Verpachtung, § 21 EStG

Arten

Zu den Einkünften aus § 21 Abs. 1 EStG gehören: [1]

- Nr. 1: Vermietung von Grundstücken und Gebäuden.

Beispiel: Anton vermietet ein Grundstück, Berta vermietet einmalig ihr Auto einem Freund und Caesar vermietet regelmäßig Autos seines 30 Fahrzeuge umfassenden Fuhrparks. Einkunftsarten?
Lösung: Anton erzielt Einkünfte aus § 21 Abs. 1 Nr. 1 EStG, Berta aus § 22 Nr. 3 EStG und Caesar aus § 15 EStG (Achtung: Bilanzierung und GewSt).

- Nr. 2: Vermietung von Sachinbegriffen

Beispiel: Die Vermietung eines möblierten Zimmers fällt unter § 21 Abs. 1 Nr. 1 (Immobilie) und Nr. 2 (Sachinbegriff Mobiliar) EStG.

- Nr. 3: Vermietung von Rechten (Urheberrechte, Lizenzen)

Beispiel: Schriftsteller S überlässt für 5 Jahre die Verwertung seines Romanes dem Literaturverlag und erhält dafür jährlich 1.000 €. Nach seinem Tod überlässt seine Ehefrau die Verwertung einem anderen Verlag für 1.000 € jährlich. Einkunftsarten?
Lösung: S erzielt Einkünfte aus § 18 EStG. Das Recht an dem Roman gehört zu seinem Betriebsvermögen. § 18 EStG ist gegenüber § 21 vorrangig, § 21 Abs. 3 EStG. Seine Ehefrau erzielt dahingegen Einkünfte aus § 21 Abs. 1 Nr. 3 EStG, da sie selbst keine Schriftstellerin ist und das Verwertungsrecht als Privatvermögen geerbt hat.

- Nr. 4: Einkünfte aus Veräußerung von Mietforderungen

Einkünfteermittlung

Einkünfte aus § 21 EStG werden als Überschuss der Einnahmen, § 8 EStG, über die Werbungskosten, § 9 EStG, ermittelt, § 2 Abs. 2 Nr. 2 EStG. Das bedeutet, dass doppelte Buchführung und Bilanzen nicht erforderlich sind.

Subsidiarität

§ 21 EStG ist subsidiär gegenüber den Gewinneinkunftsarten, § 21 Abs. 3 EStG. Verwirklicht ein Sachverhalt neben § 21 EStG zugleich eine Gewinneinkunftsart, dann geht letztere vor.

Beispiel: Ein Gewerbetreibender vermietet ein Grundstück des Betriebsvermögens. Einkunftsart?
Lösung: Es liegen Einkünfte aus Gewerbebetrieb vor, §§ 15, 21 Abs. 3 EStG. Das bedeutet, dass die Einkünfte gewerbesteuerpflichtig sind und durch Bilanzierung ermittelt werden müssen, sofern nicht die Größenklassen des § 141 AO unterschritten werden.

Typische Werbungskosten

Typische Werbungskosten bei Vermietung eines Grundstücks sind:

- Finanzierungskosten, also die Zinsen des Kredits, mit dem das Grundstück gekauft worden ist (§ 9 Abs. 1 S. 3 Nr. 1 EStG).
- Betriebskosten (§ 9 Abs. 1 S. 1 und S. 3 Nr. 2 EStG, z.B. Müllabfuhr, Versicherungen).
- Grundsteuer (§ 9 Abs. 1 S. 3 Nr. 2 EStG). Die Grundsteuer ist eine Vermögensteuer auf Immobilien. Sie ist nicht zu verwechseln mit der Grunderwerbsteuer, die einmalig i.H.v. 3,5 % des Kaufpreises bei Kauf eines Grundstücks anfällt. Die Grunderwerbsteuer gehört zu den AK von Haus und Boden. Der Hausanteil wird über die AfA zu Werbungskosten.
- Renovierungskosten.
- Heizkosten.
- Absetzung für Abnutzung (AfA), § 9 Abs. 1 S. 3 Nr. 7 EStG. Ein Grundstück ist nicht abnutzbar. Daher kann nur das Haus abgeschrieben werden. Die Abschreibungssätze sind in § 7 Abs. 4 und 5 EStG geregelt.
  Gebäude im Betriebsvermögen, die nicht Wohnzwecken dienen, mit einem Bauantrag nach dem 31.03.1985 sind mit 3 % (= 33 1/3 Jahre Nutzungsdauer) pro Jahr abzuschreiben, § 7 Abs. 4 S. 1 Nr. 1 EStG.
  Andere Gebäude sind mit 2 % (= 50 Jahre Nutzungsdauer) bzw. sofern sie vor dem 01.01.1925 fertiggestellt worden sind, mit 2,5 % (= 40 Jahre Nutzungsdauer) abzuschreiben, § 7 Abs. 4 S. 1 Nr. 2 EStG.
  Ist die Nutzungsdauer kürzer als die 33 1/3, 40 bzw. 50 Jahre, so kann (Wahlrecht!) die der tatsächlichen Nutzungsdauer entsprechende AfA angesetzt werden, § 7 Abs. 4 S. 2 EStG.

Beispiel: Unternehmer U mietet für 20 Jahre ein Grundstück und bebaut es mit einer Lagerhalle. Nach Ablauf der Mietzeit muss die Halle abgerissen werden. AfA?
Lösung: Die Halle ist mind. mit 3 % abzuschreiben, § 7 Abs. 4 S. 1 Nr. 1 EStG. Nach S. 2 ist aber auch eine AfA von 1/20 = 5 % möglich. [2]

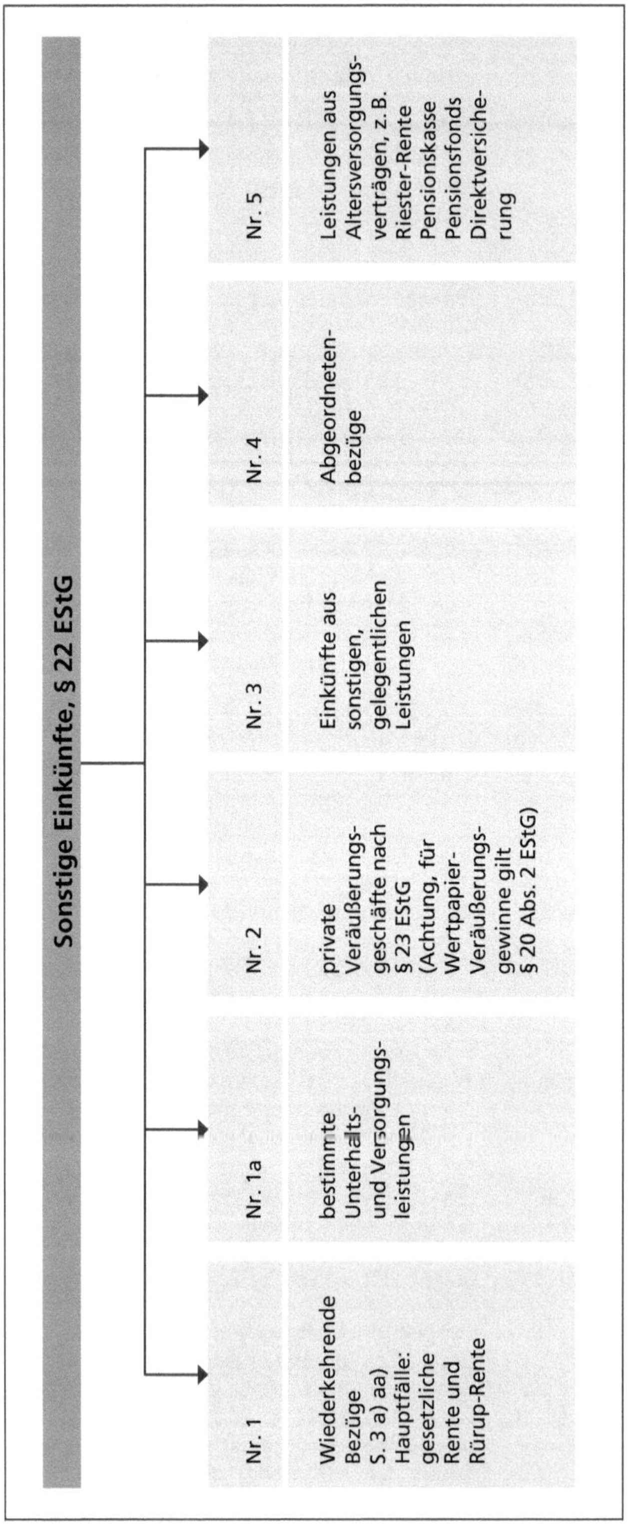

1 Sonstige Einkünfte, § 22 EStG

Sonstige Einkünfte, § 22 EStG

Steuerbar sind nur die in § 22 EStG ausdrücklich genannten Einkünfte. Die Bezeichnung »sonstige« Einkünfte ist missverständlich. Erfasst werden nicht alle Einnahmen, die von den anderen sechs Einkunftsarten nicht erfasst werden. § 22 EStG ist keine Auffangvorschrift. Die wichtigsten Fallgruppen des § 22 EStG: [1]

Nr. 1: Einkünfte aus wiederkehrenden Bezügen
Hierzu zählen nach § 22 Nr. 1 Satz 3 a) aa) EStG insbesondere

- die gesetzliche Rente und
- die sog. Rürup-Rente.

Ab dem Jahr 2040 gilt die sog. nachgelagerte Besteuerung. Die Rente wird dann zu 100% steuerpflichtig sein (§ 22 Nr. 1 S. 3 Buchst. a) Doppelbuchst. aa) EStG). Zugleich werden dann alle Renteneinzahlungen abziehbare Sonderausgaben sein (§ 10 Abs. 3 EStG). Bis dahin gilt eine Übergangsregelung: Die Steuerbelastung der Rente wird von 2005 bis 2040 schrittweise von 50 % auf 100% angehoben.
Von den Renteneinnahmen kann ein Werbungskostenpauschbetrag von 102 € abgezogen werden, § 9a Nr. 3 EStG.

Beispiel 1: Eine Rentnerin bezieht im Jahr 2005 erstmals eine Rente i.H.v. 5.000 €, in 2006 von 10.500 € und 10.900 € in 2007. Einkünfte?
Lösung 1: Die steuerpflichtigen Einnahmen 2005 betragen 5.000 € x 50 % = 2.500 €. Die Einkünfte betragen folglich 2.500 € ./. 102 € = 2.398 €. Die Einnahmen 2006 betragen: 10.500 € x 50% = 5.250 €. Die Einkünfte 2006 betragen 5.250 € ./. 102 € = 5.148 €. Der steuerfreie Teil der Rente, hier 5.250 €, wird im Jahr, das dem Jahr des Rentenbeginns folgt, festgelegt. Er bleibt in den weiteren Folgejahren unverändert. Das bedeutet, dass die Rentenerhöhungen voll steuerpflichtig werden, § 22 Nr. 1 S. 4 und 5 EStG. Die Einkünfte 2007 betragen folglich 10.900 € ./. 5.250 € ./. 102 € = 5.548 €.
Beispiel 2: Ein Rentner bezieht im Jahr 2006 erstmals eine Rente i.H.v. 10.000 € und in 2007 i.H.v. 10.600 €. Einkünfte?
Lösung 2: Die Einkünfte 2006 betragen 10.000 € x 52% ./. 102 € = 5.098 €. Die Einkünfte 2007 betragen 10.600 € x 52% ./. 102 € = 5.410 €. Der steuerfreie Teil beträgt in den Folgejahren 10.600 € x 48% = 5.088 €.

Beispiel 3: Ein Pensionär bezieht eine Beamtenpension. Einkünfte?
Lösung 3: Es liegen Einkünfte aus § 19 EStG vor. Das bedeutet, dass Beamtenpensionen bereits heute zu 100% steuerpflichtig sind. Es kann lediglich ein sog. Versorgungspauschbetrag abgezogen werden, § 19 Abs. 2 EStG. Die Besteuerung der Rente aus der gesetzlichen Versicherung wird damit bis 2040 an die Behandlung der Beamtenpension angepasst.

Nr. 1a: Einkünfte aus bestimmten Unterhalts- und Versorgungsleistungen

Nr. 2: Einkünfte aus privaten Veräußerungsgeschäften: siehe S. 53.

Nr. 3: Einkünfte aus sonstigen Leistungen
Beispiele sind u. a.

- Einkünfte aus gelegentlicher Vermittlung,
- Vermietung beweglicher Gegenstände, sofern nicht gewerblich,
- einmalige Bürgschaftsprovisionen,
- Entgelte für die Einräumung eines Vorkaufsrechts.

Sonstige Einkünfte nach § 22 Nr. 3 sind nur steuerpflichtig, sofern die Freigrenze von 256 € im Kalenderjahr überschritten wird.
Beispiel: A erhält eine einmalige Versicherungsprovision von 250 €, B erhält 260 €.
Lösung: As Einkünfte betragen 0 €, Bs 260 €.

Negative Einkünfte dürfen nicht mit anderen Einkünften verrechnet werden. Sie können nur mit positiven sonstigen Einkünften des Vorjahres (Verlustrücktrag) und der Folgejahre (Verlustvortrag) ausgeglichen werden.

Nr. 4: Abgeordnetenbezüge
Abgeordnete sind nicht weisungsgebunden. Sie beziehen daher keine Einkünfte aus nichtselbstständiger Tätigkeit i.S.d. § 19 EStG. Abgeordnete sind auch nicht gewerblich oder selbstständig tätig nach §§ 15, 18 EStG. Um eine Besteuerungslücke zu vermeiden, werden sie daher in § 22 Nr. 4 EStG gesondert erfasst.

Nr. 5: Einkünfte aus Altersvorsorgeverträgen
Leistungen aus Altersvorsorgeverträgen (z.B. Direktversicherungen, Riesterverträge) unterliegen auch der sog. nachgelagerten Besteuerung, wenn die Beiträge entweder nach § 3 Nr. 63 EStG steuerfrei sind oder Sonderausgaben nach § 10a EStG sind. Die Leistungen sind in vollem Umfang steuerpflichtig (nachgelagerte Besteuerung).

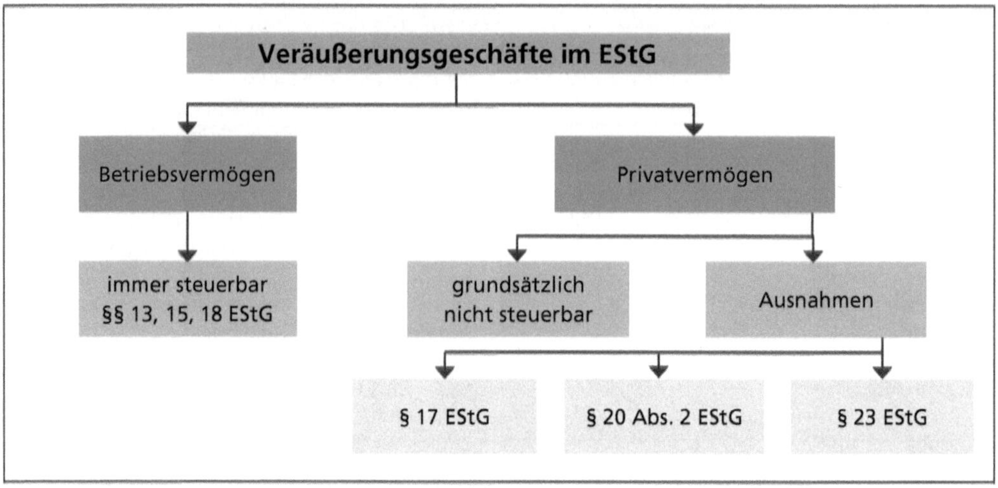

1 Veräußerungsgeschäfte im EStG

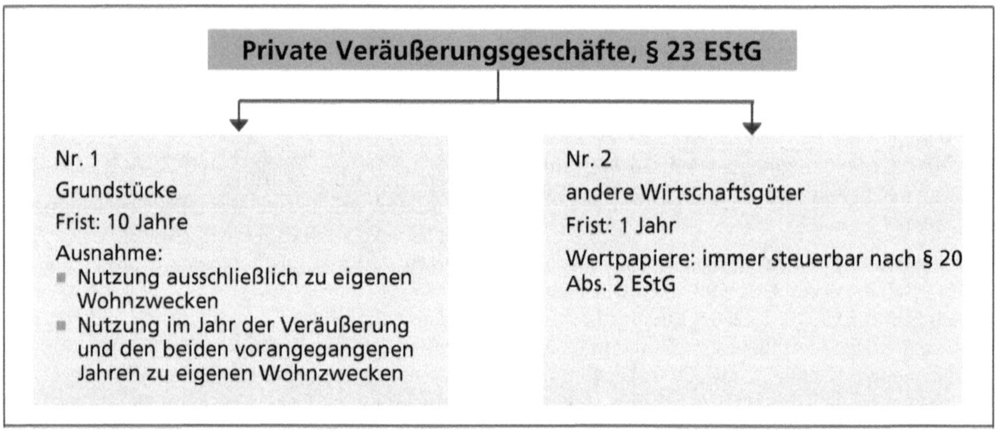

2 Übersicht zu § 23 EStG

§ 17 EStG

Tatbestand
- Veräußerung von Kapitalgesellschaftsanteilen
- Privatvermögen
- innerhalb der letzten 5 Jahre mindestens einmal für eine Sekunde zu mindestens 1 % beteiligt

Rechtsfolge
- Veräußerungsgewinn ist steuerbar (Einkünfte aus Gewerbebetrieb)
- Teileinkünfteverfahren (keine Abgeltungssteuer)
- Freibetrag (bei kleinen Veräußerungsgewinnen)
- keine Gewerbesteuer (R7 Abs. 3 Nr. 2 GewStR 2009)

3 § 17 EStG

Veräußerung von Privatvermögen

Veräußerungen von Betriebsvermögen führen grundsätzlich zu steuerbaren Gewinnen (§§ 13, 15 und 18 EStG) [1].
Veräußerungen von Privatvermögen sind grundsätzlich nicht steuerbar. Es gibt aber folgende wichtige Ausnahmen:

§ 20 Abs. 2 EStG (siehe S. 45)

Private Veräußerungsgeschäfte

§ 23 Abs. 1 Nr. 1 EStG: Grundstücksverkäufe
Die Veräußerung eines Grundstücks aus dem Privatvermögen (inklusive aufstehender Gebäude) ist steuerbar, wenn der Zeitraum zwischen Anschaffung und Veräußerung nicht mehr als zehn Jahre beträgt. [2] Hiervon gibt es zwei Ausnahmen:

- Das Haus wird zwischen Kauf und Verkauf ausschließlich zu eigenen Wohnzwecken genutzt (Nr. 1 S. 3 Alt. 1).
- Das Haus ist im Veräußerungsjahr und in den beiden vorangegangenen Jahren ausschließlich zu eigenen Wohnzwecken genutzt worden (Nr. 1 S. 3 Alt. 2).

Beispiel: Anton verkauft mit Gewinn ein Haus, das er 15 Jahre vermietet hatte. Steuerbarkeit?
Lösung: Hatte er das Haus im Privatvermögen, so ist der Veräußerungsgewinn nicht zu versteuern, da die Zehn-Jahres-Frist des § 23 Abs. 1 Nr. 1 EStG abgelaufen ist. Hatte er das Haus im Betriebsvermögen, so ist der Veräußerungsgewinn zu versteuern.
Beispiel: Arbeitnehmerin Anita muss beruflich von Berlin nach München umziehen. Ihre Berliner Eigentumswohnung, welche sie vor vier Jahren gekauft und ununterbrochen selbstbewohnt hatte, verkauft sie mit Gewinn. Steuerbarkeit?
Lösung: Der Veräußerungsgewinn ist nicht steuerbar, da Anita das Haus zwischen Anschaffung und Veräußerung ausschließlich zu eigenen Wohnzwecken genutzt hat, § 23 Abs. 1 Nr. 1 S. 3 Alt. 1 EStG.

§ 23 Abs. 1 Nr. 2 EStG:
Verkauf anderer Wirtschaftsgüter
Die Veräußerung von Wirtschaftsgütern des Privatvermögens, die keine Grundstücke sind (insbesondere Edelmetalle, Kunstgegenstände und Antiquitäten) ist steuerbar, wenn der Zeitraum zwischen Anschaffung und Veräußerung nicht mehr als ein Jahr beträgt. Werden die Wirtschaftsgüter zur Einkünfteerzielung verwendet, erhöht sich die Frist auf zehn Jahre. Der Verkauf von Wertpapieren, die ab 2009 gekauft werden, ist ohne Frist nach § 20 Abs. 2 EStG steuerbar. § 23 EStG ist gem. Abs. 2 subsidiär. Nicht steuerbar ist die Veräußerung von Gegenständen des täglichen Gebrauchs, § 23 Abs. 1 Nr. 2 S. 2 EStG.

Beispiel: Stefan kauft auf dem Flohmarkt eine Zeichnung aus dem 19. Jahrhundert für einen Euro, die sich als echter van Gogh erweist. Er stellt sie einem Museum gegen ein geringes Entgelt zur Verfügung und verkauft sie nach 13 Monaten bei eBay für 10.000.000 €. Einkünfte?
Lösung: Stefan muss die Differenz zwischen Einkaufspreis und Verkaufspreis i.H.v. 9.999.999 € versteuern, § 23 Nr. 2 EStG. Wegen der Verwendung des Bilds zur Einkünfteerzielung verlängert sich die maßgebliche Veräußerungsfrist auf zehn Jahre. Bei unentgeltlicher Überlassung müsste er keine Steuern zahlen, da die maßgebliche Frist ein Jahr beträgt.

§ 17 EStG

Gewinne aus einer Veräußerung von im Privatvermögen gehaltenen Kapitalgesellschaftsanteilen sind nach § 17 EStG als gewerbliche Einkünfte zu versteuern, wenn der Veräußerer bei Veräußerung oder innerhalb der letzten fünf Jahre mind. einmal für eine Sekunde zu mind. 1 % an der Kapitalgesellschaft beteiligt war. Der Gewinn unterliegt dem Teileinkünfteverfahren, § 3 Nr. 40c EStG und ist zu 60 % steuerbar. Für kleinere Veräußerungsgewinne gibt es einen Freibetrag von 9.060 €, § 17 Abs. 3 EStG. Der Freibetrag bezieht sich auf eine Beteiligung von 100 % und wird bei Veräußerungsgewinnen über 36.100 € gekürzt.

Beispiel: A kauft 10 % einer GmbH für 30.000 € und verkauft sie für 37.000 €. B kauft und verkauft für die gleichen Beträge Siemensaktien.
Lösung:

Einkünfte des A (§ 17 EStG):			
Verkaufspreis 60 % × 37.000 € =			22.200 €
Kaufpreis 60 % × 30.000 € =			./.18.000 €
Veräußerungsgewinn			4.200 €
Freibetrag 10 % × 9.060 € =		906 €	
V-Gewinn	4.200 €		
Kürzung			
10 % × 36.100 € =	./. 3.610 €		
		./. 590 €	
			./. 316 €
Einkünfte A			3.884 €

Einkünfte des B: 7.000 €, die der 25 %igen Abgeltungssteuer unterliegen. [3]

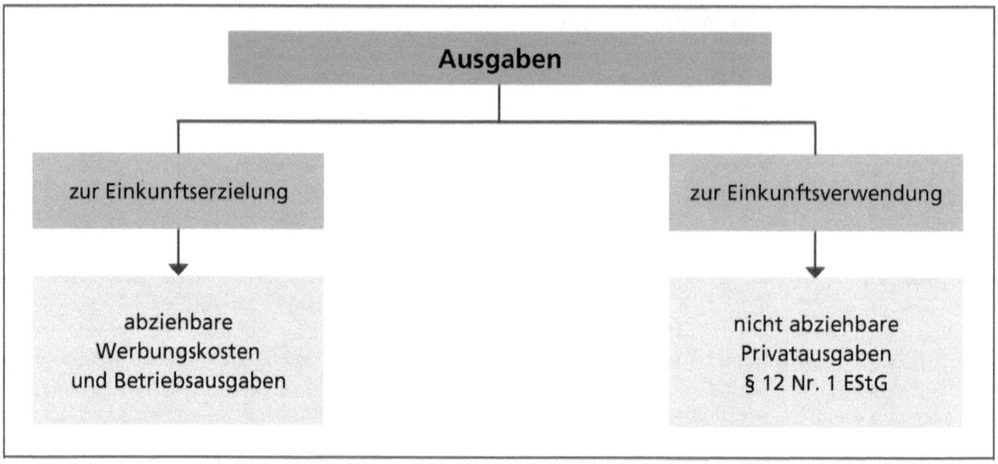

1 Das Grundproblem der Liebhaberei: die Abgrenzung von Ausgaben, die der Einkünfteerzielung dienen, von Einkünften, die der Einkünfteverwendung dienen

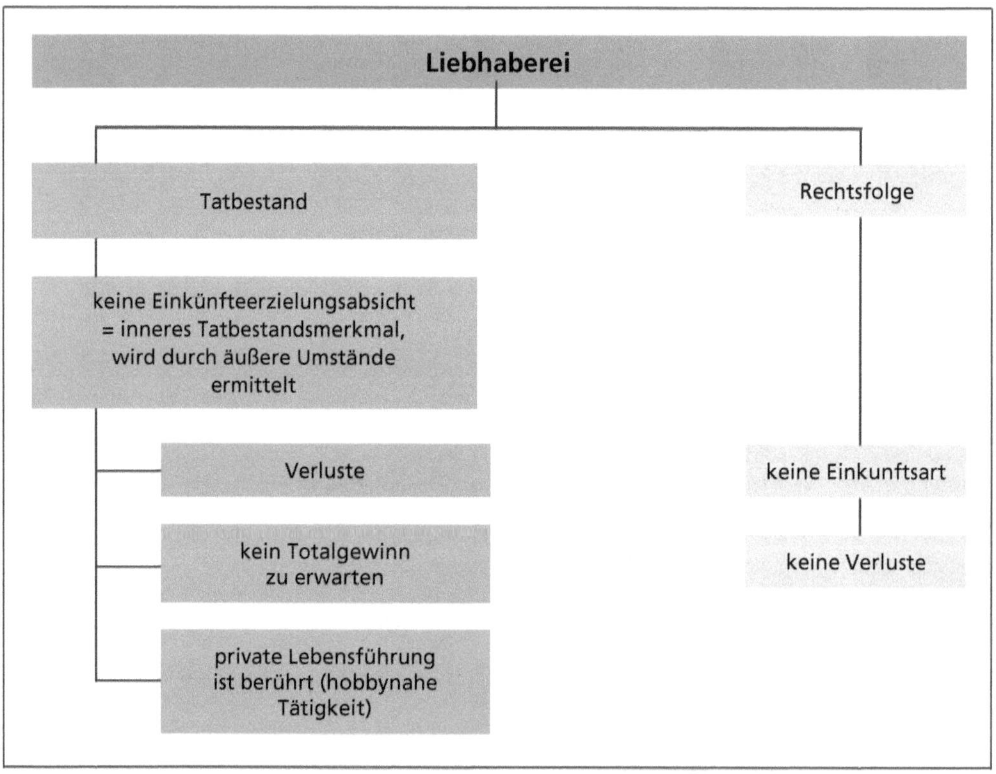

2 Tatbestand und Rechtsfolge der Liebhaberei

Liebhaberei

Kennzeichnend für alle Einkunftsarten ist, dass sie mit der Absicht unternommen werden, positive Ergebnisse, also Gewinne oder Überschüsse, zu erzielen. Fehlt diese Absicht, so spricht man von Liebhaberei. Eine solche Tätigkeit ist steuerlich unbeachtlich. Anfallende Verluste werden nicht berücksichtigt. Damit wird verhindert, dass Ausgaben für ein Hobby steuermindernd geltend gemacht werden können. [1]
Die gesetzliche Regelung der Liebhaberei ist dürftig. Das EStG erwähnt das Merkmal Gewinnerzielungsabsicht nur bei den gewerblichen Einkünften, § 15 Abs. 2 EStG. Die Absicht positive Einkünfte zu erzielen muss aber bei allen Einkunftsarten geprüft werden. Das kann wie folgt begründet werden: Ausgaben zur Erzielung von Einnahmen, also Werbungskosten und Betriebsausgaben, mindern die Einkünfte und damit die ESt. Ausgaben die der Einkunftsverwendung dienen, also Ausgaben der Lebensführung, dürfen dahingegen die Steuer nicht mindern, § 12 Nr. 1 EStG. Anderenfalls wäre das ESt-Aufkommen gleich 0. Folglich muss bei allen Ausgaben geprüft werden, ob sie mit Einkünfteerzielungsabsicht getätigt worden sind. Statt »Absicht zur Erzielung positiver Einkünfte« spricht man üblicherweise von der Gewinnerzielungsabsicht.
In der Theorie ist es leicht, Erwerbsausgaben von Privatausgaben abzugrenzen. In der Praxis ist dies jedoch schwer. Das Abgrenzungsmerkmal ist ein inneres, subjektives Tatbestandsmerkmal, nämlich die »Verwendungsabsicht«. Die Verwendungsabsicht ist aber für das Finanzamt nicht objektiv erkennbar. Diese innere Tatsache »Verwendungsabsicht« ist nur anhand von äußeren Umständen (Indizien) zu beurteilen.
In der Praxis hilft man sich mit folgendem **Prüfschema**. Liebhaberei, also das Fehlen der Total-Gewinnerzielungsabsicht liegt vor, wenn alle folgende Voraussetzungen gegeben sind: [2]

- Es liegen Verluste vor.
- Auch über einen längeren Zeitraum ist kein positives Ergebnis zu erwarten (Totalgewinnprognose).
- Die Ausgaben berühren auch die private Lebensführung, § 12 Nr. 1 EStG.

Sind diese Merkmale erfüllt, so liegt keine Einkunftsart vor. Mangels Einkunftsart sind auch die Ausgaben nicht abziehbar (H 15. 3 EStH 2008).

Wenn diese Merkmale nicht eindeutig zu ermitteln sind, nehmen die Finanzbehörden dem Steuerpflichtigen zunächst die Gewinnerzielungsabsicht ab. Er kann also Verluste geltend machen. Sie erlassen die ESt-Bescheide nur unter dem Vorbehalt der Nachprüfung (§ 164 AO). Wenn nach fünf Jahren eine Gewinnerzielungsabsicht noch nicht absehbar ist, gilt sie für die Finanzämter als widerlegt. Die ergangenen Steuerbescheide werden aufgehoben und die Steuer ohne die Berücksichtigung der Verluste wird neu festgesetzt.

Beispiel 1: A macht eine längere Reise durch Indien und schreibt dabei einen Gedichtband »Indische Impressionen«. Er möchte die Reisekosten als Betriebsausgaben im Rahmen einer schriftstellerischen Tätigkeit geltend machen, § 18 Abs. 1 Nr. 1 EStG. Hier liegen Verluste vor. Eine Totalgewinnprognose dürfte zu dem Ergebnis kommen, dass mit einem Gedichtband die Kosten einer Reise nicht beglichen werden können. Schließlich ist die Reise auch privat mitveranlasst, § 12 Nr. 1 EStG. Es liegt folglich Liebhaberei vor, da die Ausgaben nicht zur Einkunftserzielung getätigt worden sind. Die Ausgaben sind daher nicht als Betriebsausgaben anzusetzen.
Beispiel 2: B, ein begeisterter Hubschrauberpilot, vermietet einen Hubschrauber und erzielt dabei jahrelang Verluste. Der BFH führt dazu aus: »Die ernsthafte Möglichkeit, dass ein jahrelang ausschließlich mit Verlusten arbeitender Betrieb nicht in der Absicht der Gewinnerzielung geführt wird, ist jedenfalls dann gegeben, wenn feststeht, dass der Betrieb nach seiner Wesensart und/oder der Art seiner Bewirtschaftung auf die Dauer gesehen nicht nachhaltig mit Gewinn, d. h. mit einem Totalgewinn, arbeiten kann. Dies kommt insbesondere in Betracht, wenn der Steuerpflichtige es trotz ständiger und nachhaltiger Verluste unterlässt, Maßnahmen zur Herstellung und Steigerung der Rentabilität des Betriebes zu ergreifen« (BFH vom 25.06.1996, VIII R 28/94). Da B im vorliegenden Fall auch selbst Hubschrauber fliegt, ist eine private Mitverursachung der Verluste gegeben. Es liegt daher Liebhaberei vor. Die Verluste sind nicht abziehbar.
Beispiel 3: Ein Rechtsanwalt erzielt über einen längeren Zeitraum Verluste. Daneben erwirtschaftet er größere Gewinne aus gewerblicher Tätigkeit. Der BFH führt dazu aus: »Langjährige Verluste eines selbstständig tätigen Rechtsanwalts, dessen Einnahmen ohne plausible Gründe auf niedrigstem Niveau stagnieren und der seinen Lebensunterhalt aus erheblichen anderweitigen Einkünften bestreitet, sprechen regelmäßig dafür, dass er seine Tätigkeit nur aus persönlichen Gründen fortführt« (BFH vom 14.12.2004, XI R 6/02).

Besteuerung von Personengesellschaften

- Transparenzprinzip → Gesellschafter zahlen die Steuern
  - EStG
  - KSt
- kein Transparenzprinzip → Gesellschaft zahlt die Steuern
  - GewSt
  - USt

1 Transparenzprinzip

Mitunternehmer

Gesellschafter einer Personengesellschaft, z. B.
- GbR
- OHG
- KG

Mitunternehmerinitiative
- nicht weisungsgebunden
- wie ein Geschäftsführer handeln können, zumindest aber Kontrollrechte wie Kommanditist (HGB)

Mitunternehmerrisiko
- Beteiligung am laufenden Gewinn und Verlust
- Beteiligung an den stillen Reserven bei Ausscheiden aus der Gesellschaft und bei Liquidation

2 Mitunternehmerbegriff

Personengesellschaften

- Mitunternehmerschaft → § 15 Abs. 1 Nr. 2 EStG gilt
  - gewerblich, § 15 EStG
  - freiberuflich, § 18 Abs. 4 EStG
  - land- und forstwirtschaftlich, § 13 Abs. 7 EStG
- vermögensverwaltende Personengesellschaft → § 15 Abs. 1 Nr. 2 EStG gilt nicht
  - Vermietung und Verpachtung, § 21 EStG
  - Einkünfte aus Kapitalvermögen, § 20 EStG

3 Steuerliche Behandlung von Personengesellschaften

Mitunternehmerschaften

Transparenzprinzip

Bei Personengesellschaften gilt das Transparenzprinzip. Das bedeutet, dass Personengesellschaften weder ESt noch KSt zahlen müssen. Vielmehr wird der Gewinn einer Personengesellschaft anteilig von den Gesellschaftern versteuert, § 15 Abs. 1 Nr. 2 S. 1 EStG. [1]

Beispiel 1: Frau A und die Y-GmbH sind zu gleichen Teilen Gesellschafter der Pizzeria-OHG. Die OHG erzielt einen Gewinn von 30.000 €. Einkünfte?
Lösung 1: Auf Frau A entfällt ein Gewinnanteil von 15.000 €, für den sie ESt zahlen muss. Die Y-GmbH muss ihren Gewinnanteil (15.000 €) der KSt unterwerfen.

Bei der GewSt und der USt gilt das Transparenzprinzip nicht. Gewerblich tätige Personengesellschaften müssen GewSt und USt zahlen (§ 5 Abs. 1 S. 3 GewStG, § 2 Abs. 1 S. 3 UStG). Im Beispiel 1 muss die Pizzeria-OHG daher GewSt und USt zahlen.
Aus dem Transparenzprinzip folgt, dass der Gewinn der Personengesellschaft von den Gesellschaftern bei Entstehung versteuert wird. Ob und wann der Gewinn entnommen wird, ist ohne Bedeutung. Der Grund: Das EStG besteuert die Einkünfteerzielung. Die Einkünfteverwendung ist Privatsache. Außerdem könnten anderenfalls Gewinne in einer Personengesellschaft jahrelang unversteuert angesammelt werden.

Beispiel 2: Rechtsanwälte A und B gründen zu gleichen Teilen eine Sozietät (GbR). Sie vereinbaren den Gewinn des Erstjahres i.H.v. 100.000 € nicht zu entnehmen. Einkünfte?
Lösung 2: A und B müssen je 50.000 € versteuern, § 18 EStG. Dass sie den Gewinn nicht entnehmen ist irrelevant.

Mitunternehmer

Für Mitunternehmer sieht das Gesetz eine Sonderregelung vor, § 15 Abs. 1 Nr. 2 EStG. [2]
Mitunternehmer ist ein

- Gesellschafter einer Personengesellschaft,
- der Mitunternehmerinitiative hat und
- Mitunternehmerrisiko trägt.

Personengesellschaften können insbesondere sein:

- Gesellschaft bürgerlichen Rechts (GbR),
- OHG,
- KG.

Mitunternehmerinitiative (H 15.8.1 EStH) hat, wer nicht weisungsgebunden ist, sondern selbst wie ein Geschäftsführer entscheiden kann. Eine schwächere, aber ausreichende Ausprägung der Mitunternehmerinitiative ist gegeben, wenn ein Gesellschafter zumindest die Geschäftsführung kontrollieren kann.

Mitunternehmerrisiko (H 15.8.1 EStH) trägt, wer am laufenden Gewinn und Verlust beteiligt ist **und** bei Liquidation oder Ausscheiden aus der Gesellschaft an den stillen Reserven der Gesellschaft beteiligt ist. Ausreichend ist eine unbegrenzte persönliche Haftung.

Beispiel: Ein **Kommanditist** gemäß HGB ist ein Mitunternehmer. Seine Mitunternehmerinitiative besteht in seinem Kontrollrecht und seinem Stimmrecht in allen Grundlagengeschäften der KG (z. B. Satzungsänderung), §§ 119, 164, 166 HGB. Sein Mitunternehmerrisiko besteht in der Beteiligung am laufenden Gewinn und Verlust, § 167 HGB, dem Risiko, seine Einlage zu verlieren, § 171 HGB, und an der Beteiligung an den stillen Reserven bei Ausscheiden aus der KG, §§ 155, 161 Abs. 2 HGB.

Typische und atypisch stille Gesellschaft

- Der typisch stille Gesellschafter ist ein stiller Gesellschafter, der keine Mitunternehmerstellung hat. Er bezieht Einkünfte aus Kapitalvermögen, § 20 Abs. 1 Nr. 4 EStG.
- Der atypisch stille Gesellschafter ist Mitunternehmer. Er erzielt Einkünfte aus § 15 Abs. 1 Nr. 2 EStG.

Beispiel: Ein **stiller Gesellschafter** lt. HGB ist kein Mitunternehmer. Seine Mitunternehmerinitiative ist sehr eingeschränkt, da er nur ein Kontrollrecht hat, § 233 HGB. Sein Mitunternehmerrisiko ist auf die Beteiligung am laufenden Gewinn beschränkt. Anders als ein Kommanditist erhält der Stille bei Ausscheiden nur seine Einlage zurück, § 235 HGB.

Mitunternehmerschaft und vermögensverwaltende Personengesellschaft

§ 15 Abs. 1 Nr. 2 EStG ist unmittelbar anwendbar auf alle gewerblichen Mitunternehmerschaften. Darüber hinaus gilt § 15 Abs. 1 Nr. 2 aber auch für land- und forstwirtschaftliche, § 13 Abs. 7 EStG, und freiberufliche Mitunternehmerschaften, § 18 Abs. 4 S. 2 EStG. § 15 Abs. 1 Nr. 2 EStG gilt nicht für sog. »vermögensverwaltende Personengesellschaften«, insbesondere für Vermietungspersonengesellschaften. [3]

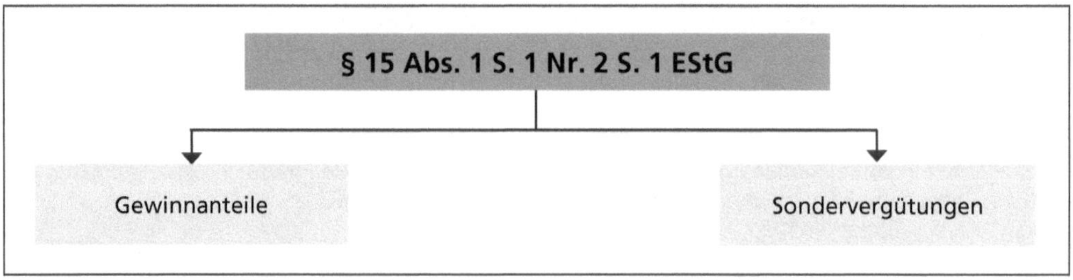

1 Einnahmen

Sondervergütungen

Vergütungen der Personengesellschaft für
- Dienstleistungen
- Darlehen
- Mietüberlassung

des Gesellschafters

Achtung: Vergütungen des Gesellschafters für Leistungen der Gesellschaft sind keine Sondervergütungen.

2 Arten von Sondervergütungen

Rechtsfolge der Sondervergütungen bei gewerblichen Personengesellschaften

- Umqualifizierung der Einkunftsart
  - § 18 EStG → § 15 EStG
  - § 19 EStG → § 15 EStG
  - § 20 EStG → § 15 EStG
  - § 21 EStG → § 15 EStG
- Gewinnermittlung (Sonderbilanzen oder § 4 Abs. 3 EStG)
- Betriebsvermögen
- Veräußerungsgewinne
- Gewerbesteuer
- Gesonderte und einheitliche Feststellung, § 180 Abs. 1 Nr. 2a AO

3 Rechtsfolgen bei Sondervergütungen

Sonderbilanz A zum Jahresende		
Boden	50	Kapital 105
Haus	45	
Geld	10	
Sonder-GuV A		
AfA	5	Mietertrag 10
Sonderbilanzgewinn	5	

	OHG	A	B
Steuerlicher Gewinn der OHG (1. Stufe) Gesamthandsgewinn	100 €		
Gewinnanteile A und B		50 €	50 €
Sonderbilanzgewinn A	5 €	5 €	—
Steuerlicher Gewinn der OHG (2. Stufe)	105 €		
Einkünfte von A und B		55 €	50 €

4 Beispiel zu Sonderbilanzen

Sondervergütungen – Sonderbilanzen

Nach § 15 Abs. 1 S. 1 Nr. 2 S. 1 EStG besteht der Gewinn eines Mitunternehmers aus zwei Teilen, dem **Gewinnanteil** und den **Sondervergütungen**. Der **Gewinnanteil** ist der auf den Gesellschafter entfallende Teil des Steuerbilanzgewinns der Persongesellschaft. [1]

Sondervergütungen

Sondervergütungen sind Entgelte der Personengesellschaft an den Gesellschafter für

1. Dienstleistungen,
2. Darlehen oder
3. Vermietung von Wirtschaftsgütern des Gesellschafters an die Gesellschaft. [2]

Beispiel: An der A&B-OHG sind die Gesellschafter A und B zu je 1/2 beteiligt. Der Bilanzgewinn der OHG beträgt 100 €. Dabei ist ein Geschäftsführergehalt an A von 60 € als Aufwand berücksichtigt. Einkünfte?
Lösung: A und B erzielen jeweils einen Gewinnanteil von 1/2 x 100 € = 50 €. A erzielt zusätzlich ein Geschäftsführergehalt. Dieses wäre ohne § 15 Abs. 1 Nr. 2 EStG nach § 19 EStG zu versteuern. § 15 Abs. 1 Nr. 2 EStG qualifiziert das Gehalt jedoch zu gewerblichen Einkünften um. A erzielt daher insgesamt Einkünfte aus § 15 EStG i.H.v. 110 € (= Gewinnanteil 50 € + Sondervergütungen 60 €).

Vergütungen des Gesellschafters für Leistungen der Gesellschaft sind keine Sondervergütungen.

Die Regelung der Sondervergütungen bezweckt zweierlei: Zum einen soll der Mitunternehmer einem Einzelunternehmer gleichgestellt werden.

Beispiel: A ist Gesellschafter der A & B-OHG. A gewährt der OHG ein Darlehen und erhält dafür 500 € Zinsen. Einkünfte des A?
Lösung: Ohne § 15 Abs. 1 Nr. 2 EStG lägen Einkünfte aus Kapitalvermögen vor. Da die Zinsen kleiner als der Sparerfreibetrag sind, wären die Einkünfte 0 €, § 20 Abs. 1 Nr. 7, Abs. 9 EStG. § 15 Abs. 1 Nr. 2 EStG qualifiziert die Zinsen in gewerbliche Einkünfte ohne Sparerfreibetrag um. Vergleicht man das Ergebnis mit einem Einzelunternehmer, so stellt man folgendes fest: Ein Einzelunternehmer kann sich selbst kein Darlehen gewähren. Daher kann er auch nie im Betriebsvermögen Zinseinkünfte aus § 20 EStG haben. Einem Einzelunternehmer verbleibt nur die Möglichkeit der Geldeinlage und der Entnahme der Zinsen als Geldentnahme.

Zum anderen soll verhindert werden, dass durch Sondervergütungen die GewSt der Personengesellschaft gemindert werden kann. Die GewSt bemisst sich nach dem OHG-Gewinn inkl. Sonderbilanzgewinne. [3]

Beispiel: Die A&B-OHG erzielt einen Gewinn i.H.v. 100.000 €. Gäbe es § 15 Abs. 1 Nr. 2 EStG nicht, so könnten A und B sich jeweils ein Geschäftsführergehalt von 50.000 € zahlen lassen. Da Gehälter als Aufwand zu buchen sind, wird der Bilanzgewinn der OHG auf 0 € gemindert. Das würde die GewSt auf 0 € senken. Um das zu verhindern, bestimmt § 15 Abs. 1 Nr. 2 EStG, dass die Geschäftsführergehälter gewerbesteuerpflichtige Sondervergütungen sind.

Sonderbilanzen

Sondervergütungen sind Einkünfte aus § 15 EStG. Sie müssen gemäß § 2 Abs. 2 Nr. 1 EStG durch Bilanzierung ermittelt werden. Da die Sondervergütungen in der Bilanz der Personengesellschaft nicht ermittelt werden, muss eine besondere Bilanz nur zur Ermittlung der Sondervergütungen, die sog. Sonderbilanz erstellt werden.
Benutzt der Gesellschafter Wirtschaftsgüter, um Sondervergütungen zu erzielen, so handelt es sich um Sonderbetriebsvermögen. Dieses Sonderbetriebsvermögen gehört nicht der Gesellschaft, sondern dem Gesellschafter. Es muss daher in der Sonderbilanz ausgewiesen werden.

Beispiel: A und B sind zu je 1/2 Gesellschafter der A&B-OHG. Die OHG erzielt einen Gewinn i.H.v. 100 €. Dabei ist eine an A auf ein extra dem Sonderbetriebsvermögen gewidmetes Konto gezahlte Miete i.H.v. 10 € als Aufwand berücksichtigt. A kaufte für 100 € (Bodenanteil 50%) ein bebautes Grundstück und vermietet es der OHG für 10 €. Die AfA für das Gebäude beträgt 5 €. Einkünfte von A und B?
Lösung: Siehe [4]. Das Grundstück ist Betriebsvermögen, da es zur Erzielung von gewerblichen Sondervergütungen genutzt wird. A muss also eine sog. Sonderbilanz erstellen und das Grundstück aktivieren. In der Sonder-GuV muss A die Mieterträge und die AfA erfassen.
Der steuerliche Gewinn 2. Stufe und die auf die Gesellschafter entfallenden Gewinnanteile und Sondervergütungen werden durch einen Festestellungsbescheid einheitlich und gesondert festgestellt, § 180 Abs. 1 Nr. 2a AO.

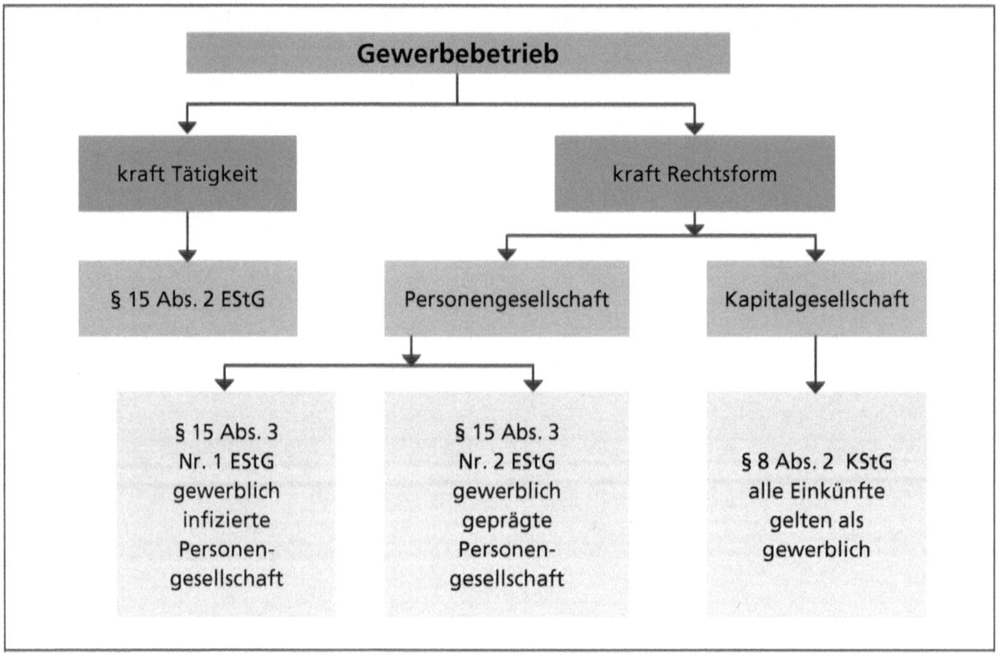

1 Gewerbebetrieb kraft Tätigkeit und kraft Rechtsform

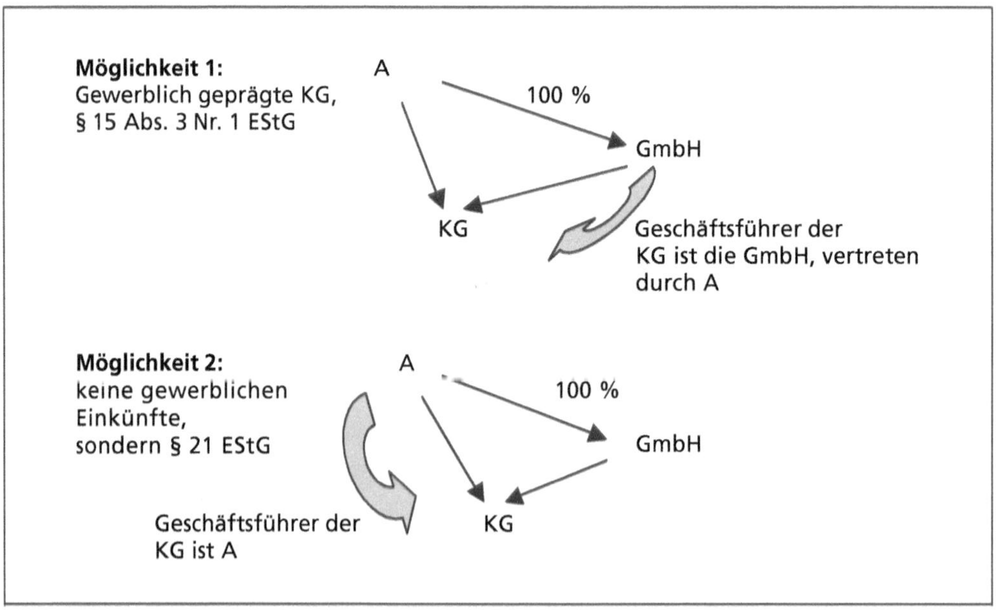

2 Die Wahlmöglichkeiten des § 15 Abs. 3 Nr. 2 EStG

Gewerblich infizierte und geprägte Personengesellschaften

Die Gewerblichkeit einer Personengesellschaft kann sich aus ihrer Tätigkeit oder aus einer gesetzlichen Fiktion ergeben: [1]

- § 15 Abs. 2 EStG: Gewerbebetrieb kraft gewerblicher Tätigkeit;
- § 15 Abs. 3 EStG: Gewerbebetrieb kraft Gesetzes.

Gewerblich infizierte Personengesellschaft, § 15 Abs. 3 Nr. 1 EStG

Übt eine Personengesellschaft neben einer nicht gewerblichen Tätigkeit (§§ 13, 18, 20, 21 EStG) zugleich eine gewerbliche Tätigkeit aus, so gilt die gesamte Tätigkeit der Personengesellschaft als gewerblich. Die nicht gewerbliche Tätigkeit wird also umqualifiziert (»infiziert«). Das hat zur Folge, dass die gesamten Einkünfte gewerbesteuerpflichtig werden. Außerdem müssen sie einheitlich als Gewinn ermittelt werden. Anders als eine natürliche Person kann eine Personengesellschaft also neben einer gewerblichen Tätigkeit keine weitere Einkunftsart haben.

Beispiel: A und B haben die physiotherapeutische A&B GbR gegründet (§ 18 EStG!). A und B beabsichtigen nebenher Cremes und Gymnastikmatten zu verkaufen. Einkunftsart?
Lösung: Das sollten A und B nicht tun, denn nach § 15 Abs. 3 Nr. 1 EStG erzielen sie dann keine Einkünfte mehr aus § 18 EStG, sondern aus § 15 EStG. A und B sollten besser zwei Personengesellschaften gründen: Eine Gesellschaft für Physiotherapie (§ 18 EStG) und eine Gesellschaft für den Verkauf (§ 15 EStG).

Gewerblich geprägte Personengesellschaft, § 15 Abs. 3 Nr. 2 EStG

Die gewerblich geprägte Personengesellschaft lässt sich am besten durch ein Beispiel erklären:

Beispiel: A ist Alleingesellschafter der A-GmbH & Co KG. Die KG vermietet ein Grundstück. Welche Einkunftsart erzielt die KG? [2]
Lösung: Das kann A durch geschickte Gestaltung selbst bestimmen. Grundsätzlich führt Vermietung zu Einkünften aus § 21 EStG. (Dass die KG handelsrechtlich ein Kaufmann ist, ist steuerlich irrelevant.) Aber nach § 15 Abs. 3 Nr. 2 S. 1 EStG gilt die Tätigkeit als Gewerbebetrieb, wenn

- bei einer Personengesellschaft, der KG,
- die keine originär gewerbliche Tätigkeit ausübt,
- ausschließlich Kapitalgesellschaften persönlich haftende Gesellschafter sind und wenn
- Geschäftsführer der Personengesellschaft nur die Kapitalgesellschaft oder ein Nichtgesellschafter ist.

Die ersten drei Tatbestandsmerkmale liegen bei jeder vermögensverwaltenden GmbH & Co KG vor. Das vierte Merkmal enthält ein verstecktes Wahlrecht:
Möglichkeit 1: Wenn nur die GmbH, vertreten durch Herrn A, Geschäftsführerin der KG ist, dann gilt die Tätigkeit der KG als Gewerbebetrieb.
Möglichkeit 2: Wenn dahingegen auch A als Kommanditist Geschäftsführer der KG ist, liegen Einkünfte aus Vermietung vor, § 21 EStG.

Hinweis: Auch für Kapitalgesellschaften gibt es eine Fiktion der Gewerblichkeit: **§ 8 Abs. 2 KStG** bestimmt, dass Kapitalgesellschaften immer gewerbliche Einkünfte haben. Auf die Tätigkeit der Kapitalgesellschaft kommt es nicht an.

Verluste bei beschränkter Haftung, § 15a EStG

§ 15a EStG soll die missbräuchliche Verwendung steuerlicher Verluste verhindern. Wer sich als Kommanditist an einer KG beteiligt, kann max. seine Einlage (Pflichteinlage = Haftkapital) verlieren. Daher bestimmt § 15a EStG, dass ein Kommanditist Verluste mit steuerlicher Wirkung auch nur max. bis zur Höhe seiner Einlage steuerlich geltend machen kann.

Beispiel: A erzielt als Angestellter Lohneinkünfte von 100.000 €. Außerdem beteiligt sich A als Kommanditist mit einer Einlage von 10.000 € an der Film GmbH & Co KG. Die KG stellt einen Film her. Der Film darf als immaterielles Wirtschaftsgut nicht aktiviert werden, § 5 Abs. 2 EStG. Daher sind die Herstellungskosten (HK) bei der KG, also insbesondere Bezahlung der Schauspieler, Lizenzen und Zinsen für Fremdkapital, in vollem Umfang Betriebsausgaben. Auf A soll ein Verlust von 15.000 € entfallen. Einkünfte des A?
Lösung: A darf von den Verlusten aus der KG nur 10.000 € mit seinen Einkünften aus nichtselbstständiger Arbeit ausgleichen. Die Summe seiner Einkünfte beträgt daher 100.000 € (§ 19 EStG) ./. 10.000 € (§ 15 EStG) = 90.000 €. Die weiteren 5.000 € Verlust werden nach § 15a Abs. 4 EStG gesondert festgestellt. A darf sie nur mit zukünftigen Gewinnen aus der KG verrechnen.

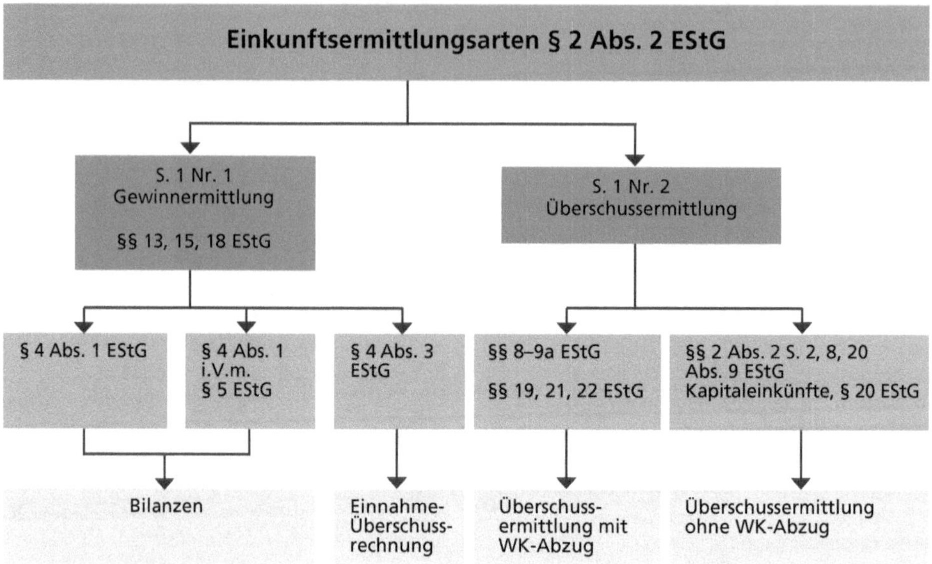

1 Einkunftsermittlungsarten

Gewinnermittlungsarten

Bilanzierung mit Maßgeblichkeit der HB: § 4 Abs. 1 i.V.m. § 5 EStG

- Gewerbetreibende, § 15 EStG
- Voraussetzung:
  - Buchführungspflicht (nach HGB oder § 141 AO) oder
  - freiwillige Buchführung bei Kleingewerbetreibenden

Bilanzierung ohne Maßgeblichkeit der HB: § 4 Abs. 1 EStG

- Selbstständige, § 18 EStG (freiwillig buchführend)
- Landwirte, die die Grenzen des 141 AO überschritten haben

Einnahme-Überschussrechnung: § 4 Abs. 3 EStG

- Selbstständige, § 18 EStG (größenunabhängig)
- Kleingewerbe, § 15 EStG

  Voraussetzung
  - kein Kaufmann und
  - die Größen des § 141 AO nicht überschritten
    - Umsatz nicht über 600.000 € und
    - Gewinn nicht über 60.000 €
  - oder noch nicht vom FA zur Buchführung aufgefordert

2 Gewinnermittlungsarten

Ermittlung der Einkünfte

Einkunftsermittlungsarten

Ideal wäre es, wenn alle Einkünfte gleich zu ermitteln wären. Das ist jedoch illusorisch. Zum einen muss bei kleinen Einkünften eine einfachere Ermittlungsart möglich sein als bei großen Einkünften. Zum anderen müssen bei den Gewinneinkunftsarten §§ 13, 15 und 18 EStG auch Veräußerungsgewinne ermittelt werden. Die Einkünfteermittlung muss daher die Anschaffungskosten (AK) erfassen. Bei den Überschusseinkunftsarten werden Veräußerungsgewinne dahingegen nur manchmal besteuert. Eine Ermittlung von AK ist daher meist nicht erforderlich.

Das EStG kennt folglich in § 2 Abs. 2 zwei verschiedene Einkunftsermittlungsarten: [1]

- Nr. 1: Gewinnermittlung;
- Nr. 2: Überschussermittlung.

Gewinnermittlung

Für die Einkünfte aus §§ 13, 15 und 18 EStG erfolgt eine Gewinnermittlung. Man nennt sie daher auch Gewinneinkunftsarten. In der Praxis sind zwei **Gewinnermittlungsarten** besonders relevant: [2]

- Bilanzierung mit Maßgeblichkeit (vgl. S. 66 f.),
- Einnahme-Überschuss-Rechnung.

Bilanzierung mit Maßgeblichkeit der Handelsbilanz (HB) für die StB, §§ 4 Abs. 1 i.V.m. 5 Abs. 1 EStG: Gewerbetreibende müssen für die Ermittlung des steuerlichen Gewinns die HB zugrunde legen.

Einnahmen-Überschuss-Rechnung, auch § 4 Abs. 3-Rechnung (4/3-Rechner) genannt, § 4 Abs. 3 EStG: Selbstständige (§ 18 EStG) und Gewerbetreibende (§ 15 EStG), die keine Bücher führen müssen, dürfen den Gewinn nach § 4 Abs. 3 EStG ermitteln.

Die Einnahmen-Überschuss-Rechnung ist eine Kombination aus einer Bilanzierung und einer Cashflow-Rechnung: Die Behandlung des Anlagevermögens folgt den Regeln der Bilanzierung; das Umlaufvermögen wird nach Cashflow-Grundsätzen behandelt.

Weitere Gewinnermittlungsarten:

- Kleinere Land- und Forstwirte können ihren Gewinn nach § 13a EStG pauschalieren;
- Tonnagebesteuerung, § 5a EStG;
- Bilanzierung ohne Maßgeblichkeit der HB für die StB, § 4 Abs. 1 EStG: Freiberufler und Land- und Forstwirte sind keine Kaufleute. Sie erstellen keine HB. Folglich kann es auch keine Maßgeblichkeit der HB geben.

Überschussermittlung

Bei den **Überschusseinkunftsarten** §§ 19, 20, 21 und 22 EStG werden die Einkünfte durch Überschuss der Einnahmen über die Werbungskosten ermittelt, §§ 8, 9 EStG. Dies entspricht grundsätzlich einer Cashflow-Rechnung. Doppelte Buchführung und Bilanzen sind nicht erforderlich. Allerdings gibt es auch i.R.d. Überschussermittlung eine AfA, § 9 Abs. 1 Nr. 7 EStG.

Beispiel: Arbeitnehmerin Anita kauft sich für ihre Arbeit einen Laptop für 1.200 € mit einer Nutzungsdauer von drei Jahren. Anita kann nicht die gesamten AK als Werbungskosten im Jahr der Anschaffung geltend machen. Die AK werden als AfA über drei Jahre verteilt zu Werbungskosten, § 9 Abs. 1 Nr. 7 EStG.

Eine Vermögenserfassung erfolgt bei den Überschusseinkünften grundsätzlich nicht, da Veräußerungsgewinne bei Überschusseinkunftsarten grundsätzlich nicht steuerbar sind. Nur i.R.d. §§ 17, 20 Abs. 2, 23 EStG werden Veräußerungsgewinne versteuert.

Nach § 9 Abs. 5 EStG sind zahlreiche Sonderregelungen, die im Bilanzsteuerrecht, also in den §§ 4–7k EStG, geregelt sind, auch bei den Überschusseinkünften anzuwenden.

Beispiel: Arbeitnehmer Anton fährt auf einer Dienstreise mit seinem Pkw zu schnell und muss ein Bußgeld zahlen. Nach § 9 Abs. 5 i.V.m. § 4 Abs. 5 Nr. 8 EStG sind die Bußgeldzahlungen keine Werbungskosten.

Bei Kapitaleinkünften ist ein Werbungskostenabzug nicht möglich. Hier kann nur ein Sparerpauschbetrag von 801 € abgezogen werden, § 20 Abs. 9 EStG. Dadurch wird eine Abgeltungssteuer erst möglich, denn die Bank braucht mögliche Werbungskosten nicht zu ermitteln. Allerdings führt diese Regelung dazu, dass eine Fremdfinanzierung bei Kapitalvermögen zu einer sehr hohen Besteuerung führt, da die Finanzierungskosten nicht abgezogen werden können.

Buchführungspflicht

- Handelsrecht: § 238 HGB i.v.m. 140 AO
  - § 1 HGB: Istkaufmannn: Kaufmann kraft Gewerbebetrieb
  - § 2 HGB: Kannkaufmann: Kaufmann kraft Eintragung
  - § 6 HGB: Handelsgesellschaften: OHG, KG, GmbH, AG, SE
    Befreiung von der Buchführungspflicht, § 241a HGB

- Steuerrecht: § 141 AO
  - gewerbliche und forstwirtschaftliche Einkünfte
  - Umsatz > 600.000 €

  oder
  - Gewinn > 60.000 €

  und
  - das FA hat zur Buchführung aufgefordert

1 Buchführungspflicht

Nicht buchführungspflichtig sind:

- Kleingewerbetreibende
  - kaufmännischer Geschäftsbetrieb nicht erforderlich, § 1 Abs. 2 HGB
  - Umsatz bis 600.000 € und Jahresüberschuss bis 60.000 €

- Selbstständige i.S.d. § 18 EStG

2 Fehlende Buchführungspflicht

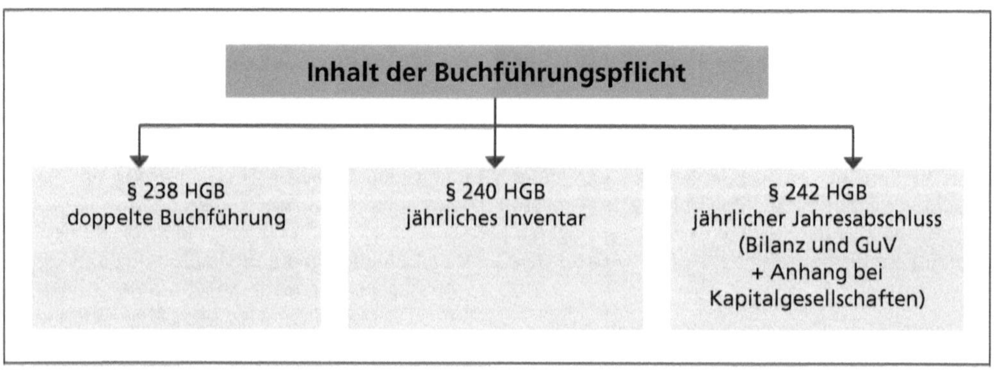

3 Inhalt der Buchführungspflicht

Buchführungspflicht

Es gibt zwei Verpflichtungen zur Buchführung: [1]
- Handelsrecht: § 238 HGB i.V.m. § 140 AO;
- Steuerrecht: § 141 AO.

Buchführungspflicht nach HGB

Jeder Kaufmann muss »Bücher« führen. Das bedeutet, dass jeder Kaufmann
- zur **doppelten Buchführung** verpflichtet ist, § 238 HGB,
- jährlich ein **Inventar**, § 240 HGB, und
- einen **Jahresabschluss** erstellen muss (Bilanz und GuV; Kapitalgesellschaften müssen zusätzlich einen Anhang erstellen), § 242 HGB. [3]

Für kleine Einzelkaufleute (d.h. nicht für Gesellschaften) gibt es eine Befreiung, § 241a HGB: Einzelkaufleute, die an den Abschlussstichtagen von zwei aufeinander folgenden Geschäftsjahren nicht mehr als 600.000 € Umsatzerlöse und 60.000 € Jahresüberschuss aufweisen, brauchen die §§ 238 bis 241 HGB nicht anzuwenden. [2]

Die Handelsbücher sind Grundlage für die Besteuerung, § 140 AO. Der Grund ist einleuchtend: Buchführung und Bilanzen können ohne zusätzlichen Aufwand auch für steuerliche Zwecke verwendet werden. Daher ist es für die Besteuerung wichtig zu wissen, wer Kaufmann ist. Der Kaufmannsbegriff ist im ersten Abschnitt des HGB geregelt:

§ 1 HGB: Istkaufmann

Kaufmann ist, wer ein Handelsgewerbe betreibt. Der Begriff des Handelsgewerbes nach HGB entspricht dem des § 15 Abs. 2 EStG. Kaufmann ist danach grundsätzlich, wer selbstständig, nachhaltig, mit Gewinnerzielungsabsicht tätig wird und kein Freiberufler oder Land- und Forstwirt ist. Kleingewerbetreibende sind keine Kaufleute. Sie sind daher auch nicht buchführungspflichtig. Kaufmannseigenschaft liegt nur vor, wenn das Unternehmen nach Art und Umfang einen in kaufmännischer Weise eingerichteten Geschäftsbetrieb erfordert, § 1 Abs. 2 HGB. Anhaltspunkte für einen kaufmännischen Geschäftsbetrieb sind u.a. Umsatz, Warenangebot, Mitarbeiterzahl.

Beispiel: Herr M versucht sich als Grundstücksmakler. Ihm gelingt die erste Vermittlung. Ist M Kaufmann?
Lösung: Zwar ist die Maklertätigkeit ein Handelsgewerbe, aber bei einer einzigen Vermittlung ist ein kaufmännisch eingerichteter Geschäftsbetrieb nicht erforderlich. M hat einen kleinen Umsatz, nur ein einziges Produkt und keine Mitarbeiter. M ist daher kein Kaufmann und muss keine Bücher führen.

§ 2 HGB: Kannkaufmann

Ein Kleingewerbetreibender kann aber auf Wunsch wie ein Kaufmann behandelt werden. Dies gilt gemäß § 3 Abs. 2 HGB auch für größere Land- und Forstwirte.

§ 6 HGB: Handelsgesellschaften

sind immer Kaufleute. Die wichtigsten Handelsgesellschaften sind
- OHG,
- KG,
- GmbH
- AG und
- SE.

Sie sind folglich immer zur Buchführung verpflichtet. Allerdings gilt folgendes zu berücksichtigen: Eine Vermietungs-OHG ist zwar Kaufmann und muss daher handelsrechtlich Bücher führen. Da ihre Gesellschafter steuerlich aber Einkünfte aus Vermietung und Verpachtung, § 21 EStG, erzielen, werden die steuerlichen Einkünfte nicht durch Bilanzierung, sondern als Überschuss der Einnahmen über die Werbungskosten ermittelt.

Buchführungspflicht nach Steuerrecht

Die handelsrechtliche Definition der Kleingewerbetreibenden ist für das steuerliche Massenverfahren nicht brauchbar. Finanzämter können nicht bei jedem Kleingewerbetreibenden prüfen, ob ein kaufmännischer Geschäftsbetrieb erforderlich ist. § 141 AO zieht daher die Grenze zur Buchführungspflicht an Hand von einfach zu ermittelnden Umsatz- und Gewinnzahlen: Gewerbetreibende nach § 15 EStG und Land- und Forstwirte nach § 13 EStG müssen Bücher führen, wenn
- der Umsatz 600.000 € übersteigt oder
- der Gewinn 60.000 € übersteigt und
- sie vom Finanzamt zur Buchführung aufgefordert worden sind.

Beispiel: Unternehmer U betreibt eine Wäscherei. Er hat Umsätze i.H.v. 700.000 €, erzielt einen Gewinn von 20.000 €. Muss er Bilanzen erstellen?
Lösung: U ist Gewerbetreibender nach § 15 EStG. Der Umsatz übersteigt 600.000 €. U muss daher Bücher führen, sobald ihn das Finanzamt zur Buchführung aufgefordert hat.

Betriebsvermögensvergleich

Eigenkapital am Schluss des Wirtschaftsjahres
./. Eigenkapital zu Beginn des Wirtschaftsjahres

= Veränderung des Eigenkapitals
+ Entnahmen
./. Einlagen

= Gewinn nach § 4 Abs. 1 EStG
./. steuerfreie Einnahmen
+ nicht abzugsfähige Ausgaben

= steuerpflichtiger Gewinn = Einkünfte

[1] Ermittlung des steuerpflichtigen Gewinns durch Betriebsvermögensvergleich

Gewinn- und Verlustrechnung

Erträge
./. Aufwendungen

= Gewinn nach § 4 Abs. 1 EStG
./. steuerfreie Einnahmen
+ nicht abzugsfähige Ausgaben

= steuerpflichtiger Gewinn = Einkünfte

[2] Ermittlung des steuerpflichtigen Gewinns durch GuV

Gewinnermittlung nach § 4 Abs. 1 EStG

Der **steuerliche Gewinn** wird definiert als **betrieblich veranlasste Eigenkapitalvermehrung**. Der Gewinn kann auf zwei Arten ermittelt werden:

- durch Betriebsvermögensvergleich [1] und
- als Differenz aus Erträgen und Aufwendungen mit Hilfe der Gewinn- und Verlustrechnung (GuV). [2]

Betriebsvermögensvergleich

Zur Ermittlung des Gewinns werden das Eigenkapital am Anfang und am Ende eines Jahres verglichen. Das Eigenkapital wird auch Betriebsvermögen genannt. Daher wird die Gewinnermittlung auch **Betriebsvermögensvergleich** genannt.
Dabei ist allerdings zu berücksichtigen, dass das Eigenkapital sich nicht nur aus betrieblichen, sondern auch aus privaten Gründen ändern kann. Folglich ist die Eigenkapitalveränderung um privat veranlasste Änderungen (Entnahmen und Einlagen) zu korrigieren.

Beispiel: T gründet ein Taxiunternehmen. Sein Vermögen besteht aus einem Taxi im Wert von 25.000 €. T verdient so viel, dass er bald ein zweites Taxi kaufen kann. Zum Jahresende beträgt der Wert der beiden Taxen 40.000 €. Außerdem konnte T weitere 20.000 € Bargeld zum privaten Leben entnehmen. Gewinn?
Lösung: Der Wert des Betriebsvermögens ist von 25.000 € auf 40.000 € gestiegen. Das Betriebsvermögen ist also um 15.000 € vermehrt worden. Hinzugerechnet werden muss die privat veranlasste Vermögensminderung (Entnahme) von 20.000 €. Diese führte zunächst ja auch zu einer betrieblichen Vermögensmehrung. Somit beträgt der Gewinn nach § 4 Abs. 1 EStG 15.000 € + 20.000 € = 35.000 €.

In umfangreicheren Fällen kann das Betriebsvermögen nur durch eine vollständige Aufstellung von Vermögen und Schulden ermittelt werden. Diese Aufstellung nennt man **Bilanz** (§ 242 Abs. 1 HGB). Auf der Aktivseite werden alle Vermögensgegenstände und aktiven Rechnungsabgrenzungsposten ausgewiesen. Auf der Passivseite erscheinen die Schulden, einschließlich der Rückstellungen und die passiven Rechnungsabgrenzungsposten. Die Differenz zwischen Vermögen und Schulden wird Eigenkapital genannt.

Gewinn- und Verlustrechnung

Anstelle des Betriebsvermögensvergleich kann der Gewinn nach § 4 Abs. 1 EStG ebenso durch eine Gegenüberstellung aller einzelnen betrieblich veranlassten Vermögensmehrungen (= Erträge) und -minderungen (= Aufwendungen) ermittelt werden. Diese Gegenüberstellung von Erträgen und Aufwendungen nennt man **Gewinn- und Verlustrechnung (GuV)**.
Die GuV enthält definitionsgemäß keine privat veranlassten Vermögensänderungen (Einlagen und Entnahmen). Auf dem GuV-Konto werden ja nur Erträge und Aufwendungen gebucht. Folglich muss der GuV-Gewinn nicht um Einlagen und Entnahmen korrigiert werden. Um private und betriebliche Vermögensänderungen auseinander halten zu können, werden die Kapitaländerungen in der Buchhaltung auf zwei verschiedenen Konten erfasst: Betrieblich veranlasste Vermögensänderungen werden auf dem GuV-Konto, privat veranlasste Änderungen auf dem Privat-Konto erfasst.

Korrekturen außerhalb der Bilanz

Nun gibt es Erträge, die zwar das bilanzielle Eigenkapital mehren, die aber steuerfrei bleiben sollen. Diese Erträge müssen von dem bilanziellen Gewinn nach § 4 Abs. 1 EStG abgezogen werden.

Beispiel: Unternehmer U aus Leipzig erhält eine steuerfreie Investitionszulage, § 13 InvZulG 2010, i.H.v. 1.000 €. Diese Zulage wird als Ertrag gebucht (Bank an Ertrag 1.000 €) und führt zu einem bilanziellen Gewinn nach § 4 Abs. 1 EStG. Damit die Investitionszulage nicht versteuert werden muss, wird sie vom Gewinn nach § 4 Abs. 1 EStG abgezogen (Korrektur außerhalb der Bilanz, vgl. S. 73).

Ferner gibt es Aufwendungen, die die Steuer nicht mindern sollen (sog. **nicht abziehbare Aufwendungen**). Diese Aufwendungen müssen dem bilanziellen Gewinn hinzugerechnet werden (vgl. S. 73).

Beispiel: Unternehmer U muss ein Bußgeld zahlen, weil er auf einer betrieblichen Autofahrt zu schnell gefahren ist. Damit das Bußgeld die ESt nicht mindert, wird es dem bilanziell ermittelten Gewinn wieder »außerhalb der Bilanz« hinzugerechnet, § 4 Abs. 5 Nr. 8 EStG.

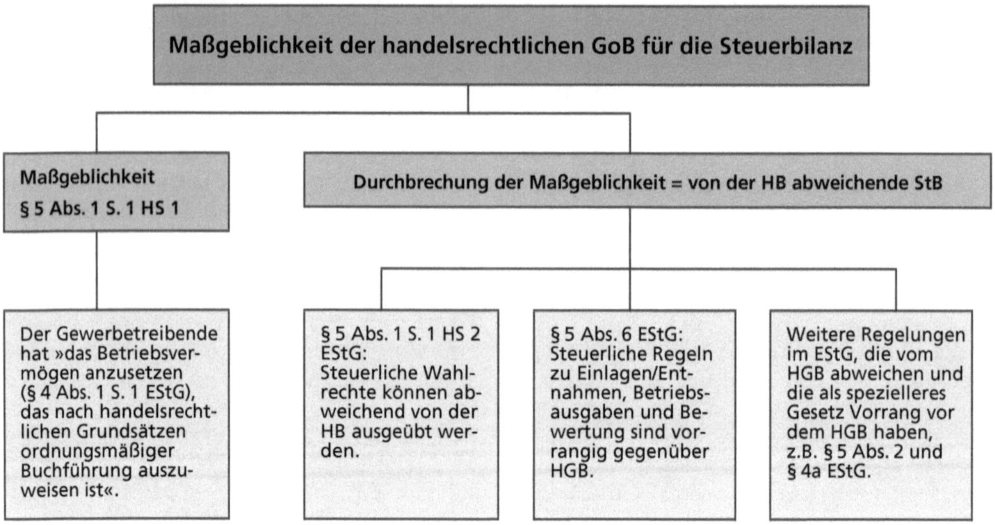

1 Maßgeblichkeitsgrundsätze

Beispiele

Beispiel 1: Unternehmer U wird auf Schadensersatz verklagt. In der HB muss U eine Verbindlichkeitsrückstellung nach § 249 Abs. 1 S. 1 HGB bilden. Das EStG enthält zu Verbindlichkeitsrückstellungen keine Regelung. Nach § 5 Abs. 1 S. 1 EStG ist daher die handelsrechtliche Verbindlichkeitsrückstellung in die StB zu übernehmen.

Beispiel 2: Unternehmer U fragt, ob er unfertige Erzeugnisse in seiner StB ausweisen muss. Das EStG enthält dazu keine Regelung. Nach § 247 Abs. 1 HGB sind (= Pflicht) das Anlage- und das Umlaufvermögen in der Bilanz auszuweisen. Nach § 5 Abs. 1 S. 1 EStG gilt das auch für die StB. Unfertige Erzeugnisse sind folglich auch in der StB zwingend auszuweisen.

2 Beispiele zur Maßgeblichkeit

Wichtige Abweichungen dem Ansatz nach zwischen Handelsbilanz und Steuerbilanz

- Damnum (= Disagio)
  - HB: Aktivierungswahlrecht, § 250 Abs. 3 S. 1 HGB
  - StB: Aktivierungspflicht, § 5 Abs. 5 EStG
- Selbst geschaffene immaterielle Wirtschaftsgüter des Anlagevermögens
  - HB: Aktivierungswahlrecht, soweit keine Marke u.Ä., § 248 Abs. 2 Satz 1 HGB
  - StB: Aktivierungsverbot, § 5 Abs. 2 EStG
- Drohverlustrückstellung
  - HB: Ansatzpflicht, § 249 Abs. 1 S. 1 HGB
  - StB: Ansatzverbot, § 5 Abs. 4a EStG
- § 6b EStG-Rücklage, Rücklage für Ersatzbeschaffung
  - HB: Passivierungsverbot, § 249 Abs. 2 HGB
  - StB: Passivierungswahlrecht, § 6b EStG, R 6.6 EStR
- Sonderbilanzen gibt es nur im Steuerrecht

3 Wichtige Abweichungen HB – StB

Maßgeblichkeit der handelsbilanziellen GoB für die Steuerbilanz 1

Grundsatz

Die steuerliche Gewinnermittlung kann auf drei Arten geregelt werden:

- Das Steuerrecht übernimmt unverändert den Gewinn der HB (= sog. Einheitsbilanz).
- Das Steuerrecht kennt eine von der HB vollständig unabhängige StB (= vollständig eigenständiges Steuerbilanzrecht und eigene Buchhaltung).
- Das Steuerrecht übernimmt die HB und modifiziert sie zu einer StB.

Der Gesetzgeber hat sich für die dritte Möglichkeit entschieden. Grundsätzlich ist in der StB das Betriebsvermögen anzusetzen, »das nach den handelsrechtlichen Grundsätzen ordnungsmäßiger Buchführung auszuweisen ist«, § 5 Abs. 1 S. 1 EStG. Also werden grundsätzlich in der StB alle Bilanzpositionen mit Ansatz und Bewertung aus der HB übernommen. Diese Regelung heißt Maßgeblichkeit der HB für die StB. Die StB entspricht der HB, wenn das Steuerrecht keine Regelung enthält oder wenn die steuerliche Regelung mit der des HGB übereinstimmt. [1] [2]

Einschränkung der Maßgeblichkeit durch Gesetz

Allerdings kennt das Steuerrecht Regeln, nach denen steuerlich von der HB abgewichen wird. Immer wenn das Steuerrecht eine von dem HGB abweichende Regelung enthält, kommt es zu einem Abweichen der StB von der HB und folglich zu einem abweichenden Steuerbilanzgewinn. Das folgt für steuerliche Wahlrechte aus § 5 Abs. 1 S. 2 EStG, für Entnahmen/Einlagen, Betriebsausgaben und die Bewertung aus § 5 Abs. 6 EStG. Im Übrigen gilt allgemein der Grundsatz, dass ein spezielles Gesetz (= EStG) dem allgemeinen Gesetz (= HGB) vorgeht. Die einzelnen Abweichungen der StB von der HB werden Korrekturen »innerhalb der Bilanz« genannt.

Abweichende steuerliche Ansatzregeln StB/HB [3]

Bei der Aufnahme eines Darlehens behält die Bank bereits bei Ausgabe Zinsen in Form eines **Damnums** (= Disagios) ein. Der Rückzahlungsbetrag ist dann höher als das ausgezahlte Darlehen. Handelsrechtlich besteht ein Wahlrecht: Die Zinsen können sofort als Aufwand oder erfolgsneutral als aktiver Rechnungsabgrenzungsposten (ARAP) gebucht werden, § 250 Abs. 3 S. 1 HGB. Der ARAP wird dann über die Laufzeit des Darlehens aufwandswirksam aufgelöst. Steuerlich besteht eine Ansatzpflicht für das Damnum, § 5 Abs. 5 S. 1 Nr. 1 EStG.

Beispiel: Ein Kaufmann nimmt ein Darlehen über 98 € auf. Er muss bei Fälligkeit 100 € zurückzahlen. In seiner HB kann er buchen: Bank 98 € und Aufwand 2 € an Verbindlichkeit 100 €. In der StB muss er buchen: Bank 98 € und ARAP 2 € an Verbindlichkeit 100 €.

Nach § 248 Abs. 2 S. 1 HGB i.V.m. § 255 Abs. 2 a HGB besteht ein Aktivierungswahlrecht für **selbst geschaffene immaterielle Vermögensgegenstände des Anlagevermögens**, sofern es sich nicht um Marken, Drucktitel, Verlagsrechte, Kundenlisten oder vergleichbare immaterielle Vermögensgegenstände handelt. Steuerlich besteht ein Aktivierungsverbot, § 5 Abs. 2 EStG.

Beispiel: Kaufmann Böttcher entwickelt mit großem Aufwand ein Verfahren zur Herstellung von Porzellan (1. Buchung: diverser Aufwand an Bank). Dieses Verfahren aktiviert er in seiner HB (2. Buchung: Erfindung an andere aktivierte Eigenleistung (= Ertrag)). In der StB ist die Aktivierung aber verboten. Die zweite Buchung ist daher steuerbilanziell nicht möglich.

Drohverlustrückstellungen müssen in der HB passiviert werden, § 249 Abs. 1 S. 1 HGB. In der StB besteht ein Ansatzverbot, § 5 Abs. 4a EStG.

Beispiel: Unternehmerin Ulrike verkauft im November 01 ein ab März 02 zu bauendes Einfamilienhaus für 500.000 €. Zum 31.12.01 stellt sie fest, dass die Baupreise gestiegen sind. Die Herstellungskosten des Hauses werden voraussichtlich 550.000 € betragen. Ulrike muss in der HB eine Drohverlustrückstellung i.H.v. 50.000 € bilden. In der StB darf sie diese Rückstellung nicht bilden.

§ 6b EStG-Rücklagen und Rücklagen für Ersatzbeschaffung können steuerlich passiviert werden. Handelsrechtlich besteht ein Passivierungsverbot, § 249 Abs. 2 HGB.

Beispiel: Unternehmer U möchte in der StB eine Rücklage nach § 6b EStG bilden. Was muss er tun?
Lösung: In der HB darf er keine Rücklage für § 6b EStG bilden, § 249 Abs. 2 HGB. Folglich muss er eine von der HB abweichende StB aufstellen und die Rücklage nach § 6b EStG in einem gesonderten Verzeichnis ausweisen.

Wichtige Abweichungen von HB und StB der Höhe nach

- Teilwertabschreibung/Außerplanmäßige Abschreibung
  - HB: Pflicht bei dauernder Wertminderung, § 253 Abs. 3 S. 5 und Abs. 4 HGB
  - StB: Wahlrecht, § 6 Abs. 1 Nr. 1 und 2 EStG
- Abschreibungen
  - HB: jede planmäßige Form ist möglich, § 253 Abs. 3 HGB
  - StB: nur die in den § 6 Abs. 2, 2a und § 7 EStG genannten
- Firmenwertabschreibung
  - HB: Nutzungsdauer ist zu schätzen, § 253 Abs. 3 S. 2–4 HGB
  - StB: gesetzlich festgelegte Nutzungsdauer von 15 Jahren, § 7 Abs. 1 S. 3 EStG
- Ergänzungsbilanzen gibt es nur im Steuerrecht

1 Bewertungsregeln

Fallaufbau

Die Ermittlung der steuerlichen Einkünfte (= steuerlicher Gewinn) erfolgt in drei Schritten:
- Erstellung der HB
- Erstellung der StB (= Korrekturen innerhalb der Bilanz, vgl. Beispiel unten)
- Korrekturen für steuerfreie Erträge/nicht abziehbare Aufwendungen (= Korrekturen außerhalb der Bilanz, vgl. S. 72 f.)

2 Fallaufbau

Beispiel: Ein Kaufmann legt folgenden vorläufigen Jahresabschluss vor:

erklärte GuV 01		erklärte HB 31.12.01				
Erlöse	500.000 €	Aktiva	500.000 €	Kapital 01.01.01	110.000 €	
aktivierte Eigenleistung (Patent)	50.000 €	Patent	50.000 €	Gewinn 01	290.000 €	400.000 €
diverser Aufwand	./. 200.000 €			Drohverlustrückstellung		10.000 €
Drohverlustrückstellung	./. 10.000 €			Instandhaltungsrückstellung		40.000 €
Disagio	./. 10.000 €			Verbindlichkeiten		100.000 €
Instandhaltungsrückstellung für geplante Reparatur Juni 02	./. 40.000 €					
erklärter Gewinn 01	290.000 €		550.000 €			550.000 €

Hinweis zur Verbindlichkeit: Auszahlung zum 31.12. 90.000 €, Rückzahlungsbetrag 100.000 €, Auflösung des ARAPs erst 02 (Wesentlichkeitsgrundsatz).

Lösung:

GuV 01	HB	StB
Erlöse	500.000 €	500.000 €
aktivierte Eigenleistung (Patent)	50.000 €	
diverser Aufwand	./. 200.000 €	./. 200.000 €
Drohverlustrückstellung	./. 10.000 €	
Disagio	./. 10.000 €	
Instandhaltungsrückstellung		
Gewinn	330.000 €	300.000 €

	HB	StB	Bilanz 31.12.01	HB	StB
Aktiva	500.000 €	500.000 €	Kapital 01.01.01	110.000 €	110.000 €
Patent	50.000 €		Gewinn	330.000 €	300.000 €
ARAP (Disagio)		10.000 €	Drohverlustrückstellung	10.000 €	
			Verbindlichkeit	100.000 €	100.000 €
	550.000 €	510.000 €		550.000 €	510.000 €

Erläuterung
1. Selbst geschaffenes Patent: HB – Aktivierungswahlrecht, § 248 Abs. 2 S. 1 HGB; StB – Aktivierungsverbot, § 5 Abs. 2 EStG.
2. Drohverlustrückstellung: HB – Passivierungsgebot, § 249 Abs. 1 S. 1 HGB; StB – Passivierungsverbot, § 5 Abs. 4a EStG.
3. Disagio: HB – Aktivierungswahlrecht, § 250 Abs. 3 S. 1 HGB; StB – Aktivierungspflicht, § 5 Abs. 5 Nr. 1 EStG.
4. Rückstellung für geplante Reparatur im Juni 02: HB und StB – Passivierungsverbot, § 249 Abs. 2 HGB, § 5 Abs. 1 S. 1 EStG.

3 Beispiel

Maßgeblichkeit der handelsbilanziellen GoB für die Steuerbilanz 2

Abweichende steuerliche Bewertungsregeln StB – HB [1]

Teilwertabschreibungen nach § 6 Abs. 1 Nr. 1 S. 2 und Nr. 2 S. 2 EStG können (Wahlrecht!) in der StB bei einer voraussichtlich dauernden Wertminderung angesetzt werden. In der HB sind bei voraussichtlich dauerhaften Wertminderungen zwingend außerplanmäßige Abschreibungen vorzunehmen, § 253 Abs. 3 und 4 HGB.

Beispiel: Gewerbetreibender G hat eine Maschine, deren Wert aufgrund eines Schadens dauerhaft gesunken ist. In der HB ist zwingend eine außerplanmäßige Abschreibung vorzunehmen, § 253 Abs. 3 S. 5, Abs. 4 HGB. Kann G in der StB auf die Abschreibung verzichten?
Lösung: Nach § 6 Abs. 1 Nr. 1 S. 2, Nr. 2 S. 2 EStG kann (Wahlrecht) eine Teilwertabschreibung vorgenommen werden. § 5 Abs. 1 S. 1 HS 2 EStG bestimmt, dass steuerliche Wahlrechte unabhängig von der HB ausgeübt werden können. Folglich kann in der StB auf eine Teilwertabschreibung verzichtet werden (BMF vom 12.03.2010, IV C 6 - S 2133/09/10001). Nach einer anderen Auffassung soll § 5 Abs. 1 S. 1 HS 2 EStG nur für steuerliche Subventionswahlrechte gelten. Die Teilwertabschreibung dient nicht Subventionszwecken. Nach dieser Auffassung muss daher auch in der StB eine Teilwertabschreibung vorgenommen werden (vgl. Weber-Grellet, Der Betrieb 2009, 2402, 2403).

Nach § 253 Abs. 3 HGB ist jede **Abschreibung** möglich, wenn sie nur »planmäßig« ist. Steuerlich sind nur die in § 6 Abs. 2, 2a und § 7 EStG explizit genannten Abschreibungen möglich.

Beispiel: Handelsrechtlich ist beispielsweise eine degressive Abschreibung mit 40 % möglich. Steuerlich ist nach § 7 EStG eine degressive AfA für Wirtschaftsgüter, die ab dem 01.01.2011 angeschafft worden sind, nicht möglich.
Beispiel: Unternehmerin Ute kauft eine Maschine für 10.000 €. Sie plant diese Maschine nach 4 Jahren für 1.000 € zu verkaufen. Handelsrechtlich kann Ute von einem Restwert von 1.000 € ausgehen und die Abschreibung mit (10.000 ./. 1.000 €)/4 Jahre = 2.250 € ansetzen. Steuerlich ist der Ansatz eines von 0 € abweichenden Restbuchwerts nicht möglich (§ 7 Abs. 1 S. 1 EStG: »gleichmäßiger Verteilung dieser Kosten auf die Gesamtdauer der Verwendung«). Die Maschine muss über die betriebsgewöhnliche Nutzungsdauer abgeschrieben werden. Beträgt diese Nutzungsdauer 5 Jahre, so sind als AfA zwingend 10.000 €/5 Jahre = 2.000 € anzusetzen.

In der StB muss ein entgeltlich erworbener **Firmenwert** über 15 Jahre abgeschrieben werden (siehe S. 87), § 7 Abs. 1 S. 3 EStG. Handelsrechtlich gibt es keine feste Abschreibungsdauer (Schätzung, falls nicht möglich, 10 Jahre, § 253 Abs. 3 S. 2–4 HGB).

Beispiel: Kaufmann K kauft ein Unternehmen und zahlt für den Firmenwert 150.000 €. In der StB muss der Firmenwert über 15 Jahre linear abgeschrieben werden, § 7 Abs. 1 S. 3 EStG. Möchte er in der HB eine andere Abschreibungsdauer zugrunde legen, muss er eine gesonderte HB erstellen. Läge eine GmbH vor, müsste K die Gründe, welche die Annahme einer betrieblichen Nutzungsdauer eines entgeltlich erworbenen Geschäfts- oder Firmenwertes von mehr als 5 Jahren rechtfertigen, angeben, § 285 Nr. 13 HGB.

Ergänzungsbilanzen bei Mitunternehmerschaften gibt es nur im Steuerrecht.

Einschränkung der Maßgeblichkeit nach dem Zweck

Handelsrechtliche Wahlrechte sind unvereinbar mit dem Zweck der StB, die steuerliche Leistungsfähigkeit zu erfassen (BFH vom 03.02.1969, GrS 2/68, BStBl II 1969, 293). Es wäre ungerecht, wenn ein bilanzierender Unternehmer Gewinn und Steuer durch Wahlrechte beeinflussen könnte. Es gilt daher mit wenigen Ausnahmen:
- Handelsrechtliche Aktivierungswahlrechte werden steuerlich zur Ansatzpflicht.
- Handelsrechtliche Passivierungswahlrechte werden steuerlich zum Ansatzverbot.

Kritik des Maßgeblichkeitsgrundsatzes

Der **Vorteil** liegt in der Verringerung des Arbeitsaufwands. Es ist nur eine Buchhaltung erforderlich und es kann eine Bilanz erstellt werden, die handels- und steuerlichen Regeln entspricht (Einheitsbilanz).
Der **Nachteil** liegt in der komplizierten Regelung. Die zahlreichen Ausnahmen machen den Maßgeblichkeitsgrundsatz schwer verständlich. Ferner verfolgen HB und StB unterschiedliche Ziele. Die HB dient dem Gläubigerschutz durch Ausschüttungsbegrenzung und Information. Die StB soll dahingegen massenverfahrenstauglich die steuerliche Leistungsfähigkeit bestimmen.

Korrekturen außerhalb der Bilanz – wichtige Beispiele

Steuerfreie Erträge
- Nach einem Doppelbesteuerungsabkommen (DBA) steuerfreie Auslandseinkünfte
- Investitionszulagen, § 13 InvZulG 2010

Nicht abziehbare Aufwendungen (Beispiele)
- § 4 Abs. 5 EStG
  - Geschenke über 35 €, Nr. 1
  - 30 % des Bewirtungsaufwands, Nr. 2
  - Mehrverpflegungsaufwand, soweit die Pauschale überschritten wird, Nr. 5
  - Fahrten zwischen Wohnung und Arbeitsplatz, soweit die Pauschale § 9 Abs. 1 Nr. 4 EStG von 30 ct (35 ct, 38 ct) pro Entfernungskilometer überschritten wird, Nr. 6
  - Aufwendungen für ein häusliches Arbeitszimmer, sofern nicht Ausnahme nach Nr. 6b
  - Unangemessen hohe Aufwendungen, Nr. 7
  - Geldbußen, Nr. 8
- Spenden
  - gemeinnützig, § 10b Abs. 1 EStG, nur als Sonderausgaben
  - Parteispenden, § 4 Abs. 6 EStG, nur §§ 34g, 10b Abs. 2 EStG

[1] Wichtige Beispiele für Korrekturen außerhalb der Bilanz

Beispiel: Ein gewerblicher Kaufmann legt folgende handelsrechtliche GuV vor:

Erklärte GuV 01	
Erlöse	500.000 €
DBA-steuerfreier Auslandsgewinn	100.000 €
diverser Aufwand	./. 200.000 €
Drohverlustrückstellung	./. 10.000 €
Geschenke bis 35 €	./. 1.000 €
Geschenke über 35 €	./. 2.000 €
Bewirtung von Arbeitnehmern	./. 3.000 €
Bewirtung von Kunden	./. 4.000 €
betriebliche Geldbuße	./. 5.000 €
gemeinnützige Spende	./. 6.000 €
HB-Gewinn	369.000 €

Aufgabe: Ermitteln Sie die Einkünfte aus § 15 EStG.

Lösung:

HB-Gewinn	369.000 €
Korrekturen innerhalb der Bilanz	
Drohverlustrückstellung, § 5 Abs. 4a EStG	10.000 €
StB-Gewinn	379.000 €
Korrekturen außerhalb der Bilanz	
DBA-Steuerfreie Auslandsgewinne	2.000 €
Geschenke über 35 €, § 4 Abs. 5 Nr. 1 EStG	./. 100.000 €
Bewirtung von Kunden, § 4 Abs. 5 Nr. 2 EStG	
30 % x 4.000 € =	1.200 €
betriebliche Geldbuße, § 4 Abs. 5 Nr. 8 EStG	5.000 €
gemeinnützige Spende: keine Betriebsausgabe, da als Sonderausgabe nach § 10b EStG abziehbar	6.000 €
Einkünfte aus § 15 EStG	293.200 €

[2] Beispiel

Korrekturen außerhalb der Bilanz

Steuerfreie Erträge [1] [2]

DBA-steuerfreie Auslandsgewinne

Der bilanzielle Gewinn umfasst den gesamten in- und ausländischen Gewinn. Der ausländische Gewinn ist aber häufig in Deutschland steuerbefreit, da er im Ausland besteuert wird. Das ist in Verträgen geregelt, die Deutschland mit vielen Staaten geschlossen hat, den sog. Doppelbesteuerungsabkommen (DBA). Folglich muss der Bilanzgewinn zur Berechnung der Einkünfte um DBA-steuerfreie Auslandsgewinne gemindert werden.

Beispiel: Ein Kaufmann erzielt einen HB-/StB-Gewinn i.H.v. 1.000 €. In dem Gewinn enthalten sind DBA-steuerfreie Mieten aus dem Ausland i.H.v. 100 €. Da diese Mieten das Geldvermögen erhöht haben, kann die StB nicht geändert werden. Um dennoch zu erreichen, dass die ausländischen Mieten im Inland nicht besteuert werden, muss der StB-Gewinn »außerhalb der Bilanz«, d.h. ohne Buchung und damit ohne Änderung der Bilanz um 100 € gemindert werden. Die Einkünfte betragen daher 1.000 € ./. 100 € = 900 €.

Investitionszulage

Eine **Investitionszulage** ist nach § 13 InvZulG 2010 steuerfrei. Da sie aber zum HB/StB-Gewinn gehört, ist sie außerhalb der Bilanz zu kürzen.

Nicht abziehbare Aufwendungen [1] [2]

Geschenke über 35 €

Aufwendungen für Geschenke an Nichtarbeitnehmer sind nicht als Betriebsausgaben abziehbar, sofern sie 35 € pro Jahr und Person übersteigen, § 4 Abs. 5 Nr. 1 EStG. Geschenke bis 35 € sind dahingegen als Betriebsausgaben abzugsfähig. Dahinter steht folgende Überlegung: Bei Geschenken über 35 € wird unwiderlegbar vermutet, dass sie aus privaten Gründen erfolgen. Die Regelung ist daher eine Konkretisierung des allgemeinen Abzugsverbots privat veranlasster Aufwendungen, § 12 Nr. 1 EStG.

Beispiel: Ein Unternehmer ermittelt einen HB-/StB-Gewinn i.H.v. 5.000 €. Dabei hat er ein Kundengeschenk für 100 € und eines für 10 € als Aufwand gebucht. Einkünfte?

Lösung:

HB/StB-Gewinn	5.000 €
Korrektur außerhalb der Bilanz	
Geschenke über 35 €	100 €
Einkünfte	5.100 €

Bewirtungsaufwand

Aufwendungen für die Bewirtung von Geschäftsfreunden sind nur i.H.v. 70% als Betriebsausgaben abzugsfähig, § 4 Abs. 5 Nr. 2 EStG. Dahinter steht die Überlegung, dass ein Teil der Aufwendungen auf den Unternehmer selbst entfallen, schließlich isst er mit. Dieser Teil wird mit 30% typisiert.

Beispiel: Unternehmer U legt folgende GuV vor:

Erlöse	100.000 €
Diverser Aufwand	./. 50.000 €
Essen des U mit seiner Frau	./. 100 €
Essen des U mit Kunden	./. 100 €
Zuschuss zum Essen für Arbeitnehmer	./. 100 €
erklärter HB/StB-Gewinn	49.700 €

Die Einkünfte ermitteln sich wie folgt:

erklärter HB/StB-Gewinn	49.700 €
Essen mit Ehefrau ist privat veranlasst und daher auch nach HGB keine Betriebsausgabe	100 €
korrigierter HB/StB-Gewinn	49.800 €
Korrektur außerhalb der Bilanz	
Bewirtung von Kunden 30% x 100 =	30 €
Einkünfte	49.830 €

Das Abzugsverbot des § 4 Abs. 5 Nr. 2 EStG gilt nicht für die Verpflegung eigener Arbeitnehmer.

Spenden

Betriebliche Spenden sind in der HB und in der StB Betriebsausgaben. Nach § 10b EStG können Spenden aber als Sonderausgaben abgezogen werden. Zur Verhinderung eines doppelten Abzugs werden die gezahlten Spenden bei der Ermittlung der Einkünfte dem Gewinn wieder hinzugerechnet.

Beispiel: Ein Kaufmann erzielt einen HB-/StB-Gewinn i.H.v. 100.000 €. Dabei hat er eine betrieblich veranlasste mildtätige Spende i.H.v. 100 € als Betriebsausgabe angesetzt. Weitere Sonderausgaben liegen nicht vor. Wie hoch ist das zvE?

Lösung:

HB/StB-Gewinn	100.000 €
Spende	100 €
Einkünfte	100.100 €
Sonderausgaben:	
Spende, § 10b Abs. 1 EStG	./. 100 €
Einkommen = zvE	100.000 €

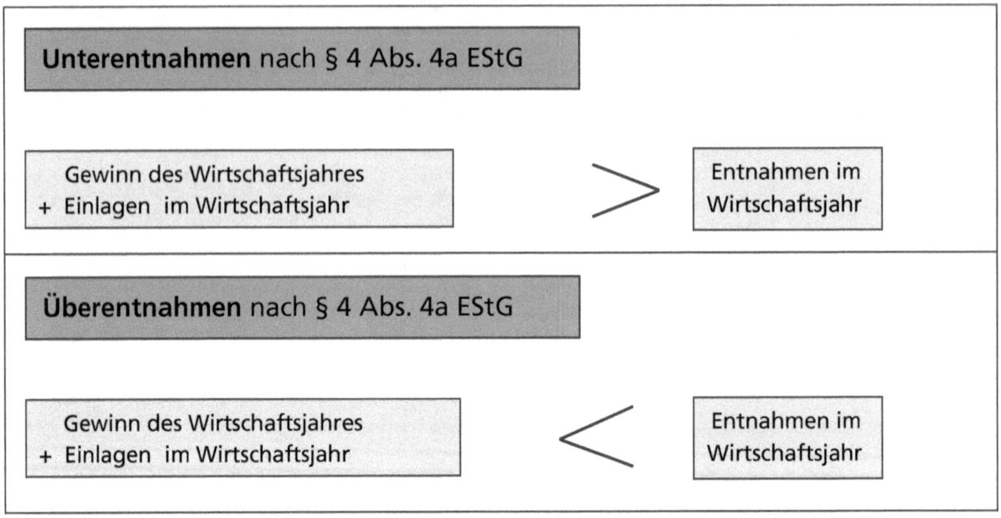

[1] Überentnahmen/Unterentnahmen: Tatbestand

Beispiel

Autohändler B. Trüger verwendet in seinem Betrieb ein Ausgabenkonto, über das er sämtliche Ausgaben abrechnet, und ein zweites Konto, auf das er die Betriebseinnahmen einzahlt und von dem er die Entnahmen auszahlt. Auf dem Ausgabenkonto hat sich mittlerweile eine Unterdeckung (Schuldsaldo) von 1.000.000 € angesammelt. Dagegen weist das zweite Konto (Entnahmekonto) ein Guthaben von 420.000 € aus. Herr Trüger entnimmt alternativ folgende Beträge:

a) 400.000 €
b) 600.000 €

Welche steuerlichen Folgen ergeben sich?

Lösung:

a) Hier ergeben sich keinerlei steuerliche Folgen, denn die Entnahme ist niedriger als das Guthaben auf dem Entnahmekonto und führt nicht zu einem privat veranlassten Darlehen. Dadurch können alle Schuldzinsen, die im Zusammenhang mit dem Ausgabenkonto entstehen, vollständig als Betriebsausgabe ertragsteuerlich geltend gemacht werden. Nach Feststellung der betrieblichen Veranlassung, muss in einem weiteren Schritt geprüft werden, ob Schuldzinsen auf sog. Überentnahmen beruhen (§ 4 Abs. 4a Satz 2 EStG).
b) In diesem Fall übersteigen die Entnahmen das Guthaben auf dem Entnahmekonto. Dadurch wird eine Erhöhung des betrieblichen Ausgabenkontos in Höhe des Differenzbetrages (600.000 € ./. 420.000 €), also 180.000 €, notwendig. Die hierauf entfallenden Finanzierungskosten sind nicht betrieblich, sondern privat veranlasst und dürfen nicht bzw. nicht vollständig als Betriebsausgaben abgezogen werden. Nach Feststellung der betrieblichen Veranlassung muss in einem weiteren Schritt geprüft werden, ob Schuldzinsen auf sog. Überentnahmen beruhen (§ 4 Abs. 4a Satz 2 EStG).

[2] Beispiel

Überentnahmen 1

Gemäß § 4 Abs. 4 EStG gehören Schuldzinsen zur Finanzierung von Betriebsvermögen zu den Aufwendungen, die durch den Betrieb veranlasst sind, und sind damit als Betriebsausgaben steuerlich abzugsfähig. Dabei sieht § 4 Abs. 4a EStG eine Einschränkung beim Betriebsausgabenabzug vor, wenn sog. Überentnahmen getätigt worden sind. Eine Überentnahme ist der Geldbetrag, um den die Entnahmen die Summe der Einlagen und des Gewinns des Wirtschaftsjahres übersteigen. [1]

Hintergrund: Privatentnahmen und das Zweikontenmodell

Schuldzinsen, die nicht betrieblich, sondern **privat veranlasst** sind, dürfen steuerlich nicht als Betriebsausgaben abgezogen werden.

Beispiel: X benötigt zum Bau seines Jagdhauses, das er ausschließlich privat nutzen will, 200.000 €. Er hat sein (einziges) Geschäftskonto bereits überzogen, so dass er diesen Betrag nicht entnehmen kann. Daher nimmt X ein »betriebliches« Darlehen auf und füllt damit dieses Geschäftskonto auf. Dann entnimmt er den benötigten Betrag.

Das Darlehen ist privat veranlasst, da es tatsächlich zur Finanzierung einer Entnahme verwendet wird und dem Betrieb keine entnahmefähigen Barmittel zur Verfügung standen. Die auf das Darlehen entfallenden Schuldzinsen sind daher dem privaten Bereich zuzuordnen und können grundsätzlich nicht als Ausgaben geltend gemacht werden (vgl. BMF v. 17.11.2005, IV B 2 -S 2144 - 50/05).

Um diese Schuldzinsen in den betrieblichen Bereich zu verlegen, konnte bis zur Einführung des § 4 Abs. 4a EStG folgende Gestaltung angewandt werden: Der Unternehmer eröffnet zwei Betriebskonten. Auf dem einen Konto werden alle betrieblichen Einnahmen angesammelt. Von dem anderen Konto werden alle Betriebsausgaben bezahlt. Das führt dazu, dass auf dem Einnahmekonto ein Guthaben entsteht. Davon werden nun Privatentnahmen getätigt und dann die privaten Anschaffungskosten finanziert (EK). Auf dem Ausgabenkonto entsteht ein entsprechender Schuldsaldo. Dadurch entstehen Schulden im betrieblichen Bereich, denn diese sind ja nun zweifelsfrei durch betriebliche Aufwendungen entstanden. Diese wären grundsätzlich als Betriebsausgaben abzugsfähig. Im Extremfall ließe sich durch die Aufnahme eines Refinanzierungsdarlehens eine Umschuldung privater - und damit in der Regel nicht abzugsfähiger - Schulden in steuerlich abzugsfähige Betriebsausgaben erreichen. Durch die Beschränkung des Schuldzinsenabzugs bei Überentnahmen gem. § 4 Abs. 4a EStG ist diese Gestaltung nun stark eingeschränkt worden.

Zinsaufwendungen für Fremdkapital im Betrieb, das durch nicht betriebliche Vermögensminderungen verursacht ist, sollen demnach nicht mehr gewinnmindernd berücksichtigt werden. Die Bemessungsgrundlage für solche schädlichen Vermögensminderungen knüpft an dem in dem Veranlagungszeitraum im Betrieb befindlichen Eigenkapital aus Einlagen und Gewinn abzüglich bereits erfolgter Entnahmen eines Jahres an. Sind die Entnahmen höher als die Gewinne zzgl. der Einlagen innerhalb eines Wirtschaftsjahres, spricht man von Überentnahmen (vgl. § 4 Abs. 4a EStG) [1]. Einlagen sind alle privaten Mittel einschliefllich der Sacheinlagen, die für betriebliche Zwecke verwendet werden. Hierzu gehören z.B. die Wartungskosten für das betriebliche Fahrzeug, die mit Barmitteln bezahlt werden. Zu den Entnahmen gehören alle Barentnahmen, Nutzungs- und Sachentnahmen, also z.B. auch die private Pkw-Nutzung. Mit anderen Worten: Wird mehr Gewinn entnommen als im Wirtschaftsjahr erzielt wurde, spricht man von Überentnahmen. Wenn bei Vorhandensein von Überentnahmen Sollzinsen gezahlt werden müssen, so wird der Abzug der Betriebsausgaben begrenzt. Es ist nicht erforderlich, dass ein unmittelbarer Zusammenhang zwischen einer bestimmten Entnahme und der nicht abziehbaren Schuldzinsen besteht. (vgl. Beispiel [2] auf der gegenüberliegenden Seite und Beispiel [2] auf der folgenden Seite:

Überentnahmen nach § 4 Abs. 4a EStG: Grundsätze

- Wenn Übereinnahmen getätigt werden, ist ein Teil der betrieblichen Schuldzinsen nicht als Betriebsausgabe abziehbar.
- 6% dieser Überentnahmen gelten als nicht abziehbare Betriebsausgaben.
- Überentnahmen der Vorjahre werden zu den laufenden Übereinnahmen addiert und Unterentnahmen der Vorjahre von den laufenden Überentnahmen abgezogen.
- Ein Sockelbetrag bis zu 2.050 € im Jahr ist uneingeschränkt als Betriebsausgaben abziehbar.
- Von der Abzugsbeschränkung ausgenommen sind Schuldzinsen, die aus Darlehen zur Finanzierung von Wirtschaftsgütern des Anlagevermögens resultieren.

[1] Überentnahmen: Grundsätze

Beispiel 1: Überentnahmen

X hat die nachstehenden Gewinne und tätigt die in Spalte 1 und 2 aufgeführten Entnahmen und Einlagen. Er hat 30.000 € nicht auf Investitionsdarlehen entfallende betriebliche Schuldzinsen im Jahr 03 zu zahlen:

VZ	Einlagen	Entnahmen	Gewinn	Überentnahme	Unterentnahme
01	6.000 €	80.000 €	45.000 €	./. 29.000 €	–
02	4.000 €	85.000 €	65.000 €	./. 16.000 €	
03	10.000 €	80.000 €	85.000 €		5.000 €
Saldo Über/Unterentnahmen			**./. 40.000 €**		

Lösung:
Hinzurechnungsbetrag 03: 40.000 € x 6% = **2.400 €**
Berechnung des Höchstbetrages 03:
30.000 € angefallene Zinsen ./. 2.050 € Kürzungsbetrag = 27.950 € Höchstbetrag
Da der Höchstbetrag den Hinzurechnungsbetrag nicht übersteigt, ist dieser in voller Höhe von 2.400 € dem Gewinn hinzuzurechnen.

[2] Beispiel: Überentnahmen mehrere Perioden

Beispiel 2: Überentnahmen

A hat seinen Betrieb am 1.6.02 mit einer Einlage von 50.000 € eröffnet. Er erwirtschaftete in 02 einen Verlust von 50.000 €. Entnahmen tätigte er i.H.v. 70.000 €. Betrieblich veranlasste Schuldzinsen – ohne Berücksichtigung von Zinsen für ein Investitionsdarlehen – fielen i.H.v. 15.000 € an.

Lösung:

Berechnung der Überentnahme:

Entnahmen des Wirtschaftsjahres	70.000 €
Einlagen des Wirtschaftsjahres	+ 50.000 €
Verlust des Wirtschaftsjahres	./. 50.000 €
Kumulierte Übernahme des Wirtschaftsjahres (keine Vorjahreswerte)	**70.000 €**
	(geht in die Berechnung des/der Folgejahre/s ein)

Berechnung des Entnahmeüberschusses:

Entnahmen des Wirtschaftsjahres	70.000 €
Einlagen des Wirtschaftsjahres	./. 50.000 €
Entnahmeüberschuss	20.000 €
	(auf diesen Einnahmeüberschuss wird die Überentnahme begrenzt)

Berechnung des Hinzurechnungsbetrages:
20.000 € Überentnahme x 6 % = 1.200 €

Berechnung des Höchstbetrages:

Tatsächlich angefallene Schuldzinsen:	15.000 €
Kürzungsbetrag	./. 2.050 €
Höchstbetrag	12.950 €

Da der Hinzurechnungsbetrag den Höchstbetrag nicht übersteigt, ist er in voller Höhe von 1.200 € dem Gewinn hinzuzurechnen.

[3] Beispiel: Überentnahme und Entnahmeüberschuss (vgl. BMF vom 2.11.2018, IV C 6 - S 2144/07/10001)

Überentnahmen 2

Beispiel 1

Installateurmeister Rohrfrei erzielt vor Anwendung des § 4 Abs. 4a EStG einen steuerlichen Gewinn im laufenden Wirtschaftsjahr von 80.000 € Er hat sämtliche Kosten für das Betriebsfahrzeug i.H.v. 10.000 € aus privaten Mitteln geleistet. Welche steuerlichen Folgen haben folgende Privatentnahmen, die sich jeweils aus vom Betriebskonto bezahlten Urlaubsreisen, seinen privaten Versicherungen und der Nutzung des Betriebs-Kfz zu Privatfahrten ergeben:

a) 85.000 €

b) 95.000 €

Lösung:

Im Fall a) entstehen keine Überentnahmen, sondern eine Unterentnahme von 5.000 €:

Gewinn:	80.000 €
+ Einlagen (Auto)	10.000 €
./. Entnahme	85.000 €
Unterentnahme	5.000 €

Im Fall b) entsteht dagegen eine Überentnahme von 5.000 €:

Gewinn:	80.000 €
+ Einlagen (Auto)	10.000 €
./. Entnahme	95.000 €
Überentnahme	5.000 €

Die Abzugsbeschränkung für Schuldzinsen

Wenn bei Vorhandensein von Überentnahmen Sollzinsen gezahlt werden müssen, wird der Abzug dieser Betriebsausgaben begrenzt. Es werden nun 6 % der Übereinnahmen als nicht abzugsfähige Schuldzinsen pauschaliert. Dabei bleiben aber Zinsen zur Finanzierung von Wirtschaftsgütern des Anlagevermögens unberührt. Darüber hinaus sind Zinsen bis zu 2.050 € als Sockelbetrag uneingeschränkt als Betriebsausgaben abziehbar.

Beispiel: In der GuV werden Schuldzinsen i.H.v. 10.000 € ausgewiesen. Die Darlehenszinsen entfallen i.H.v. 5.000 € auf die Finanzierung von Anlagevermögen. Im laufenden Kalenderjahr ergeben sich Überentnahmen gemäß § 4 Abs. 4a Satz 2 und 3 EStG i.H.v. 100.000 €.

Die nach § 4 Abs. 4a EStG als nicht abziehbare Betriebskosten zu berücksichtigenden Schuldzinsen ergeben sich wie folgt:

Bezogen auf die Überentnahmen ergeben sich nach § 4 Abs. 4a Satz 4 EStG Schuldzinsen i.H.v. 6.000 € (100.000 € x 6 %). Die Hinzurechnung ist nach § 4 Abs. 4a Satz 5 und 6 EStG jedoch auf den folgenden Höchstbetrag begrenzt:

Tatsächliche Schuldzinsen	10.000 €
./. Schuldzinsen für das Investitionsdarlehen	5.000 €
./. Sockelbetrag gem. § 4 Abs.4a Satz 4 EStG	2.050 €
Höchstbetrag der nicht abziehbaren Schulden	2.950 €

Da die pauschalierten Schuldzinsen den ermittelten Höchstbetrag übersteigen, ist nur der Höchstbetrag von 2.950 € dem steuerlichen Ergebnis außerbilanziell hinzuzurechnen.

Die Regelung ist **periodenübergreifend** ausgelegt: Schuldzinsen bleiben für Übereinnahmen so lange nicht abziehbar, bis der Überhang an Übernahmen durch Gewinne und Einlagen wieder ausgeglichen ist. Diese periodenübergreifende Regelung greift auch dann ein, wenn in einem Jahr selbst keine Überentnahmen gegeben sind; allerdings sind dann auch Unterentnahmen dieses Jahres zu berücksichtigen (vgl. Beispiel 2).

Werden Verluste erzielt, gehen auch diese in die Ermittlung der Überentnahmen ein. In seinem Urteil vom 14.3.2018 (X R 17/16) begrenzt der BFH jedoch – im Gegensatz zu der bisherigen Auffassung der Finanzverwaltung (vgl. BMF vom 17.11.2005, Rz 11 ff.) – die nach den Überentnahmen ermittelte Bemessungsgrundlage der nicht abziehbaren Schuldzinsen auf den von 1999 bis zum Beurteilungsjahr insgesamt erzielten Entnahmeüberschuss und damit auf den Überschuss aller Entnahmen über alle Einlagen dieses Zeitraums. Auf diese Weise wird sichergestellt, dass ein in der Totalperiode erwirtschafteter Verlust die Bemessungsgrundlage für § 4 Abs. 4a EStG nicht erhöht und damit der Gefahr vorgebeugt, dass ein betrieblicher Verlust ohne jede Entnahme zur teilweisen Versagung des Schuldzinsenabzugs führen kann. Zudem wird der Verlust des aktuellen Jahres nicht anders bewertet als der Verlust aus Vorjahren (vgl. Beispiel 3).

Bei **Mitunternehmerschaften** werden die Überentnahmen für jeden Gesellschafter gesondert berechnet und dann dem Gesellschaftsergebnis hinzugerechnet. Die Überentnahme bestimmt sich nach dem gesellschaftsrechtlich vereinbarten Anteil des einzelnen Mitunternehmers am Gesamtgewinn der Mitunternehmerschaft (Anteil am Gewinn der Gesellschaft einschließlich Ergänzungsbilanzen zuzüglich/abzüglich seines im Sonderbetriebsvermögen erzielten Ergebnisses) und der Höhe seiner Einlagen und Entnahmen (einschließlich Sonderbetriebsvermögen). Der Sockelbetrag von 2.050 € ist dabei auf die Gesellschafter gemäß ihrer Schuldzinsenquote aufzuteilen. Sind keine Schuldzinsen im Sonderbetriebsvermögen vorhanden, entspricht diese Quote dem Anteil des jeweiligen Gesellschafters an der Gesellschaft (vgl. BMF vom 7.5.2008, IV B 2 – S 2144/07/0001).

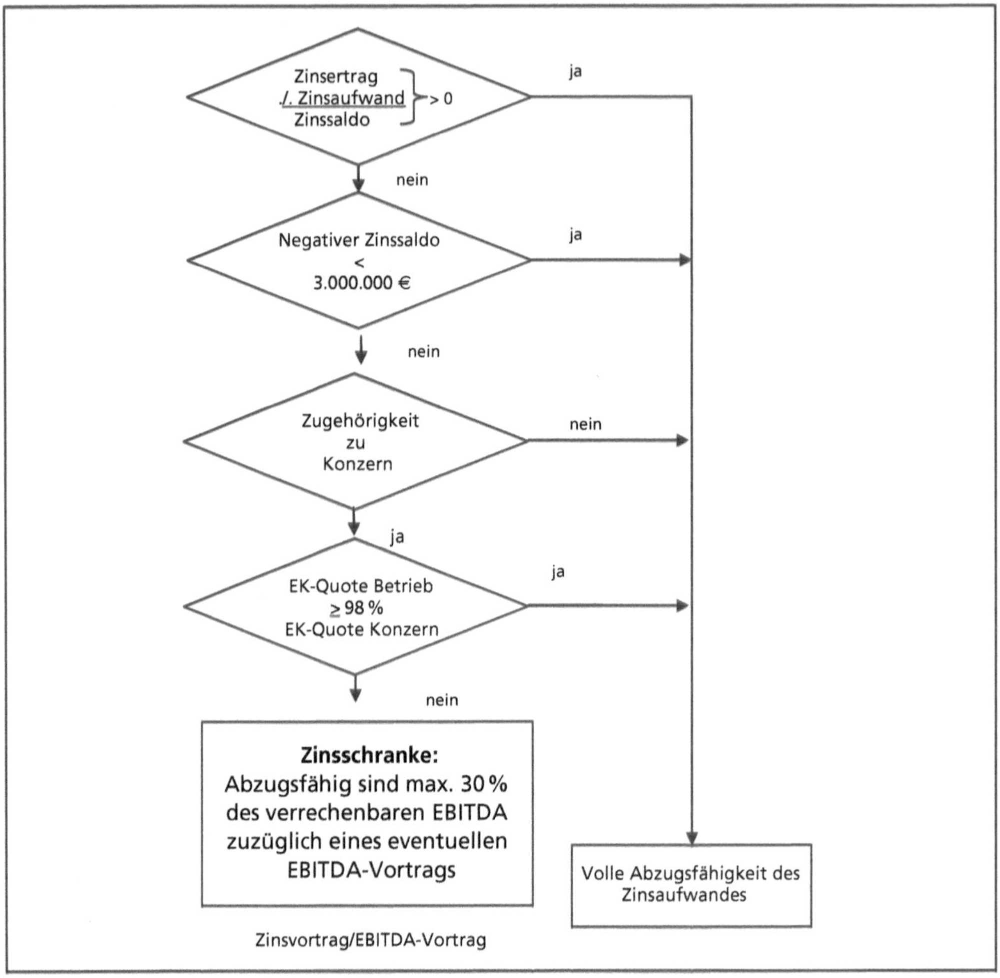

1 Prüfungsschema § 4h EStG – Zinsschranke

Jahr	01	02	03
EBITDA	20 Mio. €	20 Mio. €	10 Mio. €
Negativer Zinssaldo	4 Mio. €	7 Mio. €	4 Mio. €
Max. Abzugsrahmen der Zinsschranke (30% des EBITDA)	6 Mio. €	6 Mio. €	3 Mio. €
EBITDA Vortrag	0 €	2 Mio. €	1 Mio. €
Erhöhter Zinsabzugsrahmen durch Nutzung des EBITDA-Vortrags	–	8 Mio. €	4 Mio. €
Abzugsfähiger Zinsaufwand	4 Mio. €	7 Mio. €	4 Mio. €
Verbleibender EBITDA Vortrag	2 Mio. €	1 Mio. €	0 €

2 Beispiel: EBITDA-Vortrag

Zinsschranke gemäß § 4h EStG

Zinsaufwendungen unterliegen als Betriebsausgaben einer besonderen Abzugsbeschränkung. Danach sind zunächst Zinsaufwendungen eines Betriebes in Höhe seines Zinsertrages desselben Wirtschaftsjahres unbeschränkt absetzbar.

Beispiel 1: Das Unternehmen A + O OHG erzielt in 2021 Zinsen aus seinen Festgeldanlagen i.H.v. 5 Mio. €. Gleichzeitig muss es für sein Bankdarlehen Zinsen i.H.v. 4,5 Mio. € bezahlen.
Lösung 1: Da die eingenommenen Zinsen höher sind als die gezahlten (positiver Zinssaldo), können alle gezahlten Zinsen als Betriebskosten angesetzt werden.

Darüber hinausgehende Schuldzinsen (negativer Zinssaldo) dürfen unter bestimmten Bedingungen nur bis zur Höhe von 30 % der Bemessungsgrundlage abgezogen werden, sofern der negative Zinssaldo die Freigrenze von 3 Mio. € übersteigt. Diese Bemessungsgrundlage wird als EBITDA (earnings before interest, taxes, depreciation and amortisation) bezeichnet und umfasst den steuerpflichtigen Gewinn vor Abzug des Zinssaldos sowie vor AfA (inkl. Sofortabschreibung und Sammelposten gemäß § 6 Abs. 2, 2a EStG). Teilwertabschreibungen nach § 6 Abs. 1 Nr. 1 und 2 EStG sind hierbei nicht zu beachten. [1]
Der die 30 % des EBITDA übersteigende Teil des Zinssaldos wird auf die folgenden Wirtschaftsjahre übertragen (§ 4h Abs. 1. S. 2 EStG).

Beispiel 2: Die A + O OHG erzielt im Jahr 2022 einen steuerlichen Gewinn (vor Anwendung von § 4h EStG) von 1,5 Mio. €. Darin enthalten sind Zinserträge von 0,9 Mio. € und Zinsaufwendungen von 4 Mio. € sowie Abschreibungen auf Maschinen i.H.v. 0,4 Mio. €.
Lösung 2: Der Zinssaldo beträgt 3,1 Mio. € (4 Mio. € ./. 0,9 Mio. €). Damit ist die Freigrenze erreicht, Zinserträge, die den Zinssaldo überschreiten, können also nur noch bis zu 30 % des EBITDA als Betriebsausgaben angesetzt werden.

Das EBITDA beträgt:

	Steuerlicher Gewinn (vor Anwendung § 4h EStG)	1,5 Mio. €
+	negativer Zinssaldo	3,1 Mio. €
+	Abschreibungen	0,4 Mio. €
	EBITDA	5,0 Mio. €

Der Zinsabzug kann also nur bis zu 30% des EBITDA, also bis 1,5 Mio. € (5 Mio. € x 30 %) erfolgen. Die Differenz von 1,6 Mio. € geht in den Zinsvortrag ein. Entsprechend erhöht sich der steuerliche Gewinn (vor Anwendung des § 4h EStG):

	Steuerlicher Gewinn vor Anwendung § 4h EStG	1.500.000 €
+	nicht abzugsfähige Zinsen	1.600.000 €
	Steuerlicher Gewinn nach Anwendung des § 4h EStG	3.100.000 €
	Zinsvortrag	1.600.000 €

Soweit das verrechenbare EBITDA die um die Zinserträge geminderten Zinsaufwendungen des Betriebs übersteigt, ist es in die folgenden fünf Wirtschaftsjahre vorzutragen (EBITDA-Vortrag). Der EBITDA-Vortrag erhöht demzufolge in den folgenden Wirtschaftsjahren die Abzugsmöglichkeit für Zinsaufwendungen, soweit nicht bereits das EBITDA des laufenden Wirtschaftsjahres einen vollständigen Abzug von Zinsaufwendungen zulässt. Der jeweils älteste EBITDA-Vortrag ist zuerst zu verbrauchen. Ein nach fünf Jahren nicht verbrauchter EBITDA-Vortrag verfällt. [2]

Bei Aufgabe oder Übertragung des Betriebs gehen ein nicht verbrauchter EBITDA-Vortrag und ein nicht verbrauchter Zinsvortrag unter. Scheidet ein Mitunternehmer aus einer Gesellschaft aus, gehen der EBITDA-Vortrag und der Zinsvortrag anteilig mit der Quote unter, mit der der ausgeschiedene Gesellschafter an der Gesellschaft beteiligt war.

Escape-Klauseln

Die Zinsschranke ist nicht anzuwenden, wenn der Betrieb nicht oder nur anteilsmäßig zu einem Konzern gehört, und wenn der Betrieb zu einem Konzern gehört und seine Eigenkapitalquote gleich hoch oder höher ist als die des Konzerns. Ein Unterschreiten der Eigenkapitalquote um bis zu 2 % ist unschädlich.

Sinn und Zweck

Die Zinsschrankenregelung ist Teil der Unternehmensteuerreform 2008 in Deutschland. Zuvor konnten international agierende Unternehmen mit Tochter-/Schwesterfirmen, die in Ländern mit niedrigeren Steuersätzen ansässig waren, Gewinnanteile dorthin verlagern und damit Steuern sparen. Dies geschah u.a. dadurch, dass die Tochter-/ Schwesterfirma im Niedriglohnland ein Darlehen an die Muttergesellschaft in Deutschland gab, wobei die Zinszahlungen dann der niedrigen Steuerbelastung im Ausland unterlagen und den zu versteuernden Gewinn im Inland verminderten.

Prüfungsschema § 4j EStG – Lizenzschranke

Für inländische Unternehmen, die an verbundene (mittelbar und unmittelbar) Unternehmen (§ 1 Abs. 2 AStG) im Ausland Zahlungen für die Nutzung von Rechten leisten.

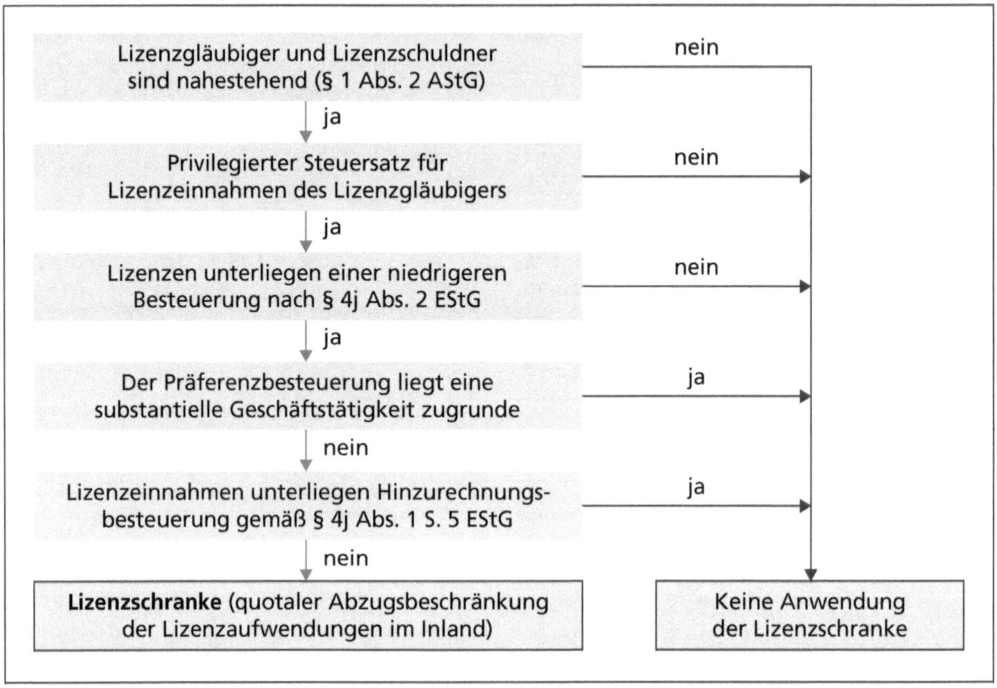

1 Prüfungsschema § 4j EStG

Quotale Abzugsbeschränkung nach § 4j Abs. 3 EStG

Beispiel 1: Das im Inland steuerpflichtige Unternehmen hat einen Lizenzaufwand von 100, und hat damit in Zusammenhang stehende, abziehbare Betriebsausgaben von 20. Der von der Regelbesteuerung abweichende niedrige Steuersatz, mit dem die Lizenzeinnahmen des Tochterunternehmens besteuert werden, beträgt 10 %. Die Betriebsausgaben werden bei der Ermittlung des privilegierten Steuersatzes nicht berücksichtigt. Die Lizenzeinnahmen des Tochterunternehmens (Lizenzgeber) im Ausland werden also privilegiert mit 10 % besteuert. Alle anderen Voraussetzungen des § 4j EStG sind gegeben.
Lösung 1: Der nicht abziehbare Teil der Lizenzaufwendungen im Inland beträgt 60 % ([25 % ./. 10 %]/25 %). Bei Anwendung der Lizenzschranke bei einer Kapitalgesellschaft im Inland würde dies bei einer Gesamtsteuerbelastung von 30 % (15 % Körperschaftsteuer + 14 % Gewerbesteuer + Soli) einer Mehrbelastung von 18 % (60 % von Gesamtsteuerbelastung x 30 %) entsprechen.

Beispiel 2: Das im Inland steuerpflichtige Unternehmen hat einen Lizenzaufwand von 100. Die Lizenzeinnahmen des Tochterunternehmens (Lizenzgeber) sind im Ausland steuerfrei. Alle anderen Voraussetzungen des § 4j EStG sind gegeben.
Lösung 2: Wenn die Lizenzeinnahmen beim Lizenzgeber steuerfrei gestellt werden, ergibt sich damit ein nicht abziehbarer Teil der Lizenzaufwendungen beim inländischen Unternehmen von 100 % ([25 % ./. 0 %] / 25 %).

2 Beispiele für die quotale Abzugsbeschränkung durch die Lizenzschranke

Lizenzschranke gemäß § 4j EStG

Neben der Abzugsbeschränkung von Zinsen gilt nun auch mit Wirkung ab 2018 ein partielles Abzugsverbot von Lizenzzahlungen zwischen verbundenen Unternehmen nach § 4j EStG. Damit will der Gesetzgeber verhindern, dass multinationale Konzernunternehmen Gewinne durch die grenzüberschreitende Überlassung von Rechten an Tochterunternehmen in Staaten verschieben, in denen Lizenzeinnahmen mit einem privilegierten Steuersatz besteuert werden.

Solche speziellen Präferenzregeln für Gewinne aus Lizenzen werden durch sog. **Lizenzboxen**, Patent- oder IP-Boxen realisiert. Diese sollen im Allgemeinen zunächst dazu dienen, Unternehmen zu mehr aktiver Forschungs- und Entwicklungstätigkeit zu motivieren. In der EU verfügen eine Reihe von Staaten über solche Lizenzboxen, z. B. die Niederlande, Frankreich, Irland, Luxemburg oder Malta. In Verruf geraten sind aber Regelungen, die diese Begünstigung nicht an eine aktive wissenschaftliche Tätigkeit knüpfen, sondern lediglich Anreize im internationalen Steuerwettbewerb setzen wollen. Auf Ebene der OECD wurde die Abschaffung bzw. Anpassung genau dieser Regelungen zum 30.06.2021 beschlossen, so dass zukünftig nur noch dann begünstigt besteuert werden darf, wenn aktiv entwickelt oder geforscht wird (Nexus Approach). Deutschland hat bereits jetzt die entsprechende Abwehrmaßnahme eingeführt.

Sachlich sind von der Lizenzschranke insbesondere Rechte, die nach dem Urhebergesetz, dem Designgesetz, dem Patentgesetz, dem Gebrauchsmustergesetz und dem Markengesetz (§ 73a Abs. 2 und 3 EStDV) geschützt sind, betroffen.

Diese Maßnahme entfaltet ihre Wirkung folgendermaßen: Nach § 4j EStG wird der Betriebsausgabenabzug für Lizenz- und anderem Aufwand für Rechte beschränkt, soweit er an **nahestehende Personen im Ausland** gezahlt wird. Unter nahestehend versteht der Gesetzgeber gemäß § 1 Abs. 2 AStG unmittelbare und mittelbare Beteiligungsverhältnisse von mindestens 25 %. Zahlungen für Rechte an fremde Dritte unterliegen also keiner Abzugsbeschränkung.

Eine weitere Voraussetzung für die Anwendung der Abzugsbeschränkung besteht darin, dass die Einnahmen aus Lizenzen und anderen Rechten einer niedrigeren Besteuerung aufgrund einer **Privilegierungsregelung** unterliegen. Von einer privilegierten Besteuerung spricht das Gesetz dann, wenn die Einnahmen aus Lizenz- und anderen Rechten abweichend von der Regelbesteuerung mit einem geringeren Steuersatz als 25 % belegt werden. Ein generell niedrigerer Steuersatz löst dagegen keine Anwendung der Lizenzschranke aus. Zu beachten ist hier weiterhin, dass das Gesetz auf »Einnahmen«, also auf eine Bruttogröße, Bezug nimmt. Die Höhe der tatsächlich angefallenen Betriebsausgaben spielt aufgrund der einnahmebezogenen Betrachtung keine Rolle. Berücksichtigt werden sollen aber Vergünstigungen in Form steuerlicher Kürzungen, Gutschriften, Befreiungen bzw. Ermäßigungen.

Wird eine Präferenzbesteuerung festgestellt, dann sind als Rechtsfolge gemäß § 4j Abs. 3 Satz 1 die Aufwendungen nicht oder nur teilweise abziehbar. Der **nicht abziehbare Teil** bestimmt sich nach folgender Formel (§ 4j Abs. 3 S. 2 EStG):

$$\frac{25\,\%\;./.\;\text{Belastung durch Ertragsteuern}}{25\,\%}$$

Vergleiche hierzu die Beispiele auf der linken Seite [2].

Ausnahmen gelten im Hinblick auf den oben erwähnten **Nexus Approach**. Danach muss der Inhaber der Rechte, also die Lizenzgesellschaft im Ausland, selbst über ein hinreichendes Maß an eigener Substanz und Tätigkeit auf dem jeweiligen Forschungsgebiet verfügen. Für diese Gesellschaften bzw. für deren Lizenzboxen greift die Abzugsbeschränkung nicht. Demnach sollen also Vergünstigungen nur noch für solche Lizenzeinnahmen gewährt werden, bei denen die Forschungs- und Entwicklungstätigkeit von der Lizenzgesellschaft im Ausland selbst erbracht oder über eine Auftragsforschung durch eine dritte Person erbracht wurde. Sind die Rechte durch nahestehende Unternehmen erstellt oder entgeltlich erworben worden, dann sollen keine Vergünstigungen mehr gewährt werden.
Um Doppelbelastungen zu vermeiden, greift die Lizenzschranke nach § 4j Abs. 1 S. 5 EStG soweit nicht, als aufgrund korrespondierender Lizenzeinnahmen ein Hinzurechnungsbetrag i. S. d. § 10 Abs. 1 S. 1 des AStG anzusetzen ist (vgl. zu der gesamten Regelung [1]).

Auszahlung

Wirtschaftsgut	**Aufwand**
gewinnneutrale Buchung: Wirtschaftsgut an Bank (Aktivtausch)	aufwandswirksame Buchung: Aufwand an Bank

1 Zusammenhang von Auszahlung, Wirtschaftsgut und Aufwand

Wirtschaftsgüter sind

- Sachen, Rechte oder sonstige Vorteile für den Betrieb,
- die einzeln bewertbar sind (sog. »Greifbarkeit«) und
- zumindest mit dem Betrieb übertragen werden können.

(BFH vom 19.06.1997, IV R 16/95)

2 Definition Wirtschaftsgut

Beispiele für Wirtschaftsgüter

Wirtschaftgüter sind:

- Arzneimittelzulassungsrecht
- Belieferungsrechte
- Unpatentierte Erfindung
- Erworbenes Know-how
- Fabrikationsverfahren
- Ablösebeträge im Profisport

Keine Wirtschaftsgüter sind:

- Maklergebühr, aber ggf. Anschaffungsnebenkosten.
- Erschließungsbeiträge für ein Grundstück sind Nebenkosten zum Grundstück.
- Bauplanungskosten eines Gebäudes sind Herstellungskosten des Gebäudes.

3 Beispiele

Wirtschaftsgut

Ein Unternehmer muss alle Wirtschaftsgüter - das HGB spricht von Vermögensgegenständen, § 246 Abs. 1 S. 1 HGB - in seiner Bilanz ausweisen. Die Aktivierung eines Wirtschaftsguts verhindert, dass die AK zu Aufwand werden. Die Anschaffung eines Wirtschaftsguts ist gewinnneutral (Aktivtausch). Die AK werden erst über eine Abschreibung oder bei Veräußerung zu Aufwand (Anschaffungskostenprinzip). Gibt der Unternehmer dahingegen Geld aus, ohne ein Wirtschaftsgut zu erhalten, so führt dies sofort zu Aufwand. [1]

Beispiel 1: Ein Unternehmer erwirbt eine Maschine. Er wird dadurch weder ärmer, noch reicher. Der Buchungssatz lautet daher Maschine an Bank. Erst über die Abschreibungen werden die AK zu Aufwand.
Beispiel 2: Ein Unternehmer zahlt Zinsen. Hier wird kein Wirtschaftsgut erworben. Die Zahlung führt zu sofort abzugsfähigem Aufwand.

Die Beispiele zeigen, dass es wichtig ist zu wissen, was Wirtschaftsgüter sind. Unproblematisch ist, dass körperliche Gegenstände und Rechte Wirtschaftsgüter sind. Schwieriger ist dies, wenn der Unternehmer bloße Vorteile erwirbt.

Wirtschaftsgüter sind
- Sachen, Rechte oder sonstige greifbare Vorteile,
- die einzeln bewertbar sind und
- zusammen mit dem Unternehmen übertragbar sind. [2]

Beispiel 3: Unternehmer U erwirbt eine nicht patentierte Erfindung für 1.000 €. Die Erfindung ist ein Wirtschaftsgut. Die Erfindung ist vorteilhaft für das Unternehmen, sie ist einzeln bewertbar (Kaufpreis) und zusammen mit dem Betrieb übertragbar. Die Erfindung ist mit 1.000 € zu bilanzieren und abzuschreiben.
Beispiel 4: Unternehmer U mietet ein Büro. Er zahlt dafür einem Makler 1.000 €. Maklerkosten sind kein Wirtschaftsgut, sondern führen zu Aufwand. Zwar liegt ein Vorteil vor. Dieser Vorteil bleibt dem Unternehmen jedoch nicht erhalten, ist nicht selbstständig bewertbar und wird im Rechtsverkehr nicht als eigenständiges Bewertungsobjekt behandelt (BFH vom 19.06.1997, IV R 16/95).
In der Regel ist es günstig, wenn kein Wirtschaftsgut vorliegt. Anders ist es bei Anschaffungsnebenkosten:

Beispiel 5: Unternehmer U kauft ein Grundstück und zahlt dafür einem Makler 10.000 €. Die Maklerkosten sind kein Wirtschaftsgut. Das hat in diesem Fall aber zur Folge, dass Anschaffungsnebenkosten zum Grundstück vorliegen. Die Maklerkosten werden damit erst bei einer Veräußerung des Grundstücks zu Aufwand. Läge ein eigenes Wirtschaftsgut »Maklergebühr« vor, so könnte es abgeschrieben werden. [3]

Unterschied HB – StB

Nach Auffassung des BFH besteht kein Unterschied zwischen dem steuerlichen Begriff des Wirtschaftsguts und dem handelsrechtlichen Vermögensgegenstand (BFH vom 07.08.2000, GrS 2/99). In der betriebswirtschaftlichen Literatur wird dahingegen der Vermögensgegenstand enger verstanden: Es genügt nicht, dass der Vorteil zusammen mit dem Unternehmen übertragbar ist. Der Vermögensgegenstand muss vielmehr einzeln übertragbar sein.

Beispiel 6: Die Brauerei X zahlt an eine Gaststätte einen Zuschuss und erhält dafür ein Bierlieferungsrecht. Nach Auffassung des BFH liegt ein Vermögensgegenstand vor, da das Bierlieferungsrecht zusammen mit der gesamten Brauerei übertragbar ist. Nach gegenteiliger Auffassung ist handelsrechtlich dahingegen kein Vermögensgegenstand gegeben, da die Brauerei ihr Bierlieferungsrecht nicht auf eine andere Brauerei übertragen kann. Dieses Recht ist nicht übertragbar. Die Gaststätte kann nicht gezwungen werden, Bier der Brauerei Y zu kaufen. In der HB führt der Zuschuss danach zu Aufwand.

Einteilung der Wirtschaftsgüter

- materiell - immateriell
  Wirtschaftsgüter können materiell (= körperlich) oder immateriell (= nicht körperlich) sein.
- abnutzbar - nicht abnutzbar
  Nur abnutzbare Wirtschaftsgüter werden planmäßig abgeschrieben.
- Anlagevermögen - Umlaufvermögen
  Wirtschaftsgüter, die bestimmt sind, dauernd dem Geschäftsbetrieb zu dienen, gehören zum Anlagevermögen (z. B. Maschinen), § 247 Abs. 2 HGB. Alle anderen Wirtschaftsgüter sind Umlaufvermögen (z. B. Waren, Rohstoffe).
- beweglich - unbeweglich
  Wirtschaftsgüter können beweglich oder unbeweglich sein. Immaterielle Wirtschaftsgüter sind unbeweglich.

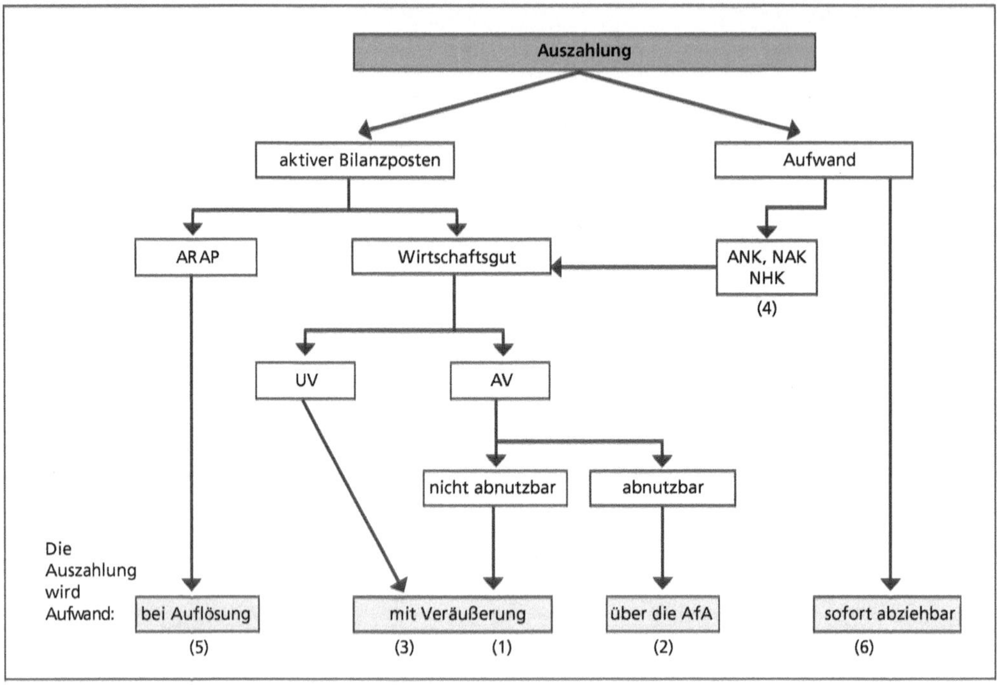

1 Übersicht zu Auszahlung und Aufwand (die Ziffern verweisen auf die umseitigen Beispiele)

Auszahlung und Aufwand

Wenn ein Unternehmer Geld ausgibt, führt das zu Aufwand. Entweder entsteht der Aufwand sofort mit der Auszahlung, oder der Aufwand kann erst später angesetzt werden. Wenn der Aufwand erst später angesetzt werden kann, muss zunächst ein Aktivposten in der Bilanz gebildet werden (Wirtschaftsgut oder Aktiver Rechnungsabgrenzungsposten - ARAP). Erst mit Abgang dieses Bilanzpostens kommt es dann zu Aufwand (Aufwandspeicher).

Beispiel 1 – Anschaffung von nicht abnutzbarem Anlagevermögen (AV): Anton kauft in 01 ein unbebautes Betriebsgrundstück für 100 € und verkauft es im Jahr 02 für 200 €.

Buchung im Jahr 01:

Grundstück	an	Bank	100 €

Buchung im Jahr 02:

Bank	an	Erlös	200 €
Aufwand	an	Grundstück	100 €

Analyse: Die Geldzahlung zur Anschaffung des Grundstücks wird erst bei Verkauf zu Aufwand. Es gilt: Auszahlung jetzt, Aufwand später. Der Bilanzposten »nicht abnutzbares Anlagevermögen« führt zur Speicherung von Aufwand. Besonderheit bei Immobilien: Es kann sehr lange dauern, bis die Auszahlung zu Aufwand wird.

Beispiel 2 – Anschaffung von abnutzbarem Anlagevermögen (AV): Anton kauft im Januar 01 eine Maschine für 100 € mit einer Nutzungsdauer von zwei Jahren.

Buchung im Jahr 01:

Maschine	an	Bank	100 €
AfA	an	Maschine	50 €

Buchung im Jahr 02:

AfA	an	Maschine	50 €

Analyse: Die Geldzahlung zur Anschaffung von abnutzbarem Anlagevermögen wird erst über die Absetzung für Abnutzung (AfA) zu Aufwand. Auch hier gilt: Auszahlung jetzt, Aufwand später. Der Bilanzposten »abnutzbares Anlagevermögen« führt zu einer Speicherung von Aufwand.

Beispiel 3 – Anschaffung von Umlaufvermögen (UV): Antonia kauft im Jahr 01 Waren für 100 € und verkauft sie im Jahr 02 für 200 €.

Buchung im Jahr 01:

Ware	an	Bank	100 €

Buchung im Jahr 02:

Bank	an	Erlöse	200 €
Aufwand	an	Ware	100 €

Analyse: Die Geldzahlung zur Anschaffung von Umlaufvermögen wird erst bei Verkauf zu Aufwand.

Auch hier gilt: Auszahlung jetzt, Aufwand später. Der Bilanzposten »Umlaufvermögen« führt auch zu einer Speicherung von Aufwand. Im Gegensatz zum nicht abnutzbaren Anlagevermögen dauert es i.d.R. nicht so lange, bis die Zahlung zu Aufwand wird.

Beispiel 4 – Anschaffungsnebenkosten (ANK): Antonia kauft ein Grundstück für 100 € und zahlt dafür einem Makler 20 €. Im Jahr 02 verkauft sie das Grundstück für 200 €.

Buchung im Jahr 01:

Grundstück	an	Bank	100 €
Grundstück	an	Bank	20 €

Buchung im Jahr 02:

Bank	an	Erlös	200 €
Aufwand	an	Grundstück	120 €

Analyse: Die Ausgabe für den Makler führt nicht zu sofort abziehbaren Betriebsausgaben. Die Ausgabe muss als Anschaffungsnebenkosten aktiviert werden (§ 255 Abs. 1 S. 2 HGB). Folglich wird die Zahlung erst bei Verkauf des Grundstücks zu Aufwand.

Beispiel 5 – Aktiver Rechnungsabgrenzungsposten (ARAP): Anton zahlt im Dezember 01 die Büromiete für Januar 02 i.H.v. 1.000 €.

Buchung im Jahr 01:

Aktiver RAP	an	Bank	1.000 €

Buchung im Jahr 02:

Aufwand	an	Aktiver RAP	1.000 €

Analyse: Die Auszahlung im Jahr 01 von 1.000 € wird erst im Jahr 02 zu Aufwand. Auszahlung jetzt, Aufwand später. Der Aufwand wird von der Geldauszahlung getrennt und in die Zukunft verschoben. Der ARAP führt zur Speicherung von Aufwand. In dieser Funktion ist der ARAP vergleichbar mit einem Wirtschaftsgut.

Beispiel 6 – Sofort abzugsfähiger Aufwand: Zahlung der Büromiete für den laufenden Monat: Die Zahlung wird sofort zu Aufwand. Es gilt also: Auszahlung = Aufwand. [1]

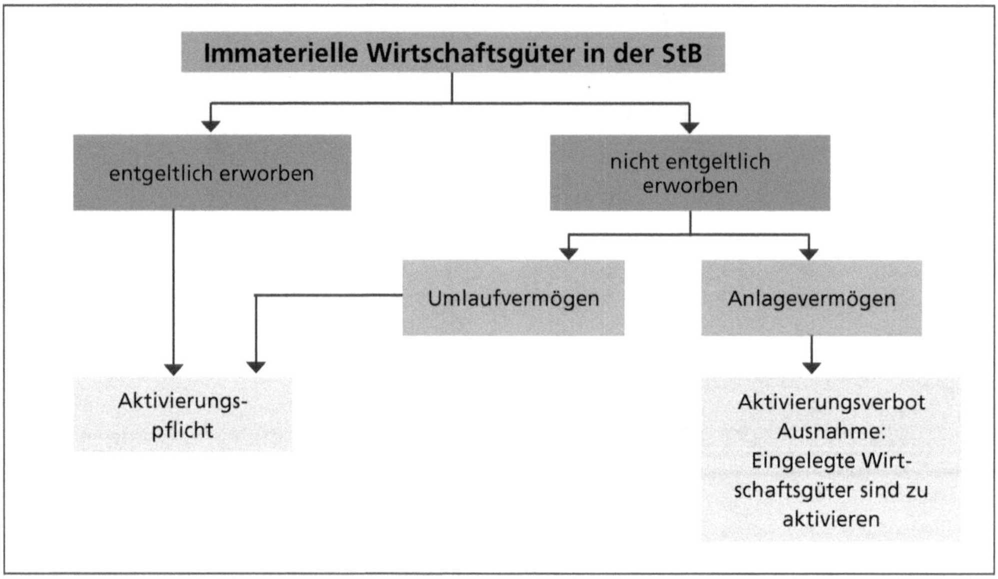

[1] Übersicht zu § 5 Abs. 2 EStG

Bilanzielle Besonderheiten für immaterielle Wirtschaftsgüter

- **Bilanzausweis:** immaterielle WG sind bei Kapitalgesellschaften gesondert auszuweisen, § 266 HGB
- **Ansatzverbot in der StB** für nicht entgeltlich erworbene immaterielle Vermögensgegenstände des Anlagevermögens, § 5 Abs. 2 EStG; in der HB: Wahlrecht, § 248 Abs. 2 S. 1 HGB.
- **Steuerliche AfA:**
  - zulässig:
    - lineare AfA nach § 7 Abs. 1 S. 1 EStG
    - außerplanmäßige AfaA, § 7 Abs. 1 S. 7 EStG
  - nicht zulässig
    - GWG-AfA nach § 6 Abs. 2, 2a EStG
    - degressive AfA nach § 7 Abs. 2 EStG

[2] Immaterielle Wirtschaftsgüter

Firmenwert

Begriff:
- Gesetzliche Definition: Differenz zwischen Kaufpreis und dem Wert aller bilanzierten einzelnen Vermögensgegenstände abzüglich Schulden, § 246 Abs. 1 S. 4 HGB.
- Erläuterung: Der Firmenwert enthält alles, was den Wert eines Unternehmens erhöht, aber nicht bilanziert werden kann, wie z. B. der gute Ruf eines Unternehmens, die qualifizierten Mitarbeiter, die örtliche Lage und die Kundenbeziehungen.

Ansatz:
- HB: entgeltlich erworbener Firmenwert: Ansatzpflicht, § 246 Abs. 1 S. 4 HGB
- StB: Ansatzpflicht aufgrund Maßgeblichkeit, § 5 Abs. 1 EStG

AfA:
- Gewerbliches Unternehmen
  - StB: § 7 Abs. 1 S. 3 EStG: 1/15 pro Jahr
  - HB: Schätzung bzw. 10 Jahre (§ 253 Abs. 3 S. 3 und 4 HGB).
- Freiberufliches Unternehmen
  - EStG: keine gesetzliche AfA-Nutzungsdauer, Finanzverwaltung: 3–5 Jahre
  - HGB: Freiberufler ist kein Kaufmann und stellt daher keine HB auf

[3] Firmenwert

Immaterielle Wirtschaftsgüter

Wirtschaftsgüter können eingeteilt werden in
- materielle (= körperliche) und
- immaterielle (= nicht körperliche).

Für immaterielle WG gelten folgende Besonderheiten: [2]

Ansatz

Immaterielle WG des Anlagevermögens sind steuerlich nur zu aktivieren, wenn sie entgeltlich erworben sind, § 5 Abs. 2 EStG. Das ist ein Ausfluss des Vorsichtsprinzips. Solange der Markt noch nicht gesprochen hat, gelten immaterielle WG als unsicher. Die HK sollen daher sofort zu Aufwand werden. [1] In der HB besteht ein Aktivierungswahlrecht, §§ 248 Abs. 2 S. 1, 255 Abs. 2a HGB.

Beispiel: Eine GmbH erstellt ein Computerprogramm für 100.000 €. Sie möchte das Programm selbst nutzen. Das Computerprogramm darf nicht aktiviert werden. Die HK des Programms sind steuerlich sofort abziehbare Betriebsausgaben.

Das Aktivierungsverbot des § 5 Abs. 2 EStG gilt in folgenden Fällen nicht:
- entgeltlich erworbene immaterielle WG,
- Umlaufvermögen,
- Einlage.

Beispiel: Eine GmbH kauft ein Computerprogramm für 100.000 €, um es selbst zu nutzen. Die GmbH muss das Programm aktivieren. Da das Programm entgeltlich erworben ist, greift das Aktivierungsverbot des § 5 Abs. 2 EStG nicht. Die Anschaffung ist folglich gewinnneutral (Aktivtausch). Die AK werden über die AfA zu Aufwand. Damit ist der Totalgewinn im Vergleich zum Beispiel zuvor gleich. Allerdings wird der Aufwand bei entgeltlichem Erwerb über die AfA hinausgezögert.
Beispiel: Eine Beratungs-GmbH erstellt mit einem Aufwand von 5.000 € ein Gutachten. Dem Kunden soll im nächsten Jahr eine Rechnung über 10.000 € gestellt werden. Das Aktivierungsverbot greift nicht, da das Gutachten Umlaufvermögen ist. Das Gutachten ist mit den HK von 5.000 € zu aktivieren. Da Umlaufvermögen i.d.R. schnell verkauft wird, braucht die Bilanzierung nicht so vorsichtig zu sein, wie beim Anlagevermögen.

Weitere Beispiele für selbstgeschaffene immaterielle WG des Anlagevermögens, die in der StB nicht aktiviert werden dürfen, sind:
- Forschungs- und Entwicklungskosten,
- im Betrieb anfallende Kosten für Patente.

§ 5 Abs. 2 EStG ist im Rahmen eines Konzerns relativ leicht zu umgehen. Eine Konzerngesellschaft kann das selbstgeschaffene WG an eine andere Konzerngesellschaft verkaufen.

Beispiel: Die Konzernmutter hat Aufwendungen für ein Patent i.H.v. 100.000 €. Diese Aufwendungen sind nicht aktivierungsfähig und führen daher zu Betriebsausgaben. Verkauft die Konzernmutter das Patent an eine Tochter, so muss die Tochter das Patent aktivieren, da sie es entgeltlich erworben hat.

AfA

Immaterielle WG können nur linear abgeschrieben werden, § 7 Abs. 1 S. 1 EStG.
Immaterielle WG sind nicht beweglich. Eine degressive Abschreibung (§ 7 Abs. 2 EStG) und eine Sofortabschreibung als geringwertiges Wirtschaftsgut (GWG, § 6 Abs. 2, 2a EStG) sind daher nicht möglich.
Die Finanzverwaltung behandelt Standardsoftware mit AK bis zu 800 € als bewegliches GWG, sie kann daher sofort abgeschrieben werden, § 6 Abs. 2, 2a EStG R 5.5 EStR 2012. Teilwertabschreibungen, § 6 Abs. 1 Nr. 1 S. 2, Nr. 2, S. 2 EStG und AfaA, § 7 Abs. 1 S. 7 EStG, sind bei allen WG, also auch bei immateriellen möglich (vgl. S. 96 f.).

Sonderregelung Firmenwert

Der Firmenwert ist die Differenz zwischen Kaufpreis und dem Wert aller bilanzierten einzelnen Vermögensgegenstände abzüglich der Schulden, § 246 Abs. 1 S. 4 HGB. Der Firmenwert ist ein immaterielles abnutzbares WG. Natürlich gäbe es bei der Bestimmung der Nutzungsdauer immer Streit zwischen dem Steuerpflichtigen und dem FA. § 7 Abs. 1 S. 3 EStG bestimmt daher grob typisierend die steuerliche Nutzungsdauer eines gewerblichen Firmenwerts mit 15 Jahre. Handelsrechtlich ist der Firmenwert über 10 Jahre abzuschreiben, sofern die Nutzungsdauer nicht verlässlich geschätzt werden kann, § 253 Abs. 3 S. 3 und 4 HGB. Nicht gesetzlich geregelt ist die Nutzungsdauer eines freiberuflichen Praxiswerts. Die Finanzverwaltung geht von einer Nutzungsdauer von 3–5 Jahren aus. [3]

Beispiel: Ein Zahnarzt kauft eine Praxis und bezahlt für den Geschäftswert 100.000 €. Bei einer Nutzungsdauer von vier Jahren kann er jährlich 25.000 € abschreiben.

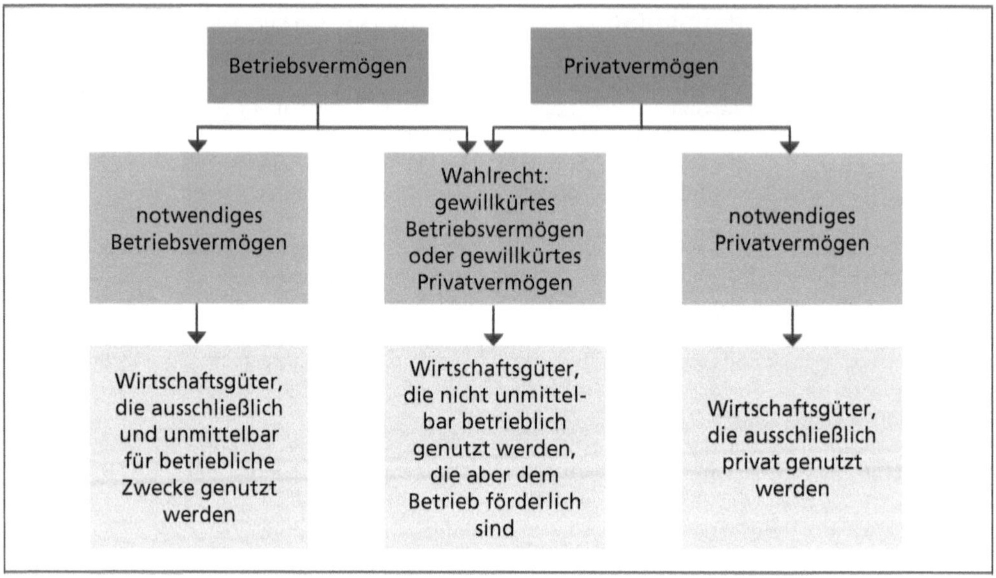

1 Zuordnung der Wirtschaftsgüter zum Betriebs- und zum Privatvermögen

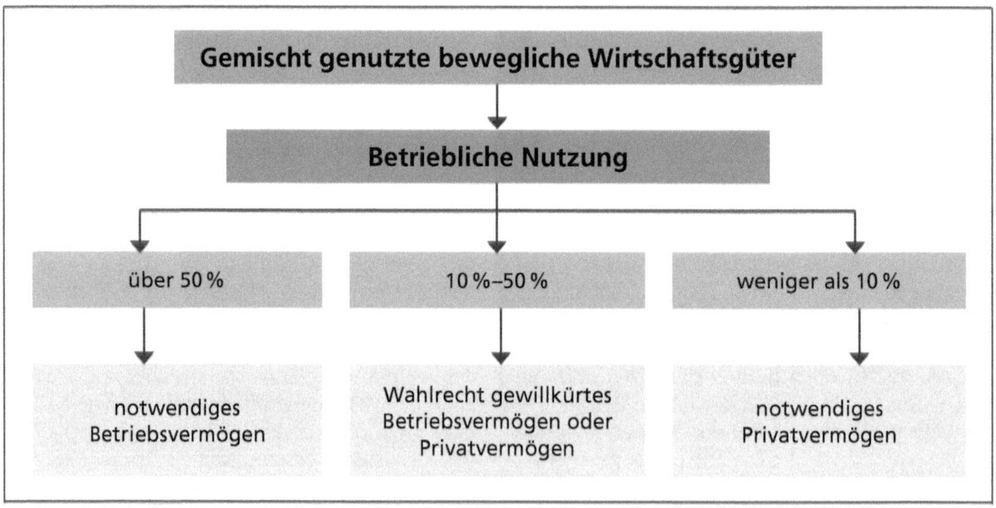

2 Gemischt genutzte bewegliche Wirtschaftsgüter

Ein gemischt genutztes Gebäude kann in vier Wirtschaftsgüter aufgeteilt werden:

- eigenbetrieblich genutzter Gebäudeteil
- fremdbetrieblich genutzter Gebäudeteil
- zu eigenen Wohnzwecken genutzter Gebäudeteil
- zu fremden Wohnzwecken genutzter Gebäudeteil

3 Gemischt genutzte Gebäude

Betriebs- und Privatvermögen

In der Bilanz darf nur das Betriebsvermögen ausgewiesen werden. Privatvermögen wird nicht bilanziert. Ob Betriebs- oder Privatvermögen vorliegt, hängt von der Nutzung des Wirtschaftsguts ab.
Wird ein Wirtschaftsgut ausschließlich und unmittelbar für betriebliche Zwecke genutzt, so ist es **notwendiges Betriebsvermögen** (Maschinen, Betriebs-Lkw, R 4.2 Abs. 1 EStR).
Wirtschaftsgüter, die nicht unmittelbar betrieblich genutzt werden, die aber dem Betrieb förderlich sind, können als **gewillkürtes Betriebsvermögen** oder als Privatvermögen behandelt werden (nicht genutztes Grundstück, Wertpapiere, vermietetes Grundstück). Sollen derartige Wirtschaftsgüter Betriebsvermögen sein, so müssen sie in die Bilanz aufgenommen werden (Widmung). [1]

Beispiel: Ein Unternehmer hat Wertpapiere im Wert von 100.000 €. Er nutzt die Wertpapiere um in Bankverhandlungen die Haftungsgrundlage des Unternehmens zu verstärken. Die Wertpapiere werden nicht unmittelbar betrieblich »genutzt«. Es liegt daher kein notwendiges Betriebsvermögen vor. Da die Wertpapiere aber dem Unternehmen förderlich sind, besteht das Wahlrecht zwischen gewillkürtem Betriebsvermögen und Privatvermögen. Möchte U die Wertpapiere zu Betriebsvermögen machen, so muss er sie in das Anlageverzeichnis »einbuchen«.

Wirtschaftsgüter sind **notwendiges Privatvermögen**, wenn sie ausschließlich privat genutzt werden (Privat-Pkw, Einrichtung der Privat-Wohnung).
Bei **gemischt genutzten Wirtschaftsgütern** wird zwischen beweglichen und unbeweglichen Wirtschaftsgütern unterschieden.
Bei **beweglichen** gemischt genutzten Wirtschaftsgütern gilt der Grundsatz der Unteilbarkeit. Es besteht folgende Regel: [2] Wirtschaftsgüter, die

- zu mehr als 50% betrieblich genutzt werden, sind in vollem Umfang notwendiges Betriebsvermögen.
- zwischen 10–50% betrieblich genutzt werden, können als gewillkürtes Betriebsvermögen ausgewiesen werden.
- weniger als 10% betrieblich genutzt werden, sind notwendiges Privatvermögen.

Beispiel: Unternehmer U hat einen Pkw, den er zu 40% betrieblich und zu 60% privat nutzt. Er hat die Wahl, ob das Auto Betriebs- oder Privatvermögen sein soll. Soll das Auto Betriebsvermögen sein (Einbuchung), so sind die Autokosten in vollem Umfang abziehbar. I.H.d. privaten Nutzung ist eine Nutzungsentnahme anzusetzen.

Gemischt genutzte Gebäude werden, anders als bewegliche Wirtschaftsgüter, aufgeteilt. [3]

Beispiel: Wird ein Gebäude teilweise betrieblich und teilweise privat genutzt, so ist nur der betrieblich genutzte Teil Betriebsvermögen. Der zugehörige Bodenanteil gehört auch zum Betriebsvermögen.

Insgesamt können folgende Wirtschaftsgüter vorliegen (R 4.2 Abs. 4 EStR):

- zu privaten Wohnzwecken genutzter Gebäudeteil,
- zu fremden Wohnzwecken genutzter Gebäudeteil,
- eigenbetrieblich genutzter Gebäudeteil,
- fremdbetrieblich genutzter Gebäudeteil.

Beispiel: Ein Bäcker betreibt seine Bäckerei im ersten Stock seines Hauses. Im zweiten Stock wohnt er. Der dritte Stock ist vermietet.
Lösung: Der erste Stock ist notwendiges Betriebsvermögen. Der dritte Stock kann gewillkürtes Betriebsvermögen sein (Einbuchung), wenn er etwa dem Betrieb als Haftungsgrundlage dient. Der zweite Stock ist notwendiges PV.

Verbindlichkeiten und **Rückstellungen** sind Betriebsvermögen, wenn ihre Entstehung betrieblich veranlasst ist.

Beispiel: Unternehmer U nimmt zwei Darlehen auf zum Kauf je eines Firmen- und eines Privat-Pkw. Ersteres ist Betriebsvermögen, das zweite Privatvermögen. Nur die Zinsen des Firmenwagendarlehens sind Betriebsausgaben.

Mit der Entnahme eines fremdfinanzierten Wirtschaftsguts wird auch die zur Finanzierung aufgenommene Verbindlichkeit Privatvermögen. Umgekehrt wird eine Verbindlichkeit, die zur Finanzierung eines Wirtschaftsguts des Privatvermögens aufgenommen worden ist, mit Einlage des Wirtschaftsguts auch Betriebsvermögen.

Beispiel: Anton kauft ein Grundstück im Privatvermögen und finanziert es mit einem Kredit. Ein Jahr später legt er das Grundstück in sein neu gegründetes gewerbliches Unternehmen ein. Auch der Kredit wird Betriebsvermögen.

Personelle Zurechnung
Wirtschaftsgüter werden grundsätzlich vom Eigentümer bilanziert. Der zivilrechtliche Eigentümer ist i.d.R. zugleich bilanzieller (= wirtschaftlicher) Eigentümer.

Ausnahmen

- **Eigentumsvorbehalt:** Bilanzierung beim Käufer (Sicherungsgeber)
- **Sicherungseigentum:** Bilanzierung beim Sicherungsgeber
- **Grundstücksübereignung:** Bilanzierung beim Käufer ab Lastenwechsel
- **Versendungskauf:** Bilanzierung beim Verkäufer bis zur Übergabe an die Post. Bilanzierung beim Erwerber ab Übergabe von der Post an ihn.
- **Leasing:** Demjenigen zuzurechnen, dem Nutzen und Lasten des Leasinggegenstands zuzurechnen sind.

1 Übersicht personelle Zurechnung

Personelle Zurechnung von Wrtschaftsgütern

Der Kaufmann muss »seine« Vermögensgegenstände bilanzieren, § 242 Abs.1 HGB. Das bedeutet, dass er fremdes Vermögen nicht ausweisen darf. Details sind in § 246 Abs. 1 S. 2 HGB und § 39 AO geregelt. Handelsrecht und Steuerrecht kommen i.d.R. zu denselben Ergebnissen. Es gilt der Grundsatz, dass der Eigentümer i.S.d. BGB das Wirtschaftsgut in seiner Bilanz ausweisen muss.

Beispiel: Die Vermietungs-GmbH vermietet ein Bürogebäude an die Mieter-AG. Die GmbH ist Eigentümerin des Gebäudes und weist es daher in ihrer Bilanz aus. Die AG ist nur Mieterin und darf daher das Gebäude nicht in ihrer Bilanz ausweisen.

Jedoch gibt es davon Ausnahmen, die sich aus den unterschiedlichen Regelungszwecken des BGB und der HB ergeben. Die Bilanz ist unter der Annahme der Unternehmensfortführung zu erstellen (»Going-Concern-Prinzip«, § 252 Abs. 1 Nr. 2 HGB). Das bedeutet, dass das wirtschaftliche (bilanzielle) Eigentum die tatsächliche Verfügungsgewalt nur unter Annahme der Unternehmensfortführung verlangt. Das Eigentum nach BGB soll aber gerade in Insolvenzfällen den Eigentümer schützen. Das Eigentum nach BGB gilt daher auch im Insolvenzfall. Folglich kann es zu einem Auseinanderfallen von wirtschaftlichem und zivilrechtlichem Eigentum kommen.

Beispiel – Eigentumsvorbehalt: Ein Großhändler verkauft an einen Einzelhändler Waren unter Eigentumsvorbehalt. Das bedeutet, dass zivilrechtlich der Großhändler Eigentümer bleibt. Das zivilrechtliche Eigentum geht an den Einzelhändler erst mit vollständiger Kaufpreiszahlung über § 449 BGB. Bilanziell geht das Eigentum dahingegen bereits mit Lieferung über § 39 Abs. 2 Nr. 1 AO, denn der Einzelhändler darf die Ware verkaufen, ohne zivilrechtliches Eigentum zu haben. Er kann somit wie ein Eigentümer über die Ware verfügen. Der Großhändler bucht daher mit Lieferung an den Einzelhändler einen Warenverkauf und der Einzelhändler bucht die Waren in seiner Bilanz mit den AK.

Beispiel – Sicherungsübereignung: Eine Bank gewährt einem Bauunternehmer einen Kredit. Als Sicherheit übereignet der Bauunternehmer der Bank einen Baukran. Damit geht das Eigentum nach BGB auf die Bank über. Die Bank darf von ihrem Eigentumsrecht aber nur Gebrauch machen, wenn der Bauunternehmer seinen Kredit nicht zurückzahlt. Somit bleibt wirtschaftlich der Bauunternehmer Eigentümer, denn er darf den Baukran weiterhin nutzen. Folglich ist der Kran vom Bauunternehmer zu bilanzieren.

Beispiel – Grundstücksverkauf: Die A-GmbH verkauft am 15.05.2006 ein Grundstück an die B-GmbH. Als Lastenwechsel wird der 01.01.2007 vereinbart. Die B-GmbH wird am 20.03.2007 als Eigentümerin in das Grundstück eingetragen. Zivilrechtlich wird die B-GmbH erst mit Eintragung in das Grundbuch Eigentümerin, also am 20.03.2007, § 873 BGB. Wirtschaftlich geht das Eigentum dahingegen bereits am 31.12.2006, 24 Uhr, auf die B-GmbH über, da sie ab diesem Zeitpunkt Nutzen und Lasten des Grundstücks trägt. Ab dem 01.01.2007 muss daher die B-GmbH das Grundstück bilanzieren.

Beispiel – Versendungskauf: Ein Unternehmen aus Hamburg verschickt per Post am 29.12.2006 eine Ware, die am 03.01.2007 beim Kunden in München ankommt. Der Verkäufer bleibt bis zur Übergabe der Ware von der Post an den Käufer zivilrechtlicher Eigentümer. Das bilanzielle (wirtschaftliche) Eigentum weicht davon ab: Da der Verkäufer ab der Übergabe der Ware an die Post über die Ware nicht mehr verfügen kann, muss er zu diesem Zeitpunkt die Ware ausbuchen. Der Käufer kann dahingegen die Ware erst ab dem Zeitpunkt nutzen, ab dem sie ihm von der Post übergeben wird. Er bucht die Anschaffung daher erst zum 03.01.2007. In der Zwischenzeit ist die Ware weder beim Käufer noch beim Verkäufer zu bilanzieren.

Beispiel – Leasing: Leasingverträge sind besondere Mietverträge, bei denen während einer festen Grundmietzeit eine Kündigung ausgeschlossen ist. Eigentümer nach BGB ist daher, wie bei jedem Mietvertrag, der Vermieter. Bilanzieller (wirtschaftlicher) Eigentümer ist dahingegen, wem wirtschaftlich Nutzen und Lasten des Leasingguts zustehen. Besonders entscheidend ist dabei, wer das Risiko eines zufälligen Untergangs trägt und ob das Leasinggut nach Ablauf der Grundmietzeit durch die Leasingraten schon bezahlt ist. [1]

Die Wertkategorien des EStG

- Anschaffungskosten
- Herstellungskosten
- Teilwert
- gemeiner Wert

1 Wertkategorien des EStG

Anschaffungskosten

Anschaffungspreis,
+ Anschaffungsnebenkosten,
+ nachträgliche Anschaffungskosten,
./. Anschaffungspreisminderungen, sofern einzeln zuzuordnen

= Anschaffungskosten

2 Anschaffungskosten gem. § 255 Abs. 1 HGB

Herstellungskosten

Aufwendungen für
- die Herstellung eines Gegenstands,
- seine Erweiterung oder
- seine wesentliche Verbesserung

3 Herstellungskosten gem. § 255 Abs. 2 HGB

Gemeiner Wert

Der gemeine Wert wird durch den Preis bestimmt, der im gewöhnlichen Geschäftsverkehr bei einer Veräußerung des Wirtschaftsgutes zu erzielen wäre (Einzelveräußerungspreis), § 9 Abs. 2 BewG.

4 Gemeiner Wert gemäß § 9 Abs. 2 BewG

Anschaffungs- und Herstellungskosten (AK/HK)

Das EStG kennt vier Wertkategorien: [1]
- Anschaffungskosten (AK),
- Herstellungskosten (HK),
- Teilwert (siehe S. 96 f.),
- gemeiner Wert.

Die AK/HK sind die wichtigste Wertkategorie. Alle Wirtschaftsgüter sind bei ihrem Erwerb mit den AK/HK zu bewerten, § 6 Abs. 1 Nr. 1 und 2 EStG. Warum hat der Gesetzgeber die AK/HK zum Hauptbewertungsmaßstab gemacht? Zum einen sind AK/HK einfach zu ermitteln und frei von Ermessensspielräumen.

Beispiel: Unternehmer U kauft eine Maschine für 500 €. Die Maschine wird am Markt zwischen 490 € und 530 € angeboten. Bilanzansatz?
Lösung: Die Maschine ist mit den AK von 500 € anzusetzen. Allein relevant ist der tatsächlich gezahlte Kaufpreis.

Zum anderen regeln die AK/HK den Zeitpunkt der Gewinnentstehung:
- Anschaffung und Herstellung sind immer gewinnneutral.
- Wertsteigerungen vor einem Verkauf wirken sich nicht aus (Ausnahme § 246 Abs. 2 S. 2 und 3 HGB).
- Der Gewinn entsteht erst mit Realisation, also mit Veräußerung und Lieferung.

Beispiel – AK: Ein Steuerpflichtiger kauft eine Ware für 100 €. Die Ware steigt im Wert. Im Folgejahr kann sie zu 200 € verkauft werden. Im Jahr der Anschaffung entsteht kein Gewinn. Das Vermögen mindert sich um den bezahlten Kaufpreis und erhöht sich um die Ware (Aktivtausch). Auch die Wertsteigerung bleibt unberücksichtigt. Ein Gewinn wird erst ausgewiesen, wenn die Ware im Folgejahr verkauft wird. Der Gewinn beträgt 100 € (= 200 € ./. 100 €).

Beispiel – HK: Ein Steuerpflichtiger stellt eine Ware her. Dazu verwendet er Rohstoffe im Wert von 100 € und zahlt Löhne i.H.v. 200 €. Im Folgejahr verkauft er die Ware für 500 €. Die Herstellung der Ware ist erfolgsneutral. Der Minderung der Rohstoffe und des Geldbestands steht ein Zugang der Ware in gleicher Höhe gegenüber (Aktivtausch). Erst im Folgejahr mit Verkauf der Ware entsteht ein Gewinn i.H.d. Differenz aus Verkaufspreis und HK (500 € ./. 300 € = 200 €).

Das EStG definiert die Begriffe AK/HK nicht. Daher gelten die handelsrechtlichen Definitionen des § 255 Abs. 1 bis 3 HGB, § 5 Abs. 1 EStG.

Anschaffungskosten sind die Aufwendungen, die geleistet werden, um einen Vermögensgegenstand zu erwerben und in einen betriebsbereiten Zustand zu versetzen, soweit sie einzeln zuzuordnen sind. Dazu gehören auch Anschaffungsnebenkosten (Montage, Grunderwerbsteuer, Transportkosten, Zölle) und nachträgliche AK. Abzuziehen sind die Anschaffungspreisminderungen (Skonto, Rabatte). Finanzierungskosten gehören nur in Ausnahmefällen zu den AK. [2]

Beispiel: Unternehmer Udo kauft ein Bürogebäude für 1 Mio. €. Da er den Kaufpreis verspätet zahlt, muss er 8.000 € Verzugszinsen zahlen. Udo muss Maklerkosten i.H.v. 100.000 € zahlen. AK?
Lösung: Die AK betragen 1,1 Mio. €. Die Verzugszinsen sind Finanzierungskosten und daher sofort abzugsfähiger Aufwand.

Herstellungskosten sind Aufwendungen für die
- Herstellung eines Vermögensgegenstands,
- seine Erweiterung oder
- seine wesentliche Verbesserung. [3] [4]

Beispiel: Unternehmer Udo errichtet im Jahr 01 eine Lagerhalle. Im Jahr 02 erhöht er die Halle um ein weiteres Stockwerk. Im Jahr 03 baut er die Halle um in ein Hotel.
Lösung: Im Jahr 01 liegt eine Herstellung vor. Die Aufstockung im Jahr 02 ist eine Erweiterung. Der Umbau von einer Lagerhalle zu einem Hotel im Jahr 03 ist eine wesentliche Verbesserung.

Für die Abgrenzung der HK zum sofort abzugsfähigen Aufwand gilt: Wird Bestehendes erneuert, so liegen keine HK vor.

Beispiel: Unternehmer U lässt in seinem Bürohaus die alten Fenster durch neue Doppelglasfenster ersetzen. Außerdem wird erstmalig ein Personenaufzug eingebaut. Die Kosten der neuen Fenster sind sofort abzugsfähiger Aufwand. Der Einbau des Fahrstuhls führt dahingegen zu (nachträglichen) HK am Haus.

Umsatzsteuer
Die USt gehört bei zum VSt-Abzug berechtigten Unternehmern nicht zu den AK/HK, § 9b EStG.

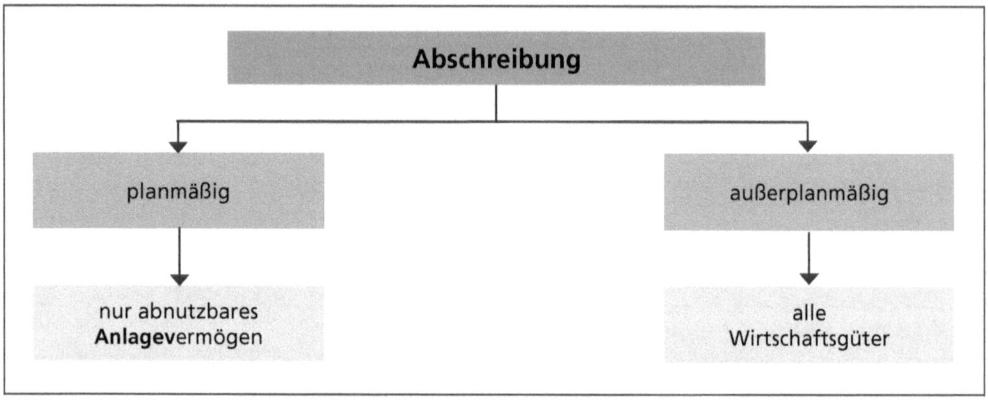

1 Planmäßige und außerplanmäßige Abschreibung (= AfA)

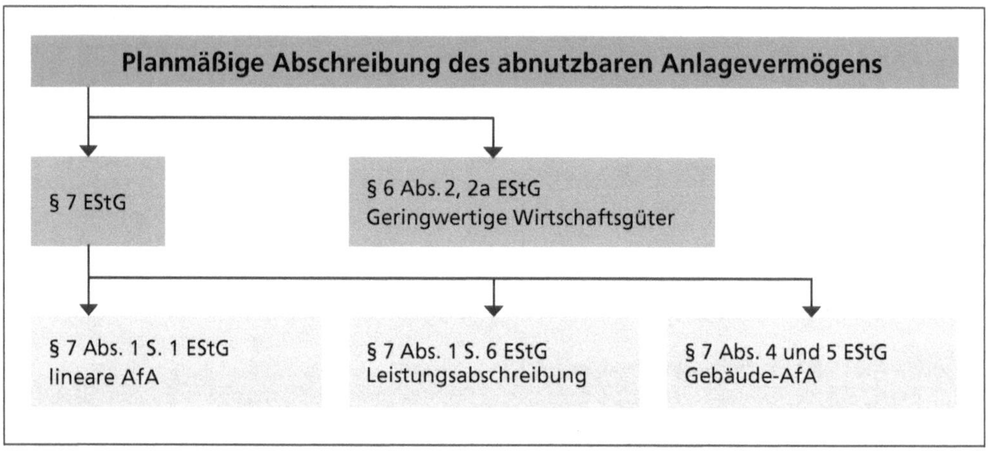

2 Planmäßige AfA des abnutzbaren Anlagevermögens

Nutzungsdauer gemäß AfA-Tabelle des Bundesfinanzministeriums

Pkw:	6 Jahre
PC:	1 Jahr
Faxgerät:	6 Jahre
Handy:	5 Jahre
Schreibtisch:	13 Jahre

3 Nutzungsdauer von ausgewählten Wirtschaftsgütern gem. AfA-Tabelle für die allgemein verwendbaren Anlagegüter, BMF vom 15.12.2000 und BMF vom 26.2.2021 zur Nutzung von Computer-Hard- und -Software.

Abschreibung/AfA

Im Laufe des Jahres kann sich der Wert eines Wirtschaftsguts mindern. Diese Wertminderung wird durch die Abschreibung erfasst. Das EStG spricht von Absetzung für Abnutzung (AfA). Beide Begriffe meinen das Gleiche.
Es ist zu unterscheiden zwischen der planmäßigen und der außerplanmäßigen Abschreibung. Bei der **planmäßigen Abschreibung** werden die AK/HK eines Wirtschaftsguts nach einer festen Methode über die Nutzungsdauer verteilt zu Aufwand. Nur abnutzbares Anlagevermögen wird planmäßig abgeschrieben. Nicht abnutzbares Anlagevermögen (z. B. Grundstücke, GmbH-Anteile, Wertpapiere, Forderungen) und Umlaufvermögen werden nicht planmäßig abgeschrieben. [1]

Beispiel: Unternehmer U kauft eine Maschine für 10.000 € mit einer Nutzungsdauer von zwei Jahren. Die Anschaffung ist erfolgsneutral (Aktivtausch). Die AK werden erst über die AfA zu Aufwand; hier i.H.v. jeweils 5.000 € in den beiden Nutzungsjahren.

Eine **außerplanmäßige Abschreibung** erfolgt dahingegen bei unvorhergesehenen Wertminderungen. Diese Abschreibung ist bei allen Wirtschaftsgütern möglich. Im Steuerrecht gibt es zwei Formen der außerplanmäßigen Abschreibung, die Teilwertabschreibung (§ 6 Abs. 1 Nr. 1 und 2 EStG) und die Absetzung für außergewöhnliche technische oder wirtschaftliche Abnutzung (AfaA, § 7 Abs. 1 S. 7 EStG).

Beispiel: Unternehmer U kauft eine Maschine für 3.000 € mit einer Nutzungsdauer von drei Jahren. Anfang des zweiten Jahres geht die Maschine kaputt. Abschreibung?
Lösung: Im ersten Jahr wird die Maschine planmäßig mit 1.000 € (= 3.000 €/3 Jahre) abgeschrieben. Im zweiten Jahr muss auch eine außerplanmäßige Abschreibung i.H.v. 2.000 € erfolgen.

Abschreibungsmethoden

Für abnutzbare Wirtschaftsgüter des Anlagevermögens gibt es folgende planmäßige steuerliche Abschreibungsmethoden: [2]

§ 7 Abs. 1 S. 1 EStG: Für alle Wirtschaftsgüter außer Gebäuden gilt die lineare AfA. Die AK/HK werden gleichmäßig auf die Nutzungsdauer verteilt. Dabei ist eine monatsgenaue Berechnung vorzunehmen (§ 7 Abs. 1 S. 4 EStG). Die Nutzungsdauer ist zu schätzen. In der Praxis wird sie anhand der AfA-Tabellen des BMF bestimmt. [3]

Beispiel: Unternehmer U kauft am 01.01.01 eine Maschine für 10.000 € zuzüglich 19 % USt. U ist zum Vorsteuerabzug berechtigt. Die Nutzungsdauer beträgt 2 Jahre. Die jährliche AfA beträgt 5.000 €. Die USt gehört nicht zur Bemessungsgrundlage, da U sie vom Finanzamt erstattet bekommt (§ 9b EStG).
Beispiel: Unternehmer U kauft am 05.07.01 eine Maschine für 10.000 € mit einer Nutzungsdauer von fünf Jahren. Er kann die Maschine in 01 mit 6/12 x 1/5 x 10.000 € = 1.000 € abschreiben. In 02 beträgt die AfA 1/5 x 10.000 = 2.000€ (§ 7 Abs. 1 S. 1 und 4 EStG).

§ 7 Abs. 1 S. 6 EStG: Bewegliche Wirtschaftsgüter können statt linear auch nach Maßgabe der Leistung abgeschrieben werden, z.B. Maschinenlaufstunden.
Gebäude sind nach **§ 7 Abs. 4 und 5 EStG** abzuschreiben (s. § 21 EStG).

§ 6 Abs. 2 EStG: Selbstständig nutzungsfähige, abnutzbare bewegliche Wirtschaftgüter des Anlagevermögens deren AK/HK nicht mehr als 800 € (ohne USt, 952 € brutto) betragen, können sofort abgeschrieben werden. Diese Regel dient der Vereinfachung.

Beispiel: Unternehmer U kauft am 31.12.10 eine Maschine für 800 € zuzüglich USt. Die Maschine wird noch im Jahr 10 vollständig abgeschrieben.

§ 6 Abs. 2a EStG: Selbstständig nutzungsfähige, abnutzbare bewegliche Wirtschaftgüter des Anlagevermögens, deren AK/HK mehr als 250€ und bis zu 1.000 € betragen (jeweils ohne USt), können in einem Sammelposten zusammengefasst und über fünf Jahre linear mit 20 % unabhängig vom Tag der Anschaffung abgeschrieben werden (Pool-Abschreibung).

Beispiel: Unternehmerin Ute kauft am 10.10.10 eine Maschine für 950 € und am 05.05.11 eine weitere Maschine für 850 €. AfA?
Lösung: Im Jahr 10 beträgt die AfA 190 € = 950€/5. Im Jahr 11 beträgt die AfA 360 € = 190€ + 170€. Alternativ können die abnutzbaren Wirtschaftsgüter gemäß § 7 Abs. 1 S. 1 EStG linear gemäß den AfA-Tabellen des BMF abgeschrieben werden.

Immaterielle WG können nur linear abgeschrieben werden, § 7 Abs. 1 S. 1 EStG (s. S. 86 f.).

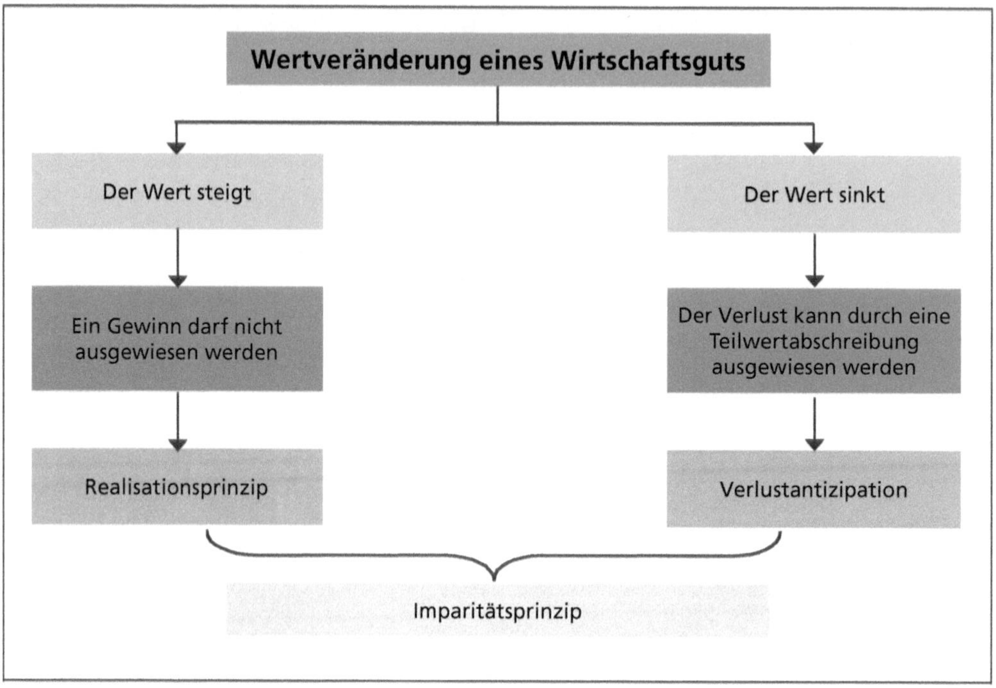

1 Imparitätsprinzip und Teilwertabschreibung

Teilwert, § 6 Abs. 1 Nr. 1 S. 3 EStG

Teilwert ist der Betrag, den
- ein gedachter Erwerber des ganzen Betriebs
- im Rahmen des Gesamtkaufpreises
- für das einzelne Wirtschaftsgut ansetzen würde;
- dabei ist davon auszugehen, dass der Erwerber den Betrieb fortführt.

2 Teilwertdefinition

Teilwertvermutung

Der Teilwert entspricht den (fortgeführten) AK/HK.

Entkräftung der Teilwertvermutung
- Wertminderung durch Mängel oder Schäden
- Fehlmaßnahmen
- gesunkene Wiederbeschaffungskosten

3 Teilwertvermutung

Teilwertabschreibung

Das Problem

Grundsätzlich werden Wirtschaftsgüter in der Bilanz mit den AK/HK angesetzt. Bei abnutzbaren Wirtschaftsgütern erfolgt eine jährliche Minderung des Bilanzansatzes um die AfA: Abnutzbare Wirtschaftsgüter des Anlagevermögens sind mit den sog. »fortgeführten AK/HK«, also den abgeschriebenen AK/HK zu bilanzieren. Nun ändert sich aber häufig der aktuelle Wert eines Wirtschaftsguts gegenüber den fortgeführten AK/HK. Dann stellt sich die Frage, ob das Wirtschaftsgut mit dem aktuellen Wert oder den fortgeführten AK/HK angesetzt werden soll. Das EStG sieht folgende Lösung vor: Ist der aktuelle Wert höher als die fortgeführten AK/HK, so bleibt es bei den fortgeführten AK/HK. Ist der aktuelle Wert dahingegen voraussichtlich dauerhaft niedriger, so kann eine Teilwertabschreibung auf den niedrigeren aktuellen Wert erfolgen. Diese Lösung nennt man **Imparitätsprinzip**. Gewinne und Verluste werden »imparitätisch«, d. h. ungleich behandelt: [1]

- Der vorsichtige Kaufmann darf Wertsteigerungen (= Gewinne) nicht als Gewinn ausweisen. Der Gewinn soll erst entstehen, wenn das Wirtschaftsgut verkauft wird (Realisationsprinzip).
- Wertminderungen (= Verluste) können dahingegen berücksichtigt werden, auch wenn kein Verkauf erfolgt (Verlustantizipationsprinzip). Achtung: In der Handelsbilanz besteht eine Verpflichtung zur außerplanmäßigen Abschreibung.

Beispiel: Unternehmer U kauft ein Grundstück für 100.000 €. Nach dem Kauf stellt sich heraus, dass das Grundstück mit Chemikalien belastet ist. U kann das Grundstück nicht nutzen. Der Verkaufspreis beträgt jetzt nur noch 15.000 €. Es kann eine Teilwertabschreibung auf den niedrigeren aktuellen Wert von 15.000 € vorgenommen werden (Teilwertabschreibung an Grundstück 85.000 €).
Beispiel: Unternehmer U kauft ein Grundstück für 100.000 €. Nach dem Kauf stellt sich heraus, dass auf dem Grundstück eine Heilquelle ist. Der Wert steigt auf 500.000 €. Das Grundstück ist weiter mit den AK anzusetzen. Eine Zuschreibung auf den höheren aktuellen Wert unterbleibt. U muss erst dann einen Gewinn versteuern, wenn er das Grundstück verkauft.

Teilwertdefinition

Der Teilwert ist der **unternehmensbezogene aktuelle Wert**. Das Gesetz formuliert wie folgt: »**Teilwert** ist der Betrag, den ein Erwerber eines ganzen Betriebs i.R.d. Gesamtkaufpreises für das einzelne Wirtschaftsgut ansetzen würde; dabei ist davon auszugehen, dass der Erwerber den Betrieb fortführt«, § 6 Abs. 1 Nr. 1 S. 3 EStG. [2]

Beispiel: Unternehmer U kauft für sein Textilunternehmen eine Strickmaschine (Spezialmaschine) für 1 Mio. €. Wollte U diese Maschine verkaufen, so würde er nur den Schrottwert erzielen, da es sich um eine Spezialmaschine handelt. Der Einzelverkaufspreis (= gemeiner Wert, § 9 BewG) entspricht dem Schrottwert. Für das Unternehmen ist die Maschine aber 1 Mio. € (vermindert um die AfA) wert. Da der Gesetzgeber auf den unternehmensbezogenen Wert (= Teilwert) abgestellt hat, ist eine Teilwertabschreibung nicht möglich.
Beispiel: Unternehmer U kauft Waren für 10 € je Stück, die er für 20 € je Stück verkaufen kann. Nun sinkt der Einkaufspreis auf 7 €, während der Verkaufspreis konstant bleibt.
Eine Teilwertabschreibung auf 7 € ist möglich, da Erwerber des Betriebs für die Waren max. 7 € zahlen würde (= Marktpreis).

Teilwertvermutung

In der Praxis ist es häufig schwierig, den Teilwert zu bestimmen. Daher unterstellt die Finanzverwaltung, dass der Teilwert grundsätzlich den (fortgeführten) AK/HK entspricht. Der Steuerpflichtige kann jedoch nachweisen, dass der Teilwert dauerhaft gesunken ist. Gründe, die eine Teilwertabschreibung möglich machen sind: [3]

Beispiel: Unternehmer U kauft eine Maschine für 100.000 €. Unmittelbar nach Kauf wird die Maschine beschädigt. Ihr aktueller Wert beträgt nun 30.000 €. Hier kann U die Teilwertvermutung widerlegen. Es kann eine Teilwertabschreibung auf 30.000 € erfolgen.

Als zweite außerplanmäßige Abschreibung kennt das Steuerrecht die Absetzung für **außergewöhnliche technische oder wirtschaftliche Abnutzung** (AfaA, § 7 Abs. 1 S. 7 EStG). Diese gibt es nur für abnutzbare Wirtschaftsgüter des Anlagevermögens. Gründe für diese AfaA können insbesondere äußere Einwirkungen durch höhere Gewalt (z.B. Brand, Überschwemmung, Sturm) oder innerbetriebliche Gründe, wie etwa die Nutzung einer Maschine in mehreren Schichten, sein. Entfällt in späteren Jahren der Grund für eine AfaA, ist eine Zuschreibung vorzunehmen. Im Gegensatz zur Teilwertabschreibung ist die AfaA auch bei Überschusseinkunftsarten möglich.

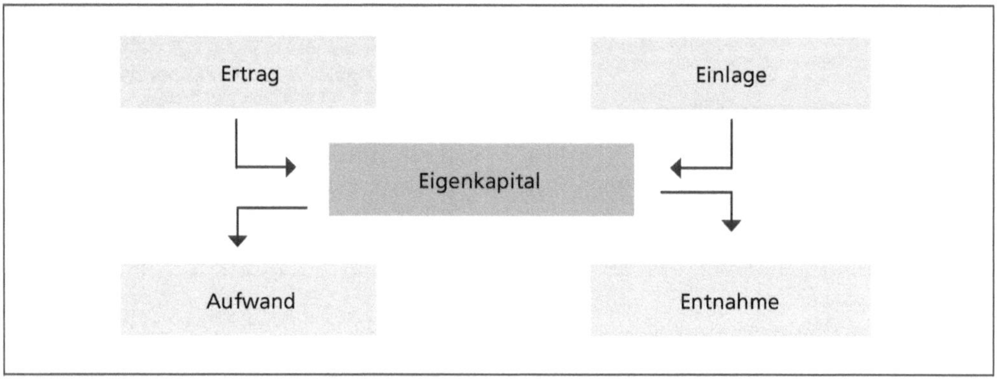

1 Vier Ursachen der Eigenkapitaländerung

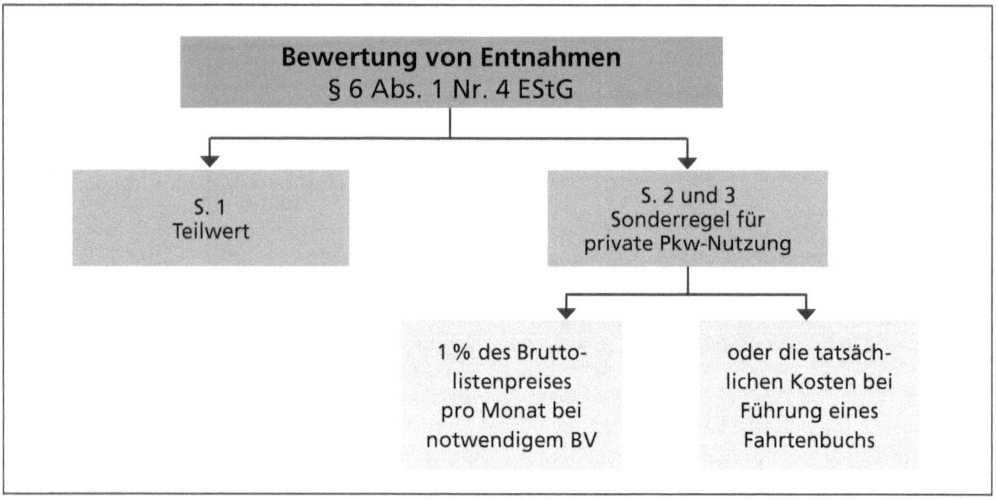

2 Bewertung von Entnahmen

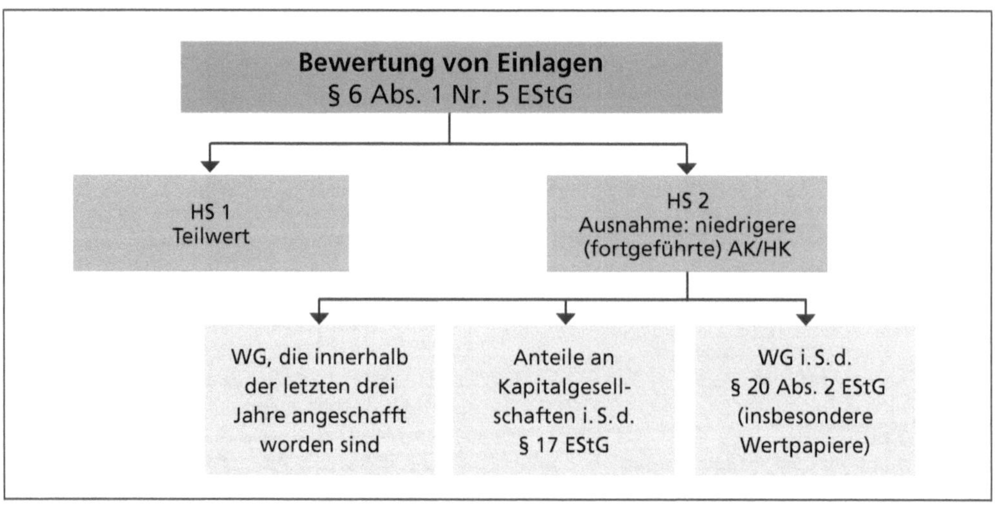

3 Bewertung von Einlagen

Entnahmen und Einlagen

Begriff

Entnahmen sind privat veranlasste Eigenkapitalminderungen; Einlagen sind spiegelbildlich privat veranlasste Eigenkapitalmehrungen. Man unterscheidet (Beispiele):

- **Barentnahme:** Der Unternehmer bezahlt eine private Rechnung vom Betriebskonto.
- **Sachentnahme:** Der Unternehmer schenkt den Firmenwagen seiner Tochter.
- **Nutzungsentnahme:** Der Unternehmer fährt mit dem Betriebs-Pkw privat.
- **Leistungsentnahme:** Der Unternehmer lässt seinen Privatgarten vom Betriebsgärtner pflegen.

Gewinn wird definiert als betrieblich veranlasste Eigenkapitalmehrung. Das Eigenkapital kann sich aber nicht nur aus betrieblichen Gründen, sondern auch aus privaten Gründen (= Einlagen) vermehren. Für Verluste gilt dies entsprechend. Folglich müssen, wenn man den Gewinn durch Eigenkapitalveränderung ermitteln will, privat veranlasste Vermögensänderungen (= Entnahmen/Einlagen) bei der Gewinnermittlung wieder korrigiert werden, § 4 Abs. 1 S. 1 EStG. [1]

Bewertung von Entnahmen

Entnahmen sind mit dem Teilwert zu bewerten, § 6 Abs. 1 Nr. 4 EStG. [2]

Beispiel: Unternehmer U schenkt den auf 0 € abgeschriebenen Betriebs-Pkw seiner Tochter. U hätte das Auto für 10.000 € verkaufen können.
Lösung: Die Entnahme ist mit dem Teilwert, also 10.000 € zu bewerten. Buchungssatz: Privat an Ertrag 10.000 €.

Für die private Nutzung eines Betriebs-Pkw gilt eine Sonderregel: Die Entnahme ist mit 1 % des Bruttolistenpreises zuzüglich Sonderausstattung zu bewerten. Sofern ein Fahrtenbuch geführt wird und alle Belege aufgehoben werden, können wahlweise auch die tatsächlichen Kosten angesetzt werden, § 6 Abs. 1 Nr. 4 S. 2 und 3 EStG.

Beispiel: Unternehmer U hat im Jahr 15.000 € Autokosten. Davon sind 5.000 € privat veranlasst. Der Bruttolistenpreis beträgt 50.000 €. Bewertung der Entnahme?
Lösung: Entnahme nach der 1 %-Regel: 12 Monate x 1% x 50.000 € = 6.000 €. Entnahme nach der Fahrtenbuchmethode: 5.000 €. Die Fahrtenbuchmethode ist in diesem Fall günstiger.

Bewertung von Einlagen

Einlagen sind mit dem

- **Teilwert** zu bewerten, § 6 Abs. 1 Nr. 5 EStG,
- höchstens jedoch mit den **fortgeführten AK**, wenn das zugeführte Wirtschaftsgut (a) innerhalb der letzten drei Jahre angeschafft worden ist oder (b) wenn es sich um einen Anteil an einer Kapitalgesellschaft i.S.d. § 17 EStG handelt oder (c) wenn es sich um WG i.S.d. § 20 Abs. 2 EStG handelt. [3]

Beispiel 1: Unternehmer U kaufte vor 20 Jahren ein Grundstück zu 100.000 € für private Zwecke. Der heutige (Teil-)Wert beträgt 250.000 €. Nunmehr nutzt er das Grundstück als betriebliches Lagergrundstück. Die Einlage ist mit dem Teilwert von 250.000 € zu bewerten.

Beispiel 2: Unternehmer U kauft eine Maschine zur privaten Nutzung für 3.000 €. Die Nutzungsdauer beträgt 3 Jahre. Nach einem Jahr legt er die Maschine in seinen Gewerbebetrieb ein. Die Maschine ist mit den fortgeführten AK einzulegen, also mit 2.000 € = 3.000 € ./. 1.000 € (AfA).

Beispiel 3: U kauft privat eine Aktie für 100 €. Nach 9 Monaten ist die Aktie auf 200 € gestiegen. U verkauft die Aktie daher. U erzielt Einkünfte i.H.v. 100 €, § 20 Abs. 2 Nr. 1 EStG.

Abwandlung: U legt die Aktie zunächst in sein Betriebsvermögen und verkauft sie dann für 200 €. U muss die Aktie mit den AK von 100 € einlegen. Daher erzielt er einen Gewinn aus § 15 EStG i.H.v. 200 € ./. 100 € (Einlagewert) = 100 €. Könnte U die Aktien zum Verkehrswert von 200 € einlegen, so würde der Veräußerungsgewinn 0 € betragen. Die Bewertung der Einlage zu den AK verhindert somit eine Umgehung des § 20 Abs. 2 EStG.

Beispiel 4: U kauft im Privatvermögen 10% an einer GmbH für 100.000 €. Nach zehn Jahren verkauft er den Anteil für 200.000 €. Der Gewinn i.H.v. 100.000 € ist nach § 17 EStG zu versteuern.

Abwandlung: U legt den GmbH-Anteil unmittelbar vor Verkauf in sein Betriebsvermögen. Die Einlage erfolgt nicht zum Teilwert, sondern zu AK. Folglich beträgt der Veräußerungsgewinn 200.000 € ./. 100.000 € (Einlagewert) = 100.000 €. § 6 Abs. 1 Nr. 5b EStG verhindert, dass § 17 EStG durch Einlage in ein Betriebsvermögen umgangen werden kann.

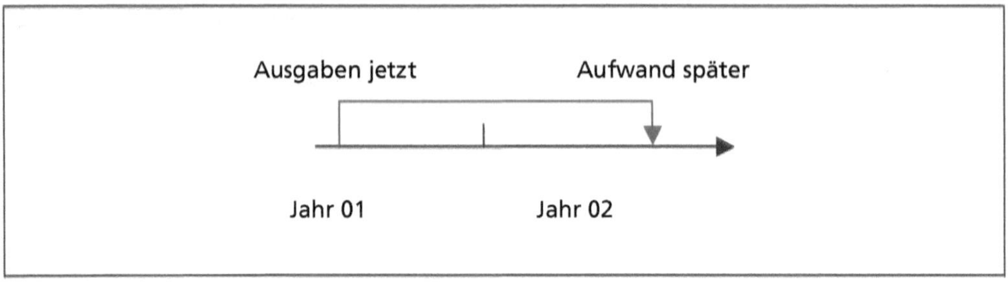

[1] Aktiver Rechnungsabgrenzungsposten

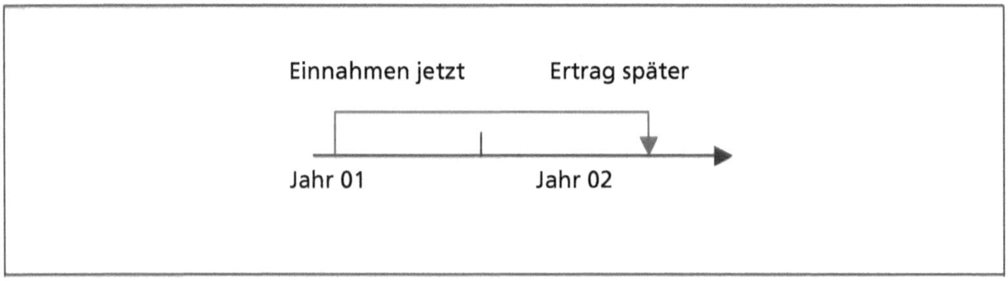

[2] Passiver Rechnungsabgrenzungsposten

Tatbestandsmerkmale nach § 5 Abs. 5 EStG, § 250 HGB

Ein ARAP ist auszuweisen für
- Ausgaben vor dem Bilanzstichtag,
- soweit sie für eine bestimmte Zeit nach diesem Tag
- Aufwand darstellen.

Ein PRAP ist auszuweisen für
- Einnahmen vor dem Bilanzstichtag,
- soweit sie für eine bestimmte Zeit nach diesem Tag
- Ertrag darstellen.

[3] Definition des Rechnungsabgrenzungspostens

Beispiele für Rechnungsabgrenzungsposten

Vorausgezahlte/vorausvereinnahmte
- Zinsen
- Versicherungsbeiträge
- Miete
- Löhne
- Kfz-Steuern

[4] Beispiele

Rechnungsabgrenzungsposten

Rechnungsabgrenzungsposten (RAP) sind Bilanzposten zur periodengerechten Gewinnabgrenzung (Achtung: keine RAP bei Einnahmenüberschussrechnung nach § 4 Abs. 3 EStG).

Aktive Rechnungsabgrenzungsposten

Auf der Aktivseite der Bilanz werden aktive Rechnungsabgrenzungsposten (ARAP) gebildet für Ausgaben, die erst in späteren Jahren Aufwand werden (Ausgabe jetzt - Aufwand später). Das englische Wort bringt dies deutlich zum Ausdruck: ARAP heißt auf Englisch »prepaid expense«, also vorausgezahlter Aufwand. Bilanziell kann ein ARAP als gespeicherter Aufwand verstanden werden. Er ist somit vergleichbar mit einem Wirtschaftsgut. Auch bei einem Wirtschaftsgut werden die AK zunächst durch Bildung eines aktiven Bilanzpostens neutralisiert und werden erst in späteren Jahren durch die AfA zu Aufwand. [1]

Die gesetzliche Definition des RAP findet sich in § 5 Abs. 5 EStG und § 250 HGB. Danach werden ARAP gebildet für

- Ausgaben vor dem Bilanzstichtag,
- soweit sie für eine bestimmte Zeit
- Aufwand nach diesem Tag darstellen.

Passive Rechnungsabgrenzungsposten

Auf der Passivseite werden passive Rechnungsabgrenzungsposten (PRAP) gebildet für Einnahmen, die erst in späteren Jahren zu Ertrag werden (Einnahme jetzt - Ertrag später). Bilanziell kann ein PRAP als gespeicherter Ertrag verstanden werden. Das englische Wort für PRAP lautet »unearned revenue«, also zugeflossener, aber noch nicht verdienter Erlös. [2]

Passive Rechnungsabgrenzungsposten werden nach § 5 Abs. 5 EStG gebildet für

- Einnahmen vor dem Bilanzstichtag,
- soweit sie für eine bestimmte Zeit
- Ertrag nach diesem Tag darstellen. [3]

Beispiel – Vorausgezahlte Zinsen:
Unternehmer Anton nimmt im Jahr 01 ein Darlehen auf. Er zahlt noch im Jahr 01 die Zinsen für das Folgejahr 02 i.H.v. 100 €.
Lösung: Anton hat Zinsausgaben im Jahr 01. Da es aber Zinsen für das Jahr 02 sind, gehören sie wirtschaftlich in das Jahr 02. Anton bucht daher im Jahr 01 keinen Aufwand, sondern: ARAP an Bank 100 €. Im Folgejahr zahlt Anton keine Zinsen. Wirtschaftlich betrachtet hat er dennoch einen Zinsaufwand. Er bucht daher im Jahr 02: Zinsaufwand an ARAP 100 €.

Beispiel – Vorauserhaltene Zinsen:
Fall wie zuvor. Die Bank hat in diesem Fall einen passiven RAP zu bilden.

Jahr 01: Bank an PRAP	100 €
Jahr 02: PRAP an Ertrag	100 €

Beispiel – Vorausgezahlte Versicherungsbeiträge:
Unternehmer Udo zahlt die KfZ-Versicherung seines Betriebs-Pkw i.H.v. 1.200 € für den Zeitraum von 01.09.01–31.08.02 am 30.09.01.
Lösung: I.H.v. 4/12 liegt Aufwand im Jahr 01 vor. I.H.v. 8/12 liegt Aufwand im Jahr 02 vor.
Buchungen des Udo:

Jahr 01:	Aufwand 400 €		
	ARAP 800 €	an Bank	1.200 €
Jahr 02:	Aufwand 800 €	an ARAP	800 €

Buchungen der Versicherung:

Jahr 01:	Bank 1.200 €	an Ertrag	400 €
		PRAP	800 €
Jahr 02:	PRAP 800 €	an Ertrag	800 €

Beispiel – Vorausgezahlte Kfz-Steuern:
Unternehmerin Ute zahlt am 10.10.01 die KfZ-Steuer ihres Betriebs-Lkw für die Zeit vom 01.10.01–30.09.02 i.H.v. 400 €.
Lösung: Ute zahlt im Jahr 01 400 €, davon sind 100 € = 1/4 x 400 € bereits Aufwand im Jahr 01. Der Rest wird Aufwand im Jahr 02. Ute bucht:

Jahr 01:	Aufwand 100 €		
	ARAP 300 €	an Bank	400 €
Jahr 02:	Aufwand 300 €	an ARAP	300 €

Beispiel – Vorausgezahlte Miete: [4]
Unternehmer Udo mietet ein Büro. Er zahlt die Miete für 01 und 02 i.H.v. jeweils 12.000€ im Jahr 01.
Lösung: Zwar zahlt Udo bereits im Jahr 01 24.000 €. Davon sind aber nur 12.000 € Aufwand im Jahr 01. Der Rest wird Aufwand im Jahr 02.

Buchungen bei Udo:

Jahr 01:	Aufwand 12.000 €		
	ARAP 12.000 €	an Bank	24.000 €
Jahr 02:	Aufwand 12.000 €	an ARAP	12.000 €

Buchungen eines bilanzierenden Vermieters:

Jahr 01:	Bank 24.000 €	an Ertrag	12.000 €
		PRAP	12.000 €
Jahr 02:	PRAP 12.000 €	an Ertrag	12.000 €

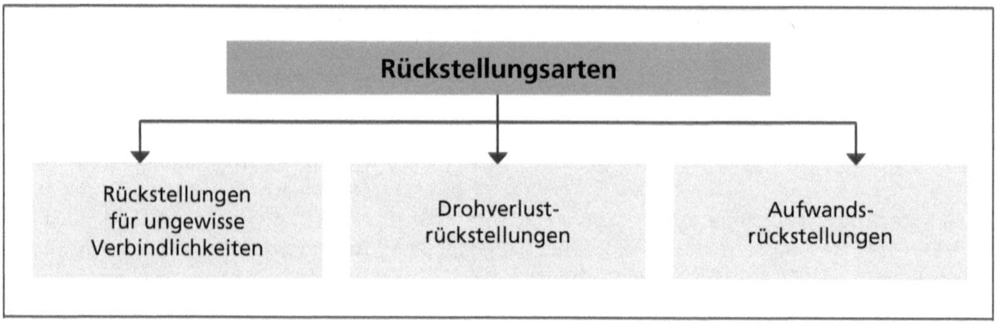

1 Rückstellungsarten

Verbindlichkeitsrückstellungen

- ungewisse Verbindlichkeit
- Verursachung vor dem Bilanzstichtag
- mit der Inanspruchnahme ist ernsthaft zu rechnen
- die zukünftigen Zahlungen werden keine AK/HK

➔ Ansatzpflicht in HB und StB (Maßgeblichkeit)
➔ Beispiele: Garantieleistungen, Sanierung, Altölbeseitigung

2 Verbindlichkeitsrückstellungen

Drohverlustrückstellungen

- Ansatzpflicht in der HB, § 249 Abs. 1 S. 1 HGB
- Ansatzverbot in der StB, § 5 Abs. 4a EStG

3 Drohverlustrückstellungen

Aufwandsrückstellungen

- Pflichtrückstellungen in HB und StB (Maßgeblichkeit)
  Rückstellung für unterlassene Instandhaltung, die in den Monaten 1–3 des Folgejahres nachgeholt werden sollen.

- Ansatzverbot in HB und StB
  Alle anderen Fälle, insbesondere Rückstellungen für unterlassene Instandhaltung, die ab dem 4. Monat des Folgejahres nachgeholt werden sollen.

4 Aufwandsrückstellungen

Rückstellungen

Rückstellungen (§ 249 HGB) sind Passivposten der Bilanz. Sie gehören zum Fremdkapital. Rückstellungen bewirken, dass Ausgaben späterer Jahre aufwandswirksamen vorweggenommen werden. Rückstellungen werden eingeteilt in:
- Rückstellungen für ungewisse Verbindlichkeiten,
- Drohverlustrückstellungen und
- Aufwandsrückstellungen. [1]

Rückstellungen für ungewisse Verbindlichkeiten

Sie sind zu bilden (R 5.7 Abs. 2 EStR):
- bei Vorliegen einer dem Grunde und/oder der Höhe nach ungewissen Verbindlichkeit, die
- vor dem Bilanzstichtag verursacht worden ist,
- mit deren Inanspruchnahme ernsthaft zu rechnen ist,
- wenn die zukünftigen Zahlungen keine AK/HK werden. [2]

Handelsrechtlich besteht eine Passivierungspflicht (§ 249 Abs. 1 S. 1 Alt. 1 HGB: »sind«). Das EStG enthält keine Regelung. Daher besteht auf Grund der Maßgeblichkeit auch für die StB eine Passivierungspflicht, § 5 Abs. 1 S. 1 EStG.

Beispiel: Unternehmer U wird im Jahr 01 auf Schadensersatz i.H.v. 100.000 € verklagt. U zahlt im Folgejahr. Der Aufwand wird durch Bildung einer Rückstellung bereits im Jahr 01 angesetzt (Buchung: Aufwand an Rückstellung). Die Zahlung im Jahr 02 ist dann erfolgsneutral (Buchung: Rückstellung an Bank).

Verbindlichkeitsrückstellungen in Form von Pensionsrückstellungen stellen in kleinen und mittelständischen Unternehmen oft den größten Einzelposten dar und machen insgesamt ca. 10 % der Bilanzsumme der deutschen Unternehmen aus. Sie können gemäß §6a EStG immer dann gebildet werden, wenn das Unternehmen seinen Arbeitnehmern eine betriebliche Altersversorgung aus eigenen Mitteln (Direktzusage) verspricht. Das steuerliche Wahlrecht wird aufgrund der Maßgeblichkeit – es besteht ein Passivierungsgebot nach HGB – zu einer Passivierungspflicht. Durch die Pensionsrückstellung können die Mittel zur Finanzierung dieser Altersversorgungszusage schon während des Arbeitslebens der Begünstigten (Anwartschaftsphase) steuerlich neutral angesammelt werden, da die Rückstellungen den Gewinn des Unternehmens entsprechend mindern. Die steuerliche Entlastungswirkung ist zeitlich befristet, denn die Rückstellungen sind bei Zahlung der Versorgungsleistung gewinnerhöhend aufzulösen. Die Versorgungsleistung selbst ist demgegenüber als Betriebsausgabe abzusetzen.

Drohverlustrückstellungen

In der HB sind Rückstellungen für drohende Verluste aus schwebenden Geschäften zu bilden, § 249 Abs. 1 S. 1 Alt. 2 HGB. Nach § 5 Abs. 4a EStG besteht in der StB ein Ansatzverbot. Das hat zur Folge, dass der Verlust sich steuerlich später auswirkt als in der HB. [3]

Beispiel: Händler H verkauft eine Ware für 100 €. Liefertermin ist der 01.02. des Folgejahres. H beabsichtigt die Ware erst im Folgejahr zu kaufen (sog. Leerverkauf). Der Einkaufspreis der Ware steigt zum Bilanzstichtag auf 110 €. In der HB ist der Verlust von 10 € durch eine Rückstellung bereits im abgelaufenen Jahr auszuweisen. In der StB darf diese Rückstellung nicht gebildet werden. Hier entsteht der Aufwand erst mit Kauf der Ware im Folgejahr, denn die Ware kann frühestens nach Kauf auf den niedrigeren Teilwert von 100 € abgeschrieben werden.

Aufwandsrückstellungen

Für unterlassene Instandhaltungen, die in den ersten drei Monaten des Folgejahres nachgeholt werden sollen, ist in der HB eine Rückstellung anzusetzen, § 249 Abs. 1 S. 2 Nr. 1 HGB. Da es keine steuerliche Regelung gibt, muss diese Rückstellung auch in der StB gebildet werden (Maßgeblichkeitsgrundsatz, § 5 Abs. 1 S. 1 EStG). [4]

Beispiel: Unternehmerin U verschiebt eine dringend nötige Dachreparatur eines Betriebsgebäudes auf Februar des Folgejahres. Für die Reparaturaufwendungen ist bereits im abgelaufenen Jahr eine Rückstellung in der HB und der StB zu bilden.

Ansatzverbot

Für alle anderen Fälle besteht in der HB ein Ansatzverbot, § 249 Abs. 2 HGB.

Bewertung

Rückstellungen sind i. H. d. nach vernünftiger kaufmännischer Beurteilung notwendigen Erfüllungsbetrages anzusetzen, § 253 Abs. 1 S. 2 HGB. Für die StB regelt § 6 Abs. 1 Nr. 3a EStG weitere Details.

Rücklage für Ersatzbeschaffung (R 6.6 EStH)

Zweck
Erleichterung der Ersatzbeschaffung bei Ausscheiden eines Wirtschaftsguts aufgrund höherer Gewalt.

Tatbestandsvoraussetzungen
- Stille Reserven werden aufgedeckt durch Entschädigungszahlung
- bei Ausscheiden eines Wirtschaftsguts
- aufgrund höherer Gewalt
- Erfassung des Wirtschaftsgutes in einem laufend zu führenden Verzeichnis.

Rechtsfolge
Wahlrecht:
- Sofortige Versteuerung der stillen Reserven,
- Übertragung der stillen Reserven auf ein funktionsgleiches Ersatzwirtschaftsgut oder
- Bildung einer steuerfreien Rücklage, wenn die Absicht besteht, ein funktionsgleiches Ersatzwirtschaftsgut zu erwerben. Die Rücklage muss auf ein im folgenden Wirtschaftsjahr (bei Immobilien im übernächsten Wirtschaftsjahr) angeschafftes Ersatzwirtschaftsgut übertragen werden. Die Frist verlängert sich auf vier Jahre, bei Neuerstellung eines Gebäudes auf sechs Jahre, wenn eine geplante Ersatzbeschaffung/Neuerstellung glaubhaft gemacht werden kann.

Sonderproblem Mehrentschädigung
Anteilige Übertragung der stillen Reserven, wenn die Entschädigung nur teilweise reinvestiert wird.

1 Überblick Rücklage für Ersatzbeschaffung

Die Rücklage für Ersatzbeschaffung nach R 6.6 EStR (RfE)

Scheidet ein Wirtschaftsgut ohne oder gegen den Willen des Unternehmers aus dem Betriebsvermögen aus und erhält der Unternehmer dafür einen Ersatzanspruch, so kann ein Gewinn entstehen, z.B., wenn eine Maschine durch Brand zerstört wird und die Zahlung der Versicherung höher ist als der Restbuchwert. Müsste der Unternehmer diesen Gewinn versteuern, so könnte er nicht die gesamte Versicherungssumme nutzen, um ein Ersatzwirtschaftsgut zu kaufen. Dies wäre unwirtschaftlich. Rechtsprechung und Verwaltung erlauben daher im Billigkeitswege, den Gewinn nicht zu versteuern. Dafür werden die AK des Ersatzwirtschaftsguts um den aufgedeckten Gewinn gemindert (Sonderabschreibung). Der Steuerpflichtige wird im Ergebnis so gestellt, als sei das ausgeschiedene Wirtschaftsgut noch im Betriebsvermögen. Erfolgt die Ersatzinvestition nicht im Jahr des Ausscheidens, so wird der Gewinn zunächst durch eine Rücklage neutralisiert. Die Rücklage wird dann bei Erwerb des Ersatzwirtschaftsgutes anschaffungskostenmindernd aufgelöst. Im Ergebnis tritt keine endgültige Steuerbefreiung, sondern nur eine Steuerstundung ein. Der Gewinn muss zunächst nicht versteuert werden. Die Versteuerung wird aber durch geminderte Abschreibungsbeträge sukzessive nachgeholt.
Das HGB kennt weder die RfE noch die 6b-Rücklage, daher besteht in der HB ein Passivierungsverbot.

Tatbestandsvoraussetzungen

- **Ausscheiden aufgrund höherer Gewalt** (z. B. Brand, Sturm, Diebstahl) oder infolge bzw. zur Vermeidung eines **behördlichen Eingriffs.**
- Durch eine **Entschädigungszahlung** für das ausgeschiedene Wirtschaftsgut entsteht ein **Gewinn** (aufgedeckte stille Reserven).

Rechtsfolgen

Der Unternehmer kann (Wahlrecht) die aufgedeckten stillen Reserven auf ein funktionsgleiches Wirtschaftsgut übertragen, das er im Wirtschaftsjahr des Ausscheidens anschafft oder herstellt. Das bedeutet, dass die AK/HK des Ersatzwirtschaftsguts i.H.d. aufgedeckten stillen Reserven zu mindern sind.

Beispiel: Unternehmer Udo verliert im Jahr 01 durch Brandschaden eine Maschine. Die Maschine war vollständig abgeschrieben. Udo erhält eine Versicherungsentschädigung i.H.v. 10.000 €. Udo kauft im gleichen Jahr eine funktionsgleiche Ersatzmaschine für 20.000 €.
Lösung: Die Versicherungszahlung führt zunächst zu einem Gewinn (Bank an Ertrag 10.000 €). Diesen Gewinn kann Udo auf die neue Maschine »übertragen« (Aufwand an Maschine 10.000 €).

Bildung einer steuerfreien Rücklage

Soweit am Schluss des Wirtschaftsjahres, in dem das Wirtschaftsgut ausgeschieden ist, kein Ersatzwirtschaftsgut angeschafft worden ist, kann der Unternehmer i.H.d. aufgedeckten Reserven eine steuerfreie Rücklage bilden. Voraussetzung ist, dass er die Absicht hat, ein funktionsgleiches Ersatzwirtschaftsgut anzuschaffen (R 6.6 Abs. 4 S. 1 EStR). Wird im Folgejahr ein Ersatzwirtschaftsgut erworben, so ist die Rücklage durch Übertragung auf das Ersatzwirtschaftsgut aufzulösen.

Beispiel: Wie zuvor, jedoch kauft Udo die Maschine erst im Folgejahr.
Lösung: Im Jahr 01 kann Udo eine gewinnmindernde Rücklage bilden (Aufwand an Rücklage 10.000€). Im Jahr 02 wird diese Rücklage auf die neue Maschine übertragen (Rücklage an Maschine 10.000 €).

Wird bis zum Ablauf der vier- bzw. sechsjährigen Frist kein Ersatzwirtschaftsgut angeschafft, so ist die Rücklage gewinnwirksam aufzulösen (Rücklage an Ertrag) bis Ablauf der Frist. 1

Beispiel: Wie zuvor, jedoch wird im Jahr 02 kein Ersatzwirtschaftsgut angeschafft.
Lösung: Udo muss im Jahr 06 die Rücklage gewinnerhöhend auflösen (Rücklage an Ertrag 10.000€).

Sonderproblem: Mehrentschädigung

Wird die Entschädigung nicht in vollem Umfang zur Beschaffung eines Ersatzwirtschaftsguts verwendet, so dürfen die stillen Reserven nur anteilig neutralisiert und übertragen werden.

Beispiel: Unternehmer Udo erhält für ein ausgeschiedenes Wirtschaftsgut mit einem Restbuchwert von 5.000 € eine Entschädigung von 10.000 €. Er schafft für 8.000 € ein Ersatzwirtschaftsgut an.
Lösung: Die stillen Reserven können nur i.H.v. 4.000 € = 5.000 € x 8.000 €/10.000 € übertragen werden. Udo muss daher einen Gewinn von 1.000 € versteuern.

Reinvestitionsrücklage, § 6b EStG

Zweck
Betriebliche Umstrukturierungen sollen durch Verzicht auf eine sofortige Besteuerung stiller Reserven erleichtert werden. Die stillen Reserven bleiben jedoch steuerverstrickt, so dass es nicht zu einer endgültigen Steuerbefreiung, sondern nur zu einer Steuerstundung kommt.

Tatbestandsvoraussetzungen
- Veräußerung von
  - Grundstücken,
  - Gebäuden,
  - Binnenschiffen oder
  - Anteilen an Kapitalgesellschaften bei der Veräußerung durch natürliche Personen.
- Sechsjährige Mindestzugehörigkeit zu einem Betriebsvermögen.
- Das Wirtschaftsgut ist in ein laufendes Verzeichnis aufgenommen worden.

Rechtsfolge:
- Wahlrecht
  - Sofortversteuerung der stillen Reserven oder
  - Übertragung der stillen Reserven im Jahr der Aufdeckung oder
  - Rücklagenbildung und Übertragung in den vier bzw. sechs Folgejahren.
- Zwangsauflösung der § 6b-Rücklage und außerbilanzielle Gewinnerhöhung um 6 % pro Jahr (»Verzinsung«), wenn nicht innerhalb von vier bzw. sechs Jahren ein Ersatzwirtschaftsgut angeschafft wird.

1 Übersicht zu § 6b EStG

Übertragung auf / von	Grund und Boden	Gebäude	Kapitalgesellschaftsanteile	Bewegliche Wirtschaftsgüter	Landwirtschaftlicher Aufwuchs
Grund und Boden	Ja	Ja	–	–	
Landwirtschaftlicher Aufwuchs	–	Ja	–	–	Ja
Gebäude	–	Ja	–	–	
Kapitalgesellschaftsanteile bis 500.000 €	–	Ja	Ja	Ja	

2 Ausgewählte Übertragungsmöglichkeiten bei § 6b EStG

Reinvestitionsrücklage, § 6b EStG

§ 6b EStG sieht vor, dass in bestimmten Fällen die bei der Veräußerung eines Wirtschaftsguts aufgedeckten stillen Reserven auf andere Wirtschaftsgüter übertragen werden können. Dadurch soll die sofortige Versteuerung stiller Reserven vermieden werden (nicht in der HB).

Beispiel: Ein Unternehmen möchte ein Betriebsgrundstück verkaufen, um ein größeres Grundstück zu erwerben. Müsste der Veräußerungsgewinn versteuert werden, so könnte nicht der gesamte Veräußerungserlös reinvestiert werden. Das wäre ökonomisch unsinnig. Daher ermöglicht § 6b EStG, wie die RfE, die aufgedeckten stillen Reserven auf ein neues Wirtschaftsgut zu übertragen.

Begünstigt ist die Übertragung der stillen Reserven von:

- Grund und Boden auf neu angeschafften Grund und Boden sowie auf Gebäude bzw. auf die Erweiterung von Gebäuden,
- Gebäuden nur auf neu angeschaffte Gebäude,
- Binnenschiffen auf neu angeschaffte Binnenschiffe,
- landwirtschaftlichem Aufwuchs,
- Anteilen an Kapitalgesellschaften (bis 500.000 €) auf neu angeschaffte Kapitalgesellschaftsanteile, bewegliche Wirtschaftsgüter und Gebäude, sofern der Veräußerer eine natürliche Person ist, § 6b Abs. 10 EStG. [2]

Weitere Voraussetzung ist, dass die veräußerten Wirtschaftsgüter seit mind. sechs Jahren Betriebsvermögen gewesen sind (sog. Verbleibensvoraussetzung), § 6b Abs. 4 Nr. 2 EStG.

Der Unternehmer hat die Wahl,

- die Rücklage nicht zu bilden und die aufgedeckten stillen Reserven sofort zu versteuern,
- die aufgedeckten stillen Reserven im gleichen Wirtschaftsjahr auf ein Ersatzwirtschaftsgut zu übertragen oder
- die aufgedeckten stillen Reserven durch eine Rücklage zu neutralisieren und in den folgenden vier Wirtschaftsjahren (bei Herstellung von Gebäuden in sechs Jahren) auf ein Ersatzwirtschaftsgut zu übertragen.

Die in einer Rücklage neutralisierten stillen Reserven müssen innerhalb von vier Jahren auf ein Ersatzwirtschaftsgut übertragen werden, § 6b Abs. 3 S. 2 EStG. Ist das Ersatzwirtschaftsgut ein neu zu bauendes Haus, so verlängert sich die Frist auf sechs Jahre. [1]

Beispiel: Unternehmerin Ute verkauft für 100.000 € ein unbebautes Grundstück, welches einen Buchwert von 20.000 € hat. Sie kauft noch im gleichen Wirtschaftsjahr ein neues Grundstück für 150.000 €.

Buchung bei Verkauf:

Bank 100.000 €	an Grundstück	20.000 €
	Ertrag	80.000 €

Buchung bei Erwerb des neuen Grundstücks:

Grundstück 150.000 €	an Bank	150.000 €
Aufwand 80.000 €	an Grundstück	80.000 €

Abwandlung: Wie Fall zuvor, jedoch kauft Ute das neue Grundstück im Jahr 02.

Buchung im Jahr 01:

Bank 100.000 €	an Grundstück	20.000 €
	§ 6b-Rücklage	80.000 €

Buchung im Jahr 02:

Grundstück 150.000 €	an Bank	150.000 €
§ 6b-Rückl. 80.000 €	an Grundstück	80.000 €

Durch die Bildung der Rücklage im Jahr 01 sind die beiden Fälle im Ergebnis gleich. Der Gewinn wird nicht versteuert. Dafür werden die AK des Ersatzwirtschaftsguts gemindert. Die stillen Reserven werden somit vom alten auf das neue Grundstück verschoben. Die Versteuerung wird bis zum einem Verkauf oder einer Entnahme des neuen Grundstücks gestundet.

Zwangsauflösung und Verzinsung

Wird nicht innerhalb von vier Jahren ein Ersatzwirtschaftsgut erworben, so muss die Rücklage gewinnerhöhend aufgelöst werden. Im Ergebnis hat der Unternehmer eine Steuerstundung von vier Jahren erhalten. Dafür muss er nun eine außerbilanzielle Gewinnerhöhung von 6% der Rücklage pro Jahr vornehmen, § 6b Abs. 7 EStG.

Beispiel: Unternehmerin Ute verkauft im Jahr 01 ein Grundstück und erzielt dabei einen Gewinn von 100.000 €. Sie bildet eine § 6b-Rücklage (Aufwand an Rücklage 100.000 €). Da sie kein Ersatzwirtschaftsgut erwirbt bzw. herstellt, muss sie die Rücklage spätestens im Jahr 07 auflösen (Rücklage an Ertrag 100.000 €). Löst sie die Rücklage im Jahr 07 auf, dann ist der Gewinn 07 um 36.000 € = 6 Jahre x 6% x 100.000 € außerbilanziell zu erhöhen.

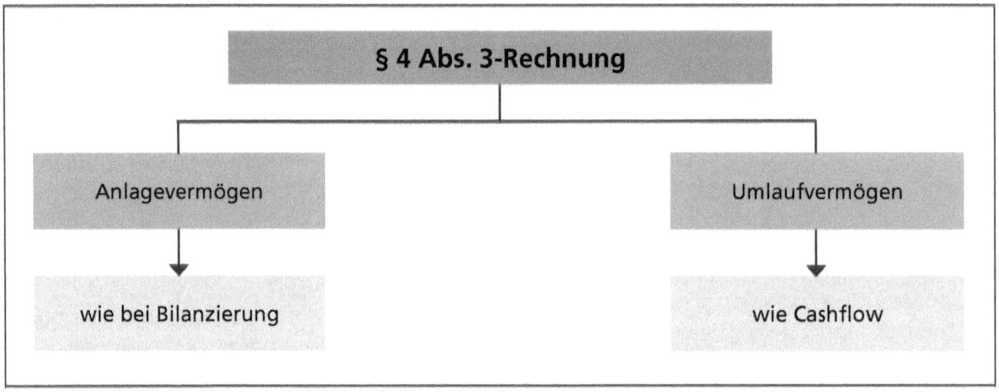

1 § 4 Abs. 3 EStG als Kombination von Bilanzierung und Cashflow

Unterschiede und Gemeinsamkeiten von § 4 Abs. 3 EStG, Bilanzierung und Cashflow

§ 4 Abs. 3 EStG entspricht in folgenden Bereichen der Cashflow-Rechnung

- Kauf und Verkauf von Umlaufvermögen, insbesondere von Waren
- Dienstleistungsgeschäfte (z. B. Honorarerlöse, Mieten)
- keine Rückstellungen
- keine Rechnungsabgrenzungsposten

§ 4 Abs. 3 EStG entspricht in folgenden Bereichen der Bilanzierung

- Erwerb und Herstellung von Anlagevermögen
  - abnutzbar: Die Regeln über die AfA gelten, § 4 Abs. 1 S. 3 EStG.
  - nicht abnutzbar: AK/HK werden mit Verkauf/Entnahme zu Betriebsausgaben, § 4 Abs. 3 S. 4 EStG
- Darlehensaufnahme ist keine Betriebseinnahme

2 Unterschiede und Gemeinsamkeiten von § 4 Abs. 3 EStG, Bilanzierung und Cashflow

Wer darf seinen Gewinn nach § 4 Abs. 3 EStG ermitteln?

negativ:

- §§ 13, 15, 18 und
- keine gesetzliche Buchführungspflicht (§§ 238, 241a HGB, § 141 AO) und
- keine freiwilligen Bücher

positiv:

- Selbstständige (insbesondere Freiberufler) gem. § 18 (größenunabhängig) und
- Gewerbetreibende (§ 15 EStG) sowie Land- und Forstwirte (§ 13 EStG)
  - sofern die Größen des § 141 AO nicht überschritten
    - Umsatz nicht über 600.000 € und
    - Gewinn nicht über 60.000 €
  - oder noch nicht vom FA zur Buchführung aufgefordert

3 Subjektiver Anwendungsbereich von § 4 Abs. 3 EStG

Gewinnermittlung nach § 4 Abs. 3 EStG

Die doppelte Buchführung ist bei geringen Umsätzen zu aufwendig. § 4 Abs. 3 EStG sieht daher eine vereinfachte Gewinnermittlung vor (sog. Einnahmen-Überschuss-Rechnung). § 4 Abs. 3 EStG ist eine Kombination aus Bilanzierung und einer Cashflow-Rechnung: Grundsätzlich wird der Gewinn als Cashflow ermittelt (Kassenrechnung). Nur für das Anlagevermögen gelten die aufwendigeren Regeln der Bilanzierung. [1]

Unterschiede zwischen § 4 Abs. 3 EStG und Bilanzierung

Gewinn nach § 4 Abs. 3 EStG ist grundsätzlich der Überschuss der Betriebseinnahmen über die Betriebsausgaben, § 4 Abs. 3 S. 1 EStG. Betriebseinnahmen und -ausgaben sind Geldzu- und -abflüsse. Es gilt § 11 EStG. Das folgt aus dem Umkehrschluss aus § 11 Abs. 1 S. 5, Abs. 2 S. 6 EStG. Das bedeutet, dass es bei der § 4 Abs. 3-Rechnung folgende Bilanzposten nicht gibt: [2]

- Forderungen und Verbindlichkeiten aus Lieferung und Leistung,
- Vorräte, Roh,- Betriebs- und Hilfsstoffe,
- Rechnungsabgrenzungsposten,
- Rückstellungen.

Beispiel: Rechtsanwalt R schickt seinem Mandanten im Dezember 01 eine Rechnung für eine Beratung. Der Mandant zahlt erst im Januar 02.
Lösung: Der Gewinn entsteht erst mit Geldzufluss in 02. Anders wäre der Fall zu lösen, wenn R ausnahmsweise freiwillig bilanziert: Dann müsste der Gewinn bereits in 01 mit Entstehung der Honorarforderung versteuert werden (Buchung: Forderung aus Beratungsleistung an Ertrag).

Beispiel: Tina betreibt einen Tabakladen. Sie ermittelt ihren Gewinn nach § 4 Abs. 3 EStG. Sie kauft und bezahlt im Dezember 01 Tabak für 1.000 €. Der Tabak wird in 02 für 2.000 € verkauft.
Lösung: Die Zahlung des Einkaufspreises ist eine Betriebsausgabe in 01. Der Erhalt der Verkaufspreise ist eine Betriebseinnahme in 02. Würde T bilanzieren, so wäre der Einkauf im Jahr 01 ein erfolgsneutraler Anschaffungsvorgang (Aktivtausch, Buchung: Ware an Bank). Die AK müssten erst bei Verkauf im Jahr 02 als Betriebsausgaben (Wareneinsatz) angesetzt werden (Buchungen: Kasse an Erlöse 2.000 € und Warenaufwand an Ware 1.000 €).

Beispiel: Steuerberater S wird in 01 auf Schadensersatz i.H.v. 10.000 € verklagt. In 02 zahlt S den Schadensersatz.
Lösung: Da in 01 noch keine Geldzahlung erfolgt, ist keine Betriebsausgabe anzusetzen. Erst mit Zahlung in 02 liegt eine Betriebsausgabe über 10.000 € vor. Würde S freiwillig bilanzieren, so müsste er bereits in 01 eine aufwandswirksame Rückstellung, § 249 Abs. 1 S. 1 HGB bilden (Buchung: Aufwand an Rückstellung). Die Zahlung in 02 wäre dann erfolgsneutral (Buchung: Rückstellung an Bank).

Übereinstimmung von § 4 Abs. 3 EStG und Bilanzierung

Das **abnutzbare Anlagevermögen** wird nach den Regeln der Bilanzierung abgeschrieben, § 4 Abs. 3 S. 3 EStG. Da die AK nicht zweimal zu Betriebsausgaben werden dürfen, folgt daraus, dass die Bezahlung des Kaufpreises selbst keine Betriebsausgabe ist.
Die AK/HK von **nicht abnutzbarem Anlagevermögen** (Grundstücke, Aktien) werden erst bei Veräußerung oder Entnahme zu Betriebsausgaben, § 4 Abs. 3 S. 4 EStG. [2]

Beispiel: Kleinunternehmer K kauft in 01 ein Betriebsgrundstück für 100.000 € und verkauft es im Folgejahr 02 für 110.000 €. Bei einer § 4 Abs. 3-Rechnung entstehen im Jahr 02 Betriebsausgaben von 100.000 € und Betriebseinnahmen von 110.000 €. Das entspricht der Bilanzierung: Hier wird im Jahr 01 eine erfolgsneutrale Anschaffung gebucht (Grundstück an Bank). Im Jahr 02 wird der Verkaufspreis als Erlös erfasst. Die AK aus 01 werden als Buchwertabgang zu Aufwand.

Anwendungsbereich

Die § 4 Abs. 3-Rechnung darf anwenden, wer nicht gesetzlich zur Führung von Büchern verpflichtet ist. Eine Bilanzierungspflicht gibt es nach HGB für Kaufleute, §§ 238, 241a HGB. Daneben gibt es die steuerliche Bilanzierungspflicht für Gewerbetreibende und Land- und Forstwirte, welche die Umsatz- und Gewinngrenzen des § 141 AO überschreiten. [3]
Keine Bilanzierungspflicht besteht somit

- bei Einkünften aus § 18 EStG (**Freiberufler**) und
- bei Einkünften aus den §§ 13 und 15 EStG, wenn die Umsatz- und Gewinngrenzen des § 141 AO nicht überschritten sind. Das sind vornehmlich **Kleingewerbetreibende** (z.B. Tante-Emma-Laden).

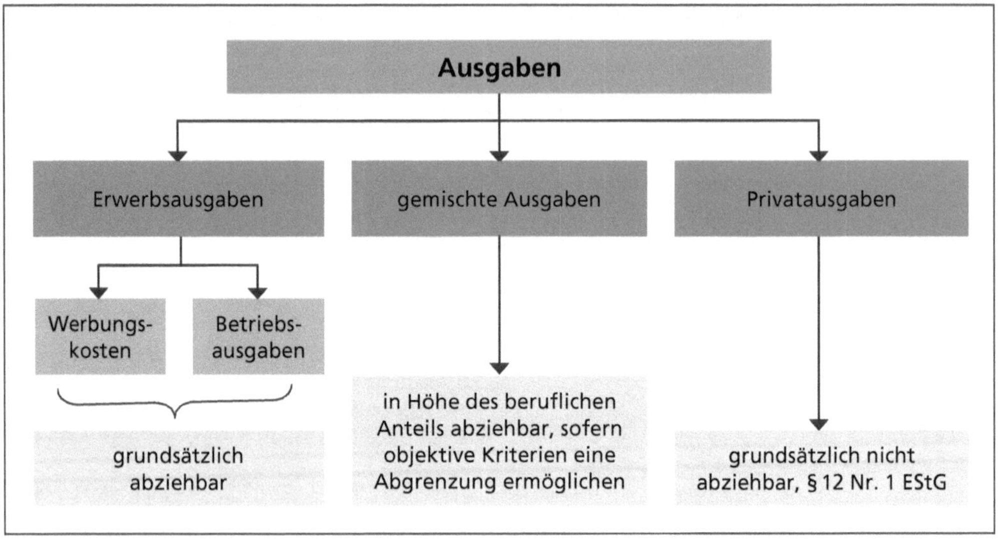

1 Einkommensteuerliche Behandlung von Ausgaben

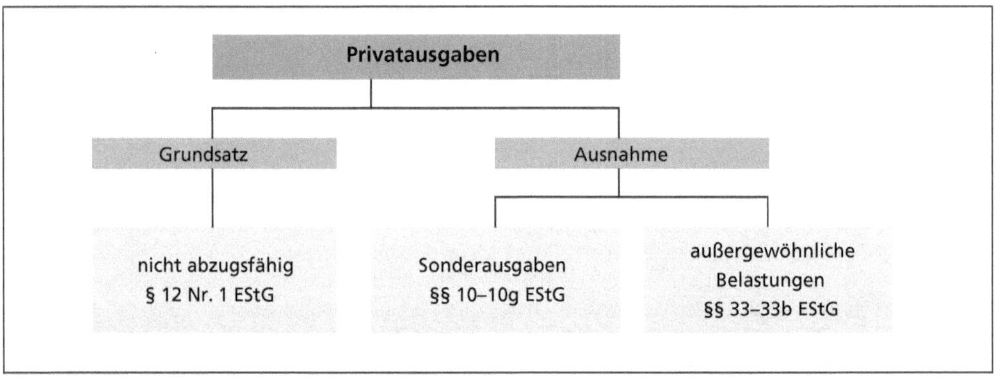

2 Privatausgaben

Einkünfte aus den sieben Einkunftsarten
= **Summe der Einkünfte (§ 2 Abs. 1 EStG)**
./. Entlastungsbeträge (§§ 24a, 24b EStG)

= **Gesamtbetrag der Einkünfte (§ 2 Abs. 3 EStG)**
./. Verlustabzug (§ 10d EStG)
./. Sonderausgaben (§§ 10–10g EStG)
./. außergewöhnliche Belastungen (§§ 33–33b EStG)

= **Einkommen (§ 2 Abs. 4 EStG)**
./. Freibeträge für Kinder (§ 32 Abs. 6 EStG)

= **zu versteuerndes Einkommen (§ 2 Abs. 5 EStG)**

3 Schema zur Ermittlung des zu versteuernden Einkommens

Ermittlung des zu versteuernden Einkommens

Privatabzüge

Die ESt belastet das erzielte Einkommen. Die Verwendung des Einkommens zu Konsumzwecken, also Privatausgaben, darf daher grundsätzlich nicht steuermindernd abzugsfähig sein. Anderenfalls wäre die ESt immer gleich null.

Beispiel: Arbeitnehmer A hat Lohneinkünfte i.H.v. 25.000 €, die er vollständig konsumiert. Könnte er seine Privatausgaben von seinen Einkünften abziehen, so wäre die ESt 0 €.

Das Gesetz bestimmt daher in § 12 Nr. 1 S. 2 EStG, dass Aufwendungen für die private Lebensführung nicht abziehbar sind. Es gilt die Regel: [1]

- Ausgaben zur Erzielung von Einnahmen (Betriebsausgaben, § 4 Abs. 4 EStG und Werbungskosten, § 9 EStG) sind grundsätzlich abziehbar.
- Privatausgaben sind grundsätzlich nicht abziehbar, § 12 Nr. 1 EStG.

Eine genaue Trennung der Ausgaben zur Einkommenserzielung und Privatausgaben ist nicht immer möglich. Häufig sind Ausgaben sowohl beruflich als auch privat veranlasst. Man spricht von **gemischten Aufwendungen**. Dann stellt sich die Frage, ob und in welcher Höhe diese Ausgaben abziehbar sind. Der BFH hat dazu entschieden (BFH vom 21.09.2009, GrS 1/06, DB 2010, 143):

- Gemischte Aufwendungen sind in einen abziehbaren und eine nicht abziehbaren Anteil aufzuteilen, sofern objektive Kriterien eine Abgrenzung in einen privaten und einen beruflichen Anteil ermöglichen.
- Greifen die beruflichen und privaten Veranlassungsbeiträge jedoch so ineinander, dass eine Trennung nicht möglich ist, fehlt es also an objektivierbaren Kriterien für eine Aufteilung, so kommt ein Abzug der Aufwendungen insgesamt nicht in Betracht.
- Aufwendungen, die durch das steuerliche Existenzminimum im Grundfreibetrag (§ 32a Abs. 1 EStG) und durch die Kinderfreibeträge abgegolten sind (§ 32 Abs. 6 EStG), sind ebenfalls insgesamt nicht abziebar, auch wenn sie berufliche Anteile enthalten (im Beruf getragene Kleidung). Hier ist ein Abzug nur möglich, sofern der Gesetzgeber dies ausdrücklich zulässt. So sind z.B. Aufwendungen für »typische Berufskleidung« abzugsfähig, § 9 Abs. 1 Nr. 6 EStG.

Beispiel: Ein Arzt fährt mit seinem Privat-Auto hin und wieder zu Patienten. Die Autokosten betragen 15.000 €. Die beruflichen Fahrten betragen 30 % der Gesamtfahrleistung. Die Autokosten sind anhand der gefahrenen Kilometer leicht und eindeutig in einen betrieblichen und einen privaten Anteil aufzuteilen. Die Kosten sind daher i.H.v. 30 % x 15.000 € = 4.500 € als Betriebsausgaben abziehbar (sog. Aufwandseinlage).

Beispiel: Ein Arzt fliegt zu einem dreitägigen Kongress auf die Bahamas. Anschließend macht er noch zwei Tage Badeurlaub vor Ort. Die Reisekosten enthalten voneinander abgrenzbare berufliche und private Anteile. Die Kosten können daher zu 3/5 als Betriebsausgaben geltend gemacht werden.
Beispiel: Ein Monteur kauft sich einen Blaumann. Hier liegt eine typische Arbeitskleidung vor. Es liegen keine gemischten Ausgaben vor. Die Ausgabe ist allein beruflich veranlasst und somit abziehbar. Dies folgt auch aus § 9 Abs. 1 Nr. 6 EStG.

Dass die Abgrenzung von Berufskleidung und Nicht-Berufskleidung nicht immer eindeutig ist, zeigt ein Urteil des Niedersächsischen Finanzgerichts. Das Gericht meint, dass der schwarze Rock einer Serviererin eine typische Berufskleidung ist, die weiße Bluse dahingegen nicht (Urteil vom 24.06.1982, EFG 1983, 118). Manchmal wissen Richter wohl mehr als andere Menschen.

Beispiel: Arzt A nutzt seinen Praxis-PC hin und wieder auch zu privaten Zwecken. Die PC-Kosten können in vollem Umfang als Betriebsausgaben angesetzt werden. Die untergeordnete private Mitbenutzung eines betrieblichen PC ist für den vollständigen Betriebsausgaben- bzw. Werbungskostenabzug unschädlich. Die Finanzverwaltung hält eine zehnprozentige Privatnutzung für untergeordnet. Bei einem höheren privaten Nutzungsanteil sind die Kosten eines gemischt genutzten PC in einen abzugsfähigen beruflichen und einen nicht abzugsfähigen privaten Anteil aufzuteilen. § 12 Nr. 1 S. 2 EStG steht einer solchen Aufteilung nicht entgegen, H 12.1 EStH.

Bestimmte Privatausgaben hat der Gesetzgeber ausdrücklich für abziehbar erklärt. Diese abzugsfähigen Privatausgaben sind im Gesetz unsinnigerweise an zwei verschiedenen Stellen geregelt, nämlich als

- **Sonderausgaben**, §§ 10 ff. EStG, und
- **außergewöhnliche Belastungen**, §§ 33 ff. EStG. [2] [3]

Einkünfte aus den sieben Einkunftsarten
= **Summe der Einkünfte (§ 2 Abs. 1 EStG)**
./. Altersentlastungsbetrag (§ 24a EStG)
./. Entlastungsbetrag für Alleinerziehende (§ 24b EStG)

= **Gesamtbetrag der Einkünfte (§ 2 Abs. 3 EStG)**
./. Verlustabzug (§ 10d EStG)
./. Sonderausgaben (§§ 10–10g EStG)
./. außergewöhnliche Belastungen (§§ 33–33b EStG)

= **Einkommen (§ 2 Abs. 4 EStG)**
./. Freibeträge für Kinder (§ 32 EStG)
./. Härteausgleich (§ 46 Abs. 3 EStG, § 70 EStDV)

= **zu versteuerndes Einkommen (§ 2 Abs. 5 EStG)**

1 Der Verlustabzug im Schema zur Ermittlung des zu versteuernden Einkommens

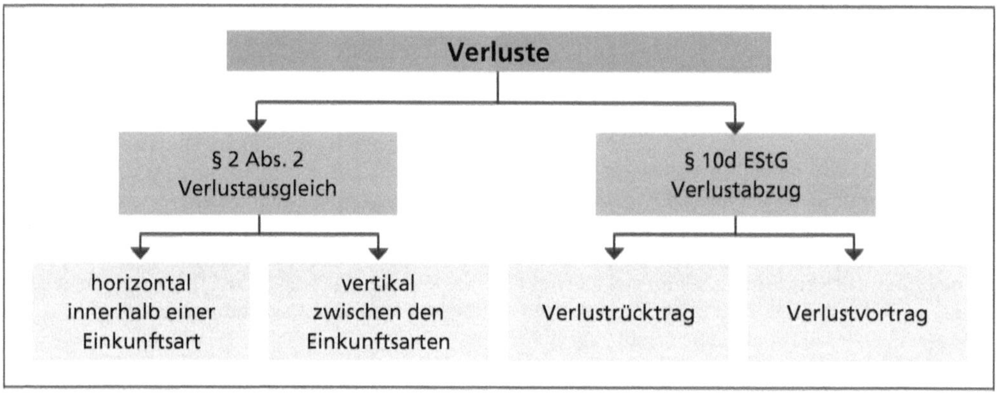

2 Verlustausgleich und Verlustabzug

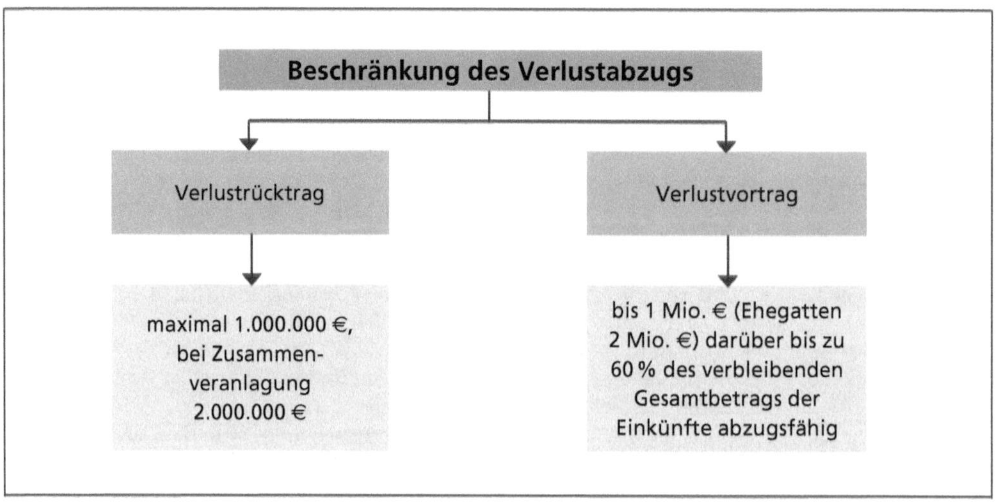

3 Beschränkung des Verlustabzugs

Verluste

Verlustausgleich

Verluste mindern das zvE und damit die Steuer.

Beispiel: Anton erzielt Einkünfte aus nicht selbstständiger Arbeit i.H.v. 50.000 €. Außerdem vermietet er zwei Häuser. Mit Haus 1 erzielt er Einkünfte von 10.000 € und mit Haus 2 einen Verlust von 20.000 €.

Lösung:

Einkünfte aus § 19 EStG		50.000 €
Einkünfte aus § 21 EStG		
Haus 1	10.000 €	
Haus 2	./. 20.000 €	
		./. 10.000 €
Summe der Einkünfte		40.000 €

Ohne den Verlust aus Haus 2 müsste Anton ein zvE von 60.000 € versteuern.

Man unterscheidet zwischen dem Verlustausgleich innerhalb derselben Einkunftsart (= horizontaler Verlustausgleich) und dem Verlustausgleich zwischen verschiedenen Einkunftsarten (= vertikaler Verlustausgleich). [2]

Verlustabzug

Können in einem Jahr nicht alle Verluste mit positiven anderen Einkünften ausgeglichen werden, so besteht die Möglichkeit eines Verlustrücktrags (Wahlrecht, § 10d Abs. 1 EStG). Dabei ist der Verlust vor den Sonderausgaben vom Gesamtbetrag der Einkünfte des Vorjahres abzuziehen. [1]

Beispiel: Anton erzielt folgende Einkünfte:

Jahr 01:	§ 21 EStG	1.000 €
Jahr 02	§ 21 EStG	./. 1.000 €
	§ 19 EStG	500 €

Lösung: Im Jahr 02 kommt es zunächst zu einem Verlustausgleich: Die Summe der Einkünfte im Jahr 02 beträgt ./. 500 € (= 500 € ./. 1.000 €). Dieser verbleibende Verlust aus dem Jahr 02 kann in das Vorjahr 01 zurückgetragen werden. Der verbleibende Verlust 02 wird von der Summe der Einkünfte (= GdE) des Jahres 01 abgezogen.

Ist ein Verlustrücktrag nicht möglich oder nicht gewollt, so muss der Verlust vorgetragen werden (Pflicht), § 10d Abs. 2 EStG. Der Verlust wird dann vom Gesamtbetrag der Einkünfte (GdE) des Folgejahres vor den Sonderausgaben abgezogen.

Beispiel: Anton erzielt folgende Einkünfte und wünscht den höchstmöglichen Verlustrücktrag:

Jahr 01:	§ 21 EStG	1.000 €
Jahr 02:	§ 21 EStG	./. 3.000 €
	§ 19 EStG	500 €
Jahr 03:	§ 19 EStG	500 €
Jahr 04:	§ 19 EStG	6.000 €

Lösung:

Jahr 02:	
Einkünfte aus § 19 EStG	500 €
Einkünfte aus § 21 EStG	./. 3.000 €
Summe der Einkünfte	./. 2.500 €
Jahr 01:	
Summe der Einkünfte = GdE 01	1.000 €
Verlustabzug aus 02	./. 1.000 €
Einkommen 01	0 €
Jahr 03:	
Summe der Einkünfte = GdE 03	500 €
Verlustabzug aus 02	./. 500 €
Einkommen 03	0 €
Jahr 04:	
Summe der Einkünfte = GdE 04	6.000 €
Verlustabzug aus 02	./. 1.000 €
Einkommen 04	5.000 €

Beschränkung des Verlustabzugs

Ein Verlustrücktrag ist nur bis zu einer Höhe von 1.000.000 € (bei Zusammenveranlagung 2.000.000 €) möglich. Ein Verlustvortrag kann bis zu 1 Mio. € abgezogen werden. Darüber hinaus können Verluste nur zu 60% des 1 Mio. € übersteigenden Gesamtbetrags der Einkünfte angesetzt werden. Menschen, die mehr als 1 Mio. € verdienen, sollen auch bei hohen Verlustvorträgen Steuern zahlen müssen (= Mindestbesteuerung). [3]

Beispiel: Anton erzielt folgende Einkünfte

Jahr 01:	§ 15 EStG	./. 3.000.000 €
Jahr 02:	§ 15 EStG	2.500.000 €

Lösung:

Jahr 02:	
Summe der Einkünfte = GdE 02	2.500.000 €
Verlustabzug Sockel	./. 1.000.000 €
60% x 1.500.000 € =	./. 900.000 €
Einkommen 02	600.000 €

Verbleibender Verlustvortrag:	
Verlust 01	3.000.000 €
In 02 verbraucht:	./. 1.900.000 €
Verbleibender Verlustvortrag	1.100.000 €

Einkünfte aus den sieben Einkunftsarten
= **Summe der Einkünfte (§ 2 Abs. 1 EStG)**
./. Altersentlastungsbetrag (§ 24a EStG)
./. Entlastungsbetrag für Alleinerziehende (§ 24b EStG)

= **Gesamtbetrag der Einkünfte (§ 2 Abs. 3 EStG)**
./. Verlustabzug (§ 10 d EStG)
./. Sonderausgaben (§§ 10–10g EStG)
./. außergewöhnliche Belastungen (§§ 33–33b EStG)

= **Einkommen (§ 2 Abs. 4 EStG)**
./. Freibeträge für Kinder (§ 32 EStG)
./. Härteausgleich (§ 46 Abs. 3 EStG, § 70 EStDV)

= **zu versteuerndes Einkommen (§ 2 Abs. 5 EStG)**

1 Sonderausgaben im Schema zur Ermittlung des zu versteuernden Einkommens

Sonderausgaben

- Altersvorsorgeaufwendungen (§ 10 Abs. 1 Nr. 2 EStG)
- sonstige Vorsorgeversicherungen (§ 10 Abs. 1 Nr. 3, 3a EStG)
- Kirchensteuer (§ 10 Abs. 1 Nr. 4 EStG)
- Kinderbetreuungskosten (§ 10 Abs. 1 Nr. 5 EStG)
- Ausbildungskosten (§ 10 Abs. 1 Nr. 7 EStG)
- Schulgeld (§ 10 Abs. 1 Nr. 9 EStG)
- Unterhaltszahlungen an den geschiedenen Ehegatten (§ 10 Abs.1a Nr. 1 EStG)
- Versorgungsleistungen (§ 10 Abs. 1a Nr. 2–4 EStG)
- Riesterrente nach § 10a EStG
- Spenden nach § 10b EStG

2 Arten von Sonderausgaben

Sonderausgaben

Sonderausgaben sind private Ausgaben, die der Gesetzgeber für abzugsfähig erklärt und in den §§ 10 ff. EStG abschließend geregelt hat. [1]

§ 10 Abs. 1 EStG

Nr. 2 Altersvorsorgeaufwendungen: Beiträge zu der gesetzlichen Rentenversicherung und zu einer privaten Rürup-Rente sind Sonderausgaben. Bei diesen Vorsorgeaufwendungen gilt das sog. Prinzip der nachgelagerten Besteuerung: Die Einzahlung in der Sparphase ist als Sonderausgabe abzugsfähig. Die Auszahlung ist zu versteuern, § 22 Nr. 1 EStG.

Nr. 3 Sonstige Vorsorgeversicherungen: Hierzu gehören Arbeitslosen-, Erwerbsunfähigkeits-, Kranken-, Pflege-, Unfall-, Haftpflicht- und Risikolebensversicherungen.

Nr. 4 Kirchensteuer: Die gezahlte Kirchensteuer kann vollständig als Sonderausgabe abgezogen werden. In einem Staat, in dem Beiträge zu Tierzucht-, Kleingärtnerei-, Karneval-, Modellflug- und Hundesportvereinen wie Sonderausgaben abziehbar sind, ist es einleuchtend, dass auch Beiträge an Religionsgesellschaften Sonderausgaben sind. Das Wort Kirchensteuer ist allerdings unzutreffend. Zum einen liegen keine Steuern vor, sondern Mitgliedsbeiträge. Schließlich kommen die Zahlungen nicht dem Staat, sondern der Religionsgemeinschaft zugute. Der Staat betätigt sich lediglich als Inkassounternehmen. Zum anderen haben nicht nur christliche Kirchen die Möglichkeit der Beitragserhebung durch den Staat. Da Deutschland ein weltanschaulich neutraler Staat ist, können selbstverständlich alle Religionen ihre Beiträge durch den Staat (gegen Bezahlung) erheben lassen. Richtig müsste es daher statt Kirchensteuer Religionsbeitrag heißen.

Nr. 5 Betreuungskosten für Kinder bis zum 14. Lebensjahr können zu 2/3, max. zu 4.000 € pro Kind als Sonderausgaben abgezogen werden.

Nr. 7 Ausbildungskosten: Aufwendungen für die eigene Berufausbildung können bis zu 6.000 € im Jahr als Sonderausgaben abgezogen werden.

Nr. 9 Schulgeld: 30 %, höchstens 5.000 €, des **aufgewendeten** Schulgelds für eine Privatschule sind als Sonderausgaben abzugsfähig.

§ 10 Abs. 1a EStG

Nr. 1 Unterhaltszahlungen an den geschiedenen oder getrennt lebenden Ehegatten: Nach einer Ehescheidung ist der reichere Ehegatte in der Regel zum Unterhalt an den anderen Ehegatten verpflichtet. Die Unterhaltszahlungen kann der Zahlende bis zu 13.805 € als Sonderausgaben geltend machen, wenn der Empfänger diese Zahlungen versteuert. Diese Regelung wird Realsplitting genannt, da sie wie ein (gedeckeltes) Splitting wirkt.

§ 10a EStG Riester-Rente

Zusätzlich zur gesetzlichen Rente und der Rürup-Rente können Einzahlungen in eine sog. Riester-Rente als Sonderausgabe nach § 10a EStG abgezogen werden. Der Staat bezuschusst die Riester-Rente alternativ zu dem Sonderausgabenabzug nach § 10a EStG mit einer Zulage (sog. Altersvorsorgezulage). Das Finanzamt führt eine Günstigerprüfung durch (Vergleich des sich ergebenden Steuervorteils durch den Sonderausgabenabzug mit dem Vorteil der Zulage), § 10a Abs. 2 EStG. Das für den Steuerpflichtigen »Günstigere« wird dann gewährt. Eine Riester-Rente ist nach § 22 Nr. 5 EStG zu 100 % zu versteuern.

§ 10b Abs. 1 EStG: Spenden

Zuwendungen (Spenden und Mitgliedsbeiträge) können als Sonderausgaben geltend gemacht werden, wenn drei Voraussetzungen gegeben sind:

- Die Zuwendung dient einem **begünstigten Zweck**. Begünstigt sind gemeinnützige, mildtätige und kirchliche Zwecke, §§ 52–54 AO. Nicht abziehbar sind allerdings Mitgliedsbeiträge für Sportvereine und Vereine, die in erster Linie der Freizeitgestaltung dienen.
- Die Zuwendung erhält ein **begünstigter Empfänger**, nämlich der Staat oder eine vom Finanzamt anerkannte Körperschaft.
- Spendenbescheinigung, § 50 Abs. 4 EStDV, liegt vor (bis 300 € Bankbeleg).

Max. können 20 % des Gesamtbetrags der Einkünfte als Sonderausgaben in Form von Spenden geltend gemacht werden.

Beispiel: A spendet 7.000 € an das Deutsche Rote Kreuz. Er hat Einkünfte = Gesamtbetrag i.H.v. 30.000 €. Der Sonderausgabenabzug beträgt 20 % x 30.000 = 6.000 €. [2]

Sonderausgabenpauschalen

Für die Sonderausgaben ohne die Vorsorgeaufwendungen gibt es eine Pauschale von 36 €, § 10c EStG. Für die Vorsorgeaufwendungen gibt es Vorsorgehöchstbeträge nach § 10 Abs. 3–4a EStG.

Kein Verlustabzug für Sonderausgaben

Für Sonderausgaben ist ein Verlustvor- und -rücktrag nicht möglich, da § 10d EStG i.V.m § 2 Abs. 4 EStG nur negative Einkünfte erwähnt.

Einkünfte aus den sieben Einkunftsarten
= **Summe der Einkünfte (§ 2 Abs. 1 EStG)**
./. Altersentlastungsbetrag (§ 24a EStG)
./. Entlastungsbetrag für Alleinerziehende (§ 24b EStG)

= **Gesamtbetrag der Einkünfte (§ 2 Abs. 3 EStG)**
./. Verlustabzug (§ 10d EStG)
./. Sonderausgaben (§§ 10–10g EStG)
./. außergewöhnliche Belastungen (§§ 33–33b EStG)

= **Einkommen (§ 2 Abs. 4 EStG)**
./. Freibeträge für Kinder (§ 32 Abs. 6 EStG)
./. Härteausgleich (§ 46 Abs. 3 EStG, § 70 EStDV)

= **zu versteuerndes Einkommen (§ 2 Abs. 5 EStG)**

1 Außergewöhnliche Belastungen im Schema zur Ermittlung des zu versteuernden Einkommens

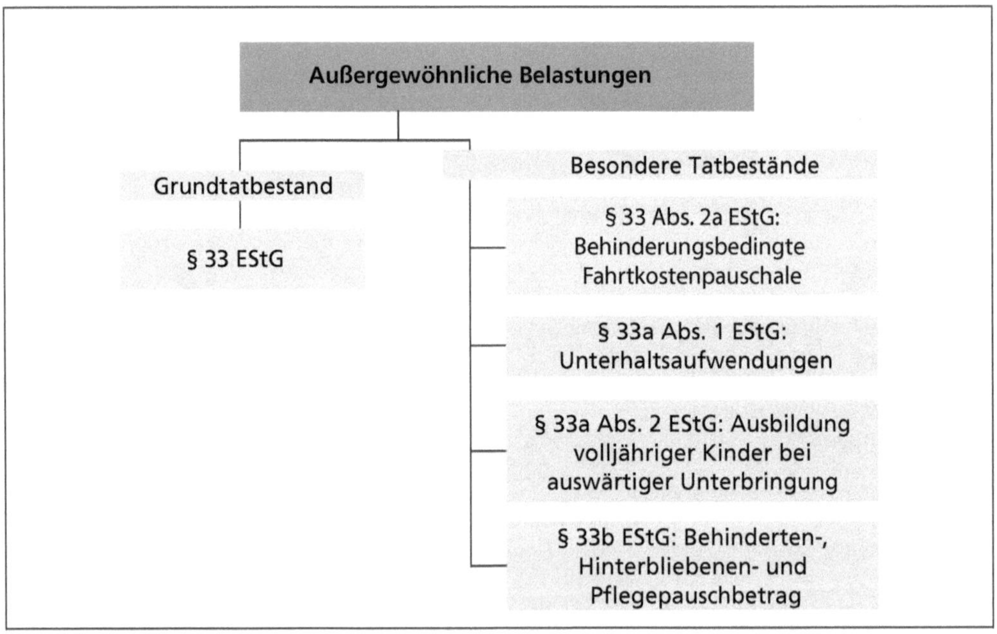

2 Überblick über die außergewöhnlichen Belastungen

Außergewöhnliche Belastungen

Außergewöhnliche Belastungen (agB) sind privat veranlasste Ausgaben, die, vergleichbar den Sonderausgaben, steuermindernd von den Einkünften abgezogen werden können. Die außergewöhnlichen Belastungen können unterteilt werden in den generalklauselartigen Grundtatbestand, § 33 EStG und die speziellen, typisierten Regeln der §§ 33a und 33b EStG. [1]

Außergewöhnliche Belastungen, § 33 EStG

Aufwendungen, die weder Werbungskosten, Betriebsausgaben noch Sonderausgaben sind, zwangsläufig und außergewöhnlich, d. h. in größerem Umfang als der überwiegenden Mehrzahl der Steuerpflichtigen erwachsen, können auf Antrag als außergewöhnliche Belastungen vom Gesamtbetrag der Einkünfte abgezogen werden, soweit sie die zumutbare Eigenbelastung überschreiten.

Beispiel: Anton, ledig, keine Kinder, erzielt Einkünfte (= Gesamtbetrag der Einkünfte) i.H.v. 17.000 €. Er hat Arztkosten i.H.v. 5.000€, von denen die Krankenversicherung 2.000€ nicht ersetzt. Außergewöhnliche Belastungen?
Lösung: Anton hat Aufwendungen i.H.v. 2.000€. Diese Aufwendungen sind zwangsläufig und außergewöhnlich. Die zumutbare Eigenbelastung beträgt 1.020 € = 6% x 17.000 €. Anton kann folglich 980 € = 2.000€ ./. 1.020 € als außergewöhnliche Belastungen geltend machen.
Abwandlung: Hätte Anton zwei Kinder, so würde die zumutbare Eigenbelastung 510 € = 3% x 17.000 € betragen. Anton könnte daher 1.490 € = 2.000 € ./. 510 € als außergewöhnliche Belastung geltend machen.

§ 33 Abs. 2a EStG Behinderungsbedingte Fahrtkostenpauschale

Abhängig vom Grad der Behinderung gibt es eine Fahrtkostenpauschale in Höhe von 900 € oder 4.500 €.

§ 33a Abs. 1 EStG: Unterhaltsaufwendungen

Unterhaltszahlungen an eine gesetzlich unterhaltsberechtigte Person, für die der Zahlende keinen Kinderfreibetrag oder Kindergeld erhält, können bis zu 9.744 € als außergewöhnliche Belastungen abgezogen werden. Dieser Höchstbetrag vermindert sich, soweit die eigenen Einkünfte und Bezüge (z. B. Arbeitslosengeld II) des Unterhaltenen 624€ übersteigen.

Beispiel: Ein Vater zahlt im laufenden Jahr 2021 an seinen 28 Jahre alten Sohn 10.000 €. Der Sohn hat Einkünfte aus Gelegenheitsjobs von 4.000 €. AgB? Der Sohn ist gegenüber den Eltern unterhaltsberechtigt, § 1601 BGB. Die Eltern erhalten keinen Kinderfreibetrag, da der Sohn zu alt ist. Der Vater kann daher seine Unterhaltszahlung i.H.v. 6.368 € (= 9.744 € ./. (4.000 € ./. 624€)) als Sonderausgaben geltend machen. Den übersteigenden Betrag kann der Vater nicht nach § 33 EStG geltend machen, § 33a Abs. 4 EStG.

§ 33a Abs. 2 EStG: Ausbildungsfreibetrag

Eltern erhalten für ein in der Berufsausbildung befindliches, auswärts untergebrachtes, volljähriges Kind, für das sie Kindergeld oder einen Kinderfreibetrag erhalten, einen Freibetrag i.H.v. 924 €.

Beispiel: Eine Mutter unterstützt ihren auswärts studierenden Sohn.
Lösung: Die Mutter erhält einen Freibetrag von 924 €, den sie von ihrem Gesamtbetrag der Einkünfte abziehen kann.

§ 33b Abs. 1–3 EStG: Behinderten-Pauschbetrag

Behinderte Menschen erhalten einen sog. Behinderten-Pauschbetrag. Der Pauschbetrag beträgt je nach Grad der Behinderung 384 € bis 7.400 €. Steht der Behindertenpauschbetrag einem Kind zu, so kann er auf die Eltern übertragen werden, § 33b Abs. 5 EStG.

§ 33b Abs. 4 EStG: Hinterbliebenen-Pauschbetrag

Hinterbliebene (= Waisen), die bestimmte Hinterbliebenenrenten beziehen, erhalten einen Pauschbetrag i.H.v. 370 €.

§ 33b Abs. 6 EStG: Pflegepauschbetrag

Wer eine hilflose Person unentgeltlich pflegt, erhält einen Pflegepauschbetrag, der abhängig vom Pflegegrad 600 € bis 1.800 € beträgt. [2]

Fünftelungsregelung bei außerordentlichen Einkünften nach § 34 Abs. 1 EStG

1. Zuerst werden das zu versteuernde Einkommen sowie die Einkommensteuer ohne Berücksichtigung der außerordentlichen Einkünfte ermittelt.
2. Dem zu versteuernden Einkommen ohne außerordentliche Einkünfte (1.) wird ein Fünftel der außerordentlichen Einkünfte hinzugerechnet.
3. Für dieses zu versteuernde Einkommen (nach 2.) wird die tarifliche Einkommensteuer ermittelt.
4. Von dieser Einkommensteuer (nach 3.) wird die Einkommensteuer für das zu versteuernde Einkommen ohne außerordentliche Einkünfte (nach 1.) abgezogen.
5. Diese Differenz, d. h. die Differenzsteuer auf ein Fünftel der außerordentlichen Einkünfte, wird mit 5 multipliziert und dem zu versteuernden Einkommen ohne außerordentliche Einkünfte (nach 1.) zugerechnet

[1] Ermittlung der Einkommensteuer nach § 34 Abs. 1 EStG (vgl. auch R 34.2 EStR)

Beispiel 1:

Der alleinstehende Unternehmer U hat im VZ 2021 Einkünfte i. H. v. 50.000 € aus Gewerbebetrieb und Vermietung. Er erhält eine Abfindung, die den Voraussetzungen von § 34 Abs. 2 Nr. 2 EStG entspricht, i. H. v. 25.000 €. Er hat Sonderausgaben i. H. v. 3000 €.

Laufende Einkünfte aus § 15 und § 21 EStG		50.000 €
Entschädigung nach § 34 Abs. 2 Nr. 2 EStG		25.000 €
Summe der Einkünfte		75.000 €
abzüglich Sonderausgaben		./. 3000 €
zvE		72.000 €
zvE	72.000 €	
abzüglich Einkünfte § 34 Abs. 2 Nr. 2 EStG	./. 25.000 €	
verbleibendes zvE	47.000 €	
darauf entfallender Steuerbetrag		10.832 €
verbleibendes zvE	47.000 €	
plus 1/5 Einkünfte § 34 Abs. 2 Nr. 2 EStG	5.000 €	
	52.000 €	
darauf entfallender Steuerbetrag	12.776 €	
abzüglich ESt auf verbleibendes zvE	./.10.852 €	
Differenzbetrag	1.924 €	
multipliziert mit Faktor 5	9.620 €	9.620 €
tarifliche Einkommensteuer		20.472 €

→ (Ersparnis durch § 34. Abs. 2 Nr. 1 EStG: 21.103 € ./. 20.472 € = 631 €)

[2] Beispiel zur Fünftelungsregelung

Beispiel 2:

Im VZ 2021 hat der alleinstehende Unternehmer U ein Einkommen von 110.000 €. Daneben hat er außerordentliche Einkünfte nach § 34 Abs. 2 Nr. 1 EStG i. H. v. 200.000 €. U hat Sonderausgaben von 10.000 €.

Zu versteuerndes Einkommen gesamt	110.000 €	
+ außerordentliche Einkünfte	200.000 €	
./. Sonderausgaben	./.10.000 €	
zvE gesamt	300.000 €	
Einkommensteuer zvE gesamt	117.625 €	
Durchschnittsteuersatz (117.625 € / 300.000 €)	39,2 %	
tarifbegünstigter Steuersatz: 39,2 % x 56 %	21,95 %	
nicht begünstigtes Einkommen 300.000 €./. 200.000 €	100.000 €	
ESt auf nicht begünstigtes Einkommen	32.863 €	32.863 €
ESt auf begünstigtes Einkommen (21,95 % von 200.000 €)	43.913 €	43.913 €
Tarifliche Einkommensteuer		76.776 €

(Ersparnis durch § 34. Abs. 2 Nr. 1 EStG: 117.625 € ./. 76.776 = 40.849 €)

[3] Beispiel zur Tarifermäßigung für Veräußerungsgewinne

Außerordentliche Einkünfte

Als »außerordentliche Einkünfte« gemäß § 34 EStG werden einmalige bzw. unregelmäßig anfallende Einkünfte qualifiziert, die über mehrere Perioden erwirtschaftet und in einem Jahr realisiert werden (»Zusammenballung«).

Dabei zählt § 34 Abs. 2 EStG die außerordentlichen Einkünfte abschließend auf:

- **Betrieblicher Veräußerungsgewinne** (§ 34 Abs. 2 Nr. 1 EStG)
  Hierzu zählen Gewinne aus der Aufgabe oder Veräußerung von sowohl land- und forstwirtschaftlichen (§§ 14, 14a EStG) als auch gewerblichen und freiberuflichen (Teil-)Betrieben (§§ 16 und 18 Abs. 3 EStG) oder allen Gesellschaftsanteilen. Einer Teilbetriebsveräußerung gleichgestellt ist die Veräußerung eines 100 %-Anteiles an einer Kapitalgesellschaft, wenn diese im Betriebsvermögen gehalten wird. Diese Gewinne werden zusätzlich durch Freibeträge nach §§ 14a Abs. 1 bzw. 16 Abs. 4 EStG begünstigt.
- **Entschädigungen und Nutzungsvergütungen** nach § 34 Abs. 2 Nr. 2 und 3 EStG.
  Häufigster Fall ist wohl die Entlassungsentschädigung, also die Abfindung anlässlich Beendigung eines Dienstverhältnisses.
- **Vergütungen für mehrjährige Tätigkeit** nach § 34 Abs. 2 Nr. 4 EStG
  Beispiele wären eine Jubiläumszuwendung oder das Honorar eines Rechtsanwaltes für ein mehrjähriges Verfahren.

Nicht alle in § 34 Abs. 2 EStG genannten Einkünfte sind tarifbegünstigt, sondern nur solche, die »außerordentlich« sind, weil sie zusammengeballt, also in einem Veranlagungszeitraum, zufließen. Tarifbegünstigte Veräußerungsgewinne liegen nach R 34.1 Abs. 2 EStR nur vor, wenn die stillen Reserven in einem einheitlichen wirtschaftlichen Vorgang aufgedeckt werden.

Fünftelungsregelung

Für diese »begehrten« außerordentlichen Einkünfte wird die Steuerlast aus der Progressionswirkung gemildert. Dazu werden die Einkünfte nach der sog. Fünftelungsregelung versteuert, d. h. die Einkommensteuer für das Einkommen ohne die außerordentlichen Einkünfte wird der Einkommensteuer für das Einkommen ohne die außerordentlichen Einkünfte zzgl. eines Fünftels der außerordentlichen Einkünfte gegenübergestellt. Der Unterschiedsbetrag zwischen beiden Steuerbeträgen wird verfünffacht und der ESt für das verbleibende zu versteuernde Einkommen hinzugerechnet. Der so ermittelte Betrag ist im Jahr des Zuflusses der außerordentlichen Einkünfte zu zahlen [1] und Beispiel 1 [2].

Tarifermäßigung für Veräußerungsgewinne

Veräußerungsgewinne können nicht nur durch die Fünftelungsregelung sondern (neben den oben erwähnten Freibetragen nach §§ 14a Abs. 1 und 16 Abs. 4 EStG) wahlweise durch die **Anwendung eines ermäßigten Steuersatzes** begünstigt werden. Dieser beträgt für den Teil der außerordentlichen Einkünfte, der den Betrag von 5 Mio. € nicht übersteigt, 56 % des durchschnittlichen Steuersatzes, der sich ergäbe, wenn die tarifliche Einkommensteuer für das gesamte zu versteuernde Einkommen zuzüglich der dem Progressionsvorbehalt (siehe S. 173) unterliegenden Einkünfte zu bemessen wäre, mindestens jedoch 14 %. Für Veräußerungsbestandteile an Kapitalgesellschaften, die dem Teileinkünfteverfahren nach § 3 Nr. 40 EStG unterliegen, wird keine Tarifermäßigung gewährt. Die Berechnung der tariflichen Einkommensteuer für die maßgeblichen außerordentlichen Veräußerungseinkünfte ergibt sich wie folgt (vgl. Beispiel 2 [3]):

1. Ermittlung der Einkommensteuer für das gesamte zu versteuernde Einkommen inkl. außerordentlicher und dem Progressionsvorbehalt unterliegender Einkünfte (Grund- oder Splittingtarif)
2. Ermittlung des Durchschnittssteuersatzes (ESt/zvE)
3. Ermittlung von 56 % dieses Durchschnittsteuersatzes, mindestens 14 %
4. Berechnung des nicht begünstigten Teils des zvE (gesamtes zvE./. außerordentliche Einkünfte)
5. Ermittlung der tariflichen Einkommensteuer für den nicht begünstigten Teil des zvE (verbleibendes zvE)
6. Ermittlung der begünstigten Einkommensteuer auf die außerordentlichen Einkünfte (außerordentliche Einkünfte x ermäßigter Steuersatz nach 3.)
7. Ermittlung der tariflichen Steuer durch Addition von ESt auf den begünstigten und der ESt auf den nicht begünstigten Teil (ESt nach 5. + ESt nach 6.)

Diese Begünstigung kann der Steuerbegünstigte nur einmal im Leben und nur, wenn er das 55. Lebensjahr vollendet hat oder wenn er im sozialversicherungsrechtlichen Sinne dauernd berufsunfähig ist, in Anspruch nehmen.

Beispiel 1:

Unternehmer U veräußert seinen Gewerbebetrieb zum Preis von 310.000 €. Zum Gewerbebetrieb gehören keine Anteile an Kapitalgesellschaften. Der Wert des Betriebsvermögens beträgt 200.000 €, Verkaufspesen fallen i. H. v. 10.000 € an.

Lösung 1:

Der Veräußerungsgewinn ermittelt sich nach § 16 Abs. 2 EStG wie folgt:

	Veräußerungspreis:	310.000 €
./.	Veräußerungskosten	10.000 €
./.	Wert des Betriebsvermögens	200.000 €
	Veräußerungsgewinn	100.000 €

Beispiel 2:

Wie Beispiel 1, nur gehören zum Betriebsvermögen auch Anteile an einer Kapitalgesellschaft. Der Wert der Kapitalgesellschaft beträgt 100.000 € und ist im Veräußerungspreis enthalten. Der Buchwert der Gesellschaft beträgt 50.000 € und ist im Betriebsvermögen enthalten. Der Anteil an den Veräußerungsspesen beträgt 3.000 €.

Lösung 2:

Bei der Ermittlung des Veräußerungsgewinns muss nun für den Anteil der Kapitalgesellschaft das Teileinkünfteverfahren (TEV) angewendet werden:

	Veräußerungspreis 310.000 €,		
	davon nicht dem TEV unterliegend (310.000 €./. 100.000 €)	210.000 €	
	TEVK unterliegend 100.000 €, davon 60 % steuerpflichtig	+ 60.000 €	
	Steuerpflichtiger Veräußerungspreis	270.000 €	270.000 €
./.	Veräußerungskosten 10.000 €		
	Davon nicht dem TEV unterliegend (10.000 €./. 3.000 €)	./. 7.000 €	
	TEV unterliegend 3.000 €, davon 60 % abziehbar	./. 1.800 €	
	Steuerlich ansetzbare Veräußerungskosten	:/: 8.800 €	./. 8.800 €
./.	Wert des Betriebsvermögens 200.000 €		
	Davon nicht dem TEV unterliegend (200.000 €./. 50.000 €)	./. 150.000 €	
	TEV unterliegend 50.000 €, davon 60 % abziehbar	./. 30.000 €	
	Steuerlich ansetzbares Betriebsvermögen	./. 180.000 €	./. 180.000 €
Veräußerungsgewinn			**81.200 €**

Beispiel 3:

Der 60jährige Unternehmer U veräußert seinen Gewerbebetrieb gemäß § 16 Abs. 1 EStG im Ganzen und beantragt einen Freibetrag nach § 16 Abs. 4 EStG. Es werden folgende Veräußerungsgewinne gemäß § 16 Abs. 2 EStG erzielt i. H. v.:

Veräußerungs-gewinn	höchstmöglicher Freibetrag	Kürzungsbetrag	Tatsächlicher Freibetrag	Steuerpflichtiger Veräußerungsgewinn
40.000 €	40.000 €	–	40.000 €	0
130.000 €	45.000 €	–	45.000 €	85.000 €
150.000 €	45.000 €	14.000 €	31.000 €	119.000 €
200.000 €	45.000	45.000 €	0 €	200.000 €

Veräußerung des Betriebes (§ 16 EStG)

Zu den Einkünften aus Gewerbebetrieb gehören Gewinne aus der Veräußerung

1. des gesamten Gewerbebetriebs oder eines Teilbetriebs (Betriebsveräußerung);
2. des gesamten Anteils eines Gesellschafters, der als Mitunternehmer gemäß § 15 Abs. 1 S. 1 Nr. 2 EStG des Betriebs anzusehen ist;
3. des gesamten Anteils einer persönlich haftenden Gesellschafters einer KGaA

sowie die Gewinne, die erzielt werden aus der Betriebsaufgabe (§ 16 Abs. 3 S. 1 EStG).

Durch diese Vorschrift soll erreicht werden, dass die Gewinne aus Veräußerung bzw. Aufgabe des Betriebs gesondert erfasst werden. Sie werden durch die Gewährung eines Freibetrags nach § 16 Abs. 4 EStG sowie durch eine Tarifermäßigung nach § 34 (siehe S. 118 f.) steuerlich begünstigt.

Begünstigte einmalige Ereignisse

Dabei versteht der Gesetzgeber unter einer **Betriebsveräußerung** den Verkauf des gesamten Gewerbebetriebs dergestalt, dass er von dem Erwerber »als geschäftlicher Organismus fortgeführt werden kann« (R 16 Abs. 1 S. 1 EStR). Werden dagegen nur einzelne Wirtschaftsgüter veräußert, vor allem, wenn sie keine »wesentliche Grundlage« des Betriebes darstellen, handelt es sich um laufende Gewinne, die nicht der steuerlichen Begünstigung nach § 16 Abs. 4 EStG unterliegen (H 16 Abs. 9 EStH). Auch die Veräußerung des gesamten Anteils eines Gesellschafters mit Mitunternehmereigenschaft fällt unter die Begünstigung des § 16 Abs. 4 EStG.

Auch der **Verkauf eines Teilbetriebs** wird durch § 16 EStG gefördert. Als Teilbetrieb wird ein »mit einer gewissen Selbstständigkeit ausgestatteter, organisch geschlossener Teil eines Gesamtbetriebs« (R 16 Abs. 3 S. 1 EStR) bezeichnet, also z. B. Filialen und Zweigniederlassungen.

Die Veräußerung der **Beteiligung an einer Kapitalgesellschaft**, die das gesamte Nennkapital der Gesellschaft umfasst, gilt als Veräußerung eines Teilbetriebes (§ 16 Abs. 1 S. 1 Nr. 1 S. 2 EStG), wenn die gesamte Beteiligung an der Kapitalgesellschaft zum Betriebsvermögen eines einzelnen Stpfl. oder einer Personengesellschaft gehört und die gesamte Beteiligung im Laufe eines Wirtschaftsjahres veräußert wird.

Die **Aufgabe eines Gewerbebetriebs** im Ganzen ist anzunehmen, wenn alle wesentlichen Betriebsgrundlagen innerhalb kurzer Zeit in einem einheitlichen Vorgang in das Privatvermögen überführt oder an verschiedene Erwerber veräußert werden und damit der Betrieb als selbständiger Organismus des Wirtschaftslebens zu bestehen aufhört (H 16 Abs. 2 EStH).

Ermittlung des Veräußerungsgewinns

Der begünstigte Veräußerungsgewinn nach § 16 Abs. 2 EStG wird wie folgt ermittelt:

	Veräußerungspreis
./.	Veräußerungskosten
./.	Wert des Betriebsvermögens
=	Veräußerungsgewinn

Dabei sind Veräußerungskosten, die direkt mit dem Verkaufsgeschäft zusammenhängenden Aufwendungen, wie z. B. Maklerprovisionen oder Notar-und Gerichtskosten. Der Wert des Betriebsvermögens entspricht dem Buchwert des Eigenkapitals zum Veräußerungsstichtag. Sind in dem Veräußerungsgeschäft auch Anteile an Kapitalgesellschaften enthalten, dann wird dieser Verkauf anteilig nur mit dem Teileinkünfteverfahren gemäß § 3 Nr. 40 i. V. m. § 3c EStG berücksichtigt (vgl. Beispiel [1] und [2] auf der gegenüberliegenden Seite).

Begünstigung des Veräußerungsgewinns

Die oben genannten Veräußerungsgewinne werden nach § 16 Abs. 4 EStG durch die Gewährung eines Veräußerungsfreibetrags begünstigt. Diesen Freibetrag können nur Steuerpflichtige in Anspruch nehmen, die zum Zeitpunkt der Veräußerung bzw. Aufgabe das 55. Lebensjahr vollendet haben oder im soziversicherungsrechtlichen Sinne dauernd berufsunfähig sind. Der Freibetrag wird jedem Steuerpflichtigen nur einmal im Leben gewährt. Dazu ist ein formloser Antrag notwendig. Er beläuft sich auf 45.000 € und ermäßigt sich um den Betrag, um den der Veräußerungsgewinn 136.000 € übersteigt. Vgl. hierzu Beispiel [3] auf der gegenüberliegenden Seite.
Veräußerungsgewinne gehören nach § 7 S. 2 GewStG nicht zum **gewerbesteuerpflichtigen Gewinn**, sofern dieser direkt auf natürliche Personen bzw. Personengesellschaften mit unmittelbar beteiligten Mitunternehmern entfällt (Näheres siehe S. 156 f.). Nach § 1 Abs. 1a UStG unterliegt eine Betriebsveräußerung nicht der **Umsatzsteuer**, sofern die wesentlichen Grundlagen des Unternehmens als Ganzes übertragen werden.

Thesaurierungsbesteuerung

Voraussetzungen:
- Steuerpflichtiger mit Gewinneinkünften (Land- und Forstwirtschaft, selbständige Arbeit, Gewerbebetrieb)
- Ermittlung der Gewinne durch Vermögensvergleich
- Verbleib der Gewinne im Unternehmen

Folgen:
- Der Steuerpflichtige kann beantragen, dass die erzielten Gewinne mit einer ermäßigten Steuer in Höhe von 28,25 % zzgl. Soli versteuert werden.
- Im Falle einer späteren Entnahme kommt es jedoch zu einer Nachversteuerung in Höhe von 25 % zzgl. Soli der nicht entnommenen Beträge.

Zweck:
- Durch diese Steuerstundung sollen Gewinne, die im Unternehmen verbleiben, bei Einzelunternehmen und Personengesellschaften ähnlich hoch besteuert werden, wie in Kapitalgesellschaften.
- Die steuerliche Gesamtbelastung nach Ausschüttung entspricht in etwa der in einer Kapitalgesellschaft.

1 Voraussetzungen und Zweck der Thesaurierungsbesteuerung

Einzelunternehmen							
Normaltarif § 32a Abs. 1 EStG (2021)				Thesaurierungsbegünstigung § 34a EStG			
Gewinn vor Steuern			1.000.000 €	Gewinn vor Steuern			1.000.000 €
ESt	1.000.000 € x 45% ./.17.374 € =	432.625 €		ESt § 34a Abs. 1 EStG	1.000.000 € x 28,25 % =	282.500 €	
Soli	432.625 € x 5,5 % =	23.794 €		Soli	282.500 € x 5,5% =	15.538 €	
Summe Steuern (bis zu 47,475 %)			- 456.419 €	Summe Steuer			-298.038 €
investierbarer Gewinn nach Steuern			543.581 €	investierbarer Gewinn nach Steuern			701.963 €
				Nachversteuerung der Ausschüttung			
				ESt § 34a Abs. 4 EStG	701.963 € x 25 % =	175.491 €	
				Soli	175.491 € x 5,5% =	9.652 €	
							-185.143 €
konsumierbarer Gewinn nach Steuern			543.581 €	konsumierbarer Gewinn nach Steuern			516.820 €
Summe Steuern			456.419 €	Summe Steuern			483.180 €

(aus Vereinfachung ohne GewSt und Sonderausgaben beim Einzelunternehmen)

2 Gesamtsteuerbelastung Einzelunternehmen normal und mit § 34a EStG

GmbH			
Gewinn vor Steuern			1.000.000 €
Körperschaftsteuer		-15,000%	
Solidaritätszsuchlag	15% x 5,5% =	-0,825%	
Gewerbesteuer	3,5% x 400% =	-14,000%	
Summe Steuer bis zu 29,825 %			- 298.250 €
investierbarer Gewinn nach Steuern			701.750 €
Kapitalertragsteuer auf Ausschüttung			
KapESt	701.750 x 25 % =	175.438 €	
Soli	175.438 x 5,5% =	9.649 €	
			-185.087 €
konsumierbarer Gewinn nach Steuern			516.663 €
Summe Steuern			483.337 €

3 Gesamtsteuerbelastung GmbH

Kritik

- Nur günstig, wenn Einkommen der Einzelunternehmer oder Mitunternehmer höher besteuert wird als mit 28,25 %.
- Die Steuerlast ist durch die Nachversteuerung der begünstigten Beträge in Höhe von 25 %, insgesamt inkl. Soli 48,32 %, deutlich höher als die höchstmögliche normal tarifliche Einkommensteuerbelastung in Höhe von 47,47 % inkl. Soli.
- Da der Einzelunternehmer meistens eine Entnahme vornehmen muss, um seine Einkommensteuer bezahlen zu können, kann die Thesaurierungsbegünstigung in der Regel nicht auf den ganzen Gewinn, sondern nur rund 70 % des Gewinns angewendet werden.

4 Kritik der Thesaurierungsbesteuerung

Thesaurierungsbegünstigung nicht entnommener Gewinne, § 34a EStG

Möchte ein Unternehmer seine Gewinne nicht privat nutzen sondern reinvestieren, so ist die GmbH häufig steuerlich günstiger als ein Einzelunternehmen. Eine GmbH muss ca. 29,825 % KSt/Soli/GewSt zahlen. Für ein Einzelunternehmen muss der Unternehmer hingegen bis zu 47,475% ESt/Soli zahlen (= 45% ESt + 5,5% x 45% Soli), egal ob er die Gewinne entnimmt oder nicht. Das Einzelunternehmen ist also bei hohen Gewinnen steuerlich deutlich ungünstiger als eine thesaurierende GmbH. (Die GewSt kann in einer Vergleichsrechnung weggelassen werden, da die ESt etwa in Höhe der GewSt gemindert wird, § 35 EStG.)

Beispiel 1: Unternehmer A gründet eine GmbH. Die GmbH erzielt einen Gewinn vor Steuern von 1 Mio. €. A thesauriert den Gewinn. Die GmbH muss 298.250 € KSt, Soli und GewSt (Hebesatz 400 %) zahlen und kann 701.750 € investieren. [3]
Beispiel 2: Ein Einzelunternehmer erzielt einen Gewinn vor Steuern von 1 Mio. €. Lässt man aus Vereinfachungsgründen die Ermittlung der Sonderausgaben weg, beträgt die ESt im Jahr 2021 nach dem Normaltarif des § 32a Abs. 1 EStG 432.625 € und der Soli 23.794 €. Der Einzelunternehmer kann nur 543.581 € investieren. [2]
Der Gesetzgeber versucht diesen Nachteil durch eine Begünstigung für einbehaltene Gewinne (§ 34a EStG) bei Einzelunternehmen und Personengesellschaften auszugleichen. Damit soll zugleich die Eigenkapitalbildung durch Begünstigung der Thesaurierung bei Personenunternehmen gefördert werden. Nach § 34a Abs. 1 EStG können gewerbliche Unternehmer (§ 15 EStG), Selbstständige (§ 18 EStG) und Land- und Forstwirte (§ 13 EStG) beantragen, dass ihr nicht entnommener Gewinn ganz oder teilweise mit einem ermäßigten Steuersatz von 28,25 % besteuert wird. [1]
Beispiel 3: Ein Einzelunternehmer erzielt einen Gewinn vor Steuern i.H.v. 1 Mio. €. Er stellt einen Antrag auf Anwendung des § 34a Abs. 1 EStG. Der Einzelunternehmer muss 282.500 € ESt und 15.538 € Soli zahlen. Es verbleiben ihm 701.963 € zum Investieren. [2]
Der Thesaurierungssteuersatz von 28,25% gilt nur, solange die Gewinne im Unternehmen verbleiben. Entscheidet sich der Unternehmer später, die Gewinne zu entnehmen, so erfolgt eine Nachversteuerung der thesaurierten Gewinne mit 25%, § 34a Abs. 4 EStG.
Beispiel 4: Der Einzelunternehmer aus Beispiel 3 erzielt im Folgejahr einen Gewinn von 0 €. Er entnimmt den thesaurierten Gewinn in vollem Umfang. Nach § 34a Abs. 4 EStG muss der Unternehmer jetzt eine Nachversteuerung durchführen i.H.v. 25 % x 701.936 € = 175.491 € zzgl. 9.652 € Soli. Insgesamt kann der Einzelunternehmer jetzt 516.820 € entnehmen. [2]

Vergleicht man die Beispiele 1 und 4, stellt man fest, dass die Thesaurierungsbegünstigung nicht zu empfehlen ist, wenn die thesaurierten Gewinne bald wieder entnommen werden sollen. Plant der Unternehmer eine Entnahme, sollte er nicht die Thesaurierungsbegünstigung beantragen.
Die Thesaurierungsbegünstigung kombiniert mit einer Nachversteuerung führt bei hohen Gewinnen zu einer Steuerbelastung, die nur geringfügig geringer ist als die Steuerbelastung einer ausschüttenden GmbH.

Fortsetzung Beispiel 1: Die GmbH schüttet ihren Gewinn an A aus. Zusätzlich zur bisher gezahlten Steuer i.H.v. 298.250 € (KSt/Soli/GewSt) muss auf die Ausschüttung von 701.750 € noch eine Kapitalertragsteuer inkl. Soli i.H.v. 185.087 € gezahlt werden. Insgesamt verbleiben A 516.663 €. [3]

Kritik

Die im Detail sehr komplizierte Regelung des § 34a EStG wird in der Praxis wenig genutzt. Das hat zwei Gründe. Erstens zahlen viele kleine Einzelunternehmer weniger als 28,25 % ESt. Für sie ist daher die Thesaurierungsbegünstigung ungünstig. Zweitens enthält § 34a EStG einen gesetzgeberischen Fehler: Der Gesetzgeber hat übersehen, dass der Einzelunternehmer normalerweise eine Entnahme vornehmen muss, um seine ESt zahlen zu können. Damit kann die Thesaurierungsbegünstigung in den meisten Fällen nicht auf den ganzen Gewinn, sondern nur auf einen Teil des Gewinns angewendet werden. Die Regelbesteuerung ist deshalb häufig steuerlich günstiger als die Thesaurierungsbegünstigung (vgl. mit ausführlicher Berechnung dazu W. Scheffler, Besteuerung von Unternehmen Bd. 3, 3. Aufl. S. 27 ff.). [4]

Kapitel 2
Körperschaftsteuer

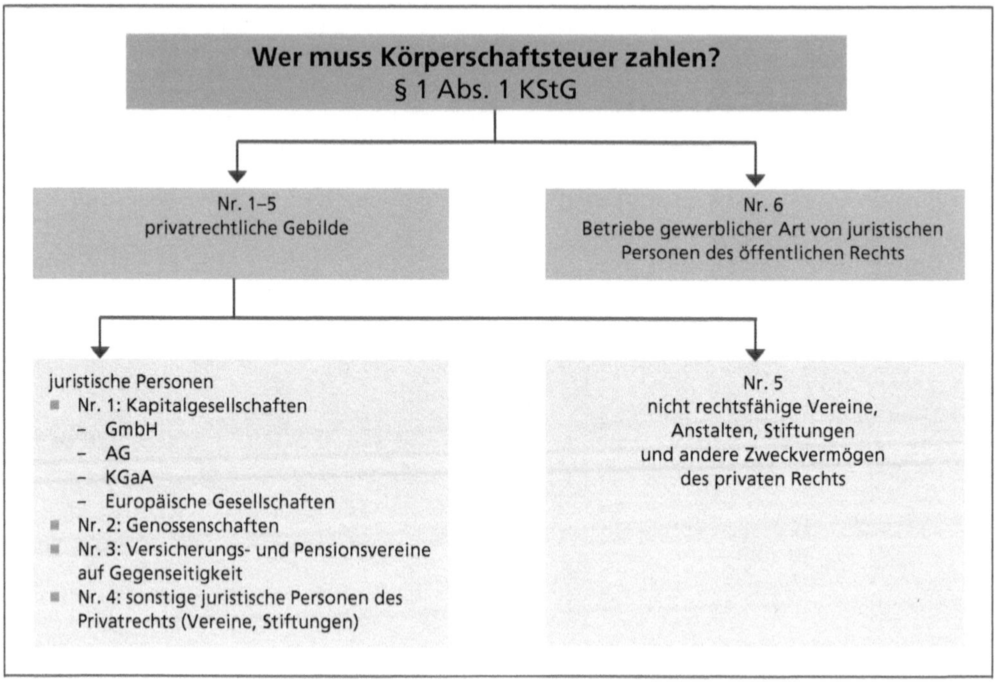

1 Subjekte Körperschaftsteuer

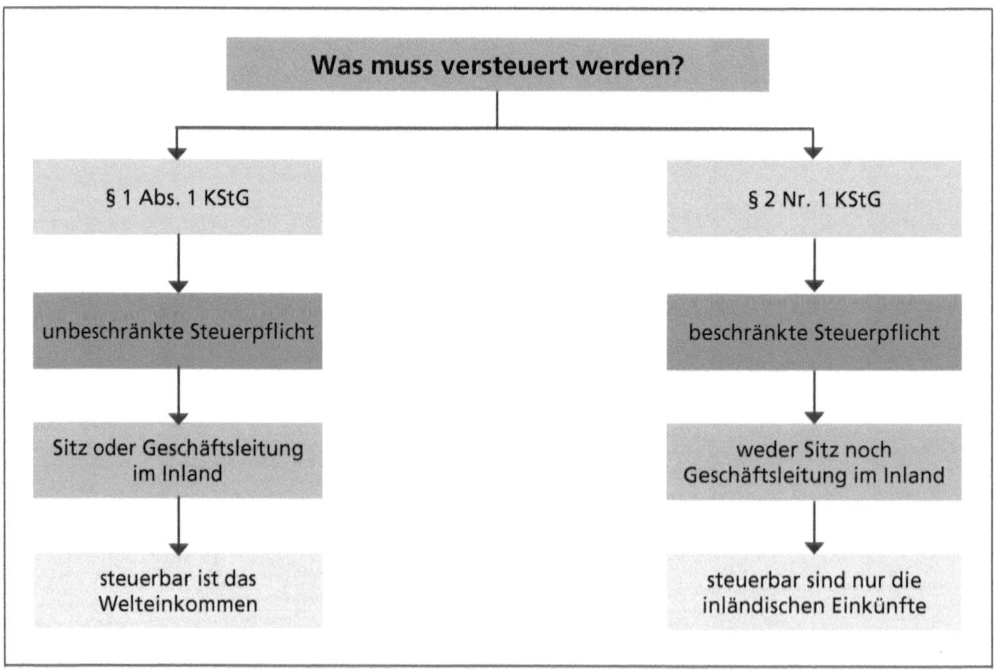

2 Unbeschränkte und beschränkte Steuerpflicht

Steuerpflicht

Wer muss KSt zahlen?

Körperschaften müssen Körperschaftsteuer (**KSt**) zahlen. Die KSt ist die **ESt der Körperschaften**. § 1 Abs. 1 KStG zählt abschließend auf, wer KSt zahlen muss: [1]

- Nr. 1: Die wichtigsten Körperschaften sind die Kapitalgesellschaften, insbesondere
  - die Gesellschaft mit beschränkter Haftung (**GmbH**) und
  - die Aktiengesellschaft (AG) und die
  - Kommanditgesellschaft auf Aktien (KGaA).
- Nr. 2: Genossenschaften,
- Nr. 3: Versicherungs- und Pensionsfondsvereine auf Gegenseitigkeit,
- Nr. 4: sonstige juristische Personen des privaten Rechts (Vereine und Stiftungen),
- Nr. 5: nicht rechtsfähige Vereine, Stiftungen und Zweckvermögen,
- Nr. 6: Betriebe gewerblicher Art von juristischen Personen des öffentlichen Rechts.

Die Anteilseigner einer Körperschaft müssen nur dann Steuern zahlen, wenn die Körperschaft den Gewinn ausschüttet (**Trennungsprinzip**). Bei Personengesellschaften gilt aber das Transparenzprinzip: Personengesellschaften sind weder in § 1 KStG noch in § 1 EStG genannt (vgl. S. 57 f.).

Beispiel: A und B gründen eine GmbH (= Körperschaft). Der Gewinn der GmbH wird allein von der GmbH versteuert (KSt). Erst wenn die GmbH Gewinne ausschüttet, müssen die Gesellschafter A und B die Ausschüttungen als Einkünfte aus Kapitalvermögen gem. § 20 EStG versteuern.

Eine weitere Folge des Trennungsprinzips ist, dass Gesellschafter mit der Kapitalgesellschaft mit steuerlicher Wirkung Verträge schließen können, z. B. Mietvertrag, Arbeitsvertrag.
Auch **ausländische Körperschaften** müssen KSt zahlen. Ob eine ausländische Gesellschaft eine Körperschaft ist oder eine Personengesellschaft, wird nicht durch ausländisches, sondern durch deutsches Recht bestimmt. Dazu muss geprüft werden, ob die ausländische Gesellschaft eher dem Typus einer Körperschaft oder einer Personengesellschaft entspricht (sog. Typenvergleich). Die Finanzverwaltung hat Tabellen herausgegeben, in denen sie für die wichtigsten ausländischen Gesellschaftsformen die Frage geklärt hat (BMF vom 24.12.1999, IV B 4 - S-1300 - 111/99 Betriebsstätten-Verwaltungsgrundsätze).

Beispiel: Eine polnische Spólka z ograniczona odpowiedzialnością (Sp.z.o.o.) entspricht einer deutschen GmbH und muss daher, wenn sie in Deutschland tätig ist, KSt zahlen.

Der **Staat** muss grundsätzlich keine Steuern zahlen. Davon gibt es aber eine Ausnahme: Der Staat muss immer dann KSt zahlen, wenn er in Konkurrenz zur Privatwirtschaft tritt. Hier spricht man von einem **Betrieb gewerblicher Art**, §§ 1 Abs. 1 Nr. 6, 4 KStG.

Beispiele für Betriebe gewerblicher Art: Städtisches Strom- oder Gasunternehmen, Hafenbetrieb, Druckerei, Schwimmbad. Für Land- und Forstwirtschaft sowie die reine Vermögensverwaltung muss der Staat keine KSt zahlen, § 4 Abs. 1 S. 1 KStG.

Anders als im Einkommensteuerrecht kennt das KStG persönliche Steuerbefreiungen, § 5 Abs. 1 KStG. So müssen etwa Zentralbanken, Berufsverbände, politische Parteien, Gewerkschaften und gemeinnützige Vereine keine KSt zahlen.

Was muss versteuert werden?

Körperschaften mit Sitz oder Geschäftsleitung im Inland sind **unbeschränkt steuerpflichtig**, § 1 Abs. 1 S. 1 KStG. Das bedeutet, dass sie ihre in- und ausländischen Einkünfte (**Welteinkommen**) in Deutschland versteuern müssen, sofern dies nicht durch ein Doppelbesteuerungsabkommen eingeschränkt wird. Geschäftsleitung ist der Mittelpunkt der geschäftlichen Oberleitung, § 10 AO. Der Sitz einer Körperschaft wird in der Satzung festgelegt, § 11 AO. Eine Kapitalgesellschaft muss bei dem Handelsregister angemeldet werden, in deren Gebiet sie ihren Sitz hat.
Körperschaften, die im Inland weder Sitz noch Geschäftsleitung haben, sind **beschränkt steuerpflichtig**, § 2 Nr. 1 KStG. Sie müssen in Deutschland **nur ihre inländischen** Einkünfte nach § 49 EStG in Verbindung mit § 8 Abs. 1 KStG versteuern. [2]

Beispiel: Eine GmbH mit Sitz und Geschäftsleitung in Liechtenstein vermietet in Hof ein Haus und erzielt Zinsen von einem deutschen Sparbuch. Die Mieteinkünfte sind inländische Einkünfte, da ein inländisches Grundstück vermietet wird, die Zinsen nicht, da das Darlehen nicht durch inländischen Grundbesitz gesichert ist (§ 49 Abs. 1 Nr. 5c, Doppelbuchst. aa, Nr. 6 EStG). Die GmbH ist folglich nur mit den Mieteinkünften beschränkt steuerpflichtig. Die Zinsen müssen nicht in Deutschland versteuert werden.

Handelsrechtlicher Jahresüberschuss
+/./. Korrekturen innerhalb der Bilanz nach § 60 Abs. 2 EStDV
= steuerlicher Jahresüberschuss
+/./. Korrekturen außerhalb der Bilanz
= Einkünfte aus § 15 EStG = Summe der Einkünfte
./. abziehbare Spenden, § 9 Abs. 1 Nr. 2 KStG
= Gesamtbetrag der Einkünfte
./. Verlustabzug, § 10d EStG
= Einkommen = zvE

1 Kurzschema Ermittlung des zvE bei Kapitalgesellschaften

Handelsrechtlicher Jahresüberschuss
+/./. Korrekturen innerhalb der Bilanz nach § 60 Abs. 2 EStDV
= steuerlicher Jahresüberschuss
./. Kürzungen
1) Verdeckte Einlagen, § 8 Abs. 3 S. 3–6 KStG
2) 95 % der Gewinnausschüttungen einer Kapitalgesellschaft bei Beteiligungen ≥ 10 %, § 8b Abs. 1, 4, 5 KStG
3) DBA-steuerfreie Einnahmen
4) steuerfreie Investitionszulage, § 13 InvZulG 2010
\+ Hinzurechnungen: nicht abziehbare Ausgaben
1) Geschenke über 35 €, § 4 Abs. 5 Nr. 1 EStG
2) 30 % des Bewirtungsaufwands, § 4 Abs. 5 Nr. 6 EStG
3) Geldbußen, § 4 Abs. 5 Nr. 10 EStG
4) GewSt-Aufwand, § 4 Abs. 5b EStG
5) Parteispenden, § 4 Abs. 6 EStG
6) nicht abziehbare Zinsen und Lizenzen, § 4h EStG i.V.m. § 8a KStG und 4j EStG
7) Spenden (unabhängig von der Abzugsfähigkeit), § 9 Abs.1 Nr. 2 KStG
8) Ausgaben ohne Empfängernachweis, § 160 AO
9) verdeckte Gewinnausschüttungen, § 8 Abs. 3 S. 2 KStG
10) KSt- und Soli-Aufwand, § 10 Nr. 2 KStG
11) Hälfte der Aufsichtsratsvergütungen, § 10 Nr. 4 KStG

Einkünfte aus § 15 EStG – Summe der Einkünfte
./. abziehbare Spenden, § 9 Abs. 1 Nr. 2 KStG
= Gesamtbetrag der Einkünfte
./. Verlustabzug, § 10d EStG
= Einkommen = zvE

2 Ausführliches Schema: Ermittlung des zvE bei Kapitalgesellschaften

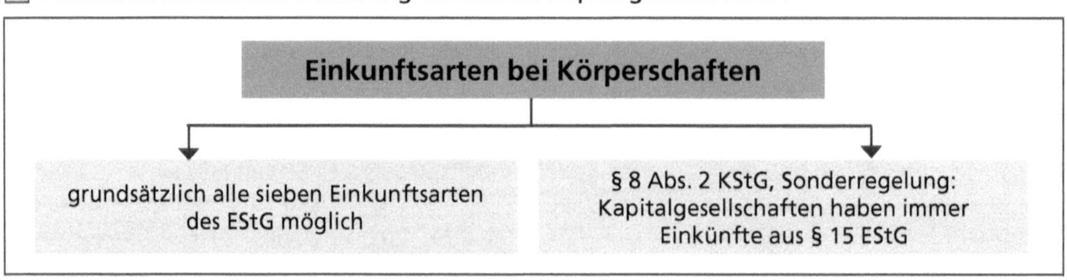

3 Einkunftsarten bei Kapitalgesellschaften

Ermittlung des zu versteuernden Einkommens/Steuersatz

Der Körperschaftsteuersatz beträgt 15 % (§ 23 Abs. 1 KStG). Die Körperschaftsteuer bemisst sich nach dem zu versteuernden Einkommen, welches nach dem EStG zu ermitteln ist, § 8 Abs. 1 KStG i.V.m. § 2 Abs. 1 und 2 EStG. Es gelten also prinzipiell die sieben Einkunftsarten, wobei es zu Einkünften aus unselbständiger Arbeit durch eine Körperschaft nicht kommen kann. [3]

Beispiel: Ein nicht steuerbefreiter Verein verkauft ein Grundstück, das er seit 12 Jahren besitzt, und macht dabei einen Gewinn von 100.000 €. Einkunftsart und Einkunftsermittlung bestimmen sich nach dem EStG (§ 8 Abs. 1 Satz 1 KStG). Gemäß § 23 Abs. 1 Nr. 1 EStG i.V.m. § 8 Abs. 1 KStG ist dieser Gewinn nicht steuerbar.

Für Kapitaleinkünfte bestimmt § 8 Abs. 10 KStG, dass § 2 Abs. 5b Satz 1 EStG nicht anzuwenden ist, d.h. die Kapitalerträge gemäß § 20 EStG sind dem zvE hinzuzurechnen. Ein Abzug von Werbungskosten ist nicht möglich, der Sparerpauschbetrag kann angesetzt werden.

Beispiel: Ein nicht steuerbefreiter Verein erzielt Zinsen i.H.v. 10.000 € und hat Werbungskosten von 1.000 €. Einkunftsart und Einkunftsermittlung bestimmen sich nach dem EStG (§ 8 Abs. 1 Satz 1 KStG). Der Verein erzielt Einkünfte aus § 20 Abs. 1 Nr. 7 EStG, die gemäß § 8 Abs. 10 KStG den zvE zugerechnet werden müssen. Es liegt eine Überschusseinkunftsart vor. Es müssen keine Bilanzen erstellt werden.

Lösung: Die KSt ermitteln sich wie folgt:

§ 8 Abs. 10 KStG: Zinsen	10.000 €
Sparerpauschbetrag nach § 20 Abs. 9 EStG	./. 801 €
Einkünfte = zvE	9.199 €
KSt: 15 % x 9.199 €	1.380 €

Für Kapitalgesellschaften, also insbesondere GmbH und AG, sieht § 8 Abs. 2 KStG eine Sonderregelung vor: Hier sind alle Einkünfte als Einkünfte aus Gewerbebetrieb zu behandeln.

Beispiel: Eine GmbH verkauft ein Grundstück, das sie seit zwölf Jahren besitzt, und macht dabei einen Gewinn von 100.000 €. Die GmbH erzielt Einkünfte aus § 15 EStG. Es liegt eine Gewinneinkunftsart vor. Folglich müssen Bilanzen erstellt werden. Der Gewinn von 100.000 € ist steuerpflichtig und muss mit 15 % KSt (15.000 €) versteuert werden.

Beispiel: Eine GmbH erzielt Zinsen i.H.v. 10.000 € und hat Betriebsausgaben von 1000 €. Die GmbH erzielt Einkünfte aus § 15 EStG, § 8 Abs. 2 KStG. Es liegt eine Gewinneinkunftsart vor, § 2 Abs. 2 Nr. 1 EStG. Folglich müssen Bilanzen erstellt werden. Die KSt ermittelt sich wie folgt:

Einnahmen	10.000 €
./. Betriebsausgaben	1.000 €
zvE	9.000 €
KSt: 15 % x 9.000 € =	1.350 €

Der Sparerpauschbetrag, § 20 Abs. 8 EStG, wird nicht angesetzt, da Einkünfte aus § 15 EStG vorliegen. Die Werbungskosten können angesetzt werden.

Ermittlungsschema

Die KSt ist bei einer Kapitalgesellschaft in folgenden Schritten zu ermitteln: [1], [2]

Korrekturen innerhalb der Bilanz

Hier geht es darum, die Auswirkungen auf den Jahresüberschuss zu ermitteln, die durch Abweichungen der StB von der HB notwendig sind. Die Korrekturen innerhalb der Bilanz, also die Korrekturen, die erforderlich sind, um aus der HB eine StB zu machen, sind bereits dargestellt worden, vgl. S. 70 f.

Korrekturen außerhalb der Bilanz

Steuerfreie Erträge und nicht abziehbare Aufwendungen führen zu Korrekturen außerhalb der Bilanz. Das bedeutet, dass die StB und GuV nicht geändert werden. Vgl. S. 72 f.

Beispiel: Eine GmbH legt folgende handelsrechtliche = steuerliche GuV vor:

Erlöse	100.000 €
diverser Aufwand	./. 40.000 €
Kundengeschenke über 35 €	./. 20.000 €
Jahresüberschuss	40.000 €

Lösung:

Jahresüberschuss	40.000 €
Kundengeschenke über 35 € sind nicht abziehbare Betriebsausgaben, § 4 Abs. 5 Nr. 1 EStG	20.000 €
zvE	60.000 €

Steuerrückstellungen

Beispiel: Eine GmbH legt folgenden Jahresabschluss 01 vor Berechnung der Steuern vor. Der GewSt-Hebesatz beträgt 400 %.

GuV 01 vor Berechnung der Steuern

Erlöse	100.000 €
./. diverser Aufwand	./. 50.000 €
./. KSt-Vorauszahlungen	./. 5.000 €
./. Soli-Vorauszahlungen	./. 275 €
./. GewSt-Vorauszahlungen	./. 3.000 €
= vorläufiger Jahresüberschuss	41.725 €

vorläufige Bilanz zum 31.12.01

Aktiva	66.725 €	gez. Kap	25.000 €
		JÜ	41.725 €
	66.725 €		66.725 €

Lösung:

vorläufiger Jahresüberschuss	41.725 €
+ KSt-Vorauszahlungen	5.000 €
+ Soli-Vorauszahlungen	275 €
+ GewSt-Vorauszahlungen	3.000 €
= Gewinn vor Steuern = zvE	50.000 €

Berechnung der GewSt

50.000 € x 3,5 % x 400 % =	7.000 €
./. GewSt-Vorauszahlungen	./. 3.000 €
= GewSt-Rückstellung	4.000 €

Berechnung der KSt

50.000 € x 15 % =	7.500 €
./. KSt-Vorauszahlungen	./. 5.000 €
= KSt-Rückstellung	2.500 €

Berechnung des Solidaritätszuschlags

7.500 € x 5,5 % =	412 €
./. Soli-Vorauszahlungen	./. 275 €
= Soli-Rückstellung	137 €

endgültige GuV 01

Erlöse	100.000 €
diverser Aufwand	./. 50.000 €
KSt-Aufwand	./. 7.500 €
Soli-Aufwand	./. 412 €
GewSt-Aufwand	./. 7.000 €
Jahresüberschuss	35.088 €

endgültige Bilanz zum 31.12.01

Aktiva	66.725 €	gezeichnetes Kapital	25.000 €
		Jahresüberschuss	35.088 €
		KSt-Rückstellung	2.500 €
		Soli-Rückstellung	137 €
		GewSt-Rückstellung	4.000 €
	66.725 €		66.725 €

[1] Berechnung von Steuerrückstellungen

Steuerrückstellungen

Körperschaftsteuer

Die KSt ist bei Erstellung der HB und der StB Aufwand. Der Grund ist einleuchtend: Steuerzahlungen sind betrieblich veranlasste Vermögensminderungen.
Bei der Berechnung der Steuern sind KSt und Soli aber nicht abziehbar, § 10 Nr. 2 KStG. Der Grund ist mathematischer Art. Der Gesetzgeber hat bestimmt, dass sich der 15 %ige KSt-Satz, § 23 Abs. 1 KStG, auf den Gewinn vor Abzug der KSt bezieht. Das führt zu folgendem Problem: Da KSt und Soli bilanziell als Aufwand gebucht werden, müssen sie zur Berechnung der Steuer außerhalb der Bilanz dem Jahresüberschuss wieder hinzugerechnet werden.

Beispiel: Eine GmbH legt folgende vorläufige GuV vor:

vorläufige GuV	
Erlöse	100 €
diverser Aufwand	./. 40 €
KSt-Vorauszahlungen	./. 7 €
vorläufiger JÜ	53 €

»Vorläufig« bedeutet, dass die KSt noch nicht genau berechnet ist. Es sind bisher nur die Vorauszahlungen als Aufwand gebucht worden. Zur Berechnung der KSt müssen die Vorauszahlungen wieder hinzugerechnet werden:

vorläufiger JÜ	53 €
+ KSt-Vorauszahlungen, § 10 Nr. 2 KStG	7 €
Einkommen = zvE	60 €
KSt: 60 € x 15% =	9 €

Die endgültige GuV lautet daher:

(endgültige) GuV	
Erlöse	100 €
diverser Aufwand	./. 40 €
KSt	./. 9 €
(endgültiger) JÜ	51 €

In der GuV steht der gesamte KSt-Aufwand, also die Summe der bereits geleisteten Vorauszahlungen und der noch zu zahlenden KSt. In der Bilanz steht dahingegen nur die noch nicht gezahlte und folglich als Rückstellung auszuweisende Steuer. Diese berechnet sich wie folgt:

KSt	9 €
./. KSt-Vorauszahlungen	./. 7 €
= noch zu zahlende KSt	
= KSt-Rückstellung	2 €

Solidaritätszuschlag

Der Solidaritätszuschlag ist auch eine Personensteuer nach § 10 Nr. 2 KStG. Der Solidaritätszuschlag ist daher bei Erstellung der HB und der StB Aufwand. Als nicht abziehbare Betriebsausgabe muss der Soli aber wie die KSt zur Berechnung von KSt und Soli außerbilanziell dem Jahresüberschuss hinzugerechnet werden.

Gewerbesteuer

Die GewSt ist eine nicht abziehbare Betriebsausgabe, § 4 Abs. 5b EStG. Da die GewSt, wie die KSt, bilanziell als Aufwand behandelt wird, muss zur Steuerberechnung der GewSt-Aufwand außerbilanziell hinzugerechnet werden.

Beispiel: Eine GmbH legt eine vorläufige GuV auf (ohne Soli, Hebesatz 400%): [1]

vorläufige GuV	
Erlöse	100 €
diverser Aufwand	./. 40 €
KSt-Vorauszahlungen	./. 7 €
GewSt-Vorauszahlungen	./. 3 €
vorläufiger JÜ	50 €

Lösung:

vorläufiger JÜ	50 €
+ KSt-Vorauszahlungen, § 10 Nr. 2 KStG	7 €
+ GewSt-Vorauszahlungen	3 €
zvE	60 €
GewSt: 60 € x 3,5% x 400% =	8 €
KSt: 60 € x 15% =	9 €

(endgültige) GuV	
Erlöse	100 €
diverser Aufwand	./. 40 €
KSt	./. 9 €
GewSt	./. 8 €
(endgültiger) JÜ	43 €

Gründungsjahr: Frau A gründet mit 50.000 € eine GmbH. Davon soll die Hälfte als Darlehen gewährt werden.

Eröffnungsbilanz GmbH

Aktiva	50.000 €	gezeichnetes Kapital	25.000 €
		Verbindlichkeit	25.000 €
	50.000 €		50.000 €

Jahr 01: Im ersten Jahr erzielt die GmbH einen Jahresüberschuss von 100.000 €.

Bilanz 31.12.01 GmbH

Aktiva	150.000 €	gezeichnetes Kapital	25.000 €
		Jahresüberschuss	100.000 €
		Verbindlichkeit	25.000 €
	150.000 €		150.000 €

Berechnung der maximalen Gewinnausschüttung, §§ 30, 31 GmbHG:

Aktiva	150.000 €
./. Verbindlichkeiten	./. 25.000 €
./. gezeichnetes Kapital	./. 25.000 €
maximale Gewinnausschüttung	100.000 €

Jahr 02: Im zweiten Jahr erzielt die GmbH einen Jahresüberschuss von 120.000 €.

Bilanz 31.12.02 GmbH

Aktiva	270.000 €	gezeichnetes Kapital	25.000 €	
		Gewinnvortrag	100.000 €	} 220.000 € maximale
		Jahresüberschuss	120.000 €	Gewinnausschüttung
		Verbindlichkeit	25.000 €	
	270.000 €		270.000 €	

Jahr 03: Im dritten Jahr erzielt die GmbH einen Jahresüberschuss von 80.000 €. Die GmbH nimmt eine Vorabausschüttung i.H.v. 40.000 € vor.

Bilanz 31.12.03 GmbH

Aktiva	310.000 €	gezeichnetes Kapital	25.000 €	
		Bilanzgewinn	260.000 €	260.000 € maximale
		Verbindlichkeit	25.000 €	Gewinnausschüttung
	310.000 €		310.000 €	

GuV 03

Jahresüberschuss	80.000 €	} Gewinnverwendungsrechnung
Vorabausschüttung –	./. 40.000 €	
Gewinnvortrag 01 + 02	220.000 €	
Bilanzgewinn	260.000 €	

1 Beispiel zum Eigenkapital einer Kapitalgesellschaft

Exkurs: Eigenkapital bei Kapitalgesellschaften

Zweck des gezeichneten Kapitals

Gläubiger der Kapitalgesellschaft können nur in das Gesellschaftsvermögen vollstrecken. Die Gesellschafter haften nicht persönlich, § 13 Abs. 2 GmbHG. Zum Schutz der Gläubiger versucht das Gesetz sicherzustellen, dass die Kapitalgesellschaft immer ein Mindestvermögen hat. Dazu ist bestimmt, dass bei Gründung die Gesellschafter eine Mindesteinlage erbringen müssen und danach diese Einlage nicht wieder ausgeschüttet werden darf. Damit hat das gezeichnete Kapital zwei Funktionen:

1. **Mindesteinlage:** Das gezeichnete Kapital entspricht der Mindesteinlage, die bei Gründung erbracht werden muss (= Kapitalaufbringung). Das gezeichnete Kapital beträgt bei der GmbH mind. 25.000 €, § 5 Abs. 1 GmbHG, bei der AG 50.000 €, § 7 AktG. Um sicherzustellen, dass die Gesellschafter bei Gründung der Gesellschaft tatsächlich den Betrag überweisen, bestimmt das Gesetz eine **Eintragungssperre**: Eine Kapitalgesellschaft wird erst dann in das Handelsregister eingetragen, wenn die Kapitalgesellschaft mind. ein Kapital (= Aktiva ./. Schulden) i.H.v. 25.000/50.000 € hat. Das gezeichnete Kapital ist somit der »Preis« für die Befreiung der Eigner von der persönlichen Haftung. Hinzu kommt eine sog. **Handelndenhaftung**: Wenn die Gründer vor Eintragung bereits im Namen der noch nicht eingetragenen Gesellschaft handeln, haften sie persönlich, § 11 Abs. 2 GmbHG, § 41 AktG.
2. **Ausschüttungsbeschränkung:** Die Regeln über die Mindesteinlage wären leicht zu umgehen, wenn man das eingelegte Geld am Tage nach der Gründung wieder an die Gesellschafter ausschütten dürfte. Daher gilt eine **Ausschüttungssperre**: Das zur Erhaltung des gezeichnetes Kapitals erforderliche Vermögen (= Aktiva) darf nicht ausgeschüttet werden (= Kapitalerhaltung). Der Umfang der Ausschüttungssperre ist bei GmbH und AG verschieden:

- Bei einer **GmbH** dürfen Ausschüttungen nur vorgenommen werden, soweit die Aktiva größer sind als Schulden und gezeichnetes Kapital zusammen, § 30 Abs. 1 GmbHG.
- Bei der **AG** ist die Ausschüttungssperre strenger. Ausschüttungen dürfen nur vorgenommen werden, soweit die Aktiva größer sind als Schulden, Grundkapital, Kapitalrücklage (ohne § 272 Abs. 2 Nr. 4 HGB) und gesetzliche Rücklage zusammen, §§ 58, 150 AktG.

Um sicherzustellen, dass keine zu hohen und daher verbotenen Ausschüttungen an die Gesellschafter vorgenommen werden, gibt es folgende Regeln: Zum einen kennt das HGB ein strenges Vorsichtsprinzip. Es werden niedrige Gewinne ausgewiesen, so dass nur wenig ausgeschüttet werden darf. Dadurch kann das Vermögen nicht der Haftung der Gläubiger durch Ausschüttung entzogen werden. Zum anderen gelten strenge Haftungsregeln bei einer verbotenen Gewinnausschüttung: Wenn zu viel ausgeschüttet wird, haften die Gesellschafter und die gesetzlichen Vertreter (Geschäftsführer bzw. Vorstand) in dieser Höhe persönlich, § 31 GmbHG, § 62 AktG.

Beispiel: A gründet als Alleingesellschafter-Geschäftsführer mit 25.000 € eine GmbH. Er erwirtschaftet einen Gewinn von 1.000 €. Die GmbH schüttet 2.500 € aus. Die max. zulässige Ausschüttung beträgt 1.000 € (= Aktiva 26.000 € ./. gezeichnetes Kapital 25.000 €). Damit sind 1.500 € zu viel ausgeschüttet worden. Die GmbH hat einen Anspruch gegenüber A i.H.v. 1.500 €, § 31 GmbHG. Dieser Anspruch ist als Forderung zu bilanzieren.

Aber: Durch Mindesteinlage und Ausschüttungsbeschränkung kann nicht verhindert werden, dass die Aktiva durch Verluste aufgebraucht werden. Jedoch muss bei Überschuldung das Insolvenzverfahren eröffnet werden. Überschuldung liegt aber erst vor, wenn die Verbindlichkeiten höher als die Aktiva sind, d. h. bei einem Nettovermögen von ./.1 €.

Jahresüberschuss – Bilanzgewinn

Der Gewinn des laufenden Jahres heißt bei einer Kapitalgesellschaft **Jahresüberschuss** (JÜ), der Verlust heißt Jahresfehlbetrag (JF), § 266 Abs. 3 A V HGB. Die Summe der thesaurierten, d. h. nicht ausgeschütteten Gewinne der Vorjahre, wird als **Gewinnvortrag** ausgewiesen, § 266 Abs. 3 A IV HGB. Ist der Betrag negativ, so heißt er Verlustvortrag. Wenn die Bilanz aufgestellt wird, nachdem ein Teil des Jahresüberschusses bereits ausgeschüttet worden ist (sog. Vorabausschüttung), dann kann der Restbetrag nicht als Jahresüberschuss ausgewiesen werden. Für diesen Fall ist der Restbetrag des Jahresüberschusses mit dem Gewinnvortrag zu summieren und als Bilanzgewinn auszuweisen, § 268 Abs. 1 HGB. Die GuV ist um eine **Gewinnverwendungsrechnung** zu ergänzen: 1

	Jahresüberschuss/Jahresfehlbetrag
./.	Vorabgewinnausschüttung
+	Gewinnvortrag
./.	Verlustvortrag
=	Bilanzgewinn

Besteuerung der GmbH			
Gewinn vor Steuer			100.000 €
KSt	100.000 € x 15 % =	15.000 €	
Soli	15.000 € x 5,5 % =	825 €	
GewSt	100.000 € x 3,5 % x 400 % =	14.000 €	
Summe			./. 29.825 €
Jahresüberschuss			70.175 €

Besteuerung des Gesellschafters					
Gesellschafter = natürliche Person				Gesellschafter = Kapitalgesellschaft	
Gesellschaftsanteile					
im Privatvermögen		im Betriebsvermögen oder im Privatvermögen bei § 32d Abs. 2 Nr. 3 EStG			
Kapitalertragsteuer mit Abgeltungswirkung		Teileinkünfteverfahren			
Gewinnausschüttung	70.175 €	Gewinnausschüttung	70.175 €	Gewinnausschüttung	70.175 €
		§ 3 Nr. 40d EStG: 60 %	42.105 €	§ 8b Abs. 1 KStG	./. 70.175 €
§ 20 Abs. 9 EStG Werbungskosten-abzugsverbot	./. 801 €	§ 3c Abs. 2 EStG BA zu 60 %	./. 1.200 €	§ 8b Abs. 5 KStG 5 % x 70.175 € =	3.509 €
			40.905 €		
		Sonderausgaben § 10c EStG	./. 36 €	Betriebsausgaben	./. 2.000 €
BMG für KapESt	69.374 €	zvE	40.869 €	zvE	1.509 €
				GewSt (3,5% x 400%)	211 €
KapESt 25 %	17.344 €	ESt § 32a EStG	8.635 €	KSt 15 %	226 €
Soli	954 €	Soli	0 €	Soli	12 €
Steuer Gesellschafter, ESt und Soli	18.298 €	Steuer Gesellschafter, ESt und Soli	8.635 €	Steuer Gesellschafter, GewSt/KSt/Soli	449 €
Steuer GmbH	29.825 €	Steuer GmbH	29.825 €	Steuer GmbH	29.825 €
Summe Steuer	48.123 €	Summe Steuer	38.460 €	Summe Steuer	30.275 €

1 Steuerbelastungsvergleich: Eine GmbH erzielt einen Gewinn von 100.000 € und nimmt eine Vollausschüttung vor. Der Gesellschafter hat 2.000 € Ausgaben in Zusammenhang mit der Ausschüttung. Der Gewerbesteuerhebesatz beträgt 400%. Die Beteiligungsquote beträgt 25%, so dass das gewerbesteuerliche Schachtelprivileg (vgl. S. 157), die Dividendenfreistellung nach § 8b KStG und die Anwendbarkeit des § 32d Abs. 2 Nr. 3 EStG gegeben sind.

Das Problem der Doppelbesteuerung

Eine Kapitalgesellschaft muss ihren Gewinn versteuern. Nach der Gewinnausschüttung durch die Kapitalgesellschaft muss der Gesellschafter die Ausschüttung erneut versteuern. Damit wird der Gewinn doppelt besteuert. Da dies nicht besonders sinnvoll ist, versucht man die Doppelbelastung zu vermeiden:

- Bis zum Jahr 2000 wurde die Doppelbelastung durch das sog. **Körperschaftsteueranrechnungsverfahren** erreicht. Der Gesellschafter konnte sich die von der Kapitalgesellschaft gezahlte KSt als Vorauszahlung auf seine eigene ESt anrechnen lassen.
- Für die Jahre 2001 bis 2008 galt das **Halbeinkünfteverfahren**.
- Ab 2009 gibt es für Privatvermögen eine Kapitalertragsteuer mit Abgeltungswirkung und für Betriebsvermögen das Teileinkünfteverfahren siehe S. 44 ff.
- Für Kapitalgesellschaften als Gesellschafter gilt ab 2001 das Dividendenfreistellungsverfahren (ab 2013 nur für Beteiligungen ≥10%). [1]

Gewinnausschüttung an natürliche Personen

Bei Gewinnausschüttungen an natürliche Personen erfolgt die Beseitigung der Doppelbelastung durch die Abmilderung der KSt und der ESt. Die KSt ist ab 2008 auf 15% gesenkt worden. Sie ist damit deutlich niedriger als der ESt-Spitzensteuersatz von 45%, § 23 Abs.1 KStG, § 32a Abs. 1 EStG.

Auch die ESt auf Gewinnausschüttungen ist deutlich niedriger als die ESt auf andere Einkünfte.

Gewinnausschüttungen im Privatvermögen werden mit einer abgeltenden Kapitalertragsteuer i.H.v. 25% besteuert. Werbungskosten sind nicht abzugsfähig, § 20 Abs. 9 EStG.

Wenn ein Gesellschafter zu mindestens 25% an einer Kapitalgesellschaft beteiligt ist oder zu mindestens 1 % beteiligt ist und beruflich mit wirtschaftlichem Einfluss für diese tätig ist, kann er beantragen, dass seine Gewinnausschüttungen nach dem Teileinkünfteverfahren nach § 3 Abs. 1 Nr. 40 EStG besteuert werden (§ 32d Abs. 2 Nr. 3 EStG). Mit den Ausschüttungen zusammenhängende BA können zu 60% abgezogen werden, § 3c Abs. 2 EStG. Die Besteuerung entspricht dann der Besteuerung von Gewinnausschüttungen im BV im Steuerbelastungsvergleich [1].

Gewinnausschüttungen im BV

Diese werden zu 60% besteuert, § 3 Nr. 40d EStG. Damit zusammenhängende Betriebsausgaben können nur zu 60% abgezogen werden (§ 3c Abs. 2 EStG, sog. Teileinkünfteverfahren).

Beispiel: Anton erhält eine Gewinnausschüttung i.H.v. 10.000 €. Er hält die Aktien im BV. Seine Depotgebühren betragen 2.000 €. Einkünfte?

Lösung:

§ 20 Abs. 1 Nr. 1 EStG		
Einnahmen, § 8 Abs. 1 EStG		10.000 €
davon steuerfrei, § 3 Nr. 40d EStG		./. 4.000 €
steuerpflichtige Einnahmen		6.000 €
WK	2.000 €	
§ 3c Abs. 2 EStG	./. 800 €	
abzugsfähige WK		./. 1.200 €
Einkünfte		4.800 €

Gewinnausschüttungen an Kapitalgesellschaften

Ist Gesellschafter eine Kapitalgesellschaft mit einer **Beteiligung von mindestens 10%**, so erfolgt die Beseitigung der Doppelbelastung durch eine Steuerbefreiung der Gewinnausschüttung. Zugleich werden aber nicht abziehbare Ausgaben in Höhe von 5% der Gewinnausschüttung fingiert (§ 8b Abs. 1, 5 KStG). Achtung: Die 10%-Grenze gilt nicht bei Veräußerungsgewinnen.

Beispiel: Eine GmbH hat Aktien aus einer Beteiligung von 15% und erhält als einzigen Geschäftsvorfall eine Dividende (= Gewinnausschüttung) i.H.v. 10.000 €. Einkünfte?

Lösung:

Jahresüberschuss vor Steuern	10.000 €
Korrektur außerhalb der Bilanz	
Steuerfrei, § 8b Abs. 1 KStG	./. 10.000€
§ 8b Abs. 5 KStG (5% x 10.000 €)	500 €
Einkünfte aus § 15 EStG	500 €

KSt: 500 € x 15% = 75 €

Ist Gesellschafter eine Kapitalgesellschaft mit einer **Beteiligung unter 10%**, erfolgt keine Freistellung der Gewinnausschüttung. Die Doppelbesteuerung bleibt bestehen (§ 8b Abs. 4 KStG).

Beispiel: Eine GmbH hat Aktien aus einer Beteiligung von 9% und erhält als einzigen Geschäftsvorfall eine Dividende (= Gewinnausschüttung) i.H.v. 10.000 €. Einkünfte?

Lösung:

Jahresüberschuss vor Steuern	10.000 €
Keine Korrektur außerhalb der Bilanz	
Einkünfte aus § 15 EStG	10.000 €

KSt: 10.000 € x 15% = 1.500 €

Tatbestand: Eine verdeckte Gewinnausschüttung ist eine
- Vermögensminderung oder verhinderte Vermögensmehrung, die sich auf die Höhe des Unterschiedsbetrags i. S. d. § 4 Abs. 1 S. 1 EStG auswirkt (Gewinnminderung oder verhinderte Gewinnmehrung), und die
- nicht auf einem den gesellschaftsrechtlichen Vorschriften entsprechenden Gewinnverteilungsbeschluss beruht, und
- durch das Gesellschaftsverhältnis veranlasst ist.

1 Tatbestand der verdeckten Gewinnausschüttung

1. **Fremdvergleich**
   Hätte ein Nichtgesellschafter den Vorteil auch erhalten?
2. **Beherrschender Gesellschafter (> 50 % der Stimmrechte)**
   Liegt eine Vereinbarung vor, die
   - zivilrechtlich wirksam,
   - klar und eindeutig,
   - im Voraus abgeschlossen
   - und tatsächlich durchgeführt worden ist?

2 Prüfung der Veranlassung durch das Gesellschaftsverhältnis

Wichtige Fallgruppen einer vGA

- vGA in Form einer Gewinnminderung (= Gewinnausschüttung wird als Aufwand gebucht):
  Der Gesellschafter erhält von der Gesellschaft eine zu hohe Gegenleistung, z. B.
  - ein zu hohes Gehalt, eine zu hohe Vergütung,
  - zu hohe Zinsen,
  - eine zu hohe Miete,
  - einen zu hohen Kaufpreis.

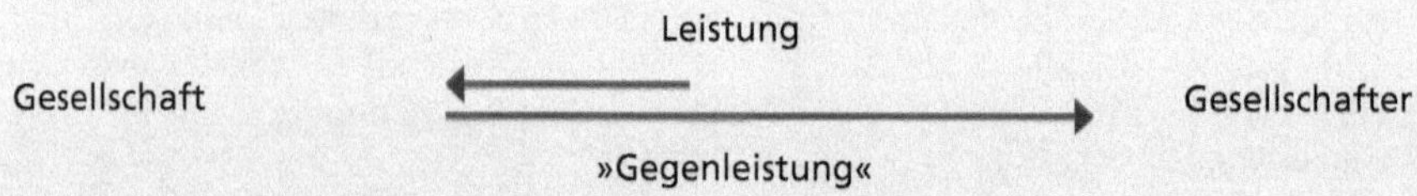

- vGA in Form einer verhinderten Gewinnerhöhung (Gesellschaft verzichtet auf Ertrag):
  Der Gesellschafter erbringt gegenüber der Gesellschaft eine zu niedrige Gegenleistung, z. B.
  - zu niedrige Zinsen,
  - eine zu niedrige Miete,
  - einen zu niedrigen Kaufpreis.

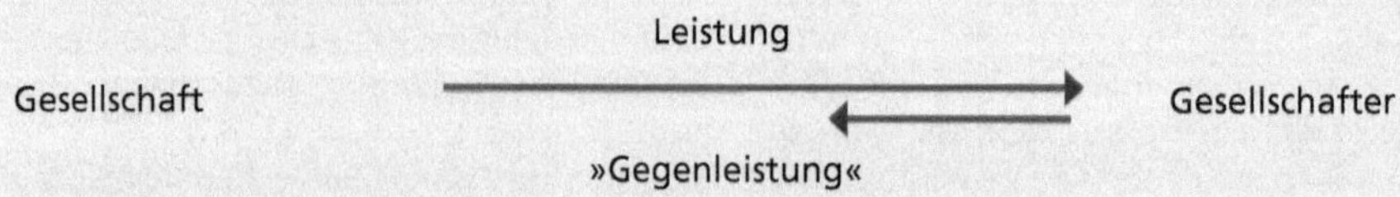

- Beherrschender Gesellschafter
  - rückwirkende Gehaltserhöhung
  - Tantieme, deren Höhe der Gesellschafter am Jahresende frei bestimmen darf
  - Arbeitsverhältnis ohne genaue Vereinbarung über die zu erbringende Leistung und über die Lohnhöhe

3 Fallgruppen

Verdeckte Gewinnausschüttungen (vGA)

Die KSt besteuert den Gewinn. Folglich darf eine Gewinnausschüttung den Gewinn nicht mindern. Man könnte sonst die Steuer immer auf 0 € herabsetzen, indem man alle Gewinne ausschüttet.

Beispiel: Eine GmbH, die Zinsen i.H.v. 100€ erzielt, muss darauf 15 € KSt zahlen. Ihr bleiben zur Gewinnausschüttung nur 85 € übrig. Nun ist es aber verlockend, eine Gewinnausschüttung zu verdecken, indem man sie fälschlicherweise als Aufwand bucht. Wenn etwa ein fiktives Beratungshonorar an den Gesellschafter i.H.v. 100 € gebucht wird, so sinkt der Gewinn auf 0 €. Es entstünde folglich keine KSt. Dies nennt man eine vGA. § 8 Abs. 3 S. 2 KStG bestimmt nun, dass eine vGA den Gewinn nicht mindern darf. Da im Beispiel weder eine Beratung noch ein Beratungshonorar vorlag, ist dem falsch berechneten Gewinn von 0 € die vGA wieder hinzuzurechnen. Die KSt beträgt dann richtigerweise 15% x 100 € = 15 €.

Tatbestandsvoraussetzungen

Das Problem ist nun die Abgrenzung einer Gewinnausschüttung, die den Gewinn nicht mindern darf, von einem betrieblich veranlassten Aufwand, der den Gewinn mindern darf. Verwaltung und Rechtsprechung prüfen in drei Schritten: Eine vGA ist eine

- Vermögensminderung oder verhinderte Vermögensmehrung, die sich auf die Höhe des Unterschiedsbetrags i. S. des § 4 Abs. 1 S. 1 EStG auswirkt,
- durch das Gesellschaftsverhältnis veranlasst ist,
- und nicht auf einem den gesellschaftsrechtlichen Vorschriften entsprechenden Gewinnverteilungsbeschluss beruht, R 8.5 KStR 2015. [1]

Diese sperrige Definition kann man für die meisten Fälle folgendermaßen vereinfachen: Eine vGA ist

- eine Gewinnminderung oder verhinderte Gewinnmehrung,
- die durch das Gesellschaftsverhältnis (d. h. nicht durch eine Gegenleistung) veranlasst ist.

Bei der Frage, ob eine Leistung durch das Gesellschaftsverhältnis veranlasst ist, orientiert man sich am sog. Fremdvergleichsgrundsatz: Hätte ein Nichtgesellschafter den gleichen Vorteil nicht erhalten, so beruht die Leistung auf dem Gesellschaftsverhältnis und nicht auf der Gegenleistung des Gesellschafters.

Beispiel: Der Gesellschafter gewährt seiner GmbH ein Darlehen über 100.000 € zu einem Zinssatz von 20 %. Angemessen wären lediglich 10%. Die Zinszahlung führt zu einer Gewinnminderung. Die Zinszahlung ist durch das Gesellschaftsverhältnis veranlasst, denn ein Nichtgesellschafter hätte nur 10% Zinsen erhalten. Es liegt somit eine vGA i.H.v. 10% x 100.000 € = 10.000 € vor.

Beispiel: Eine GmbH gewährt ihrem Gesellschafter ein Darlehen über 50.000 € zu 5% Zinsen. Angemessen wären 10%. Die GmbH verzichtet auf eine Gewinnmehrung von 5%. Es liegt eine vGA i.H.v. jährlich 5% x 50.000 € = 2.500 € vor.

Beherrschender Gesellschafter

Bei einem beherrschenden Gesellschafter (mehr als 50% der Stimmrechte) ist die Finanzverwaltung deutlich strenger: Eine Veranlassung durch das Gesellschaftsverhältnis und damit eine vGA ist auch gegeben bei einer Leistung der Gesellschaft an den Gesellschafter ohne eine Vereinbarung, die

- zivilrechtlich wirksam,
- klar und eindeutig,
- im Voraus abgeschlossen und
- tatsächlich durchgeführt worden ist (R 8.5 KStR 2015).

Beispiel: Ein Alleingesellschafter-Geschäftsführer möchte am Jahresende den Gewinn der GmbH um 100 € senken. Dazu gewährt er sich selbst rückwirkend eine Tantieme über 100 €, die er als Aufwand bucht. Die Tantieme ist nicht im Voraus, also vor Beginn des Jahres vereinbart worden. Es liegt daher eine vGA vor. Der steuerliche Gewinn ist folglich um 100 € zu erhöhen. [2]

Rechtsfolgen

Auf Ebene der GmbH führt die Aufdeckung einer vGA zu einem höheren Gewinn und folglich zu höheren Steuern (GewSt, KSt, Soli). Auf Ebene des Gesellschafters kommt es zu Einkünften aus Kapitalvermögen.

Beispiel: Ein Gesellschafter-Geschäftsführer gewährt sich ein Gehalt i.H.v. 200.000 €. Angemessen sind 100.000 €. Auf Ebene der GmbH steigt der Gewinn vor Steuern um 100.000 €. Die Einkünfte aus § 19 EStG sinken um 100.000 €. Die Einkünfte aus § 20 EStG steigen um 100.000 €. Der Gesellschafter kann die Besteuerung zum Teileinkünfteverfahren beantragen, § 32d Abs. 2 Nr. 3 EStG. [3]

Tatbestand: Eine verdeckte Einlage ist eine Vermögensmehrung oder verhinderte Vermögensminderung, die sich auf die Höhe des Unterschiedsbetrags i.S.d. § 4 Abs. 1 S. 1 EStG auswirkt,

- in Form eines **einlagefähigen** Vermögensvorteils,
- der durch das Gesellschaftsverhältnis veranlasst ist.

1 Tatbestand der verdeckten Einlage

Beispiel 1:

- Verkauf eines Wirtschaftsgutes zu einem unangemessen niedrigen Preis an die Kapitalgesellschaft durch einen Gesellschafter,
- Kauf eines Wirtschaftsgutes zu einem überhöhten Preis von der Kapitalgesellschaft,
- Erlass einer Verbindlichkeit, die die Gesellschaft gegenüber dem Gesellschafter hat,
- Gewährung eines Darlehens durch die Gesellschaft an den Gesellschafter zu einem überhöhten Zinssatz,
- Vermietung eines Grundstückes an den Gesellschafter durch die Gesellschaft zu einem überhöhten Mietzins.

Beispiel 2:
A arbeitet ohne Entgelt als Geschäftsführer seiner A-GmbH. Liegt eine vE vor?
Lösung 2:
Nein, denn es liegt zwar eine verhinderte Vermögensminderung (Gehaltsverzicht) bzw. eine Vermögensmehrung (Wert der Arbeitsleistung) vor, aber der Vermögensvorteil muss einlagefähig – aktivierbar – sein. Arbeitsleistungen sind, genau wie Dienstleistungen und Nutzungen jedoch nicht einlagefähig.
Beispiel 3:
A erhält von seiner A-GmbH ein Darlehen zu einem höheren Zins als marktüblich. Liegt eine vE vor?
Lösung 3:
Da der Anspruch auf die Zinszahlung aktivierbar ist (Forderung) und hier eine Vermögensmehrung vorliegt, liegt auch eine vE vor.

2 Verdeckte Einlage – Beispiele

Beispiel:
A gründet allein eine GmbH, stellt ihr lediglich das gesetzlich vorgeschriebene Mindestkapital von 25.000 € zur Verfügung und gibt ihr ein Darlehen von 50 Mio. €, für das er marktübliche Zinsen von 6 % (keine vGA), also 3 Mio. € jährlich vereinbart. Die Gesellschaft erzielt einen Gewinn i.H.v. 3 Mio. € vor Steuern, Abschreibungen und Zinsen. Kann A die 3 Mio. € Zinsen vom Gewinn der Kapitalgesellschaft abziehen und die 3 Mio. € Zinseinkünfte mit der Abgeltungssteuer versteuern?
Lösung:
Gem. § 32d Abs. 2 S. 1 Nr. 1b EStG darf der Abgeltungssteuersatz gemäß § 32d Abs. 1 EStG nicht angewendet werden, wenn die Zinsen von einer Kapitalgesellschaft an einen Anteilseigner gezahlt werden, der zu mehr als 10 % an der Gesellschaft beteiligt ist. Da dies hier der Fall ist, kann der Abgeltungssteuersatz von 25 % nicht angewendet werden; A muss die Zinseinkünfte in sein zvE einbeziehen und mit seinem persönlichen Steuersatz versteuern. Gleichzeitig darf A die Zinsen nicht von dem Gewinn der GmbH abziehen. Denn § 8a Abs. 2 KStG regelt, dass die Escape-Klauseln der Zinsschranke (vgl. S. 76 f.) gemäß § 4h Abs. 2 S. 1 Buchst. b und c EStG nicht anzuwenden sind, wenn die Vergütungen für Fremdkapital an einen Anteilseigner gezahlt werden, der zu mehr als einem Viertel am Kapital der Gesellschaft beteiligt ist und dem mind. 10 % des Zinssaldos der Gesellschaft zustehen. Das bedeutet, dass die Zinsschranke, die normalerweise nur bei Konzerngesellschaften angewendet wird, und dann auch nur, wenn die Fremdkapitalquote des Betriebes höchstens 2 % niedriger ist als die des Konzerns, bei einer entsprechenden Gesellschafterfremdfinanzierung ebenfalls greift. Die Freigrenze von 3 Mio. € nach § 4h Abs. 2 S. 1 Buchst. a EStG gilt bei der Gesellschafterfremdfinanzierung allerdings auch. Da diese aber erreicht ist, dürfen die Zinsen den Gewinn der GmbH nur bis zu 30 % des EBITDA, also bis 900.000 €, mindern.

3 Gesellschafterfremdfinanzierung – Beispiel

Verdeckte Einlage (vE)

Verdeckte Einlagen (vE) bilden das Gegenstück zur verdeckten Gewinnausschüttung (vGA). Hierbei erhält die Kapitalgesellschaft von ihren Gesellschaftern/Anteilseignern Vermögensvorteile, die im Gesellschaftsverhältnis begründet sind. Dies kann grundsätzlich durch dieselben Rechtsgeschäfte erreicht werden, wie es bei einer verdeckten vGA der Fall ist (z.B. Kaufvertrag, Pachtvertrag oder Tausch). Die Vermögensvorteile äußern sich entweder durch eine verhinderte Vermögensminderung oder eine Vermögensmehrung. Dies wird z.B. erreicht, wenn der Anteilseigner Vermögenswerte zu einem niedrigeren Preis an eine Kapitalgesellschaft, an der er beteiligt ist, abgibt, als es ein fremder Vertragspartner tun würde.

Im KStG selbst findet sich die vE nicht explizit. Sie folgt aber implizit aus der Regelung des § 4 Abs. 1 und 5 EStG i.V. m. § 8 Abs. 1 KStG. In den Körperschaftsteuerrichtlinien wird die vE wie folgt definiert: »Eine verdeckte Einlage liegt vor, wenn ein Gesellschafter oder eine ihm nahe stehende Person der Körperschaft außerhalb der gesellschaftsrechtlichen Einlagen einen einlagefähigen Vermögensvorteil zuwendet und diese Zuwendung durch das Gesellschaftsverhältnis veranlasst ist« (R 8.9 KStR 2015). [1]

Beispiel: Gesellschafter A verkauft seiner GmbH ein Grundstück zu 1 Mio. €. Angemessen wären 2 Mio. €. Die GmbH hat also hier einen Vermögensvorteil i.H.v. 1 Mio. € erhalten, der im Gesellschaftsverhältnis begründet ist.

Folge einer vE ist, dass der Gewinn der Kapitalgesellschaft um die vE zu hoch und daher um diese zu kürzen ist, da eine erfolgsneutrale Einstellung in das Eigenkapital der Gesellschaft nicht möglich ist. Das Grundstück wird also mit AK i.H.v. 2 Mio. € auf der Aktivseite verbucht. Das Eigenkapital wird erfolgsneutral um 1 Mio. € erhöht. Die Buchung erfolgt gemäß § 27 KStG als Einlage in das sog. steuerliche Einlagenkonto. Maßstab der Bewertung ist der gemeine Wert der Einlage. Beim Gesellschafter erhöht sich der Veräußerungserlös daher um 1 Mio. €, die er unter bestimmten Umständen (vgl. »Veräußerung von Privatvermögen« S. 53) versteuern muss. Wenn die GmbH später eine Ausschüttung aus dem steuerlichen Einlagenkonto vornimmt, so gilt dies wirtschaftlich nicht als Gewinnanteil, sondern als Rückzahlung von Eigenkapital. Daher müsste A diese Eigenkapitalrückzahlung auch nicht als Gewinnanteil versteuern.
Falls A die Beteiligung im Betriebsvermögen hält, erhöht sich außerdem der Wert der aktivierten Beteiligung um die vE.

Die vE ist dabei an **zwei Voraussetzungen** gebunden:

1. Zuwendung eines einlagefähigen Vermögensvorteils
Gegenstand einer Einlage können nur aktivierungsfähige Wirtschaftsgüter sein, da sich die vE bilanziell in der Erhöhung eines Aktivpostens oder Verringerung eines Passivpostens niederschlägt. Vorteile aus der Überlassung von Wirtschaftsgütern zur Nutzung und zum Gebrauch sowie günstigere Konditionen bei Dienstleistungen scheiden daher als Gegenstand einer vE. aus (vgl. H 8.9 KStH 2015 – einlagefähiger Vermögensvorteil). [2]

2. Veranlassung durch das Gesellschaftsverhältnis
Eine Veranlassung durch das Gesellschaftsverhältnis ist gemäß R 8.9 Abs. 3 Satz 2 KStR 2015 gegeben, »wenn ein Nichtgesellschafter bei Anwendung der Sorgfalt eines ordentlichen Kaufmanns den Vermögensvorteil der Gesellschaft nicht eingeräumt hätte«. Wie bei einer vGA ist daher auch bei einer vE ein Fremdvergleich (Drittvergleich) vorzunehmen.

Gesellschafterfremdfinanzierung

Nachdem für Zinserträge nach § 20 Abs. 1 Nr. 7 EStG seit 2009 die Abgeltungssteuer von 25 % gilt, ist es besonders attraktiv für einen Mehrheitsgesellschafter, von einer Kapitalgesellschaft statt einer Dividende bzw. eines Gewinnanteils eine Zinszahlung zu erhalten, da diese bei dem Gesellschafter nur zum Abgeltungssteuersatz von 25 % versteuert wird und bei der Kapitalgesellschaft den Gewinn und damit die KSt- und GewSt-Last mindern. Ein Gesellschafter, dem eine Kapitalgesellschaft mehrheitlich gehört, könnte also auf die Idee kommen, der Gesellschaft über das gesetzlich vorgeschriebene Eigenkapital nur noch Fremdkapital zur Verfügung zu stellen, um dadurch die Steuern der Gesellschaft und seine eigenen zu optimieren.

Der Gesetzgeber hat auf diese »missbräuchliche Gewinnverschiebung« mit entsprechenden Vorschriften reagiert. [3]

Beispiel: Die Organgesellschaft-GmbH ist 100%ige Tochter der Organträger-GmbH. Im folgenden sind die handelsrechtlichen Jahresüberschüsse und die daraus abgeleiteten Ermittlungen des steuerlichen Einkommens dargestellt.

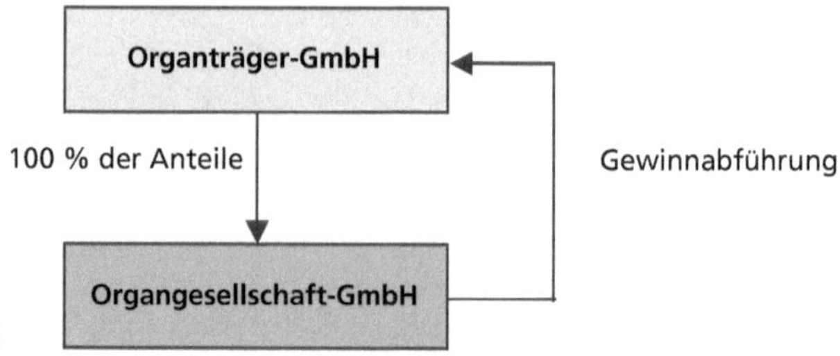

Organgesellschaft

Handelsrechtliche GuV

Erlöse steuerpflichtig	100.000 €
Erlöse steuerfrei	50.000 €
./. Aufwand abziehbar	./. 70.000 €
./. Aufwand nicht abziehbar	./. 20.000 €
= Ergebnis vor Gewinnabführung	60.000 €
./. Aufwand aus Gewinnabführung	./. 60.000 €
= Jahresüberschuss	0 €

Ermittlung der steuerlichen Einkommens

Jahresüberschuss	0 €
+ Gewinnabführung	60.000 €
./. Erlöse steuerfrei	./. 50.000 €
+ Aufwand nicht abziehbar	20.000 €
= Einkommen vor Einkommenszurechnung	30.000 €
./. Einkommenszurechnung	./. 30.000 €
= Einkommen = zvE	0 €

Organträger

Handelsrechtliche GuV

Erlöse steuerpflichtig	200.000 €
./. Aufwand abziehbar	./. 90.000 €
= Ergebnis vor Gewinnabführung	110.000 €
+ Erträge aus Gewinnabführungsvertrag	60.000 €
= Jahresüberschuss vor KSt	170.000 €
./. KSt	./. 21.000 €
Jahresüberschuss	149.000 €

Ermittlung des steuerlichen Einkommens

Jahresüberschuss vor KSt	170.000 €
./. Erträge aus Gewinnabführungsvertrag	./. 60.000 €
+ Einkommen der Organgesellschaft	30.000 €
= Einkommen des Organträgers = zvE	140.000 €
KSt: 15 % x 140.000 € =	21.000 €

1 Beispiel zur Organschaft

Organschaft

Jede Kapitalgesellschaft ist körperschaftsteuerpflichtig. Das gilt auch im Rahmen eines Konzerns. Nicht der Konzern, sondern die einzelnen Konzerngesellschaften sind die Steuersubjekte. Die handelsrechtliche Konzernbilanz ist für das Steuerrecht ohne Bedeutung.

Beispiel: Der X-Konzern besteht aus der Mutter-AG (zvE 100 €) und der 100%igen Tochter-GmbH (zvE 200 €).
Lösung: Die Mutter-AG und die Tochter-GmbH müssen beide eine eigene Bilanz erstellen. Sie müssen jeweils ihren eigenen Gewinn versteuern. Eine Konzernbilanz gibt es steuerlich nicht.

Das Körperschaftsteuerrecht kennt statt des Konzerns die Regelung der **Organschaft**, §§ 14 ff. KStG. Die Mutter wird Organträger genannt und die Tochter Organgesellschaft. Das Einkommen der Organgesellschaft ist dem Organträger zuzurechnen.

Lösung des vorigen Beispiels mit einer steuerlichen Organschaft:

Gewinn der Tochter	
vor Gewinnabführung	200 €
./. Gewinnabführung	./. 200 €
Jahresüberschuss = zvE	0 €
KSt Tochter	0 €
Gewinn der Mutter = Organträger	
vor Gewinnabführung	100 €
Gewinnabführung durch Tochter	200 €
Jahresüberschuss = zvE	300 €
KSt: 300 € x 15% =	45 €

Tatbestandsvoraussetzungen **der Organschaft, §§ 14 ff. KStG:**

- Organgesellschaften können nur Kapitalgesellschaften mit Geschäftsleitung im Inland und Sitz in EU/im EWR sein.
- Der Organträger muss ein gewerbliches (§ 15 EStG) Unternehmen im Inland führen. Das bedeutet, dass auch eine natürliche Person Organträger sein kann.
- Der Organträger muss die Mehrheit der Stimmrechte an der Organgesellschaft haben (**finanzielle Eingliederung**).
- Die Organgesellschaft muss sich vertraglich verpflichten, ihren gesamten Gewinn an den Organträger abzuführen. Im Verlustfall muss der Organträger den Verlust der Organgesellschaft ausgleichen (**Gewinnabführungsvertrag**), § 291 Abs. 1 AktG.

Rechtsfolgen:
Der Organträger wird so besteuert, als ob er das Einkommen der Organgesellschaft selbst erzielt hätte. Gewinne der Organgesellschaft werden von dem Organträger versteuert. Verluste der Organgesellschaft können mit Gewinnen des Organträgers verrechnet werden und umgekehrt.

Steuerfreie Erträge und nicht abziehbare Ausgaben

Besonderheiten treten bei steuerfreien Erträgen und nicht abziehbaren Ausgaben auf. Dann weicht die handelsrechtliche Gewinnabführung der Organgesellschaft an den Organträger von der steuerlichen Einkommenszurechnung ab.

Im vorseitig abgedruckten Beispiel beträgt der von der Organgesellschaft abgeführte handelsrechtliche Gewinn 60.000 €. Zur Berechnung des zvE ist dieser Gewinn um steuerfreie Erträge zu kürzen und um nicht abziehbare Ausgaben zu erhöhen:

handelsrechtlicher Gewinn	
vor Gewinnabführung	60.000 €
./. steuerfreie Erträge	./. 50.000 €
+ nicht abziehbare Ausgaben	20.000 €
= zvE vor Einkommenszurechnung	30.000 €

Vergleich Organschaft – Konzernbilanz

Die Organschaft ist der Konzernbilanz vergleichbar, da in beiden Fällen der Gewinn für alle Einzelgesellschaften zusammen ermittelt wird.

Die steuerliche Organschaft unterscheidet sich aber erheblich von der Konzernbilanz. Bei der Organschaft findet nämlich keine Konsolidierung statt.

Beispiel: Eine Organgesellschaft verkauft Waren mit einem Gewinn von 100 € an die Organmutter. I.R.d. Konzernbilanz wird dieser Gewinn »herauskonsolidiert«. Im Konzerngewinn ist dieser Liefergewinn somit nicht enthalten. I.R.d. KSt erfolgt dahingegen keine Konsolidierung. Die Organgesellschaft erzielt den Liefergewinn. Dieser Gewinn wird der Organmutter als Einkommen zugerechnet und von ihr versteuert. [1]

Vorteile der Organschaft
■ Verrechnung von Gewinnen und Verlusten im Konzern ■ Vermeidung der 5%igen Versteuerung von Gewinnausschüttungen im Konzern nach § 8b Abs. 5 KStG ■ Vermeidung des § 3c Abs. 2 EStG, wenn der Organträger eine natürliche Person ist ■ Vermeidung der Kapitalertragsteuer
Nachteile der Organschaft
■ nur möglich, wenn ein Verlustübernahmevertrag geschlossen wird, § 302 AktG i.V.m §§ 14 und 17 KStG ■ eingeschränkter Verlustvortrag (Mindestbesteuerung) ■ vororganschaftliche Verluste der Organgesellschaft können, solange die Organschaft besteht, nicht ausgeglichen werden, § 15 Nr. 1 KStG ■ Verschärfung von Rücktrag und Mindestbesteuerung durch einmaligen Sockelbetrag nach § 10d Abs 1 und. 2 EStG

[1] Vor- und Nachteile der körperschaftsteuerlichen Organschaft

	Organschaft		
Tatbestandsmerkmale	**Körperschaftsteuer**	**Gewerbesteuer**	**Umsatzsteuer**
finanzielle Eingliederung	erforderlich	erforderlich	erforderlich
wirtschaftliche Eingliederung	–	–	erforderlich
organisatorische Eingliederung	–	–	erforderlich
Gewinnabführungsvertrag	erforderlich	erforderlich	–

[2] Vergleiche der Organschaft im Körperschaft-, Gewerbe- und Umsatzsteuerrecht

Vor- und Nachteile der Organschaft

Vorteile der Organschaft

Verrechnung von Gewinnen und Verlusten im Konzern

Beispiel: Ein Konzern besteht aus einer Mutter-AG (Verlust ./. 50 €), einer Tochter-GmbH 1 (Verlust ./. 40 €) und einer Tochter-GmbH 2 (Gewinn vor KSt 100 €).

Lösung ohne Organschaft:

Mutter und Tochter-GmbH 1:	0 €
Tochter-GmbH 2: 100 € x 15 % =	15 €
Summe	15 €

Bezogen auf den Konzerngewinn vor Steuern von 10 € ist das eine Konzernsteuerquote von 15/10 = 150 %.

Lösung mit Organschaft:

Verlust Mutter:	./. 50 €
Verlust Tochter-GmbH 1:	./. 40 €
Gewinn Tochter-GmbH 2:	100 €
zvE Organträger	10 €
KSt: 10 € x 15 % =	1,5 €

Bezogen auf den Konzerngewinn vor Steuern beträgt die Steuerquote nun 1,5/10 = 15 %.

Keine 5%ige Versteuerung von Gewinnausschüttungen nach § 8b Abs. 5 KStG

Beispiel: Eine Mutter-GmbH hält 100 % an der Tochter-GmbH. Die Tochter erzielt einen Gewinn vor Steuer von 100.000 € und möchte den höchstmöglichen Betrag an die Mutter ausschütten.

Lösung ohne Organschaft:

Tochter: Gewinn = zvE	100.000 €
KSt	./.15.000 €
Jahresüberschuss Tochter = maximale Gewinnausschüttung	85.000 €
Mutter: Gewinn = zvE	85.000 €
davon steuerpflichtig, § 8b Abs. 1 und 5 KStG: 5 %	4.250 €
KSt: 15 % x 4.250 € =	637 €

Lösung mit Organschaft:

Tochter: KSt:	0 €
Mutter: Gewinn = zvE	100.000 €
KSt: 15 % x 100.000 € =	15.000 €

Ohne Organschaft ist die Steuer von Mutter und Tochter insgesamt um 637 € höher.

Vermeidung des § 3c Abs. 2 EStG, wenn der Organträger eine natürliche Person ist

Beispiel: Unternehmer U kauft eine GmbH, die er im Betriebsvermögen hält. Er finanziert den Erwerb durch ein Darlehen. Ohne Organschaft sind die Gewinnausschüttungen der GmbH auf Grund des Teileinkünfteverfahrens nur zur 60 % zu versteuern, § 3 Nr. 40d EStG. Daher sind aber auch die Zinsen für das Darlehen nur zu 60 % als Betriebsausgaben abziehbar, § 3c Abs. 2 EStG. Bildet U hingegen eine Organschaft (Gewinnabführungsvertrag), so muss er den Gewinn der GmbH zu 100 % der ESt unterwerfen. Da nun das Teileinkünfteverfahren nicht zur Anwendung kommt, gilt auch § 3c Abs. 2 EStG nicht. U kann daher die Zinsen in voller Höhe als BA ansetzen. Das bedeutet, dass er ggf. einen höheren Verlust aus der GmbH-Beteiligung geltend machen kann. Dies ist gegeben, wenn die Zinsen höher als der Gewinn sind.

Ein weiterer Vorteil für die Liquidität ist die **Vermeidung der Kapitalertragsteuer** im Konzern. Ohne Organschaft muss bei Ausschüttung 25 % KESt abgeführt werden, die erst bei Steuerveranlagung der Mutter angerechnet werden kann.

Nachteile der Organschaft

Verschärfung der Mindestbesteuerung bei Verlusten, § 10d Abs. 2 EStG

Beispiel: Mutter- und Tochter-GmbH erzielen in 01 einen Verlust = zvE von je 1 Mio. € und im Jahr 02 einen Gewinn = zvE von je 1 Mio. €. Ohne Organschaft müssen Tochter und Mutter in 02 keine KSt zahlen. Die Verlustvorträge liegen jeweils i.R.d. unschädlichen Betrags von 1 Mio. €. Besteht eine Organschaft, ist auf Ebene des Organträgers der Verlust von Mutter und Tochter zusammenzurechnen. Der Verlustvortrag 02 beträgt 1,6 Mio. € (= 1 Mio. € + 60 % x 1 Mio. €). Die Mutter muss 400.000 € versteuern.

Verluste der Organgesellschaft

Vororgangesellschaftliche Verluste der Organgesellschaft sind nicht abzugsfähig, § 15 Nr. 1 KStG. [1]

Gewerbesteuer und Umsatzsteuer

Gewerbesteuerliche und körperschaftsteuerliche Organschaft sind in Tatbestand und Rechtsfolge identisch. Sie kommen daher immer zusammen vor. Die umsatzsteuerliche Organschaft weicht davon ab. Sie setzt neben der finanziellen auch die wirtschaftliche und organisatorische Eingliederung der Organgesellschaft in den Organträger voraus. Ein Gewinnabführungsvertrag ist nicht erforderlich, § 2 Abs. 2 Nr. 2 UStG. [2]

Schädlicher Beteiligungserwerb	Übertragung bis 50%	Übertragung von mehr als 50%
Verlustabzug	Vollständige Nutzung vorhandener Verluste	Vollständiger Untergang des Verlustes § 8c Abs. 1 Satz 1 KStG

1 Verlustuntergang – Verlusterhalt

Beispiel 1:
An einer GmbH, die über einen Verlustvortrag von 1 Mio. € verfügt, sind A und B zu je 50 % (Stammkapital 25.000 €) beteiligt. Die Gesellschaft nimmt im Jahr 01 eine Kapitalerhöhung i.H.v. 75.000 € vor, die von A komplett übernommen wird. In 03 überträgt B seinen verbleibenden Geschäftsanteil auf A. Kommt es zur Anwendung des § 8c KStG und zum Untergang des Verlustes?

Lösung:
Gesellschafter A ist durch die Kapitalerhöhung, die einer Übertragung des Kapitals gleichgestellt wird (§ 8c Abs. 1 S. 3 KStG) nun zu 87,5 % (87.500 € /100.000 €) beteiligt. Damit liegt ein Beteiligungserwerb von 37,5 % (87,5 % ./. 50 %), also unter 50 % vor.
Durch die Übertragung des restlichen Anteils von B i.H.v. 12,5 % sind nun innerhalb von drei Jahren insgesamt 50 % Anteile übertragen worden. Der Verlustvortrag bleibt also erhalten, da die Bedingung, dass **mehr** als 50 % übertragen worden sind, gem. § 8c Abs. 1 S. 1 KStG nicht erfüllt ist.

Beispiel 2:
An einer GmbH, die über einen Verlustvortrag verfügt, erwirbt A im Zeitablauf folgende Anteile:
März 01 30%
Mai 02 16%
April 06 24%
April 07 15%

Lösung:

Erwerb der Anteile		Schädlicher Anteilserwerb	Verlustverrechnungsverbot Umfang
Zeitpunkt	**Anteilshöhe**		
März 01	30 %	Nein	–
Mai 02	16 %	Nein	–
April 06	24 %	Nein (> 5 Jahre)	–
April 07	15 %	Ja	100 %

Schädlicher Beteiligungserwerb
– Ausnahmen –

Konzernklausel
Es besteht eine 100 %-Beteiligung am übertragenden oder zu übernehmenden Konzern.
§ 8c Abs. 1 Satz 4 KStG

Stille-Reserven-Klausel
Die stillen Reserven überschreiten nicht die Verluste des Unternehmens.
§ 8c Abs. 1 Satz 5 KStG

Sanierungsklausel
Der Erwerb ist auf die Sanierung des ursprünglichen Betriebes gerichtet.
§ 8c Abs. 1a KStG

Fortführungsgebundener Verlustvortrag
Der Erwerb ist auf die Fortführung des Betriebes gerichtet.
§ 8d KStG

2 Ausnahmen des schädlichen Beteiligunserwerbs

Schädlicher Beteiligungserwerb

Wenn sich im Rahmen der Einkommensermittlung in einem Wirtschaftsjahr ein Verlust ergibt, kann dieser aufgrund des Trennungsprinzips, das für die Besteuerung von Kapitalgesellschaften gilt, nur von der Kapitalgesellschaft selbst genutzt werden. Auf der Ebene der Anteilseigner oder anderer juristischer Personen wirkt sich dieser Verlust grundsätzlich nicht aus. Der Verlustausgleich vollzieht sich im Hinblick auf Verlustrück- und Vortrag sowie der Mindestbesteuerung nach einkommensteuerrechtlichen Regelungen des § 10d EStG (vgl. S. 112 f.).

Hat eine Kapitalgesellschaft hohe Verluste generiert, verfügt sie über kein nennenswertes Vermögen mehr und hat ihre ursprünglichen Geschäfte eingestellt, dann wird die Übertragung ihrer Anteile auf andere Gesellschafter/Gesellschaften als **Mantelkauf** bezeichnet. Rein steuerlich geht es häufig vor allem um die Verrechnung der erhofften neuen Gewinne mit den alten Verlusten. Durch den § 8c KStG hat der Gesetzgeber dem in seinen Augen missbräuchlichen Mantelkauf einen Riegel vorgeschoben.

Wie im Einkommensteuerrecht muss auch bei Körperschaften zwischen dem Steuersubjekt, das den Verlust erlitten hat, und der Rechtsperson, die den Verlustausgleich verwertet, eine rechtliche, aber auch wirtschaftliche Identität bestehen. Diese wird nach § 8c Abs. 1 KStG durch die Zusammensetzung des Gesellschafterkreises determiniert. Während die rechtliche Identität durch einen Wechsel der Anteileigner nicht berührt wird, geht nach der Intention des Gesetzes die wirtschaftliche Identität verloren, sofern bei einem Wechsel der Gesellschafter eine Beteiligungsgrenze überschritten wird. Hieraus folgt ein vollständiger Untergang der abzugsfähigen Verluste (vgl. Abbildung 1).

Voraussetzung für einen solchen sog. schädlichen Beteiligungserwerb nach § 8c Abs. 1 KStG ist ein Wechsel des Anteilsbesitzes mit folgenden Merkmalen:

- Innerhalb von fünf Jahren müssen
- mittelbar oder unmittelbar
- mehr als 50 %
- des gezeichneten Kapitals, der Mitgliedschaftsrechte, Beteiligungsrechte oder der Stimmrechte an einer Körperschaft
- an einen einzigen Erwerber oder eine diesem nahe stehende Person oder einer Gruppe von Erwerbern mit gleichgerichteten Interessen

übertragen werden.

Dabei ist es unerheblich, auf welchem Wege die Anteilsübertragung von mehr als 50 % vorgenommen wird. Dies kann z.B. durch direkten Erwerb, Schenkungen oder über Kapitalerhöhungen erfolgen (vgl. BMF vom 28.11.2017) soweit sich dadurch die Beteiligungshöhe verändert (vgl. Beispiel 1). Allerdings ist es nach der Regelung des § 8c Abs. 1 KStG grundsätzlich notwendig, dass mehr als 50 % der Anteile auf einen einzigen Erwerber übertragen werden. Das beinhaltet jedoch, dass der Erwerber der Anteile bekannt ist, was bei einem Erwerb über einen anonymen Börsenhandel tendenziell nicht der Fall ist. Ebenfalls gleichgültig ist es dabei, ob der Beteiligungserwerb innerhalb von 60 Monaten auf mehrere Erwerbsvorgänge aufgeteilt wird (vgl. Beispiel 2).

Von der Verlustverrechnungsbeschränkung gibt es verschiedene Ausnahmen (vgl. Abbildung 2). Nach § 8c Abs. 1 KStG ausgenommen sind gem. § 8c Abs. 1 S. 4 KStG alle Beteiligungserwerbe innerhalb von Konzernen, bei denen eine 100 %-Beteiligung am übertragenden oder zu übernehmenden Unternehmen besteht (**Konzernklausel**).

Weiterhin bleiben Verluste erhalten, soweit sie die anteilig auf sie entfallenden stillen Reserven nicht übersteigen (§ 8c Abs. 1 S. 5 KStG). Die betragsmäßige Begrenzung der fortzuführenden Verlustvorträge auf die Höhe der stillen Reserven ist auf den Gedanken zurückzuführen, dass der Erwerber künftige Steuerlasten in Form stiller Reserven übernimmt und korrespondierend auch künftige Steuervorteile in Form der Verlustvorträge geltend machen kann (**Stille-Reserven-Klausel**).

Auch im Falle des Erwerbs zum Zwecke der **Sanierung** (§ 8c Abs. 1a KStG) können die Alt-Verluste genutzt werden. Der Beteiligungserwerb muss somit zum Zeitpunkt der drohenden oder eingetretenen Zahlungsunfähigkeit oder Überschuldung stattfinden und mit dem Erhalt von Arbeitsplätzen (Erhalt von 80% der Lohnsumme bzw. Betriebsvereinbarung über den Erhalt der Arbeitsplätze) bzw. der Zuführung von wesentlichem Betriebsvermögen verbunden sein.

Nach § 8d KStG kann auf Antrag bei **Fortführung desselben Geschäftsbetriebs** über einen Beobachtungszeitraum von vier Veranlagungsperioden ein Verlustuntergang verhindert werden. Danach darf u.a. der Geschäftsbetrieb weder eingestellt noch im Hinblick auf Produkte und Dienstleistungen, Lieferanten und Kunden sowie den Zielmarkt wesentlich verändert werden. Dies begünstigt vor allem die sog. Startups, die vor dem Untergang der aufgelaufenen Verluste bewahrt werden sollen, die durch den Wechsel der Anteilseigner verursacht werden.

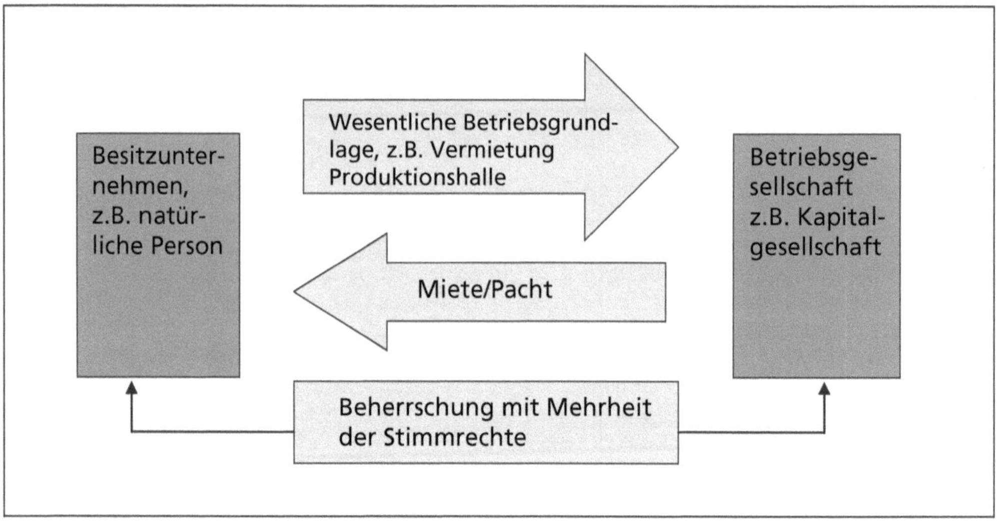

1 Konstruktion einer Betriebsaufspaltung

Tatbestand der Betriebsaufspaltung

- Ein Besitzunternehmen (Einzelunternehmer oder Personengesellschaft) vermietet
- an ein Betriebsunternehmen (Kapitalgesellschaft)
- eine wesentliche Betriebsgrundlage (= sachliche Verflechtung) und
- eine Person kann das Besitzunternehmen und das Betriebsunternehmen beherrschen (= personelle Verflechtung).

Betriebsaufspaltung 1

Vermietet ein Alleingesellschafter seiner GmbH ein Grundstück, so erzielt der Gesellschafter grundsätzlich Einkünfte aus Vermietung und Verpachtung, § 21 Abs. 1 Nr. 1 EStG.

Beispiel: Anton ist Alleingesellschafter einer GmbH. Er vermietet seiner GmbH ein unbebautes Lagergrundstück.
Lösung: Der Gesellschafter erzielt Einkünfte aus Vermietung und Verpachtung, § 21 EStG. Das Grundstück ist Privatvermögen. GewSt entsteht mangels gewerblicher Einkünfte nicht, § 2 Abs. 1 S. 2 GewStG.

Die Abgrenzung zu Einkünften aus Gewerbebetrieb ist mitunter nicht einfach, da die Vermietungstätigkeit eine selbständige, nachhaltige Beteiligung am allgemeinen wirtschaftlichen Verkehr darstellt und somit neben § 21 EStG zugleich auch alle in § 15 Abs. 2 EStG genannten Tatbestandsmerkmale einer gewerblichen Tätigkeit erfüllt. Dadurch, dass der Gesetzgeber § 21 EStG geschaffen hat, zeigt er aber, dass die »normale« Vermietung keinen Gewerbebetrieb begründet. Eine gewerbliche Tätigkeit nach § 15 Abs. 2 EStG liegt nur vor, wenn die Vermietungstätigkeit den Charakter einer privaten Vermögensverwaltung verloren hat. Um das zu verdeutlichen hat die Rechtsprechung § 15 Abs. 2 EStG um ein ungeschriebenes Tatbestandsmerkmal des »Nichtvorliegens einer privaten Vermögensverwaltung« ergänzt. Insgesamt ist eine Typusbetrachtung vorzunehmen: Entspricht die Tätigkeit eher dem Typus eines Vermieters, so ist § 21 EStG gegeben. Ist die Tätigkeit eher dem Typus des Gewerbetreibenden zuzuschreiben, dann liegen Einkünfte aus § 15 EStG vor. Die Vermietungseinkünfte sind dann subsidiär, § 21 Abs. 3 EStG.

Beispiel: Anton ist Hotelbetreiber. Er vermietet seiner GmbH einen Saal für eine Konferenz.
Lösung: Die Zimmervermietung erfolgt nicht als private Vermögensverwaltung, sondern als gewerbliche Tätigkeit. Die Vermietung ist nur ein kleiner Baustein der Tätigkeit neben der Überlassung der Technik, des Mobiliars, der Reinigung, dem Essen und dem sonstigen Service. Der Hotelbetreiber erzielt daher gewerbliche Einkünfte, §§ 15 Abs. 2, 21 Abs. 3 EStG.

Mit dem Rechtsinstitut der Betriebsaufspaltung [1] hat die Rechtsprechung einen besonderen Fall der Vermietung zu gewerblichen Einkünften qualifiziert und damit die Grenze zwischen Vermietungseinkünften und gewerblichen Einkünften durch richterliche Rechtsfortbildung, also ohne konkrete Grundlage im Gesetz, in Richtung Einkünfte aus Gewerbebetrieb verschoben. Wenn ein Vermieter (Besitzunternehmen) ein Grundstück an eine Kapitalgesellschaft (Betriebsgesellschaft) vermietet, wird aus der Vermietungstätigkeit ein Gewerbebetrieb, wenn in zweifacher Hinsicht eine besondere Verflechtung zwischen der Vermietungstätigkeit und der Kapitalgesellschaft vorliegt: Zum einen muss das vermietete Grundstück für die GmbH wesentlich sein (sachliche Verflechtung) und zum anderen muss der Vermieter die Betriebsgesellschaft beherrschen (personelle Verflechtung), vgl. die ausführlichen Tatbestandsmerkmale [2]. In diesem Fall führt eine wirtschaftliche Betrachtungsweise zu einer Umqualifizierung in gewerbliche Einkünfte, da der Vermieter durch seine gleichzeitige Machtstellung bei Vermietung und bei der GmbH für beide Tätigkeiten einen einheitlichen gewerblichen Betätigungswillen hat.

Beispiel: Anton vermietet seiner GmbH ein Fabrikationsgrundstück.
Lösung: Es liegt eine Betriebsaufspaltung vor. Das Fabrikationsgrundstück ist für die GmbH eine wesentliche Betriebsgrundlage. Da Anton Alleineigentümer des Grundstücks und Alleininhaber der GmbH ist, liegt auch eine personelle Verflechtung vor. Anton erzielt folglich mit der Vermietung gewerbliche Einkünfte.

Beispiele

Beispiel 1: V und A vermieten ein Bürohaus als Firmensitz an eine GmbH, die ihnen zu je 50 % gehört und bei der sie beide Geschäftsführer sind.

Lösung 1: Es liegt eine Betriebsaufspaltung vor. Das Bürohaus ist eine wesentliche Betriebsgrundlage, da es als Firmensitz genutzt wird (sachliche Verflechtung). V und A haben zusammen das Sagen sowohl im Vermietungsunternehmen (Besitzunternehmen) als auch in der GmbH (Betriebsunternehmen, personelle Verflechtung). V und A erzielen folglich Einkünfte aus Gewerbebetrieb. Bürogebäude und GmbH-Anteile sind BV.

Beispiel 2: V überschreibt seinen Anteil am Bürogebäude seiner Ehefrau E, mit der er Gütertrennung vereinbart hat, wobei die Überschreibung kaum Kosten verursacht, da keine Grunderwerbsteuer anfällt (§ 3 Nr. 4 GrEStG).

Lösung 2: Die Rechtsfolgen der Betriebsaufspaltung lassen sich tatsächlich auf diese Weise umgehen. Keine Person beherrscht allein sowohl das Besitz- als auch das Betriebsunternehmen. Die Ehefrau des V ist nicht Gesellschafterin der GmbH. V ist nicht an dem Besitzunternehmen beteiligt. A hält weder an dem Grundstück noch an der GmbH über 50 % (vgl. H 15.7 (7) EStH 2017). E und A erzielen nun Einkünfte aus § 21 EStG. Das Grundstück ist Privatvermögen.

1 Beispiele Betriebsaufspaltung

Rechtsfolgen der Betriebsaufspaltung

- Die Vermietungseinkünfte werden in gewerbliche Einkünfte umqualifiziert, §§ 15 Abs. 2, 21 Abs. 3 EStG.
- Es entsteht Gewerbesteuer auf die Mieterträge, § 2 Abs. 1 GewStG.
- Die vermietete Betriebsgrundlage wird BV, §§ 2 Abs. 2 Nr. 1, 4 Abs. 1 EStG.
- Die Anteile an der Betriebskapitalgesellschaft werden BV.
- Gewinnausschüttungen führen zu Einkünften aus § 15 EStG. Es gilt das Teileinkünfteverfahren (vgl. § 3 Nr. 40 S.2 EStG).

2 Tatbestand und Rechtsfolgen

Auflösung der Betriebsaufspaltung: Anlässe (Beispiele)

- Umzug in eine fremde Immobilie (Verwaltungs- oder Fabrikationsgebäude)
- Aufnahme eines weiteren Gesellschafters in die Betriebsgesellschaft
- Tod eines Gesellschafters, dadurch Auflösung der Gesellschafteridentität Betriebs- und Besitzgesellschaft
- Veräußerung der Immobilie
- Veräußerung der Betriebsgesellschaft

3 Beispiele: Anlässe der Auflösung der Betriebsaufspaltung

Auflösung der Betriebsaufspaltung: Rechtsfolgen

- Veräußerung von Betriebsgesellschaft und Immobilie wird fingiert
- Aufdeckung und Versteuerung der stillen Reserven der Besitzgesellschaft (Immobilie)
- Aufdeckung und Versteuerung der stillen Reserven der Betriebsgesellschaft mit dem Teileinkünfteverfahren

4 Rechtsfolgen der Auflösung der Betriebsaufspaltung

Betriebsaufspaltung 2

Das BVerfG (14.01.1969, 1 BvR 136/62) begründet die Betriebsaufspaltung so: »Wirtschaftlich gesehen bedeutet es einen erheblichen Unterschied, ob ein Fabrikgrundstück an ein fremdes Unternehmen oder an ein mit den Vermietern praktisch identisches Unternehmen vermietet wird. Deshalb kann ein Mietverhältnis, bei dem Vermieter und Mieter ... wirtschaftlich identisch sind und gleichgerichtete Interessen verfolgen, ohne Verfassungsverstoß steuerlich anders beurteilt werden als ein Mietverhältnis zwischen Unternehmen, die betrieblich und personell nicht miteinander verflochten sind. Bei der Betriebsaufspaltung werden die eine wesentliche Betriebsanlage ausmachenden Wirtschaftsgüter in die wirtschaftliche Tätigkeit der Betriebsgesellschaft einbezogen und infolge der durch den Anteilsbesitz begründeten Einfluss- und Kontrollmöglichkeiten dem einheitlichen geschäftlichen Betätigungswillen der hinter beiden Unternehmen stehenden Personen unterstellt. Bei der Fremdvermietung besitzt der Vermieter keine vergleichbare Position; seine Interessen beschränken sich auf die unmittelbare Nutzung des Vermögens.«

Sachliche Verflechtung

Eine sachliche Verflechtung liegt vor, wenn das Besitzunternehmen dem Betriebsunternehmen eine wesentliche Betriebsgrundlage überlässt. Wesentliche Betriebsgrundlagen sind Wirtschaftsgüter vor allem des Anlagevermögens, die zur Erreichung des Betriebszwecks erforderlich sind und ein besonderes wirtschaftliches Gewicht für die Betriebsführung bei dem Betriebsunternehmen haben. Das ist beispielsweise der Fall bei der Vermietung eines Fabrikationsgrundstücks. Dahingegen ist ein vermietetes Bürogebäude nur dann eine wesentliche Betriebsgrundlage, wenn es die räumliche und funktionale Grundlage für die Geschäftstätigkeit des Betriebsunternehmens bildet (z.B. Firmensitz).

Personelle Verflechtung

Eine personelle Verflechtung liegt vor, wenn die hinter beiden Unternehmen stehenden Personen einen einheitlichen Betätigungswillen haben. Das ist unproblematisch der Fall, wenn eine Person zugleich Alleineigentümerin des Grundstücks ist und Alleininhaberin der GmbH. Ausreichend ist aber auch, wenn die gleiche Personengruppe sowohl die Vermietungstätigkeit als auch die GmbH beherrscht (Personengruppentheorie). Vermietet hingegen eine andere Person, auch die Ehefrau des Alleingesellschafters einer Kapitalgesellschaft, dieser ein Grundstück, das eine wesentliche Betriebsgrundlage darstellt, liegt keine Betriebsaufspaltung vor (Wiesbadener Modell). [1]

Rechtsfolge

Zunächst wird die Besitzgesellschaft zu einem gewerblichen Unternehmen, die Anteile der Betriebsgesellschaft sowie die Immobilie der Besitzgesellschaft werden zu Betriebsvermögen. Damit werden die Miet- und Pachtzinsen zu gewerblichen Einnahmen qualifiziert und lösen Gewerbesteuer aus. Hier greift zum einen der Gewerbesteuerfreibetrag, zum anderen wird die Gewerbesteuer durch § 35 EStG zum großen Teil neutralisiert (vgl. nächstes Kapitel). Dadurch ist die Gewerbesteuerpflicht nicht unbedingt die unangenehmste Folge. Die Ausschüttungen der Betriebsgesellschaft an die Besitzgesellschaft werden nun nicht mehr mit der Abgeltungsteuer belegt, sondern unterliegen dem Teileinkünfteverfahren [2].

Die schwerwiegendsten Folgen entstehen bei der Auflösung der Betriebsaufspaltung. Diese kann durch verschiedene Faktoren ausgelöst werden, oft völlig unbeabsichtigt [3]. Wenn etwa der vermietete Büroraum der Betriebsgesellschaft zu klein wird und in einen fremden Betriebsraum umgezogen wird oder die Immobilie den Besitzer wechselt. Oder es wird ein weiterer Gesellschafter in die Betriebsgesellschaft aufgenommen wird, so dass keine Gesellschafteridentität zwischen Betriebs- und Besitzgesellschaft mehr besteht. Dies kann auch durch Erbfolge passieren. Häufig werden dem Gesellschafter die Folgen der Auflösung der Betriebsaufspaltung erst klar, wenn er aus Altersgründen die Betriebsgesellschaft verkaufen will und die Immobilie zur Sicherung seines Lebensunterhaltes behalten will.

Wenn die Betriebsaufspaltung endet, wird automatisch die Aufgabe des Betriebs bei der Besitzgesellschaft fingiert, die gem. § 16 Abs. 3 S. 1 EStG einer Veräußerung gleichgestellt wird. Das führt zur Aufdeckung aller stillen Reserven sowohl bei der Immobilie als auch in der Betriebsgesellschaft, deren Anteile dann genau wie die Immobilie ggf. wieder in das Privatvermögen des Gesellschafters übergehen. Da alles Betriebsvermögen ist, gilt die zehnjährige Spekulationsfrist des § 23 Abs. 1 Nr. 1 EStG für die dadurch aufgedeckten Gewinne nicht [4].

Kapitel 3
Gewerbesteuer

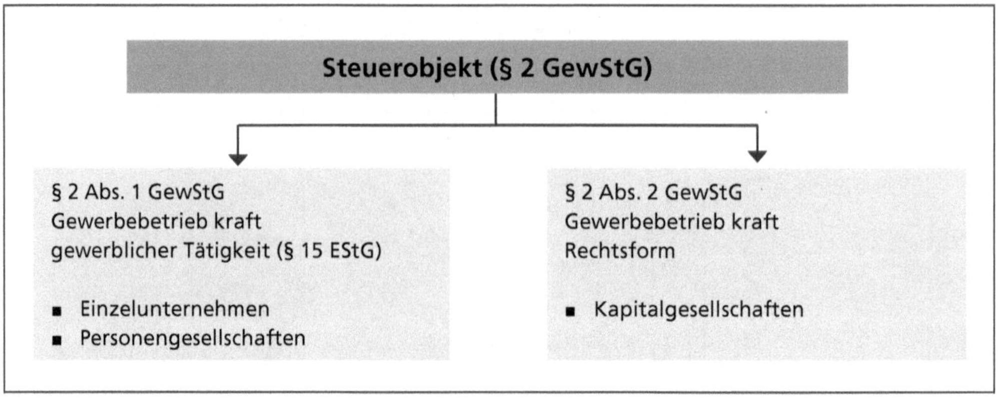

1 Gewerbesteuerobjekt

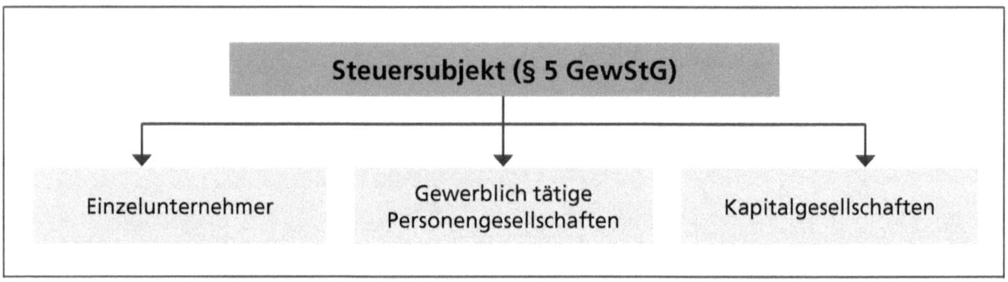

2 Gewerbesteuersubjekt

Einführung

Die größte Einnahmequelle der **Gemeinden** ist die GewSt. Das **GewSt-Aufkommen** betrug im Jahr 2019 ca. 55,42 Mrd. €.

Steuerobjekt (= Steuergegenstand)

Die GewSt ist eine Steuer auf den Gewerbebetrieb im Inland, § 2 Abs. 1 S. 1 GewStG. Das GewStG definiert nicht selbst, was ein Gewerbebetrieb ist, sondern verweist auf die Definition des EStG, § 2 Abs. 1 S. 2 GewStG. Wer gewerbliche Einkünfte erzielt, muss GewSt zahlen. Ein Gewerbebetrieb ist definiert in § 15 Abs. 2 EStG. Es müssen vier positive und drei negative Merkmale gegeben sein, nämlich eine

- selbstständige,
- nachhaltige Betätigung
- mit Gewinnerzielungsabsicht und einer
- Beteiligung am allgemeinen wirtschaftlichen Verkehr, die
- keine Land- und Forstwirtschaft,
- keine selbstständige Tätigkeit nach § 18 EStG und
- keine private Vermögensverwaltung ist.

Das bedeutet, dass insbesondere Arbeitnehmer, Freiberufler, Rentner, Vermieter und Bezieher von Kapitaleinkünften keine GewSt zahlen müssen.

Beispiel: Der angestellte Immobilienmakler erzielt Einkünfte aus § 19 EStG und muss daher keine GewSt zahlen. Der selbstständige Makler erzielt Einkünfte aus § 15 EStG und ist gewerbesteuerpflichtig.

Das GewStG übernimmt das Einkünftesystem des EStG. Werden Einkünfte in gewerbliche umqualifiziert, so führt das zur GewSt-Pflicht.
Beispiel: A vermietet ein Haus. Er erzielt Einkünfte aus Vermietung und Verpachtung nach § 21 EStG und muss keine GewSt zahlen. Legt A das Haus in sein Betriebsvermögen ein, so erfolgt eine Umqualifizierung der Einkünfte. Es liegen jetzt gewerbliche Einkünfte vor, §§ 15, 21 Abs. 3 EStG. Damit wird die Vermietung gewerbesteuerpflichtig.

Kapitalgesellschaften sind immer gewerbesteuerpflichtig. [1]

Beispiel: A weiß, dass der ESt-Spitzensteuersatz 45 % beträgt, der KSt-Steuersatz dahingegen nur 15 %. A überlegt daher, ob er seine Steuerberatungskanzlei auf eine GmbH übertragen soll. Hier muss A berücksichtigen, dass eine GmbH immer GewSt zahlen muss. Freiberufliche Tätigkeit ist dahingegen nicht gewerbesteuerbar.

Steuersubjekt (= Steuerschuldner)

Im GewStG heißt der Steuerpflichtige »Steuerschuldner«, § 5 GewStG. Schuldner der GewSt ist der Unternehmer, für dessen Rechnung das Unternehmen betrieben wird. Steuerschuldner können somit Einzelunternehmer, Kapitalgesellschaften und Personengesellschaften sein. [2]

Bei Personengesellschaften weicht somit das GewStG von der ESt ab. Personengesellschaften müssen, sofern sie einen Gewerbebetrieb haben, GewSt zahlen, § 5 Abs. 1 S. 3 GewStG. Die ESt wird dahingegen nicht von der Personengesellschaft, sondern von den Gesellschaftern gezahlt.

Beispiel: A und B gründen zu gleichen Teilen eine gewerblich tätige Bau-OHG. Die OHG erzielt einen Gewinn von 100.000 €. Die GewSt auf den Gewinn von 100.000 € muss von der Bau-OHG gezahlt werden. Die ESt zahlen A und B jeweils auf die ihnen zustehende Hälfte des Gewinns, also auf jeweils 50.000 €.
Beispiel: A und B sind Gesellschafter der Vermietungs-OHG. Die OHG vermietet ein Haus. Die OHG muss keine GewSt zahlen, da sie keinen Gewerbebetrieb hat. A und B erzielen Einkünfte aus Vermietung, § 21 EStG. Die Einkünfte werden steuerlich nicht durch Bilanzierung, sondern als Überschuss der Einnahmen über die Werbungskosten ermittelt. Daran ändert auch die Tatsache nichts, dass handelsrechtlich die OHG »Kaufmann« ist.

Objektsteuer

Die GewSt ist eine **Objektsteuer**. Das bedeutet, dass die Höhe der Steuer nur von dem Steuerobjekt »Gewerbebetrieb« abhängig ist. Dahingegen sind Personensteuern abhängig von den persönlichen Verhältnissen des Steuerpflichtigen, wie Familienstand (Veranlagungsformen, Splitting), Kinderzahl (KiFB), privaten Ausgaben (SA, agB).

Beispiel: Ein verheirateter Unternehmer mit fünf Kindern und ein alleinstehender Unternehmer ohne Kinder erzielen beide einen Gewinn i.H.v. je 200.000 €. Beide müssen gleich viel GewSt zahlen. Die ESt des verheirateten Unternehmers ist jedoch aufgrund von Kinderfreibeträgen und Splittingtarif niedriger als die des ledigen Unternehmers.

Ermittlungsschema

	Gewinn aus Gewerbebetrieb, §§ 6, 7 GewStG i.V.m. § 15 EStG
+	Hinzurechnungen, § 8 GewStG
./.	Kürzungen, § 9 GewStG
./.	Verlustvortrag, § 10a GewStG
=	Gewerbeertrag (abrunden auf volle 100 €)
./.	Freibetrag, § 11 Abs. 1 GewStG (nicht bei Kapitalgesellschaften)
=	gekürzter Gewerbeertrag
x	3,5 % Steuermesszahl, § 11 Abs. 2 GewStG
=	Gewerbesteuermessbetrag
x	Hebesatz, § 16 GewStG
=	Gewerbesteuer

[1] Schema zur Ermittlung der Gewerbesteuer

Hinzurechnungen nach § 8 GewStG

Nr. 1: 1/4 der Summe bestimmter Finanzierungsaufwendungen, soweit sie 200.000 € übersteigen.

Nr. 5: Nach § 3 Nr. 40 EStG und § 8b KStG steuerfreie Gewinnausschüttungen, soweit nicht die Voraussetzungen des gewerbesteuerlichen Schachtelprivilegs eingreifen.

Nr. 8: Anteil am Verlust einer gewerbesteuerpflichtigen Personengesellschaft.

[2] Überblick über wichtige gewerbesteuerliche Hinzurechnungsvorschriften

§ 8 Nr. 1 GewStG

	Entgelte für Schulden (a)
+	Renten und dauernde Lasten (b)
+	Gewinnanteile stiller Gesellschafter (c)
+	1/5 der Miete für bewegliche Wirtschaftsgüter (d)
+	1/2 der Miete für Grundstücke (e)
+	1/4 der Lizenzzahlungen (f)
=	Summe
./.	Freibetrag 200.000 €
=	übersteigender Betrag

übersteigender Betrag x 1/4 = Hinzurechnung

[3] Hinzurechnung des Finanzierungsaufwands nach § 8 Nr. 1 GewStG

Hinzurechnungen und Kürzungen 1

»Gewerbeertrag ist der nach den Vorschriften des EStG oder des KStG zu ermittelnde Gewinn aus Gewerbebetrieb ... vermehrt und vermindert um die in den §§ 8 und 9 bezeichneten Beträge«, § 7 GewStG. Das bedeutet, dass zunächst die nach dem EStG und dem KStG ermittelten Einkünfte aus Gewerbebetrieb übernommen werden. Darin liegt ein großer Vereinfachungseffekt. Die Einkünfte müssen nicht zweimal ermittelt werden. Der Steuerbilanzgewinn muss dann gewerbesteuerlich modifiziert werden (Hinzurechnungen und Kürzungen, §§ 8 und 9 GewStG). 1

Hinzurechnungen, § 8 GewStG

Nr. 1: Finanzierungsaufwendungen

Ein Viertel der 200.000 € übersteigenden Finanzierungsaufwendungen muss dem Gewinn hinzugerechnet werden. Damit soll Eigen- und Fremdkapitalfinanzierung gewerbesteuerlich gleich behandelt werden. Es soll gewerbesteuerlich keinen Unterschied machen, ob ein Unternehmen mit Eigen- oder mit Fremdkapital finanziert wird. Diese Hinzurechnung wird häufig kritisiert mit dem Argument, dass es widersinnig sei, wenn Betriebsausgaben (z. B. Zinsen) hinzugerechnet und damit besteuert werden müssen. 2 3

Nr. 1a: Entgelte für Schulden (= Zinsen)

Beispiel: Unternehmer U erwirtschaftet folgenden Gewinn:

Erlöse	400.000 €
Diverser Aufwand	./. 100.000 €
Zinsaufwand	./. 250.000 €
Gewinn § 15 EStG	50.000 €

Wie hoch ist die GewSt?

Lösung:

Gewinn		50.000 €
§ 8 Nr. 1a GewStG		
Zinsen	250.000 €	
Freibetrag	./. 200.000 €	
	50.000 €	
1/4 x 50.000 € =		12.500 €
Gewerbeertrag		62.500 €
Freibetrag		./. 24.500 €
		38.000 €
GewSt-Messbetrag:		
38.000 € x 3,5 % =		1.330 €
GewSt (Hebesatz 400 %)		
1.330 € x 400 % =		5.320 €

Das GewStG spricht nicht von Zinsen, sondern von »Entgelten« für Schulden. Nicht nur die Zinsen, sondern auch alle sonstigen Entgelte, wie das Damnum oder eine Vorfälligkeitsentschädigung, müssen hinzugerechnet werden. Handelsübliche Skonti müssen jedoch nicht hinzugerechnet werden.

Nr. 1b Renten und Nr. 1c Gewinnanteile eines (typisch) stillen Gesellschafters

Man könnte die Hinzurechnung der Schuldzinsen leicht umgehen, indem man anstelle einer Darlehensfinanzierung eine Rentenfinanzierung oder eine Finanzierung durch einen typisch stillen Gesellschafter wählt. Um das zu verhindern, werden auch Rentenzahlungen und Zahlungen an einen typisch stillen Gesellschafter hinzugerechnet.

Nr. 1d: 1/5 des Mietaufwands für bewegliche Wirtschaftsgüter

Die Hinzurechnung des Zinsaufwands könnte umgangen werden, indem z. B. eine Maschine gemietet wird und nicht nach einer Kreditaufnahme gekauft wird. Daher erfolgt auch eine Hinzurechnung der Mieten. Bei beweglichen Wirtschaftsgütern wird der Zinsanteil mit 1/5 der Miete pauschaliert.

Beispiel: Unternehmer U erwirtschaftet folgenden Gewinn:

Erlöse	400.000 €
Zinsaufwand	./. 206.000 €
Mietaufwand Maschine	./. 90.000 €
Gewinn § 15 EStG	104.000 €

Wie hoch ist die GewSt?

Lösung:

Gewinn		104.000 €
§ 8 Nr. 1a GewStG		
Zinsen	206.000 €	
Miete 1/5 x 90.000 € =	18.000 €	
Freibetrag	./. 200.000 €	
	24.000 €	
1/4 x 24.000 € =		6.000 €
Gewerbeertrag		110.000 €
Freibetrag		./. 24.500 €
		85.500 €
GewSt-Messbetrag:		
85.500 € x 3,5 % =		2.992 €
GewSt (Hebesatz 400 %)		
2.992 € x 400 % =		11.968 €

Nr. 1e und f: Grundstücksmiete und Lizenzen

Mietaufwendungen für Grundstücke werden zu 1/2, Lizenzen zu 1/4 hinzugerechnet.

Veräußerungs-/ Aufgabeobjekt	Veräußerung/Aufgabe durch				
	Einzelgewerbetreibender	Personengesellschaft mit unmittelbar beteiligtem(r)			Kapitalgesellschaft
		Einzelgewerbetreibender	Personengesellschaft	Kapitalgesellschaft	
Teil-/Gesamtbetrieb	Nicht gewerbesteuerpflichtig	Nicht gewerbesteuerpflichtig	Voll gewerbesteuerpflichtig	Voll gewerbesteuerpflichtig	Voll gewerbesteuerpflichtig
(Gesamt-) Beteiligung an Personengesellschaft	Nicht gewerbesteuerpflichtig	Nicht gewerbesteuerpflichtig	Voll gewerbesteuerpflichtig	Voll gewerbesteuerpflichtig	Voll gewerbesteuerpflichtig
Beteiligung an Kapitalgesellschaft	Teileinkünfte (60%) gewerbesteuerpflichtig	Teileinkünfte (60%) gewerbesteuerpflichtig	Gesellschafter: Natürliche Person = 60 % gewerbesteuerpflichtig; Kapitalgesellschaft = zu 95 % gewerbesteuerfrei	95 % gewerbesteuerfrei, § 8b Abs. 3 KStG	95 % gewerbesteuerfrei, § 8b Abs. 3 KStG

1 Veräußerungsvorgänge im Gewerbesteuerrecht (nach Grefe 2019, 333)

	Beispiel 1	Beispiel 2
Beteiligung	< 15 %	≥ 15 %
Gewinnausschüttung	100	100
§ 3 Nr. 40 EStG	./. 40	./. 40
Einkünfte gem. EStG	60	60
§ 8 Nr. 5 GewStG	40	
§ 9 Nr. 2a GewStG		./. 60
Gewerbeertrag	100	0

2 Gewerbesteuerliches Schachtelprivileg bei Ausschüttung an eine **natürliche Person**

	Beispiel 3	Beispiel 4	Beispiel 5
Beteiligung	< 10 %	10% – <15 %	> = 15%
Gewinnausschüttung	100	100	100
§ 8b Abs. 1 + 4 KStG		–100	–100
§ 8b Abs. 5 KStG		5	5
zvE gem. KStG	100	5	5
§ 8 Nr. 5 GewStG		95	
§ 9 Nr. 2a GewStG			
Gewerbeertrag	100	100	5

3 Gewerbesteuerliches Schachtelprivileg bei Ausschüttung an **eine Kapitalgesellschaft**

Hinzurechnungen und Kürzungen 2

§ 8 Nr. 5 i.V.m. § 9 Nr. 2a GewStG: Gewinnausschüttungen

Gewinnausschüttungen werden im EStG, KStG und im GewStG unterschiedlich behandelt:

- EStG: 25 %ige Abgeltungssteuer (PV) bzw. Teileinkünfteverfahren (BV),
- KStG: Dividendenfreistellungsverfahren, § 8b KStG, ab Beteiligungsquote 10 %, sonst voll zu versteuern, § 8b Abs. 4 und 5 KStG.

Im GewStG gilt das sog. **gewerbesteuerliche Schachtelprivileg:** Gewinnausschüttungen sind zu 100 % gewerbesteuerfrei, wenn der Gesellschafter

- seit Beginn des Erhebungszeitraums
- mind. 15 % der Anteile hält (§ 9 Nr. 2a GewStG).

Beträgt der Anteil weniger als 15 %, spricht man von sog. Streubesitzanteilen. Hier bleibt die gewerbesteuerliche Doppelbesteuerung des Gewinns auf Ebene der ausschüttenden Kapitalgesellschaft und des Gesellschafters bestehen. Das einkommensteuerliche Teileinkünfteverfahren nach den §§ 3 Nr. 40d, 3c EStG und das körperschaftsteuerliche Dividendenfreistellungsverfahren nach § 8b KStG werden nach § 8 Nr. 5 GewStG rückgängig gemacht.

Schachtelprivileg bei Ausschüttung an eine natürliche Person

Beispiel 1 – Streubesitzanteil: Großhändler G erhält aus einer einprozentigen betrieblichen Beteiligung an der X-AG eine Dividende von 100 €. Wie hoch sind die Einkünfte gem. EStG und der Gewerbeertrag gem. GewStG? [2]
Lösung 1: Einkommensteuerlich sind Dividenden zu 60 % anzusetzen, § 3 Nr. 40d EStG.
Gewerbesteuerlich sind die Dividenden dahingegen voll zu versteuern, § 8 Nr. 5, § 9 Nr. 2a GewStG.

Beispiel 2 – Schachtelbeteiligung: Wie Beispiel 1, jedoch hält der Großhändler 20 % an der X-AG.
Lösung 2: Einkommensteuerlich sind auch in diesem Fall die Dividenden mit 60 % anzusetzen, § 3 Nr. 40d EStG.
Gewerbesteuerlich greift nun das sog. Schachtelprivileg.
Die Dividenden sind gewerbesteuerfrei, § 9 Nr. 2a GewStG. [2]

Schachtelprivileg bei Ausschüttung an eine Kapitalgesellschaft

Ist der Gesellschafter eine Kapitalgesellschaft, wird die Lösung wegen § 8b Abs. 4 und 5 KStG komplizierter: Körperschaftsteuerlich sind die Gewinnausschüttungen steuerfrei, wenn die Beteiligungsquote mindestens 10 % beträgt (§ 8b Abs. 4 KStG) Aber es sind nicht abziehbare Ausgaben i.H.v. 5 % der Gewinnausschüttung anzusetzen, § 8b Abs. 1, 5 KStG. § 8b Abs. 5 KStG gilt nach der ausdrücklichen Regelung des § 9 Nr. 2a S. 4 GewStG auch bei der GewSt.

Beispiel 3 – Streubesitzanteil: Wie Beispiel 1, jedoch ist Gesellschafter eine GmbH. Körperschaftsteuerlich und gewerbesteuerlich sind die Dividenden voll zu versteuern. Es ergibt sich dadurch eine Doppelbesteuerung. [3]
Beispiel 4: Die Beteiligung beträgt 11 %.
Lösung 4: Körperschaftsteuerlich gelten 5 % der Gewinnausschüttungen bei der GmbH als nichtabziehbare Ausgaben und sind daher zu versteuern, § 8b Abs. 1, 5 KStG. Gewerbesteuerlich sind die Dividenden bei einer Beteiligung von weniger als 15 % voll zu versteuern, § 8 Nr. 5 GewStG.

Beispiel 5 – Schachtelbeteiligung: Wie Beispiel 2, jedoch ist Gesellschafter eine GmbH.
Lösung 5: Auch hier gelten körperschaftsteuerlich 5 % der Gewinnausschüttungen bei der GmbH als nichtabziehbare Ausgaben und sind daher zu versteuern, § 8b Abs. 1, 5 KStG. Gewerbesteuerlich werden die Gewinnausschüttungen freigestellt, § 8 Nr. 5 GewStG. Nach § 9 Nr. 2a S. 4 GewStG sind jedoch 5 % der Gewinnausschüttung als nicht abziehbare Ausgaben zu versteuern. [3]

Veräußerungsgewinne

Gegenstand der GewSt ist nur das Ergebnis der laufenden betrieblichen Tätigkeit. Daraus folgt, dass Gewinne bzw. Verluste aus der Veräußerung oder Aufgabe des gesamten Gewerbebetriebs oder von Teilen davon bzw. eines Mitunternehmeranteils nicht der GewSt unterliegen. Voraussetzung dafür ist, dass die entsprechenden Ergebnisse direkt auf natürliche Personen entfallen (§ 7 S. 2 GewStG). Demgegenüber ist die Veräußerung und Aufgabe von gesamten Gewerbebetrieben sowie die Veräußerung/Aufgabe von Teilbetrieben bzw. Aufgabe von Mitunternehmeranteilen, (Teil-)Betrieben einer Mitunternehmerschaft und Anteilen als persönlich haftender Gesellschafter bei unmittelbar beteiligten Personen- und Kapitalgesellschaften nach § 7 S. 2 Nr. 1–3 GewStG gewerbesteuerpflichtig [1].

Kürzungen nach § 9 GewStG
Nr. 1: 1,2 % des (erhöhten) Einheitswerts des betrieblichen Grundbesitzes
Nr. 2: Anteile am Gewinn einer gewerbesteuerpflichtigen Personengesellschaft
Nr. 2a: Gewerbesteuerliches Schachtelprivileg
Nr. 3: Gewinnanteile ausländischer Betriebsstätten
Nr. 5: Spenden

[1] Überblick über wichtige gewerbesteuerliche Kürzungsvorschriften

	GewStG	EStG/KStG
Norm	§ 10a GewStG	§ 10d EStG, bei KStG i.V.m. § 8 Abs. 1 KStG
Verlustrücktrag	nein	Wahlrecht maximal 1.000.000 € (bei Ehegatten 2.000.000 €)
Verlustvortrag	1 Mio. € zuzüglich 60 % des 1 Mio. € übersteigenden Gesamtbetrags der Einkünfte bzw. des Gewerbeertrags	

[2] Verlustabzug: Vergleich von GewStG, EStG und KStG

Hinzurechnungen und Kürzungen 3

§ 9 Nr. 1: Grundbesitz

Der Gewerbeertrag ist um 1,2 % des Einheitswerts des Grundbesitzes zu kürzen. Dadurch soll eine Doppelbelastung mit zwei Gemeindesteuern, der GewSt und der Grundsteuer auf typisierte Weise vermieden werden. Bei der Anwendung kommt allerdings das gesetzgeberische Chaos voll zum Tragen: Die Einheitswerte von Grundstücken sind in den alten Bundesländern letztmalig zum 01.01.1964 festgestellt worden. Daher sind die Einheitswerte für die GewSt mit einer pauschalen Erhöhung auf 140 % anzusetzen, § 121a BewG. (Natürlich könnte man auch § 121a BewG streichen und stattdessen dem Gewerbeertrag 1,2 % x 140 % = 1,68 % des Einheitswertes hinzurechnen. Aber das wäre wohl zu einfach.) Da in den neuen Bundesländern die Einheitswerte letztmalig zum 01.01.1935 festgestellt worden sind, gelten hier andere Prozentsätze zur Aktualisierung, § 133 BewG.

Beispiel: Ein Gewerbebetrieb hat einen Bilanzgewinn von 200.000 €. Zum Betriebsvermögen gehört ein Grundstück in München mit einem Einheitswert von 100.000 €. Der Gewerbeertrag beträgt 198.320 € (= 200.000 € ./. 1,2 % x 140 % x 100.000 €).
Abwandlung: Das Grundstück ist am 01.03.01 gekauft worden. Im Jahr 01 erfolgt noch keine Kürzung, da das Grundstück zu Beginn des Erhebungszeitraums (= Kalenderjahres) noch nicht zum Betriebsvermögen gehörte, § 20 Abs. 1 S. 2 GewStDV. Die Kürzung erfolgt erst ab 02.

§ 9 Nr. 2: Anteile am Gewinn/Verlust einer Personengesellschaft i.V.m. § 8 Nr. 8 GewStG

Da Personengesellschaften selbst GewSt zahlen müssen, darf sich der Verlust nicht noch einmal bei dem Gesellschafter auswirken. Diese Norm dient somit der Vermeidung einer doppelten GewSt auf Ebene der Personengesellschaft und zum zweiten Mal auf Ebene des Gesellschafters. Diese Norm entspricht § 8 Nr. 8 GewStG.

Beispiel: Unternehmer U hält in seinem Betriebsvermögen eine Beteiligung an der Bau-OHG. Im Gewinn des Einzelunternehmens (200.000 €) ist ein Gewinnanteil an der Bau-OHG enthalten (50.000 €). Die OHG hat für ihren Gewinn bereits GewSt gezahlt. Zur Vermeidung einer Doppelbelastung ist der Gewinn des Einzelunternehmens daher um den Gewinnanteil an der OHG zu mindern, § 9 Nr. 2 GewStG. Der Gewerbeertrag beträgt daher 150.000 € (= 200.000 € ./. 50.000 €).
Beispiel: Unternehmer U hält in seinem Betriebsvermögen eine Beteiligung an der Bau-OHG. Bei der Gewinnermittlung des Einzelunternehmens (200.000 €) ist ein Verlustanteil an der Bau-OHG abgezogen (50.000 €). Der Verlust kann vorgetragen werden und mindert im Folgejahr die GewSt der OHG. Zur Vermeidung einer Doppelentlastung ist der Gewinn des Einzelunternehmens daher um den Verlustanteil an der OHG zu erhöhen (200.000 € + 50.000 € = 250.000€), § 8 Nr. 8 GewStG.

§ 9 Nr. 3: Gewinnanteile ausländischer Betriebsstätten

Der GewSt unterliegt nur der inländische Gewinn. Da im Steuerbilanzgewinn aber auch der ausländische Gewinn enthalten ist, muss dieser herausgerechnet werden.

Beispiel: Fabrikant F aus Berlin hat in Warschau eine Betriebsstätte. Von dem Gewinn für das Jahr 01 i.H.v. 1 Mio. € entfallen 20 % auf die Betriebstätte. Der Gewerbeertrag beläuft sich auf 800.000 € (= 1 Mio. € ./. 200.000 €).

§ 9 Nr. 5: Spenden

Spenden mindern die GewSt. Diese Regelung entspricht § 10b EStG und § 9 Nr. 2 KStG. [1]

Gewerbeverlust, § 10a GewStG

Ein Gewerbeverlust muss vorgetragen werden. Das bedeutet, dass ein Verlust zukünftige Gewerbeerträge mindert. Der Verlustvortrag ist, wie bei § 10d EStG, auf 1 Mio. € begrenzt. Ein darüber hinausgehender Verlust mindert den verbleibenden Gewerbeertrag nur zu 60 %. Damit muss ein 1 Mio. € übersteigender Gewerbeertrag auch bei hohen Verlustvorträgen immer zu 40 % versteuert werden (Mindestbesteuerung). Ein Verlustrücktrag ist, anders als im EStG/KStG, nicht möglich. [2]

Beispiel: Ein Unternehmer erzielt im Jahr 01 einen Verlust von ./. 2.000.000 €. Im Folgejahr 02 erzielt er einen Gewinn von 2,1 Mio. €:

Gewinn 02	2.100.000 €
Verlustvortrag	./. 1.000.000 €
60 % x 1.100.000 =	./. 660.000 €
Gewerbeertrag 02	440.000 €

Der verbleibende Verlustvortrag i.H.v. 340.000 € kann weiter vorgetragen werden.

Beispiel Einzelunternehmen: Unternehmer U erzielt einen Gewinn aus Gewerbebetrieb nach § 15 EStG i.H.v. 100.000 €. Der Gewerbesteuerhebesatz seiner Gemeinde beträgt 400 %. Wie wird die GewSt ermittelt?

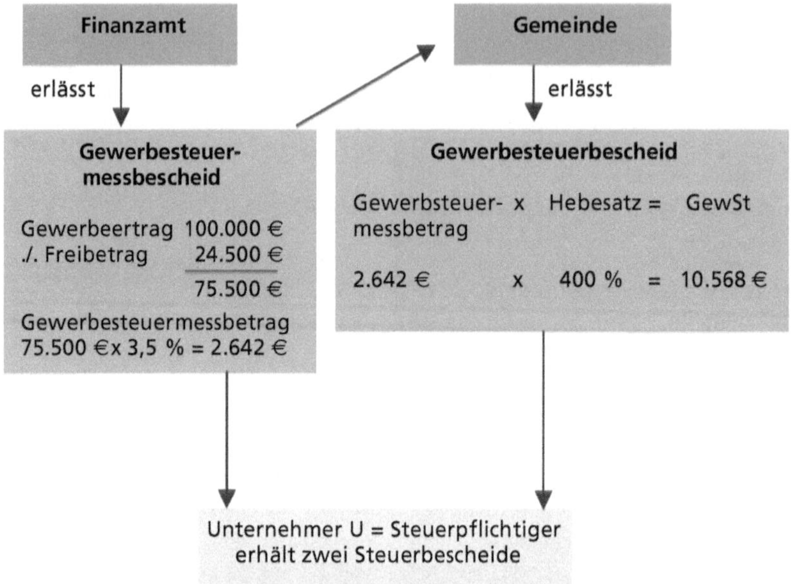

1 Zusammenwirken von Finanzamt und Gemeinde beim Erlass eines Gewerbesteuerbescheids

	Personenunternehmen (= Einzelunternehmen und Personengesellschaften)	**Kapitalgesellschaften**
Freibetrag	24.500 €	kein Freibetrag
Steuermesszahl	3,5 %	

2 Freibetrag und Steuermesszahl bei Personenunternehmen und Kapitalgesellschaften

Festsetzung und Zerlegung

Die GewSt steht den Gemeinden zu, § 1 GewStG. Jedoch wären kleine Gemeinden überfordert, wenn sie die GewSt selbst ermitteln müssten. Viele kleinere Gemeinden können sich einen eigenen Steuerbeamten nicht leisten. Die GewSt-Veranlagung wird daher weitestgehend von den Finanzämtern (Landesbehörden) durchgeführt. Im Einzelnen sieht das Verfahren folgendermaßen aus:

1. Gewerbesteuermessbescheid des Finanzamts: Das Finanzamt ermittelt den sog. GewSt-Messbetrag, eine Zwischengröße bei der Errechnung der GewSt. Dazu sind folgende Schritte erforderlich:

- Zunächst ist der Gewerbeertrag, also die um Hinzurechnungen nach § 8 GewStG und Kürzungen nach § 9 GewStG modifizierten Einkünfte aus Gewerbebetrieb zu ermitteln.
- Dieser Gewerbeertrag ist auf volle 100 € abzurunden.
- Sodann ist bei Personenunternehmungen (= Einzelunternehmen und Personengesellschaften) ein Freibetrag von 24.500 € abzuziehen. Bei Kapitalgesellschaften gibt es keinen Freibe-trag (§ 11 Abs. 1 GewStG). [2]
- Der verbleibende Betrag ist mit 3,5 % (Steuermesszahl) zu multiplizieren. Das Ergebnis ist der GewSt-Messbetrag (GewSt-MB). Dieser wird der Gemeinde mitgeteilt. Der Unternehmer erhält einen eigenständigen Steuerbescheid, den GewSt-Messbescheid. Das besondere an diesem Steuerbescheid ist, dass er keine Steuer festsetzt, sondern nur eine Zwischengröße.

2. GewSt-Bescheid der Gemeinde: Die Gemeinde muss nun Folgendes tun, um die GewSt vom Unternehmer zu erhalten:

- Die Gemeinde bestimmt ihren eigenen GewSt-Satz, den sog. GewSt-Hebesatz, oft nur Hebesatz genannt.
- Sodann multipliziert die Gemeinde den vom Finanzamt ermittelten GewSt-MB mit dem Hebesatz. Das Ergebnis ist die GewSt.
- Als letzten Schritt sendet die Gemeinde dem Unternehmer den GewSt-Bescheid.

Der Unternehmer erhält daher für die GewSt zwei Steuerbescheide: den **GewSt-Messbescheid** des Finanzamts und den **GewSt-Bescheid** der Gemeinde. Möchte der Unternehmer Einspruch einlegen, so muss er genau prüfen, gegen welchen Bescheid er vorgeht: Ist der Unternehmer etwa der Meinung, dass das Finanzamt die Hinzurechnungen falsch berechnet hat, so ist der Messbescheid falsch. Folglich ist der Einspruch gegen den Messbescheid und nicht gegen den GewSt-Bescheid einzulegen.
In den Stadtstaaten erlassen die Finanzämter auch den GewSt-Bescheid. Die Stadtstaaten sind zugleich Gemeinde und Bundesland.

Beispiel – Einzelunternehmen: Unternehmer U erzielt einen Gewinn aus Gewerbebetrieb nach § 15 EStG i.H.v. 100.000 €. Der GewSt-Hebesatz seiner Gemeinde beträgt 400 %. Wie hoch ist die GewSt? [1]
Lösung:

Gewerbeertrag		100.000 €
Freibetrag		./. 24.500 €
		75.500 €
GewSt-Messbetrag		
	75.500 € x 3,5 % =	2.642 €
GewSt		
	400 % x 2.642 € =	10.568 €

Beispiel – GmbH: Wie Fall zuvor, jedoch handelt es sich um eine GmbH. Der einzige Unterschied besteht darin, dass es keinen Freibetrag gibt:

Gewerbeertrag		100.000 €
GewSt-Messbetrag		
	100.000 € x 3,5 % =	3.500 €
GewSt		
	400 % x 3.500 € =	14.000 €

Gewerbesteuerzerlegung

Wenn ein Gewerbebetrieb in mehreren Gemeinden tätig ist, soll jede Gemeinde einen Anteil an der GewSt erhalten, § 28–34 GewStG. Dazu wird der GewSt-Messbetrag auf die Gemeinden zerlegt, in denen sich eine Betriebsstätte befindet. Die Aufteilung erfolgt im Verhältnis der gezahlten Löhne. Jede Gemeinde kann dann ihren Hebesatz auf den auf sie entfallenden Anteil am Messbetrag anwenden.

Beispiel: Unternehmer U hat ein Bauunternehmen mit je einer Betriebsstätte in Berlin (Hebesatz 410 %) und in Achim (Hebesatz 390 %). In Berlin werden 2/3, in Achim 1/3 der Löhne gezahlt. Der GewSt-Messbetrag beträgt 90.000 €.
Lösung: Die GewSt in Berlin beträgt: 2/3 x 90.000 € x 410 % = 246.000 €. Die GewSt für Achim beträgt 1/3 x 90.000 € x 390 % = 117.000 €.

	Gewerbliche Einkünfte			Freiberufliche Einkünfte
	Hebesatz 310 %	Hebesatz 422 %	Hebesatz 550 %	
Gewinn vor GewSt = Einkünfte aus § 15 EStG	155.000 €	155.000 €	155.000 €	155.000 €
Berechnung der GewSt Gewerbeertrag 155.000 € Freibetrag ./. 24.500 € 130.500 € GewSt-Messbetrag 3,5 % x 130.500 € = 4.568 €				
GewSt 310 % 4.568 € x 310 % =	14.159 €			
GewSt 422 % 4.568 € x 422 % =		19.275 €		
GewSt 550 % 4.568 € x 550 % =			25.121 €	
Berechnung der ESt	155.000 €	155.000 €	155.000 €	155.000 €
./. Sonderausgaben (angenommen 5.000 €)	./. 5.000 €	./. 5.000 €	./. 5.000 €	./. 5.000 €
= zvE	150.000 €	150.000 €	150.000 €	150.000 €
tarifliche ESt	53.863 €	53.863 €	53.863 €	53.863 €
./. § 35 EStG 4 x 4.568 € = 18.270 €		./. 18.270 €	./. 18.270 €	
maximal jedoch die gezahlte GewSt, 35 Abs. 1 S. 5 GewStG	./. 14.159 €			
= festzusetzende ESt	39.704 €	35.593 €	35.593 €	53.863 €
Soli	2.184 €	1.958 €	1.958 €	2.963 €
Gesamtsteuerbelastung				
GewSt	14.159 €	19.275 €	25.121 €	0 €
ESt	39.704 €	35.593 €	35.593 €	35.863 €
Soli	2.184 €	1.958 €	1.958 €	2.962 €
Summe Steuer	56.047 €	**56.825 €**	62.672 €	**56.825 €**
Mehr- oder Minderbelastung des Gewerbebetriebs im Verhältnis zu einem Freiberufler, der keine GewSt zahlt	./. 779 €	0 €	5.846 €	

1 (1) Vergleich der Steuerbelastung bei einem Gewerbebetrieb (Hebesatz 310 %, 422 % und 550 %) und einem Freiberufler. Bei einem Hebesatz von 422 % führt § 35 EStG zu einer vollständigen Entlastung der Gewerbesteuer.
Ist der Hebesatz kleiner als 422 %, so ist die Steuer des Gewerbebetriebs sogar niedriger als die Steuer des Freiberuflers, da § 35 EStG über die ESt-Minderung auch den Solidaritätszuschlag mindert. Im Beispiel beträgt die Minderung des Solidaritätszuschlags 779 € = 5,5 % x Gewerbesteuer 14.159 €.
Ist der Hebesatz größer als 422 %, führt die typisierte Gewerbesteueranrechnung des § 35 EStG nicht zu einer vollständigen Anrechnung der Gewerbesteuer. Es kommt zu einem Gewerbesteuerüberhang i.H.v. 5.846 € = (500 % ./. 422%) x Gewerbesteuermessbetrag 4.568 €.

Entlastungswirkung des § 35 EStG

Fall 1: Mit Solidaritätszuschlag führt § 35 EStG bei einem Hebesatz von 422 % zu einer vollständigen Entlastung von der Gewerbesteuer (d.h. bei einer ESt von mehr als 16.956 €, § 3 Abs. 3 Nr. 2 SolzG 1995)

GewSt	=	Minderung der ESt und Minderung des Soli durch § 35 EStG
(Gewinn ./. 24.500) x 3,5 % x Hebesatz	=	GewSt-Messbetrag x 4 x 1,055
(Gewinn ./. 24.500) x 3,5 % x Hebesatz	=	(Gewinn ./. 24.500) x 3,5 % x 4 x 1,055
Hebesatz	=	4 x 1,055 = 422 %

Fall 2: Ohne Solidaritätszuschlag führt § 35 EStG bei einem Hebesatz von 400 % zu einer vollständigen Entlastung von der Gewerbesteuer (d.h. bei einer ESt von bis zu 16.956 €, § 3 Abs. 3 Nr. 2 SolzG 1995)

GewSt	=	Minderung der ESt durch § 35 EStG
(Gewinn ./. 24.500) x 3,5 % x Hebesatz	=	(Gewinn ./. 24.500) x 3,5 % x 4
Hebesatz	=	4 = 400 %

(Anm.: Die Sonderregelung zum Übergangsbereich, § 4 S. 2 SolzG 1995, wird aus Vereinfachungsgründen nicht berücksichtigt.)

2 Entlastungswirkung des § 35 EStG

§ 35 EStG

Der Wirtschaft ist die GewSt schon seit langem ein Dorn im Auge. Sie möchte die GewSt am liebsten abschaffen. Das scheitert jedoch politisch am Widerstand der Kommunen, deren Haupteinnahmequelle die GewSt ist. Anstelle der GewSt-Abschaffung wird daher die ESt um die Höhe einer typisierten GewSt gemindert, § 35 EStG. Das ist wohl die komplizierteste Lösung, die man sich ausdenken konnte. Deutlich einfacher wäre es, die GewSt abzuschaffen und den Gemeinden einen Anteil an der ESt zukommen zulassen.
Nach § 35 EStG wird die tarifliche ESt um das 4-Fache des festgesetzten GewSt-Messbetrags ermäßigt, höchstens jedoch um die tatsächlich gezahlte GewSt, § 35 Abs. 1 S. 5 EStG.

Beispiel: Ein Gewerbetreibender hat einen gewerblichen Gewinn aus Gewerbebetrieb i.H.v. 75.000 €. Seine Sonderausgaben betragen 5.000 €. Der Hebesatz beträgt 310 % (alternativ 422 % und 550 %). Wie hoch sind ESt und GewSt? Wie hoch ist die ESt bei einem Freiberufler mit gleichen Einkünften? Lösung s. Beispiel [1].

Vergleicht man die Steuerbelastung eines Gewerbetreibenden mit der eines Freiberuflers, so wird die Entlastungswirkung des § 35 EStG deutlich.

- Die typisierte Anrechnung der GewSt auf die ESt führt dazu, dass im Bereich des ESt-Spitzensteuersatzes die GewSt bei einem Hebesatz von 422 % belastungsneutral wird, sofern Solidaritätszuschlag fällig wird.
- Ist der GewSt-Hebesatz höher als 422 %, so kommt es nicht zu einer vollständigen GewSt-Entlastung. Im Beispiel [2] ist die Steuerbelastung bei einem Hebesatz von 550 % um 5.846 € höher als bei einem Freiberufler mit gleich hohen Einkünften.
- Ist der GewSt-Hebesatz niedriger als 422 %, so ist die tatsächlich gezahlte GewSt kleiner als das 4-Fache des GewSt-Messbetrags. Die Anrechnung wird daher auf die tatsächlich gezahlte GewSt begrenzt, § 35 Abs. 1 S. 5 EStG.

Anrechnungsüberhänge

Der Wortlaut des § 35 EStG sagt, dass die ESt ermäßigt wird, »soweit sie anteilig auf im zvE enthaltene gewerbliche Einkünfte entfällt«. Durch diese Begrenzung der Steuerermäßigung kann es zu Fällen kommen, in denen nicht der volle 4-Fache GewSt-Messbetrag angerechnet werden kann. Diese Begrenzung hat zur Folge, dass § 35 EStG nie zu einer Steuererstattung führen kann. Die Steuerermäßigung ist also max. so hoch wie die tarifliche ESt. Zwei Beispiele von Anrechnungsüberhängen werden hier gezeigt.

Beispiel – Verluste aus anderen Einkunftsarten: Unternehmer U erzielt einen gewerblichen Gewinn i.H.v. 100.000 € und zugleich Vermietungsverluste in gleicher Höhe. Der Unternehmer muss GewSt zahlen. Zu einer Steuerermäßigung nach § 35 EStG kommt es jedoch nicht, da die Summe der Einkünfte 0 € ergibt und die ESt folglich 0 € beträgt.

Beispiel – zwei Gewerbebetriebe: Unternehmer U hat zwei Gewerbebetriebe: Der Farbengroßhandel erzielt einen Gewinn von 100.000 €, der Computerhandel erzielt einen Verlust in gleicher Höhe. Für den Farbengroßhandel muss GewSt gezahlt werden. Da zwei Gewerbebetriebe bestehen, besteht auch zweimal GewSt-Pflicht, § 2 Abs. 1 GewStG. Gewinne und Verluste zweier Gewerbebetriebe können also nicht verrechnet werden. (Dafür gibt es aber auch für jeden Betrieb einen eigenen Freibetrag.) Jedoch kommt es nicht zu einer ESt-Ermäßigung nach § 35 EStG. Die Summe der Einkünfte beträgt 0 €.

§ 35 EStG bei Personengesellschaften

Personengesellschaften sind GewSt-Subjekte. § 5 Abs. 1 S. 3 GewStG verwendet den inhaltsgleichen Begriff des Steuerschuldners. Personengesellschaften sind aber keine ESt-Subjekte. Die ESt-Ermäßigung nach § 35 EStG muss daher bei den Gesellschaftern erfolgen. Dazu muss der Ermäßigungsbetrag auf die Gesellschafter aufgeteilt werden. Die Aufteilung erfolgt nach Maßgabe des Gewinnverteilungsschlüssels. Erfolgsunabhängige Sondervergütungen und Vorabgewinne werden dabei nicht berücksichtigt. Erfolgsabhängige Vorabgewinne werden dahingegen berücksichtigt.

Beispiel: Die A & B-OHG erzielt einen Bilanzgewinn i.H.v. 100.000 €. Dabei ist als Aufwand ein Geschäftsführergehalt für Gesellschafter A i.H.v. 50.000 € berücksichtigt worden. Gesellschafter B erhält von dem Gewinn 10 % vorab (Vorabgewinn). Den Rest erhalten A und B je zur Hälfte (je 1/2 x (100.000 € ./. 10 % x 100.000 €) = 45.000 €). Der GewSt-Messbetrag beläuft sich auf 5.250 € (= 150.000 € x 3,5 %). Der Ermäßigungsbetrag nach § 35 EStG von 4 x 5.250 € = 21.000 € wird wie folgt auf A und B verteilt:
A: 45.000 / 100.000 x 21.000 € = 9.450 €
B: 55.000 / 100.000 x 21.000 € = 11.550 €

Kapitel 4
Internationales Steuerrecht

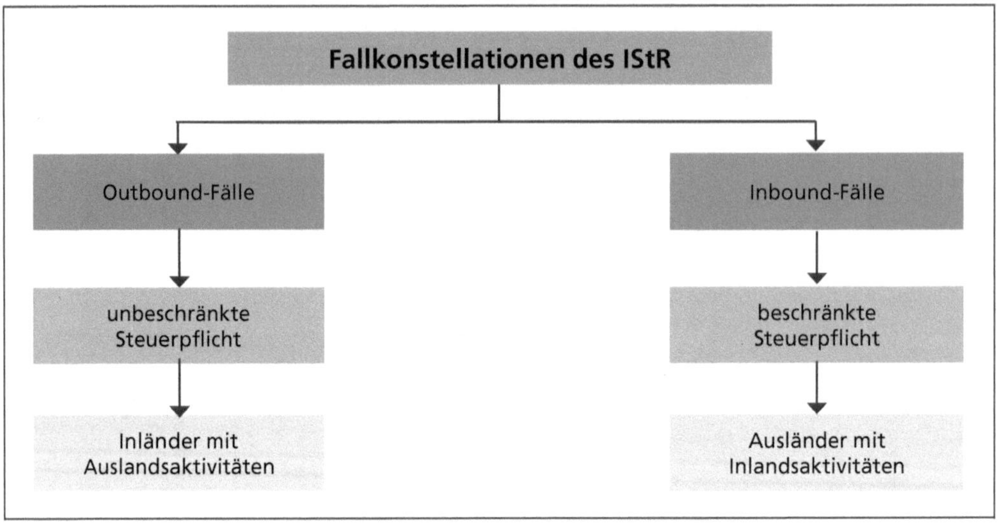

1 Inbound- und Outboundkonstellation

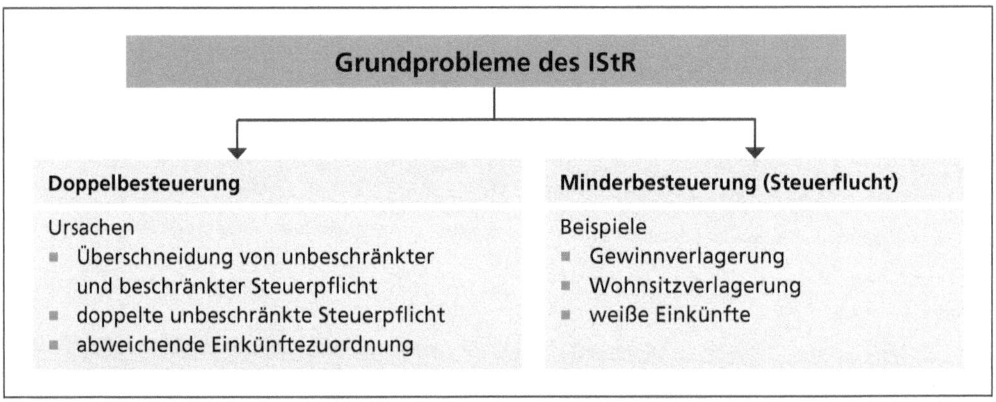

2 Grundprobleme des Internationalen Steuerrechts

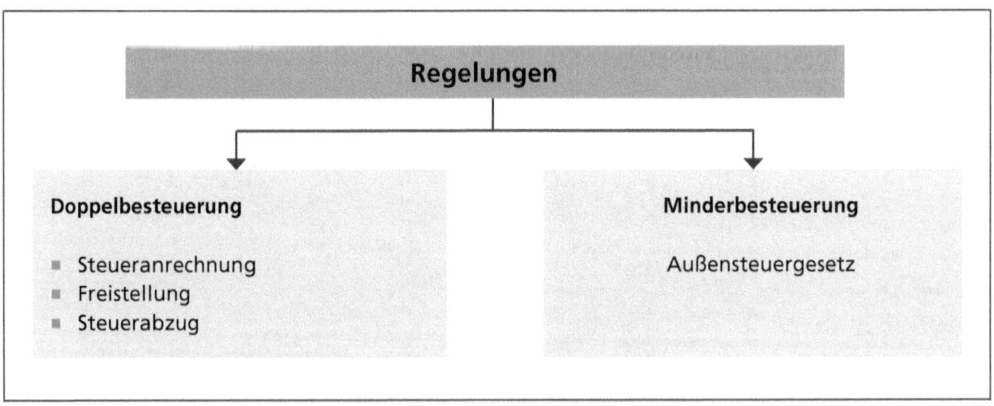

3 Regelungen gegen Doppelbesteuerung und Minderbesteuerung

Einführung

Das internationale Steuerrecht regelt die deutsche Besteuerung von grenzüberschreitenden Sachverhalten. Hier sind zwei Fallkonstellationen möglich: [1]

Outbound-Fälle

Das sind Fälle eines Steuerinländers (unbeschränkt Steuerpflichtigen) mit Einkünften aus dem Ausland.

Beispiel: Anton wohnt in Berlin und vermietet in London ein Haus. Anton ist unbeschränkt steuerpflichtig, § 1 Abs. 1 EStG. Damit ist sein Welteinkommen, also auch die Vermietungseinkünfte aus England, steuerpflichtig. Die Doppelbesteuerung wird durch ein DBA vermieden.

Inbound-Fälle

Das sind Fälle eines Steuerausländers (beschränkt Steuerpflichtigen) mit Einkünften aus Deutschland.

Beispiel: John wohnt und arbeitet in London. Er vermietet in Leipzig ein Haus. John ist mit seinen Vermietungseinkünften beschränkt steuerpflichtig, § 1 Abs. 4, 49 Abs. 1 Nr. 6 EStG.

Entgegen dem eigentlichen Wortsinn behandelt das internationale Steuerrecht nicht internationale Steuern, also Steuern einer internationalen Institution. Derartige Steuern gibt es nicht. Internationale Institutionen (EU, UNO etc.) erheben keine eigenen Steuern. Sie werden finanziert durch Zahlungen der Mitgliedsstaaten. Internationales Steuerrecht ist auch nicht die Darstellung des Steuerrechts anderer Staaten.

Grundprobleme des IStR

Die Grundprobleme des IStR sind die Vermeidung von Doppelbesteuerung und Minderbesteuerung. [2]

Doppelbesteuerung bedeutet, dass derselbe Sachverhalt von zwei Staaten besteuert wird. Das kann folgende Ursachen haben:

- Gleichzeitiges Bestehen von unbeschränkter und beschränkter Steuerpflicht

Beispiel: B aus Berlin vermietet in Paris ein Haus. Die Mieteinkünfte unterliegen in Deutschland der unbeschränkten und in Frankreich der beschränkten Steuerpflicht.

- Doppelte unbeschränkte Steuerpflicht

Beispiel: Anton bewohnt ein Haus in München und ein Haus in Mailand. Anton ist folglich in Deutschland und in Italien unbeschränkt steuerpflichtig.

- Abweichende Einkünftezuordnung

Beispiel: Bauunternehmer B aus Polen hat eine Baustelle in Berlin und eine in Warschau. Insgesamt erwirtschaftet B 100.000 €. Deutschland geht davon aus, dass 70 % des Gewinns auf die deutsche Baustelle entfallen. Polen geht davon aus, dass 70 % auf die polnische Baustelle entfallen.

Die wichtigsten **Techniken** zur Vermeidung der Doppelbesteuerung sind

- Steueranrechnung,
- Freistellung und
- Steuerabzug. [3]

Diese Regelungen können in drei verschiedenen **Arten von Normen** angewendet werden:

- **Einseitige Regelung:** Deutschland versucht, durch einseitige Regelung die Doppelbesteuerung zu beseitigen (z. B. § 34c EStG).
- **Zweiseitige Regelung:** Deutschland hat mit vielen Staaten Doppelbesteuerungsabkommen (DBA) vereinbart.
- **Multilaterale Regelung:** EU-Recht.

Minderbesteuerung bedeutet, dass bei grenzüberschreitenden Sachverhalten zu wenig Steuern gezahlt werden. Beispiele:

- Gewinnverlagerung in ein niedriger besteuertes Ausland. Die wichtigste Maßnahme gegen Gewinnverlagerungen ist die Korrektur von Verrechnungspreisen, § 1 AStG.

Beispiel: Ein deutsches Unternehmen gründet eine Tochtergesellschaft in einem Niedrigsteuerland. Die Tochtergesellschaft stellt an die deutsche Mutter überhöhte Rechnungen.

- Wohnsitzverlagerung in ein niedriger besteuertes Ausland. Bei einer Wohnsitzverlagerung in ein Niedrigsteuerland greift die sog. erweiterte beschränkte Steuerpflicht nach §§ 2 ff. AStG.

Beispiel: Ein Spitzensportler zieht nach Monaco.

- Weiße Einkünfte: Unter »weißen Einkünften« versteht man Einkünfte, die in keinem Staat besteuert werden, da alle Staaten davon ausgehen, dass sie eigentlich in einem anderen Staat besteuert werden müssten. Viele DBA versuchen weiße Einkünfte zu vermeiden.

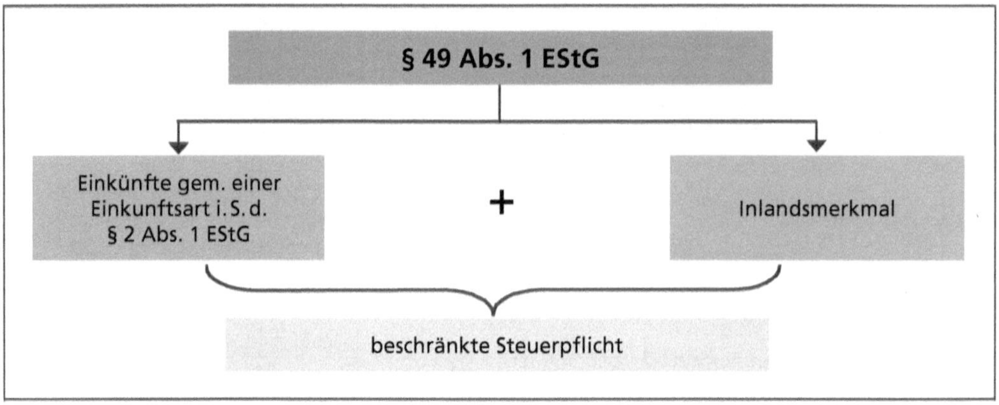

1 Systematik des § 49 Abs. 1 EStG

Einkunftsart		Inlandsmerkmal § 49 Abs. 1
§ 13 EStG	Einkünfte aus Land- und Forstwirtschaft	Nr. 1: die Landwirtschaft ist im Inland belegen
§ 15 EStG	Einkünfte aus Gewerbebetrieb	Nr. 2 Buchst. a: ▪ Betriebsstätte im Inland oder ▪ ständiger Vertreter im Inland
§ 18 EStG	selbstständige Arbeit	Nr. 3: ▪ im Inland ausgeübt, ▪ im Inland verwertet oder ▪ feste Einrichtung/Betriebsstätte im Inland
§ 19 EStG	Einkünfte aus nichtselbstständiger Arbeit	Nr. 4 Buchst. a: ▪ im Inland ausgeübt oder ▪ verwertet
§ 20 Abs. 1 Nr. 1 EStG	Gewinnausschüttungen (Einkünfte aus Kapitalvermögen)	Nr. 5 Buchst. a: ausschüttende Gesellschaft (= Schuldner) hat Geschäftsleitung oder Sitz im Inland
§ 20 Abs. 1 Nr. 7 EStG	Zinsen (Einkünfte aus Kapitalvermögen)	Nr. 5 Buchst. c Doppelbuchst. aa: das Darlehen ist durch inländischen Grundbesitz gesichert
§ 21 EStG	Einkünfte aus Vermietung und Verpachtung	Nr. 6: Grundstück ist im Inland gelegen
§ 23 EStG	Einkünfte aus privaten Veräußerungsgeschäften	Nr. 8 Buchst. a: inländisches Grundstück

2 Beispiele für beschränkt steuerpflichtige Einkünfte

Arten der Steuerpflicht

Es gibt zwei Hauptarten der Steuerpflicht:

- unbeschränkte Steuerpflicht, § 1 Abs. 1 EStG
- beschränkte Steuerpflicht, § 1 Abs. 4 EStG

Unbeschränkt steuerpflichtig sind Personen, die in Deutschland ihren Wohnsitz, § 8 AO, oder ihren gewöhnlichen Aufenthalt, § 9 AO, haben. Sie müssen ihr Welteinkommen, also alle in- und ausländischen Einkünfte in Deutschland versteuern, § 2 Abs. 1 EStG. Allerdings kann das Besteuerungsrecht Deutschlands durch ein Doppelbesteuerungsabkommen eingeschränkt sein.

Beschränkt steuerpflichtig sind Personen, die weder Wohnsitz noch gewöhnlichen Aufenthalt im Inland haben und inländische Einkünfte beziehen. Sie müssen nur die inländischen Einkünfte in Deutschland versteuern. Auch hier gilt, dass ein Doppelbesteuerungsabkommen das deutsche Besteuerungsrecht einschränken kann. Bei der beschränkten Steuerpflicht gelten folgende Besonderheiten:

Inländische Einkünfte

Es müssen nur die inländischen Einkünfte versteuert werden, § 49 EStG. Das bedeutet, dass zweierlei zu prüfen ist:

- Einkünfte i.S.d. § 2 Abs. 1 EStG und
- ein Inlandsmerkmal i.S.d. § 49 EStG. [1]

Beispiel: Der in Paris ansässige F vermietet in Deutschland ein Haus. Außerdem arbeitet er als Angestellter in Paris. Muss F seine Einkünfte in Deutschland versteuern?
Lösung: F erzielt Einkünfte aus Vermietung, § 21 Abs. 1 Nr. 1 EStG. Diese Einkünfte sind inländisch, da das Grundstück in Deutschland liegt, § 49 Abs. 1 Nr. 6 EStG. Die Einkünfte aus nichtselbstständiger Arbeit sind hingegen nicht inländisch, da sie nicht in Deutschland ausgeübt werden, § 49 Abs. 1 Nr. 4a EStG. Folglich muss F nur die Vermietungseinkünfte in Deutschland versteuern.

Beispiel: Der in Rom ansässige I gewährt einem Berliner ein ungesichertes verzinsliches Darlehen. Muss I die Zinsen in Deutschland versteuern?
Lösung: Es liegen Zinseinkünfte nach § 20 Abs. 1 Nr. 7 EStG vor. Diese sind aber nicht inländisch, da sie nicht durch inländischen Grundbesitz gesichert sind, § 49 Abs. 1 Nr. 5c Doppelbuchst. aa) EStG. I muss daher in Deutschland keine Steuern zahlen.
Beispiel: Der in Madrid ansässige Spanier S produziert Waren und verkauft diese nach Deutschland. Muss S seine Einkünfte in Deutschland versteuern?
Lösung: S erzielt keine inländischen Einkünfte nach § 49 Abs. 1 Nr. 2a EStG. Zwar liegen gewerbliche Einkünfte nach § 15 Abs. 1 Nr. 1 EStG vor. Diese sind aber nicht inländisch, da S weder eine Betriebsstätte noch einen ständigen Vertreter in Deutschland hat. S muss daher seine Einkünfte nicht in Deutschland versteuern.

§ 50 EStG

Die Besteuerung beschränkt Steuerpflichtiger hat **objektsteuerartigen Charakter**. Persönliche Verhältnisse bleiben unberücksichtigt. Dafür soll der Heimatstaat sorgen. Privatabzüge (Sonderausgaben/agB) können nicht abgezogen werden, § 50 Abs. 1 S. 3 EStG.

Beispiel: Der in Moskau ansässige M vermietet in Berlin ein Haus. Er erzielt Einkünfte i.H.v. 50.000 €. Wie hoch ist sein zvE?
Lösung: M erzielt inländische Einkünfte aus Vermietung, da das vermietete Haus in Deutschland ist, §§ 21 Abs. 1 Nr. 1, 49 Abs. 1 Nr. 6 EStG. Da M weder Sonderausgaben noch außergewöhnliche Belastungen geltend machen kann, beträgt das zvE 50.000 €.

Es gibt kein Splitting, §§ 26 Abs. 1 S. 1, 32a Abs. 5 EStG.

Beispiel wie zuvor: Welcher Tarif kommt zur Anwendung, wenn M verheiratet ist?
Lösung: Da M nicht unbeschränkt steuerpflichtig ist, kommt eine Ehegattenveranlagung und somit ein Splittingtarif nicht in Betracht. M muss sein Einkommen nach der Grundtabelle versteuern.

Soweit ein Lohn- oder Kapitalertragsteuerabzug vorgenommen worden ist, ist die ESt damit abgegolten. Eine Veranlagung unterbleibt. Das bedeutet, dass Werbungskosten nicht abgezogen werden können, § 50 Abs. 2 EStG.

Beispiel: Der in Panama ansässige P erhält 10.000 € Dividenden von der deutschen VW-AG. Wie hoch ist die deutsche ESt?
Lösung: Die ESt ist mit der Kapitalertragsteuer abgegolten. Hat P keinen Freistellungsauftrag gestellt, beträgt die Steuer 2.500 € (= 25% x 10.000 €), § 43a Abs. 1 EStG.

Da diese Regeln eine Schlechterstellung von EU-Ausländern gegenüber Inländern darstellen, gibt es zahlreiche Sonderregelungen. [2]

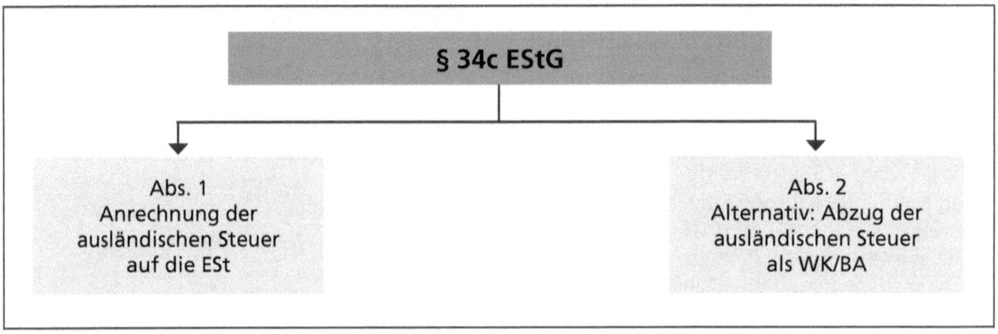

1 § 34c EStG Überblick

Steueranrechnung

Tatbestandsvoraussetzungen

- unbeschränkte Steuerpflicht
- ausländische Einkünfte i.S.d. § 34d EStG
- Zahlung einer der deutschen ESt vergleichbaren Steuer
- die ausländische Steuer unterliegt keinem Ermäßigungsanspruch

Rechtsfolge

- Anrechnung der ausländischen Steuer
- im Rahmen der Höchstbetragsbegrenzung
  - 1. Höchstgrenze: gezahlte ausländische Steuer
  - 2. Höchstgrenze: nur in Höhe des deutschen Steuerniveaus

2 Steueranrechnung gemäß § 34c Abs. 1 EStG

§ 34c EStG

Nach § 34c EStG wird die Doppelbesteuerung vermieden durch [1]
- **Anrechnung** der ausländischen Steuer auf die deutsche ESt, Abs. 1, oder durch
- **Abzug** der ausländischen Steuer als Werbungskosten/Betriebsausgaben, § 34c Abs. 2, 3 EStG.

Anrechnung, § 34c Abs. 1 EStG

Beispiel: Der in Berlin ansässige Bauunternehmer B erzielt aus einer Betriebsstätte in Libyen einen Gewinn von 50.000 € und muss dafür 15.000 € Libysche ESt zahlen. Mit Libyen hat Deutschland kein DBA geschlossen. In Deutschland erzielt B weitere Einkünfte i.H.v. 100.000 €. Seine Sonderausgaben betragen 10.000 €. Wie hoch ist die ESt?

Lösung:

1. Schritt: Berechnung der tariflichen ESt:

inländische Einkünfte	100.000 €
libysche Einkünfte	50.000 €
Summe der Einkünfte	150.000 €
Sonderausgaben	./. 10.000 €
zvE	140.000 €
tarifliche ESt	49.663 €

2. Schritt: Anrechnung nach § 34c Abs. 1 EStG

Hier sind zwei Höchstbeträge zu berücksichtigen:
- Es darf max. die ausländische ESt angerechnet werden: 15.000 €.
- Die ausländische Steuer darf max. in einer Höhe angerechnet werden, die dem deutschen Steuerniveau entspricht. Der max. Anrechnungsbetrag ist so hoch wie die deutsche ESt, die auf die libyschen Einkünfte entfällt. Dieser berechnet sich wie folgt:

$$\frac{\text{tarifliche ESt}}{\text{ZVE}} \text{ x libysche Einkünfte}$$

= 49.663 €/140.000 € x 50.000 € = 17.737 €

Im vorliegenden Fall ist das ausländische Steuerniveau niedriger als das inländische. Es kann daher die gesamte ausländische ESt angerechnet werden. Die festzusetzende ESt beträgt daher 34.663 € (= 49.663 € ./. 15.000€). [2]

Abwandlung: Die libysche ESt beträgt 20.000€.
Lösung: In diesem Fall ist das inländische Steuerniveau niedriger als das ausländische. Es können daher maximal ausländische Steuern i.H.d. deutschen ESt angerechnet werden, die auf die libyschen Einkünfte entfällt. Die festzusetzende ESt beträgt daher 31.926 € (= 49.663 € ./. 17.737€).

Abzug, § 34c Abs. 2 EStG

Beispiel: Im obigen Beispiel möchte B wissen, ob der Steuerabzug nach § 34c Abs. 2 EStG günstiger ist.

Lösung:

inländische Einkünfte	100.000 €
libysche Einkünfte	50.000 €
Abzug ausländischer ESt	./. 15.000 €
Summe der Einkünfte	135.000 €
Sonderausgaben	./. 10.000 €
zvE	125.000 €
tarifliche ESt	43.363 €
= festzusetzende ESt	

Der Steuerabzug wäre ungünstiger. Das lässt sich folgendermaßen erklären: Die Steueranrechnung führt zu einer Ermäßigung der deutschen ESt i.H.d. ausländischen ESt. Der Steuerabzug als Werbungskosten/Betriebsausgaben führt dahingegen nur zu einer Minderung der deutschen ESt i.H.d. Steuersatzes, also immer um weniger als 100%. Nur in Ausnahmefällen ist der Steuerabzug als Werbungskosten/Betriebsausgaben günstiger. Das ist etwa der Fall, wenn die Steueranrechnung ins Leere geht, weil keine inländische ESt gezahlt werden muss.

Beispiel: Der in Berlin ansässige Bauunternehmer B erzielt aus einer Betriebstätte in Libyen einen Gewinn von 50.000 € und muss dafür 35.000 € Libysche ESt zahlen. Mit Libyen hat Deutschland kein DBA geschlossen. In Deutschland erzielt B Verluste i.H.v. 50.000 €. Sollte B die Anrechnung oder den Abzug wählen?

Lösung: Da B keine deutsche ESt zahlt, hilft ihm die Anrechnung nichts. Wählt er dahingegen den Abzug der ausländischen Steuer von der Bemessungsgrundlage, dann erzielt B negative Einkünfte i.H.v. 10.000 €, die nach § 10d EStG Einkünfte zukünftiger Jahre mindern.

§ 34c EStG findet Anwendung
- bei Einkünften aus Staaten, mit denen Deutschland kein DBA geschlossen hat, § 34c Abs. 6 S. 1 EStG, und
- bei Einkünften aus Staaten, mit denen Deutschland ein DBA geschlossen hat, wenn das DBA die Anrechnung vorsieht, § 34c Abs. 6 S. 2 EStG.

§ 34c EStG gilt auch für die KSt, § 26 Abs. 1 KStG.

Gliederung eines Doppelsteuerabkommens

- Geltungsbereich
  - Für wen gilt das DBA?
  - Für welche Steuern gilt das DBA?

- Begriffsbestimmungen
  Insbesondere
  - allgemeine Definitionen
  - Ansässigkeit
  - Betriebsstätte

- Besteuerung des Einkommens = Einkunftsartenkatalog

- Methoden zur Vermeidung der Doppelbesteuerung
  - Anrechnung
  - Freistellung

- Besondere Bestimmungen
  - Gleichbehandlung
  - Verständigungsverfahren
  - Informationsaustausch und Amtshilfe
  - Erstattung von Abzugssteuer

- Schlussbestimmungen

1 Gliederung eines DBA

Doppelbesteuerungsabkommen

Die Doppelbesteuerung kann durch Verträge zwischen zwei Staaten viel wirksamer als durch einseitige gesetzliche Regelungen wie § 34c EStG verhindert werden. Diese Verträge nennt man Doppelbesteuerungsabkommen, kurz DBA. In einem DBA ist geregelt, welcher Staat im Falle einer Doppelbesteuerung auf die Besteuerung verzichtet. Deutschland hat mit über 95 Staaten DBA auf dem Gebiet der Ertragsteuern geschlossen. Bei seinen Verhandlungen orientiert sich Deutschland an dem Musterabkommen 2000 der Organization for Economic Cooperation and Development (OECD). Entsprechend dem OECD-MA sind die meisten Abkommen folgendermaßen aufgebaut:

Geltungsbereich: Hier wird festgelegt,
- für welche Personen und
- für welche Steuern das DBA glt.

Definitionen: Hier wird insbes. die Ansässigkeit geregelt. Für die Anwendung eines DBA muss feststehen, welcher Staat der Ansässigkeitsstaat und welcher Staat der Quellenstaat ist. Nur der Ansässigkeitsstaat muss eine Doppelbesteuerung durch Freistellung oder Anrechnung beseitigen.

Besteuerung des Einkommens: Der Dritte Abschnitt enthält einen vom EStG abweichenden Einkunftsartenkatalog. Zweck dieses Katalogs ist es zu regeln, ob und in welchem Umfang der Quellenstaat die Einkünfte besteuern darf.

Beispiel: Der Artikel über Zinsen Art. 11 Abs. 1 DBA-USA lautet: »Zinsen, die eine in einem Vertragsstaat ansässige Person ... bezieht, können nur in diesem Staat besteuert werden.« Bezieht z.B. der in Berlin wohnende Tom 10.000 € Zinsen aus in einem New Yorker Depot liegenden US-Staatspapier, so folgt aus Art. 11 Abs. 1 DBA-USA, dass die USA keine Steuern erheben dürfen. Allein Deutschland darf die Zinsen besteuern.

Methoden zur Vermeidung der Doppelbesteuerung: In diesem Abschnitt wird festgelegt, bei welchen Einkünften der Ansässigkeitsstaat die Doppelbesteuerung durch Anrechnung oder durch Freistellung zu beseitigen hat. [1]

Beispiel: Unternehmer U aus Berlin produziert Waren in Berlin und in Bern. Der Gewinn des Berliner Stammhauses beträgt 100.000 €, der Gewinn der Berner Betriebsstätte 50.000 €. Die Sonderausgaben belaufen sich auf 10.000 €. Wie hoch ist die deutsche ESt?
Lösung: Nach § 2 Abs. 1 Nr. 2 EStG liegen Welteinkünfte aus Gewerbebetrieb, § 15 EStG, i.H.v. 150.000 € vor. Da Einkünfte aus der Schweiz vorliegen, ist das DBA-Schweiz zu prüfen. Das DBA-Schweiz ist anwendbar, da U in Deutschland ansässig ist und aus der Schweiz Einkünfte bezieht. Deutschland ist der Ansässigkeitsstaat (Art. 4 DBA). Nach Art. 7 DBA Schweiz darf die Schweiz den Gewinn aus der Betriebsstätte in Bern besteuern. Nach Art. 24 Abs. 1 Nr. 1a DBA-Schweiz stellt Deutschland die Einkünfte aus der Schweizer Betriebsstätte frei. Damit betragen die steuerpflichtigen Einkünfte nur 100.000 € und das zvE 90.000 €.

Die Freistellung erfolgt grds. unter **Progressionsvorbehalt**, § 32b Abs. 1 Nr. 3 EStG. (Achtung: Kein Progressionvorbehalt bei bestimmten Einkünften aus der EU, § 32b Abs. 1 S. 2 EStG!). Das bedeutet, dass bei der Berechnung des Steuersatzes die freigestellten Einkünfte mit einzubeziehen sind. Der Steuersatz berechnet sich wie folgt:

zvE	90.000 €
freigestellte schweizer Einkünfte	50.000 €
Summe	140.000 €

Steuer nach § 32a EStG
140.000 € x 42 % ./. 9.136,63 € = 49.663 €
in Prozent: 49.663 €/ 140.000 € = 35 %

Die Steuer errechnet sich unter Anwendung des soeben errechneten Steuersatzes auf das zvE: 90.000 € x 35 % = 31.500 €.

Beispiel: Der in der Schweiz ansässige S erhält 10.000 € Dividenden einer deutschen AG. Die AG hat zutreffenderweise Kapitalertragsteuer nach §§ 43 Abs. 1 Nr. 1, 43a Abs. 1 Nr. 1 EStG i.H.v. 2.500 € (= 25 % x 10.000 €) einbehalten. Besteuerung des S?
Lösung: S ist beschränkt steuerpflichtig, da er inländische Einkünfte nach § 49 Abs. 1 Nr. 5a EStG, nämlich Dividenden von einer Kapitalgesellschaft mit Sitz im Inland, bezieht. Die ESt gilt durch die Kapitalertragsteuer als abgegolten, § 50 Abs. 2 S. 1 EStG. Nach dem DBA-Schweiz darf Deutschland jedoch nur 15 % KapESt einbehalten, Art. 10 Abs. 2 DBA-Schweiz. S kann sich die zuviel einbehaltene Kapitalertragsteuer i.H.v. 1.000 € (= 25 % ./. 15 %) x 10.000 €) nach § 50d Abs. 1 EStG erstatten lassen. Dazu muss er innerhalb von vier Jahren einen Antrag bei dem Bundeszentralamt für Steuern stellen.

Kapitel 5
Umsatzsteuer

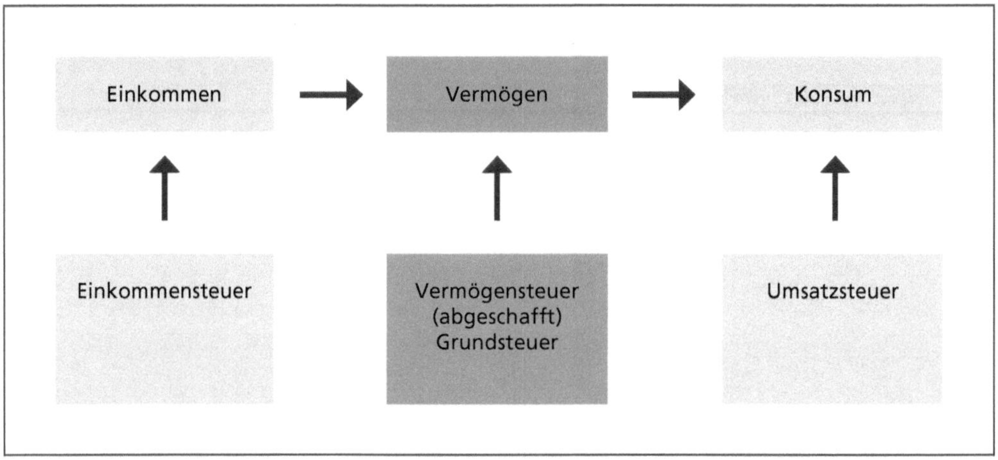

1 Die Umsatzsteuer als Besteuerung des Konsums

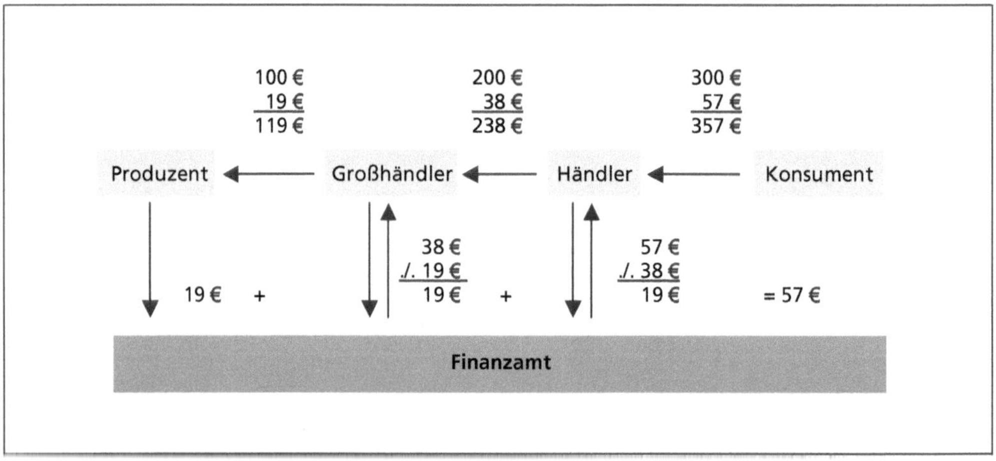

2 Das System der Nettoumsatzsteuer mit Vorsteuerabzug

Allgemeines

Konsumsteuer

Die USt besteuert den Konsum, also den privaten Verbrauch oder schlicht das Geldausgeben. Eine einprägsame Systematisierung ist die folgende: Die ESt belastet die Entstehung des Einkommens, die (abgeschaffte) Vermögensteuer das gesparte Einkommen und die USt das konsumierte Einkommen. [1]

Indirekte Steuer

Die USt wird nicht direkt vom Konsumenten gezahlt, sondern indirekt vom Unternehmer. Wenn ein Unternehmer einen Umsatz macht, so muss er USt zahlen. Aber der Unternehmer wird immer versuchen, die USt auf seinen Kunden weiter zu überwälzen, indem er den Preis erhöht. Somit wird der Konsument letztlich doch besteuert, aber eben nur indirekt. Prägnant: Die USt ist eine indirekte Steuer, da wirtschaftlicher Steuerträger und rechtlicher Steuerzahler nicht identisch sind.

Allphasensteuer

Üblicherweise durchläuft ein Produkt mehrere Handels- oder Produktionsstufen, bevor es an den Endverbraucher gelangt. In dieser Kette muss jeder Unternehmer USt zahlen. Im Gegensatz dazu steht eine Einzelhandelssteuer (sales tax). Hier muss die Steuer nur auf der letzten Handelsstufe bei der Lieferung an einen Endverbraucher gezahlt werden (z. B. USA).

Nettoumsatzsteuer mit Vorsteuerabzug

Würde auf jeder Handelsstufe der gesamte Umsatz besteuert werden, so käme es zu einer Kumulierung der USt. Um das zu vermeiden, hat der Gesetzgeber den Vorsteuerabzug geschaffen: Der Unternehmer bekommt die an seine Lieferanten gezahlte USt (= Vorsteuer) vom Finanzamt erstattet.

Beispiel: Produzent P verkauft eine Ware für 100 € zuzügl. USt an Großhändler G, der diese Waren für 200 € zuzügl. USt an Einzelhändler E verkauft. Dieser verkauft die Waren für 300 € zuzügl. USt an einen Endverbraucher. Ohne Vorsteuerabzug käme es zu folgender USt:

Produzent:	100 € x 19% =	19 €
Großhändler:	200 € x 19% =	38 €
Händler:	300 € x 19% =	57 €
	600 €	114 €

Damit würden insgesamt Nettoumsätze i.H.v. 600€ besteuert werden, obwohl der Konsument nur 300 € netto ausgibt. Anders ist das bei der geltenden Nettoumsatzsteuer mit Vorsteuerabzug:

Produzent:	USt 100 € x 19% =	19 €
Großhändler:	USt 200 € x 19% =	38 €
	Vorsteuerabzug	./. 19 €
	Zahllast	19 €
Einzelhändler:	USt 300 € x 19% =	57 €
	Vorsteuerabzug	./. 38 €
	Zahllast	19 €

Somit wird im Ergebnis nur der Nettoumsatz von 300 € (= Konsum) besteuert. [2]

Der Vor**steuer**abzug führt, wie der Name sagt, dazu, dass die tatsächlich an die Lieferanten gezahlte USt abgezogen werden darf.

Beispiel: Ein Restaurantbetreiber kauft Lebensmittel für 200 € zuzüglich 7% USt und Wein für 100 € zuzüglich 19% USt. Er verkauft Mahlzeiten für 500 € zuzüglich USt. Der Restaurantbetreiber erbringt sonstige Leistungen (= Dienstleistungen) und keine Lieferungen, da der Servicecharakter gegenüber der Warenlieferung überwiegt. Es kommt daher der normale Steuersatz von 19% zur Anwendung. Der ermäßigte Steuersatz von 7% gilt nur bei einer reinen Lieferung von Waren, § 12 Abs. 1 UStG.

USt:	500 € x 19% =	95 €
VSt:	Lebensmittel	./. 14 €
	Wein	./. 19 €
USt-Zahllast		62 €

Damit hat sich der Gesetzgeber gegen eine USt mit Vor**umsatz**abzug entschieden. Bei einem Vorumsatzabzug würde unter Berücksichtigung des damit verbundenen einheitlichen Steuersatzes die Lösung so aussehen:

Ausgangsumsatz netto	500 €
Eingangsumsatz netto	./. 300 €
Mehrwert	200 €
USt-Zahllast 200 € x 19% =	38 €

Nettosteuer

Die USt ist eine Nettowertsteuer. Der USt-Satz von 19% bezieht sich auf den Nettoumsatz, § 10 Abs. 1 S. 2 UStG, also den Umsatz ohne Steuer.

Beispiel: Ein Handwerker stellt einem Kunden eine Rechnung über 100 € inkl. USt.
Lösung: Die USt beträgt 100 € x 19/119 = 15,97 €.

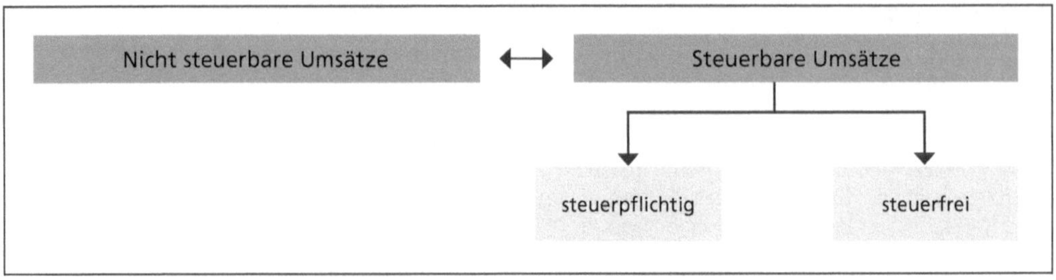

1 Steuerbarkeit und Steuerpflicht

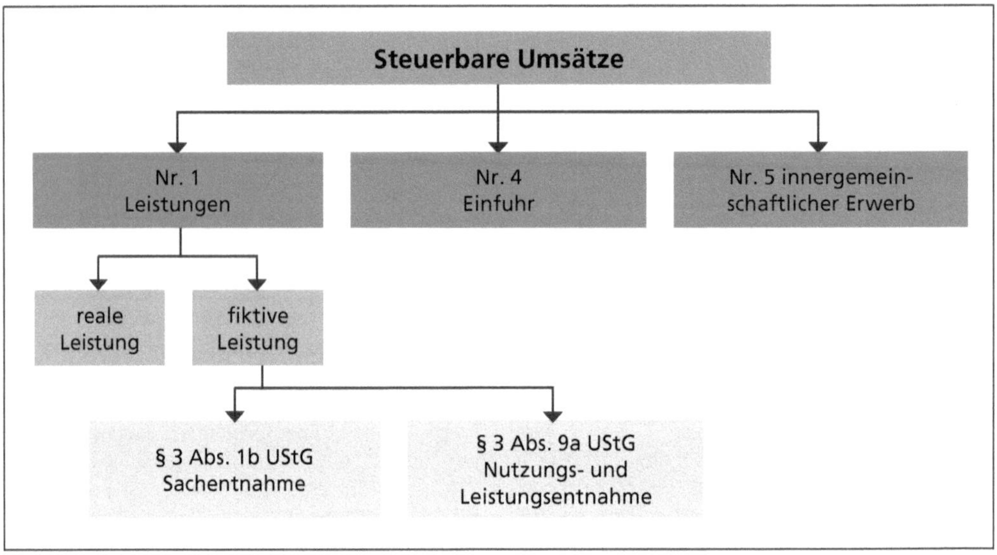

2 Steuerbare Umsätze

Tatbestandsmerkmal	Funktion
1. Leistung	Oberbegriff von Lieferungen und sonstigen Leistungen, § 3 Abs. 1, 9 UStG. Im Ergebnis ist somit jedes unternehmerische Handeln steuerbar.
2. Unternehmer	Alle Selbstständigen (= Nichtarbeitnehmer), die gewerblich oder beruflich, d.h. nachhaltig zur Erzielung von Einnahmen tätig sind, § 2 Abs. 1 UStG. Unternehmer sind damit neben den Gewerbetreibenden auch ▪ Land- und Forstwirte, ▪ Freiberufler und ▪ Vermieter (siehe aber § 4 Nr. 12a UStG) ▪ Kapitalgesellschaften ▪ Personengesellschaften. Nicht Unternehmer und somit nicht umsatzsteuerpflichtig sind ▪ Arbeitnehmer, ▪ Personen, die einmalig tätig sind, ▪ Bezieher von Kapitaleinkünften.
3. im Inland	Nur der Verbrauch im Inland soll besteuert werden.
4. gegen Entgelt	Nur bei einer Entgeltzahlung liegt ein Konsum vor, der belastet werden soll.
5. im Rahmen des Unternehmens	Private Leistungen eines Unternehmers sind, wie die Leistungen von Nichtunternehmern, nicht steuerbar.

3 Grundtatbestand der Leistung nach § 1 Abs. 1 Nr. 1 UStG

Steuerbare Umsätze

Steuerbare Umsätze sind nach § 1 Abs. 1 UStG:
- Nr. 1: Leistungen, also Lieferungen und sonstige Leistungen,
- Nr. 4: Einfuhr,
- Nr. 5: innergemeinschaftlicher Erwerb. [2]

Das UStG unterscheidet, abweichend vom allgemeinen Sprachgebrauch, folgende Begriffspaare:
- steuerbarer und nicht steuerbarer Umsatz,
- steuerpflichtiger und nicht steuerpflichtiger Umsatz. [1]

Steuerbar ist ein Umsatz, wenn er die Voraussetzungen des § 1 Abs. 1 UStG erfüllt. Ein steuerbarer Umsatz kann aber steuerfrei sein.

Beispiel: Unternehmer U vermietet eine Wohnung. Die Vermietung ist eine steuerbare, aber steuerfreie Leistung, § 1 Abs. 1 Nr. 1, 4 Nr. 12a UStG.

Lieferungen und Leistungen, § 1 Abs. 1 Nr. 1 UStG

Steuerbar sind Lieferungen und sonstige Leistungen,
- die ein Unternehmer
- im Inland
- gegen Entgelt
- im Rahmen seines Unternehmens ausführt.

Lieferung und sonstige Leistung

Eine Lieferung ist die Verschaffung der Verfügungsmacht an einem Gegenstand, § 3 Abs. 1 UStG. Eine sonstige Leistung ist eine Dienstleistung, § 3 Abs. 9 UStG. Die Unterscheidung ist wichtig, da insbesondere der Ort der Leistung bei einer Lieferung anders bestimmt wird als bei einer sonstigen Leistung (§ 3 Abs. 6, 7, § 3a UStG).

Beispiel: Ein Fahrradhändler verkauft ein Fahrrad. Ein Steuerberater berät einen Mandanten. Die Lieferung des Fahrrads ist eine steuerbare Lieferung. Die Tätigkeit des Steuerberaters ist eine steuerbare sonstige Leistung (= Dienstleistung).

Unternehmer, § 2 UStG

Unternehmer ist, wer
- selbstständig,
- nachhaltig
- zur Erzielung von Einnahmen tätig ist.

Unternehmer sind damit neben den Gewerbetreibenden und Freiberuflern auch Vermieter. Nicht Unternehmer und somit nicht umsatzsteuerpflichtig sind Arbeitnehmer.

Beispiel: Ein Fahrradhändler und ein Student verkaufen jeweils ein Fahrrad. Der Händler ist Unternehmer und muss den Umsatz versteuern, der Student dahingegen nicht.

Personengesellschaften können Unternehmer sein, wenn sie nachhaltig zur Erzielung von Einnahmen tätig sind.

Beispiel: Zwei BWL-Studenten gründen nach dem Examen eine Unternehmensberatungs-GbR. Die GbR ist Unternehmer, nicht die Gesellschafter. Anders ist dies im EStG geregelt. Hier müssen die Gesellschafter den Gewinn der GbR anteilig versteuern, § 15 Abs. 1 Nr. 2 EStG.

Inland

Eine Lieferung findet im Inland statt, wenn die Beförderung im Inland beginnt, § 3 Abs. 6 S. 1 UStG. Der Ort der sonstigen Leistung (= Dienstleistung) ist in § 3a UStG geregelt.

Beispiel: Ein Fahrradhändler verkauft ein Fahrrad an einen Kunden in Moskau. Die Lieferung ist steuerbar. Insbesondere findet sie im Inland statt, da die Beförderung des Fahrrads in Deutschland beginnt. Jedoch ist die Lieferung steuerfrei, § 4 Abs. 1 Nr. 1a UStG.

Gegen Entgelt

Unentgeltliche Leistungen sind nicht steuerbar.

Beispiel: Ein Fahrradhändler nimmt bei einem Kunden eine Garantiereparatur vor. Mangels Entgeltlichkeit liegt kein steuerbarer Umsatz vor.

Im Rahmen seines Unternehmens

Ein Unternehmer kann »im Rahmen seines Unternehmens« oder »privat« handeln. Nur wenn er unternehmerisch handelt, muss er USt zahlen und ist vorsteuerabzugsberechtigt.

Beispiel: Ein Fahrradhändler verkauft sein Privatfahrrad. Der Verkauf ist nicht steuerbar, da der Händler Privatvermögen veräußert und daher nicht im Rahmen seines Unternehmens tätig wird. Ob ein Gegenstand zum Unternehmensvermögen gehört, erkennt man in der Regel daran, dass beim Erwerb Vorsteuer geltend gemacht worden ist. [3]

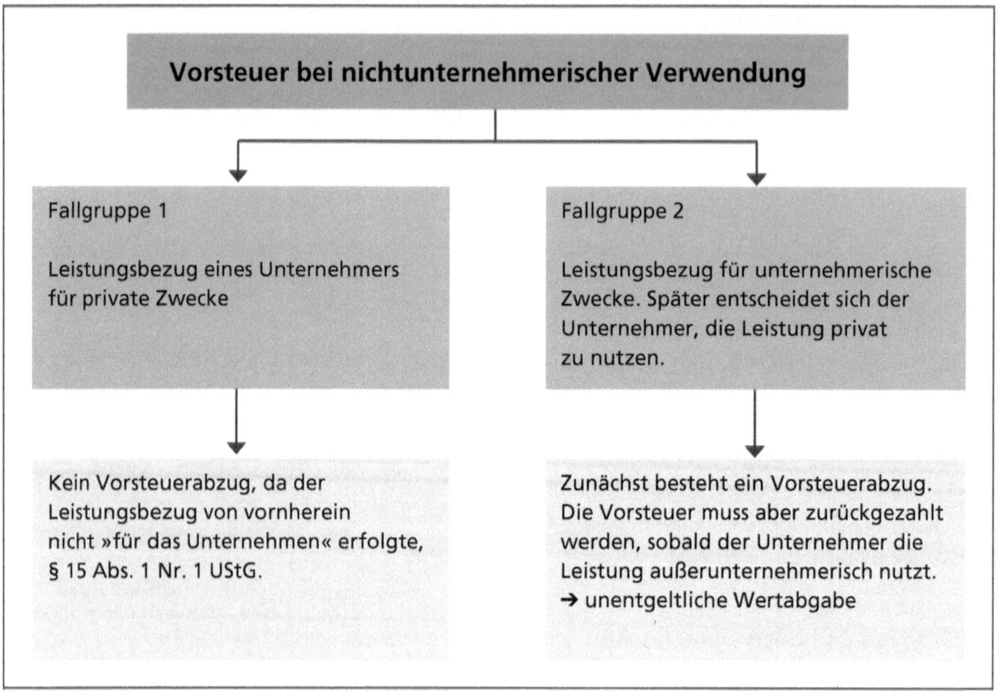

1 Vorsteuer bei nichtunternehmerischer Verwendung

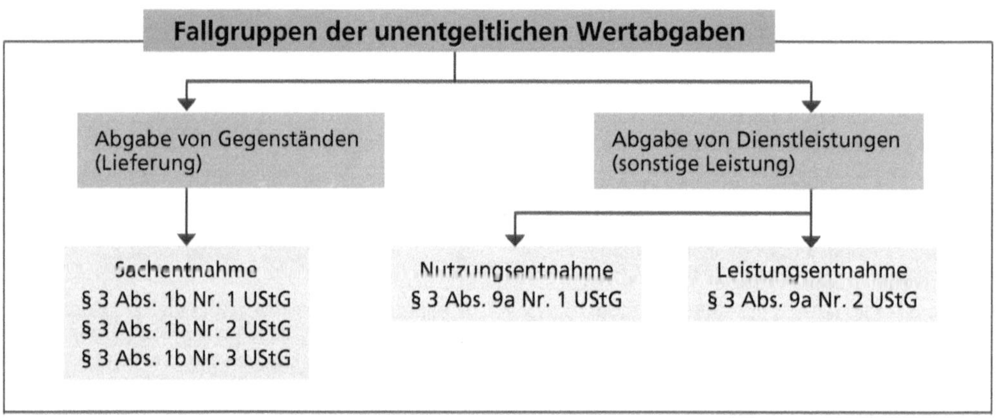

2 Unentgeltliche Wertabgaben

Unentgeltliche Wertabgabe

Arten

Den Leistungen gegen Entgelt werden drei sog. **unentgeltliche Wertabgaben** gleichgestellt: [2]

- Sachentnahme, § 3 Abs. 1b Nr. 1 UStG;
- Nutzungsentnahme, § 3 Abs. 9a Nr. 1 UStG;
- Leistungsentnahme, § 3 Abs. 9a Nr. 2 UStG.

Das hat folgenden Hintergrund: Wenn ein Unternehmer eine Leistung für sein Unternehmen bezieht, erstattet ihm das Finanzamt die Vorsteuer. Die USt belastet ihn als Unternehmer folglich nicht. Wenn ein Unternehmer dahingegen eine Leistung für außerunternehmerische Zwecke, also privat, bezieht, so bekommt er die Vorsteuer nicht erstattet. Soweit ein Unternehmer nicht unternehmerisch, sondern privat konsumiert, soll er nicht besser gestellt werden als Nichtunternehmer.

Nun gibt es aber Fälle, in denen eine Leistung zunächst für das Unternehmen bezogen wird und erst später für außerunternehmerische Zwecke verwendet wird. In diesen Fällen hat der Unternehmer die Vorsteuer zunächst erstattet bekommen. Folglich muss er die Vorsteuer, wenn feststeht, dass er die Leistung doch privat nutzt, zurückzahlen. [1]

Sachentnahme

Beispiel: Ein Fahrradhändler kauft ein Fahrrad und stellt es in seinem Laden aus. Später fasst er den Entschluss, das Fahrrad seiner Tochter zu schenken. Die Entnahme ist eine steuerbare Lieferung. Nach § 3 Abs. 1b Nr. 1 UStG wird die Entnahme einer Lieferung gegen Entgelt gleichgestellt. Der Grund: Bei Kauf hat der Händler die Vorsteuer erstattet bekommen. Da er jetzt das Fahrrad privat nutzt, muss er die erstattete Vorsteuer zurückzahlen. Bemessungsgrundlage ist nach § 10 Abs. 4 Nr. 1 UStG der Einkaufspreis.

Abwandlung: Der Händler kauft das Fahrrad bereits mit der Absicht, es seiner Tochter zu schenken. Nun besteht kein Anspruch auf Erstattung der Vorsteuer nach § 15 Abs. 1 UStG, da das Fahrrad privat und nicht für das Unternehmen erworben wird. Im Ergebnis muss der Händler in beiden Fällen die USt zahlen, da er das Fahrrad privat nutzt.

Zweck des § 3 Abs. 1b Nr. 1 und 2 UStG ist es, zu verhindern, dass der Unternehmer und sein Personal besser steht, als ein Nichtunternehmer. Wenn der Unternehmer eine Ware ohne Vorsteuerabzug erworben hat, dann steht der Unternehmer nicht besser als der Nichtunternehmer. Folglich bedarf es keiner Rückzahlung der Vorsteuer. § 3 Abs. 1b S. 2 UStG bestimmt daher, dass keine steuerbare unentgeltliche Leistung vorliegt, wenn der Unternehmer keine Vorsteuer erhalten konnte.

Beispiel: Der Fahrradhändler kauft ein gebrauchtes Fahrrad von einem Nichtunternehmer. Zunächst plant er das Fahrrad zu verkaufen. Später schenkt er jedoch dieses Fahrrad seiner Tochter. Die Entnahme ist nicht steuerbar. Der Unternehmer hat das Fahrrad von einem Nichtunternehmer und daher ohne USt gekauft. Er konnte sich auch nicht von einem Finanzamt die Vorsteuer erstatten lassen. Da der Unternehmer nicht besser steht als ein Nichtunternehmer, bedarf es keiner Korrektur.

Nutzungsentnahme

Auch bei einer Nutzungsentnahme muss verhindert werden, dass ein Unternehmer umsatzsteuerunbelastet privat konsumieren kann, § 3 Abs. 9a Nr. 1 UStG.

Beispiel: Der Fahrradhändler nutzt den betrieblichen Lieferwagen für private Zwecke. Die private Nutzung von Unternehmensvermögen ist steuerbar, § 3 Abs. 9a Nr. 1 UStG. Bemessungsgrundlage sind die durch die Nutzung entstehenden Ausgaben, § 10 Abs. 4 Nr. 2 UStG. Die Finanzverwaltung akzeptiert neben tatsächlichen Kosten auch die sog. Ein-Prozent-Regel zur Ermittlung der Kosten.

Auch die Nutzungsentnahme ist eine reine Korrekturvorschrift. Das bedeutet, dass eine Nutzungsentnahme nicht steuerbar ist, soweit der Unternehmer keine Vorsteuer erstattet bekommen hat.

Leistungsentnahme

Erbringt ein Unternehmer mit seinem Unternehmen eine Leistung für private Zwecke, dann korrigiert § 3 Abs. 9a Nr. 2 UStG den Vorsteuerabzug.

Beispiel: Der Fahrradhändler lässt sein Fahrrad von einem Angestellten reparieren. Steuerbar nach § 3 Abs. 9a Nr. 2 UStG. Bemessungsgrundlage sind die bei der Ausführung der Umsätze entstandenen Ausgaben, § 10 Abs. 4 Nr. 3 UStG.

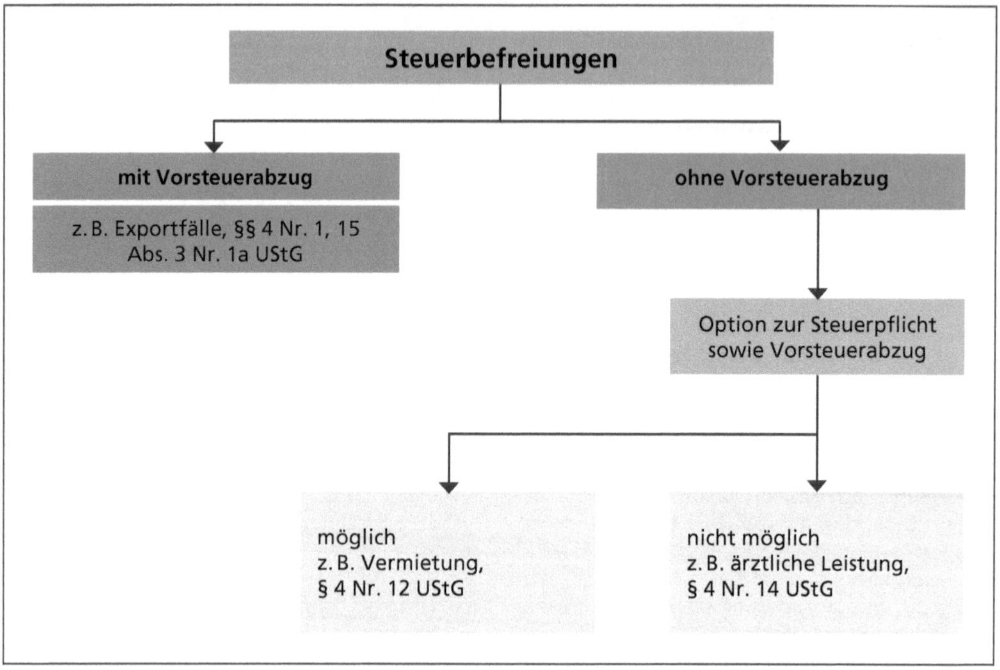

[1] Zusammenhang von Steuerbefreiung und Vorsteuerabzug

Wichtige Steuerbefreiungen

- Exportfälle, § 4 Nr. 1 UStG: Durch Befreiung des Export soll eine doppelte Besteuerung im Export- und Importland vermieden werden.

- Umsätze im Geld und Kapitalverkehr, § 4 Nr. 8 UStG

- Vermeidung der Doppelbelastung mit USt und Verkehrssteuer
  - Grundstückslieferungen, § 4 Nr. 9a UStG
  - Umsätze, die der Versicherungssteuer unterliegen, § 4 Nr. 10 UStG
  - Achtung: Bei den meisten Verbrauchsteuern, wie z. B. bei Mineralöl, bleibt es bei der Mehrfachbelastung mit USt und Energiesteuer. Ebenso ist Strom sowohl mit USt als auch mit der Stromsteuer belastet.

- Verbilligung aus sozialen Gründen
  - Grundstücksvermietung, § 4 Nr. 12 UStG
  - Arzt- und Gesundheitsleistungen, § 4 Nr. 14–17 UStG (Achtung: Medikamentenlieferung steuerpflichtig zu 19 %)
  - Wohlfahrtsverbände, § 4 Nr. 18 UStG
  - Jugendhilfe, § 4 Nr. 23–25 UStG
  - Umsätze von blinden Unternehmern und von Blindenwerkstätten, § 4 Nr. 19 UStG

- Verbilligung kultureller Leistungen
  - Theater, Orchester, Museen, Bibliotheken, zoologische Gärten, § 4 Nr. 20 UStG
  - Privatschulen, private Bildungsträger, § 4 Nr. 21 UStG

- Entschädigung für ehrenamtliche Tätigkeit, § 4 Nr. 26 UStG

[2] Wichtige Steuerbefreiungen

Steuerfreie Umsätze

Steuerbare Umsätze können ausnahmsweise steuerbefreit sein, § 4 UStG.

Beispiel: Ein Arzt berechnet einem Privatpatienten 250 €. Dieser Umsatz ist steuerfrei, § 4 Nr. 14a UStG. Grund: Ärztliche Leistungen sollen nicht durch Steuern verteuert werden. Wer das Pech hat, krank zu sein, soll nicht zusätzlich Steuern zahlen müssen.

Die steuerfreien Umsätze werden in drei Gruppen eingeteilt:

Steuerbefreiung ohne VSt-Abzug

Die Steuerbefreiung hat aber einen Nachteil: Wer steuerfreie Umsätze tätigt, hat keinen Vorsteuerabzug, § 15 Abs. 2 Nr. 1 UStG. So zumindest im Grundsatz.

Beispiel: Arzt A kauft einen Behandlungstisch für 1.000 € zuzüglich 190 € USt. Arzt A kann sich die VSt nicht vom Finanzamt erstatten lassen, da er nur steuerfreie Umsätze tätigt, §§ 4 Nr. 14, 15 Abs. 2 Nr. 1 UStG. A wird die Kosten inklusive USt daher seinem Patienten weiter berechnen. Damit trägt der Patient diese USt. Aus Sicht des Patienten ist nur die Mehrleistung des Arztes steuerunbelastet, nicht dahingegen die vom Arzt bezogenen Vorleistungen. Das bedeutet, dass eine Steuerbefreiung ohne VSt-Abzug nur zu einer Steuerentlastung auf der letzten Leistungsstufe führt.

Weitere Beispiele steuerfreier Umsätze ohne Vorsteuerabzug und ohne Optionsmöglichkeit sind:

- Versicherungen, § 4 Nr. 10, 11 UStG,
- Leistungen der Wohlfahrtsverbände, § 4 Nr. 18 UStG,
- Theater, Orchester, Museen, Bibliotheken, zoologische Gärten, § 4 Nr. 20 UStG. [1] [2]

Steuerbefreiung mit Option zur Steuerpflicht

Eine Steuerbefreiung ohne VSt-Abzug ist günstig, wenn der Abnehmer ein Endverbraucher ist. Sie wirkt sich jedoch nachteilig aus, wenn die Leistung an einen zum VSt-Abzug berechtigten Unternehmer erbracht wird. Daher gewährt § 9 UStG die Möglichkeit, auf bestimmte Steuerbefreiungen zu verzichten. Der Vorteil: Der leistende Unternehmer erhält den Vorsteuerabzug. Er muss zwar seinem Abnehmer USt berechnen. Das wird diesen aber nicht schmerzen, da er sich USt als VSt erstatten lassen kann.

Beispiel: Vermieter V vermietet Rechtsanwalt R ein Büro. Das Elektrizitätswerk berechnet V Strom für 1.190 € inkl. USt. V berechnet den Strom dem R weiter.
Variante 1: Wenn V steuerfrei vermietet, dann erhält er die Vorsteuer auf die Stromlieferung nicht erstattet, § 15 Abs. 2 Nr. 1 UStG. V wird daher den Strom für 1.190 € weiter berechnen. R muss dann 1.190 € zahlen und hat keinen VSt-Abzug.
Variante 2: Wenn V dahingegen zur Steuerpflicht optiert, kann er sich die an das Elektrizitätswerk gezahlte VSt erstatten lassen. Nun muss er dem R nur 1.000 € zuzüglich 190 € USt berechnen. R kann sich die VSt erstatten lassen und zahlt damit im Ergebnis nur 1.000 €, also 190 € weniger. Diese Lösung ist daher günstiger.
Weitere Beispiele steuerfreier Umsätze mit Optionsmöglichkeit sind:

- Umsätze im Geld- und Kapitalverkehr, § 4 Nr. 8a bis g UStG,
- Umsätze von blinden Unternehmern und von Blindenwerkstätten, § 4 Nr. 19 UStG. [2]

Steuerfreie Umsätze mit Vorsteuer-Abzug

Für bestimmte steuerfreie Umsätze bleibt der Vorsteuerabzug bestehen, § 15 Abs. 3 UStG.

Beispiel: Exporteur E kauft Waren im Inland für 119 € inkl. USt und verkauft sie nach China für 200 €.
Lösung: Die Lieferung nach China ist als Ausfuhrlieferung steuerfrei, §§ 4 Nr. 1a, 6 UStG. E erhält dennoch die Vorsteuer erstattet, § 15 Abs. 1, 3 Nr. 1a UStG. Grund: Die Ware wird in China verbraucht. Also erhebt auch China USt. Zur Vermeidung einer Doppelbesteuerung wird die Ware beim Export von deutscher USt freigestellt. Dies wird in zwei Schritten erreicht: Zunächst wird der Export steuerbefreit, § 4 Nr. 1a UStG. Damit ist die Ware aber noch mit USt i.H.v. 19 € belastet, die der Vorlieferant gezahlt und weiterberechnet hat. Daher erstattet das Finanzamt die von E an den Vorlieferanten gezahlte USt, § 15 Abs. 1, 3 UStG. [1] [2]

		Behandlung in Deutschland	Behandlung im Ausland
Drittland	**Export aus Deutschland**	steuerfreie Ausfuhrlieferung, §§ 4 Nr. 1a, 6 UStG VSt-Abzug (nur für Unternehmer), § 15 Abs. 3 Nr. 1 UStG Nachweis durch Ausfuhrvermerk des Zolls	Ggf. USt nach Recht des Drittlands
	Import nach Deutschland	Einfuhrumsatzsteuer (EUSt), § 1 Abs. 1 Nr. 4 UStG wird vom Zoll erhoben muss auch von Nichtunternehmern gezahlt werden VSt-Abzug nur für Unternehmer, § 15 Abs. 1 Nr. 2 UStG Lieferung nach § 1 Abs. 1 Nr. 1 UStG, wenn der Lieferer Schuldner der Einfuhrumsatzsteuer ist, § 3 Abs. 8 UStG	Üblicherweise erfolgt hier eine Steuerfreistellung des Exports.
EU-Land	**Export aus Deutschland**	**durch Unternehmer an Unternehmer** steuerfreie innergemeinschaftliche Lieferung, §§ 4 Nr. 1b, 6a UStG VSt-Abzug, § 15 Abs. 3 Nr. 1 UStG Nachweis durch Rechnung mit USt-ID-Nummer des Abnehmers und Gelangensbestätigung, zusammenfassende Meldung, § 18a UStG	**durch Unternehmer an Unternehmer** innergemeinschaftlicher Erwerb; »§§ 1 Abs. 1 Nr. 5, 1a UStG-EU-Land« VSt-Abzug, »§ 15 Abs. 1 Nr. 3 UStG-EU-Land« Erhält zusammenfassende Meldung und kann daher Besteuerung sicherstellen
		durch Nichtunternehmer (privater Reiseverkehr): Es verbleibt bei der im Ursprungsland gezahlten USt. Export und Import haben keine Folgen.	
	Import nach Deutschland	**durch Unternehmer** innergemeinschaftlicher Erwerb, §§ 1 Abs. 1 Nr. 5, 1a UStG VSt-Abzug, § 15 Abs. 1 Nr. 3 UStG	**durch Unternehmer** steuerfreie innergemeinschaftliche Lieferung mit VSt-Abzug
		durch Nichtunternehmer (privater Reiseverkehr): Es verbleibt bei der im Ursprungsland gezahlten USt. Export und Import haben keine Folgen (außer Neuwagenkauf).	

1 Fallgruppen grenzüberschreitender Leistungen

Grenzüberschreitende Lieferungen

Bei grenzüberschreitenden Lieferungen besteht die Gefahr der doppelten Besteuerung.

Beispiel: Händler H aus Berlin verkauft eine Waschmaschine an einen Kunden nach Moskau. Wenn sowohl Deutschland als auch Russland USt erheben, dann wird die Waschmaschine aus Deutschland sehr teuer. Deutsche Produkte könnten nicht mehr exportiert werden. Es hat sich daher international folgende Lösung entwickelt: Da die USt den Konsum besteuern soll, erfolgt die Besteuerung nur im Importland. Das Exportland stellt zur Vermeidung der doppelten Besteuerung den Export steuerfrei. Der Konsum wird damit nur einmal, nämlich im Importland besteuert.

Steuerfreie Ausfuhrlieferung

Der Export ins (Nicht-EU-)Ausland (**Drittland**) ist steuerfrei, § 4 Nr. 1a UStG.

Fortsetzung des Beispiels: Die Lieferung nach Moskau ist steuerbar, insbesondere liegt eine Lieferung im Inland vor, denn die Lieferung beginnt in Deutschland, § 3 Abs. 6 S. 1 UStG. Die Lieferung ist aber steuerfrei, da die Ware in das Ausland geliefert wird, § 4 Nr. 1a UStG. Voraussetzung für die Steuerfreiheit ist die Bescheinigung des Zolls, dass die Ware ausgeführt worden ist, § 6 Abs. 3 UStG.

Einfuhr

Die Einfuhr von Gegenständen aus dem (Nicht-EU-)Ausland führt zu einer Einfuhrumsatzsteuer (EUSt), § 1 Abs. 1 Nr. 4 UStG. Dadurch wird erreicht, dass der Konsum importierter Waren steuerbar ist. Damit wird verhindert, dass importierte Waren billiger sind als inländische, bei denen ja auch USt anfällt. EUSt muss auch von Nichtunternehmern gezahlt werden.

Beispiel: Ein Chinareisender bringt aus China einen Teppich im Wert von 10.000 € mit. Die Einfuhr des Teppichs nach Deutschland führt zu einer USt von 1.900 €, § 1 Abs. 1 Nr. 4 UStG. Diese EUSt wird vom Zoll erhoben.

Wenn ein Unternehmer Waren importiert, so ist die EUSt ein »Nullsummenspiel«. Die gezahlte EUSt kann sofort wieder als VSt abgezogen werden, § 15 Abs. 1 Nr. 2 UStG.

Beispiel: Ein türkischer Teppichhändler möchte Teppiche nach Deutschland bringen und sie hier verkaufen. Der Teppichhändler muss am Zoll EUSt zahlen, § 1 Abs. 1 Nr. 4 UStG. Da er die Teppiche aber für unternehmerische Zwecke einführt, kann er die EUSt sogleich wieder als VSt abziehen, § 15 Abs. 1 Nr. 2 UStG.

Grenzüberschreitende Lieferungen innerhalb der EU

Da innerhalb der EU die Grenzkontrollen weggefallen sind, ist zwischen EU-Ländern eine Erhebung der EUSt durch den Zoll nicht mehr möglich. Für grenzüberschreitende Lieferungen innerhalb der EU gibt es daher ein anderes System.

Innergemeinschaftliche Lieferung

Der Export in ein EU-Land ist steuerfrei, § 4 Nr. 1b UStG. Voraussetzung für die Steuerfreiheit ist, dass der Exporteur den Export nachweisen kann (§ 6a Abs. 3 UStG i.V.m. § 17a-d UStDV). Außerdem muss die Lieferung an das Bundeszentralamt für Steuern gemeldet werden (sog. Zusammenfassende Meldung, § 18a UStG).

Beispiel: Ein deutscher Winzer verkauft seinen Wein an einen Pariser Weinhändler. Der Winzer erbringt eine steuerbare Lieferung. Lieferort ist Deutschland, da die Lieferung in Deutschland beginnt, § 3 Abs. 6 UStG. Die Lieferung ist aber als innergemeinschaftliche Lieferung steuerfrei, § 4 Nr. 1b UStG.

Innergemeinschaftlicher Erwerb

Der Import aus einem EU-Land nach Deutschland führt zu einer Besteuerung des innergemeinschaftlichen Erwerbs nach § 1 Abs. 1 Nr. 5 UStG. Die USt auf den innergemeinschaftlichen Erwerb wird nicht vom liefernden Unternehmer, sondern vom Abnehmer, also dem deutschen Importeur gezahlt. Dieser kann die USt dann sofort wieder als VSt abziehen, § 15 Abs. 1 Nr. 3 UStG.

Beispiel: Getränkehändler G aus Berlin kauft von Winzer W aus Frankreich Wein. Winzer W erbringt nach französischem Recht eine steuerfreie innergemeinschaftliche Lieferung. Der deutsche Getränkehändler muss einen innergemeinschaftlichen Erwerb versteuern, § 1 Nr. 4 UStG. Zugleich kann er aber in gleicher Höhe einen VSt-Abzug geltend machen, § 15 Abs. 1 Nr. 3 UStG.

Nichtunternehmer müssen einen innergemeinschaftlichen Erwerb nicht versteuern. Sie werden mit der USt des Ursprungslands belastet. Ausnahme: Fahrzeugeinzelbesteuerung gem. § 1b UStG. 1

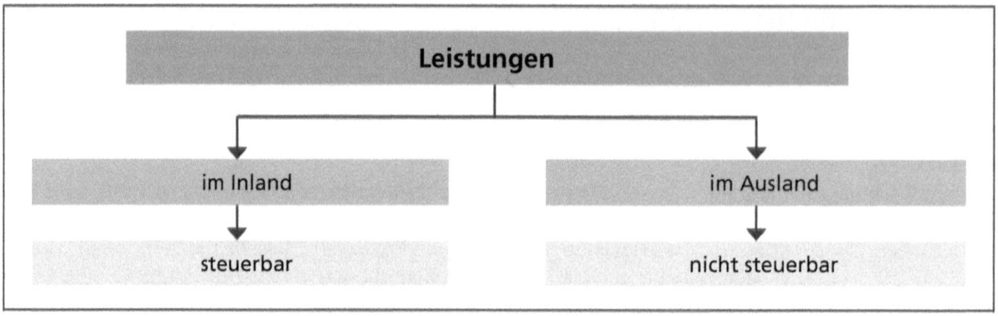

1 Bedeutung des Tatbestandsmerkmals »Inland«

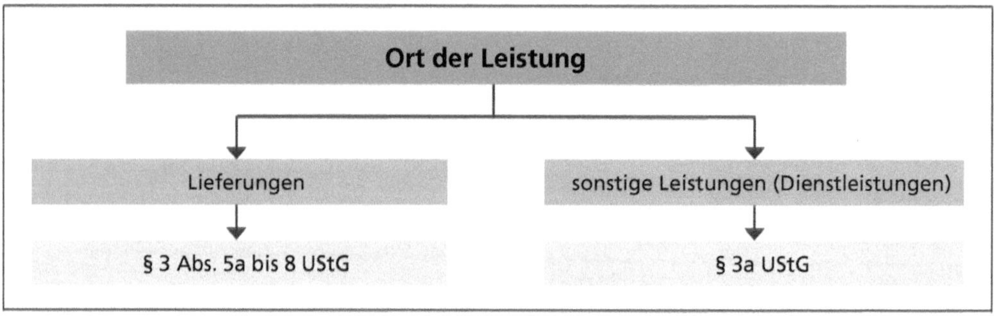

2 Ort der Lieferung und der sonstigen Leistung

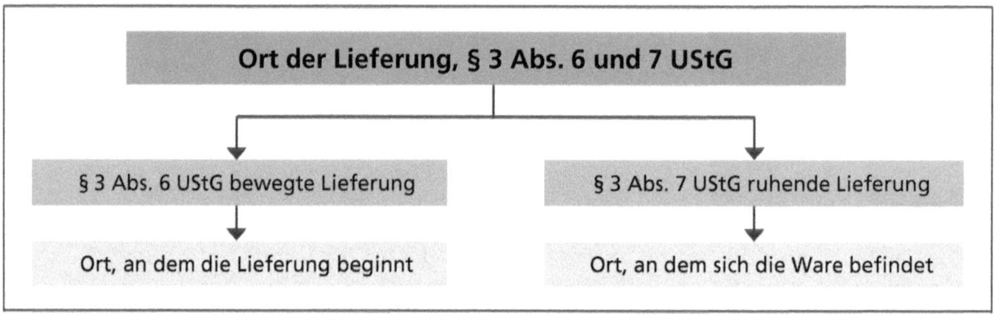

3 Ort der Lieferung

Ort der sonstigen Leistung (= Dienstleistung), § 3a UStG

- Grundsatz: Die sonstige Leistung erfolgt am dem Ort, von dem aus der Unternehmer sein Unternehmen betreibt, § 3a Abs. 1 UStG.
- Ist der Empfänger ein Unternehmer, so gilt vorrangig das Empfängerortsprinzip, § 3a Abs. 2 UStG.

Es gelten zahlreiche Sonderregelungen:
- Dienstleistungen in Zusammenhang mit einem Grundstück, § 3a Abs. 3 Nr. 1 UStG: Belegenheit des Grundstücks.
- Kulturelle, künstlerische, wissenschaftliche, unterrichtende, sportliche, unterhaltende oder ähnliche Tätigkeit, § 3a Abs. 3 Nr. 3a UStG: Ort der Tätigkeit.
- § 3a Abs. 4 UStG: Bestimmte Katalogleistungen an Nichtunternehmer im Drittland werden abweichend von § 3a Abs. 1 UStG am Wohnsitz des Empfängers, also im Drittland erbracht und sind damit nicht steuerbar, (z.B. Rechtsanwalt, Steuerberater, Datenverarbeitung).

4 Ort der sonstigen Leistung, ausgewählte Beispiele

Ort der Leistung

Eine Leistung ist nur steuerbar, wenn sie im Inland erfolgt, § 1 Abs. 1 UStG. Das ist unproblematisch, wenn Leistender und Leistungsempfänger im Inland tätig werden. Bei grenzüberschreitenden Leistungen muss dahingegen geregelt werden, wo der Leistungsort ist. Es gibt unterschiedliche Regelungen für Lieferungen von Gegenständen und Dienstleistungen (= sonstige Leistungen). [1], [2]

Lieferungen

Der Ort von Lieferungen ist in § 3 Abs. 5a–8 UStG geregelt. Hier ist zu unterscheiden, ob eine bewegte oder ruhende Lieferung vorliegt. [3]

Bei einer **bewegten Lieferung** ist der Ort der Lieferung dort, wo sich die Ware bei Lieferbeginn befindet, § 3 Abs. 6 S. 1 UStG. Dies gilt unabhängig davon, ob der Lieferant, der Empfänger oder ein beauftragter Dritter (z. B. die Post) die Ware transportiert.

Beispiel: Händler H aus Berlin verkauft Waren nach China. Steuerbarkeit und Steuerpflicht?
Lösung: Die Lieferung ist steuerbar nach § 1 Abs. 1 Nr. 1 UStG, insbesondere liegt der Lieferort in Deutschland, da sich die Ware bei Beginn der Lieferung in Deutschland befindet, § 3 Abs. 6 S. 1 UStG. Die Lieferung ist aber nach § 4 Abs. 1 Nr. 1a UStG als Ausfuhrlieferung steuerfrei.
Abwandlung: Fall wie zuvor, jedoch holt der Käufer die Ware aus Deutschland selbst ab. Die Lösung bleibt unverändert. Nach § 3 Abs. 6 S. 1 UStG ist der Lieferort dort, wo sich die Ware zu Beginn der Lieferung befindet, unabhängig davon, wer den Transport durchführt.
Beispiel: Händler H verkauft die Ware 1 an Kunden 1 in Warschau. Er fährt mit zwei Waren nach Warschau. Die Ware 1 übergibt er dort seinem Kunden. Die Ware 2 verkauft er in Warschau an Kunden 2, den er erst dort kennen gelernt hat. Steuerbarkeit und Steuerpflicht?
Lösung: Für Ware 1 liegt eine steuerbare und steuerfreie Ausfuhrlieferung vor. Für Ware 2 liegt hingegen in Deutschland keine steuerbare Lieferung vor. Die Lieferung beginnt erst, nachdem der Händler den Kunden 2 kennen gelernt hat, also in Warschau. Folglich ist die Lieferung der Ware 2 nicht in Deutschland, sondern in Polen steuerbar.

Bei einer **ruhenden Lieferung** ist der Lieferort dort, wo sich die Ware befindet, § 3 Abs. 7 S. 1 UStG.

Beispiel: Bei einem Grundstücksverkauf ist Lieferort dort, wo sich das Grundstück befindet.

Sonstige Leistungen

Der Ort der sonstigen Leistung ist in § 3a UStG kasuistisch geregelt. [4]

Sonstige Leistungen in Zusammenhang mit Grundstücken, § 3a Abs. 3 Nr. 1 UStG

Beispiel: Anita mietet von einem Franzosen ein Bürogebäude in Berlin. Sie lässt das Gebäude unter der Leitung eines Innenarchitekten aus Italien durch eine polnische Baufirma umbauen. Steuerbarkeit der Umsätze?
Lösung: Vermieter und Innenarchitekt erbringen steuerbare sonstige Leistungen in Berlin, § 3a Abs. 3 Nr. 1a und c UStG. Die Baufirma erbringt eine steuerbare Lieferung (Lieferung und Einbau von Baumaterialien). Es liegt eine ruhende Lieferung vor. Der Lieferort ist daher Berlin, § 3 Abs. 7 S. 1 UStG.

Kulturelle, wissenschaftliche, unterrichtende, sportliche u.ä. Leistung, § 3a Abs. 3 Nr. 3a UStG

Beispiel: Professor P aus Berlin hält in Warschau einen Vortrag gegen Honorar. Steuerbarkeit?
Lösung: Der Ort der Leistung ist, da eine wissenschaftliche oder unterrichtende Tätigkeit vorliegt, am Tätigkeitsort und damit in Polen. Die Leistung ist daher nicht in Deutschland, sondern in Polen steuerbar.

§ 3a Abs. 1, 2 und 4 UStG

Beispiel: Rechtsanwalt R berät
(a) einen Schweizer Unternehmer,
(b) einen Schweizer Privatmann und
(c) einen italienischen Privatmann. Steuerbarkeit?
Lösung: Der Leistungsort für die Beratung des
(a) Schweizer Unternehmers ist in der Schweiz, § 3a Abs. 2 UStG. Die Beratung ist daher in Deutschland nicht steuerbar.
(b) Schweizer Privatmanns ist in der Schweiz, § 3a Abs. 4 S. 1 i.V.m. S. 2 Nr. 3 UStG. Die Beratung ist daher in Deutschland nicht steuerbar.
(c) italienischen Privatmanns ist, da der vorrangige Abs. 4 nicht einschlägig ist, Deutschland, § 3a Abs. 1 UStG. Die Beratung ist daher in Deutschland steuerbar.

Umsatzsteuersatz

- 19 %
  Regelsteuersatz
- 7 %
  ermäßigter Steuersatz

1 Steuersätze

Beispiele für die Anwendung des ermäßigten Steuersatzes, § 12 Abs. 2 UStG

- Lieferung der in der Anlage 2 zum UStG genannten Gegenstände (Nr. 1)
  - Lebensmittel
  - Milch und Leitungswasser (andere Getränke unterliegen dem Regelsteuersatz)
  - land- und forstwirtschaftliche Erzeugnisse
  - Bücher, Zeitungen und andere Druckerzeugnisse, bei denen der Werbecharakter nicht überwiegt (Anlage Nr. 49)
  - Bedarf für Körperbehinderte (Anlage Nr. 51 und 52)
  - Kunst- und Sammlungsgegenstände (Anlage Nr. 53 und 54)
- Vermietung dieser Gegenstände (Nr. 2)
- kulturelle Leistungen (Nr. 7)
- Leistungen gemeinnütziger Einrichtungen (Nr. 8)
- Leistungen von Schwimmbädern (Nr. 9)
- Personenbeförderung im Nahverkehr (Nr. 10)

2 Beispiele für die Anwendung des ermäßigten Steuersatzes

Steuersatz – Bemessungsgrundlage

Der Normalsteuersatz der USt beträgt 19%, § 12 Abs. 1 UStG. Bemessungsgrundlage ist das Nettoentgelt, § 10 Abs. 1 UStG. [1]

Beispiel: Handwerker H berechnet 100 € netto. Die USt beträgt: 100 € x 19% = 19 €.
Beispiel: Handwerker H berechnet 100 € inkl. USt. Die USt beträgt: 100 € x 19/119 = 15,97 €.

Daneben gibt es einen **ermäßigten Steuersatz von 7%**. Er gilt für die in § 12 Abs. 2 UStG abschließend aufgezählten Leistungen. Die wichtigsten Fälle sind: [2]

- Lieferung von Nahrungsmitteln, § 12 Abs. 2 Nr. 1 UStG i.V.m. Anlage 2 Ziff. 2–47;
- Lieferung von Milch, § 12 Abs. 2 Nr. 1 UStG i.V.m. Anlage 2 Ziff. 35;
- Lieferung von Büchern, Zeitungen und Zeitschriften, § 12 Abs. 2 Nr. 1 UStG i.V.m. Anlage 2 Ziff. 49;
- Theater, Konzerte, Museen, Zirkus, § 12 Abs. 2 Nr. 7 UStG;
- Öffentlicher Nahverkehr, § 12 Abs. 2 Nr. 10 UStG.

Beispiel: Buchhändler B verkauft einem Studenten ein Lehrbuch. Der Steuersatz beträgt 7 %, § 12 Abs. 2 Nr. 1 UStG i.V.m. Anlage 2 Ziff. 49.
Beispiel: Restaurantbetreiber R »verkauft« ein Menü. Der Steuersatz beträgt 19%. Der ermäßigte Steuersatz für Lebensmittel gilt nur für Lieferungen, § 12 Abs. 2 Nr. 1 UStG i.V.m. Anlage 2 Ziff. 2–47. Ein Restaurantbetreiber erbringt jedoch eine sonstige Leistung (= Dienstleistung). Schwerpunkt der Leistung des Restaurantbetreibers ist die Zubereitung und Servierung des Menüs sowie die Zurverfügungstellung des Raumes. Die Lieferung des Essens tritt dahinter zurück und ist eine unselbstständige Nebenleistung (2021-22 ist der Umsatzsteuersatz für Restaurant- und Verpflegedienstleistungen - ohne Getränke - auf 7 % gesenkt worden).

Der ermäßigte Steuersatz wirkt sich nur aus, wenn an den Endabnehmer geleistet wird. Wird an einen Unternehmer geleistet, der selbst zum Normalsteuersatz von 19% an einen Endabnehmer weiterleistet, so verpufft die Steuerermäßigung.

Beispiel: Ein Unternehmer kauft für 100 € zuzüglich 7% USt ein Produkt und verkauft es für 200 € zuzüglich 19% an einen Endabnehmer weiter. Der ermäßigte Steuersatz von 7% wirkt sich nicht aus. Der Unternehmer »bemerkt« ihn nicht, da die USt für einen vorsteuerabzugsberechtigten Unternehmer belastungsneutral ist. Der Endabnehmer muss auf den gesamten Nettoendpreis, in dem auch der Preis aus der Vorlieferung enthalten ist, 19 % USt zahlen. Der Endabnehmer muss 238 € (= 200 € + 200 € x 19%) zahlen.

Beispiel: Ein Unternehmer kauft ein Produkt für 100 € zuzüglich 19% und verkauft es für 200 € zuzüglich 7% weiter. Hier wirkt sich der ermäßigte Steuersatz aus. Der Unternehmer zieht Vorsteuer mit 19% und muss selbst nur 7% USt zahlen. Der Endabnehmer zahlt nur 214 € (= 200 € + 200 € x 7%).

Änderung der Bemessungsgrundlage

Hat sich die Bemessungsgrundlage für einen Umsatz nachträglich geändert, so muss der Unternehmer die Steuer berichtigen, § 17 UStG. Das erfolgt für den Zeitraum, in der die Änderung eintritt.

Beispiel: Ein Unternehmer verkauft im Januar Waren im Wert von 100.000 € zuzüglich 19% USt mit einem Skonto von 2%. Im Februar geht innerhalb der Skontofrist der Kaufpreis von 98.000 € zuzüglich 19% USt ein. In der USt-Voranmeldung für Januar muss zunächst ein Umsatz i.H.v. 100.000 € angemeldet werden. Die USt beträgt daher 19.000 €.
Buchung:

Forderung 119.000 €	an	Erlöse	100.000 €
		USt	19.000 €

In der Voranmeldung für Februar muss die USt korrigiert werden, da sich durch das Skonto das Entgelt und damit die Bemessungsgrundlage nachträglich geändert hat. Die Bemessungsgrundlage ist um 2.000 € zu mindern. Das führt zu einer Erstattung i.H.v. 380 € (= 2.000 € x 19%).
Buchung:

Erlöse 2.000 €	an	Forderung	2.380 €
USt 380 €			

Vorsteuerabzug § 15 UStG

Tatbestandsvoraussetzungen:

- An einen Unternehmer
- wird von einem anderen Unternehmer
- eine Leistung
- für sein Unternehmen ausgeführt
- und der Unternehmer erhält eine Rechnung.

Abzugsschädliche Verwendung:

- Der Vorsteuerabzug besteht nicht, wenn der Unternehmer die Leistung für steuerfreie Umsätze verwendet (Abs. 2 Nr. 1).
- Rückausnahme: Bei bestimmten Steuerbefreiungen bleibt der Vorsteuerabzug bestehen. So z. B. beim Export (Abs. 3 Nr. 1).

1 Tatbestandsvoraussetzungen und abzugsschädliche Verwendung beim Vorsteuerabzug

Rechnungsaussteller
Firma XYZ
Spatzengasse 11
4711 Vogelsberg

USt-IdNr. DE 123456789

An Kunde Kaufmann
Konradsgasse 7
1234 Konradsstadt

Rechnung Nr. 111/2021 — Rechnungsdatum 11.11.2021

Tag der Lieferung 11.11.2021

Artikel	Waren 7 %	Waren 19 %
10 Rasenmäher Typ »Laut« 60 kg Rasendünger »Wachstum« 20 kg Rasensamen »Spielplatz«	 30,00 €	20.000,00 € 600,00 €
Summe Waren 19 % Summe Waren 7 %		20.600,00 € 30,00 €
USt 7 % USt 19 %		2,10 € 3.914,00 €
Rechnungsbetrag insgesamt		24.546,10 €

Bei Zahlung bis zum 20.11.2021 Skonto 2 %

2 Beispiel einer ordnungsgemäßen Rechnung

Vorsteuerabzug

Ein Unternehmer kann sich die an seine Lieferanten gezahlte USt vom Finanzamt erstatten lassen, § 15 UStG. Man spricht vom Vorsteuerabzug, da der Unternehmer die an seine Lieferanten gezahlte USt von seiner an das Finanzamt zu zahlenden USt »abzieht«.

Beispiel 1: Ein Unternehmer kauft bei einem Händler einen PC für sein Unternehmen für 1.190 € inkl. 19% USt. Der Unternehmer kann sich vom Finanzamt die an den Händler gezahlte USt i.H.v. 190 € erstatten lassen. Er hat dann unter dem Strich nur 1.000 € für den PC gezahlt.
Beispiel 2: Ein Student kauft einen PC für sein Studium für 1.190 € inkl. 19% USt. Der Student ist kein Unternehmer. Die USt wird ihm nicht erstattet. Der Student muss folglich 190 € mehr zahlen als der Unternehmer.

Wann ist ein VSt-Abzug möglich?

- Nur Unternehmer haben einen Anspruch auf VSt-Abzug, denn nur Unternehmer zahlen auch USt, Bsp. 1 + 2.
- Die Leistung wird für das Unternehmen des VSt-Abzugsberechtigten bezogen (und nicht für seinen privaten Konsum), Bsp. 3.
- Der Leistende muss ein Unternehmer sein. Der Grund ist einleuchtend: Einen VSt-Abzug soll es nur geben, wenn der leistende Unternehmer die USt zuvor gezahlt hat, Bsp. 4.
- Es liegt eine Rechnung mit offenem Steuerausweis und den weiteren Voraussetzungen der §§ 14, 14a UStG vor, Bsp. 5.
- Es ist kein Ausschluss des VSt-Abzugs gegeben. [1]

Beispiel 3 – Unternehmer kauft für private Zwecke: Unternehmer U kauft einen PC für sein Unternehmen und einen PC für seine Kinder. Ein VSt-Anspruch besteht nur für den PC, der für das Unternehmen gekauft worden ist.
Beispiel 4 – Lieferung eines Nichtunternehmers: Unternehmer U kauft bei Ebay von Nichtunternehmer N gebrauchte Möbel. Der Nichtunternehmer darf keine USt in Rechnung stellen. Folglich erhält U auch keine VSt-Erstattung vom Finanzamt. Wenn N fälschlicherweise dennoch USt ausweist, so muss er die USt, obwohl er kein Unternehmer ist, an das Finanzamt abführen, § 14c Abs. 2 UStG. U kann diese USt aber nicht als VSt geltend machen.
Ein VSt-Abzug ist nur möglich, wenn der die Leistung empfangende Unternehmer eine Rechnung erhalten hat, die den Vorgaben der §§ 14, 14a UStG entspricht. Die Rechnung muss insbesondere folgende Angaben enthalten, § 14 Abs. 4 UStG:

- Name und Anschrift des leistenden Unternehmers und des Leistungsempfängers,
- Steuernummer des leistenden Unternehmers,
- Ausstellungsdatum,
- Rechnungsnummer,
- genaue Bezeichnung (Menge und Art) der Leistung,
- Nettoentgelt aufgeteilt nach Steuersätzen,
- Steuersatz und Steuerbetrag. [2]

Beispiel 5: Unternehmer U kauft einen PC und erhält einen Kassenzettel über »2.380 € inkl. 19 % USt«. Der Name des U ist auf dem Kassenzettel nicht vermerkt. U kann keinen VSt-Abzug nach § 15 Abs. 1 UStG geltend machen. Zum einen enthält der Kassenzettel nicht Name und Anschrift des U als Leistungsempfänger. Zum anderen sind der Steuerbetrag und das Nettoentgelt nicht gesondert ausgewiesen.
Beispiel 6: Unternehmer U kauft eine Maschine und erhält eine Rechnung über 1.000 € zuzüglich 190 € USt. Es fehlt eine Rechnungsnummer.
Lösung: Es besteht kein VSt-Anspruch. Um sicher zu stellen, dass jede Rechnung nur einmal existiert, und dass somit die VSt nur einmal geltend gemacht werden kann, müssen alle Rechnungen fortlaufend nummeriert sein, § 14 Abs. 4 Nr. 4 UStG.

Kleinbetragsrechnung

Beträgt das Bruttoentgelt nicht mehr als 250 €, so muss der Leistungsempfänger nicht auf der Rechnung angegeben sein (§ 33 UStDV). Außerdem ist die Angabe des Nettoentgelts und des Steuerbetrags nicht erforderlich. Notwendig sind nur folgende Angaben auf der Rechnung:

- Name und Anschrift des leistenden Unternehmers,
- Ausstelldatum,
- genaue Bezeichnung (Menge und Art) der Leistung,
- Bruttoentgelt sowie Steuersatz.

Beispiel 7: Unternehmer U kauft eine Druckerpatrone und erhält einen Kassenzettel über »59,50 € inklusive 19% USt«. Die übrigen Angaben des § 33 UStDV sind gegeben.
Lösung: Der VSt-Anspruch besteht. Es liegt eine Kleinbetragsrechnung vor.

Tatbestandsvoraussetzungen

- Gesamtumsatz des vorangegangenen Jahres übersteigt nicht 22.000 € brutto und
- Gesamtumsatz des laufenden Jahres übersteigt voraussichtlich nicht 50.000 € brutto.

Beachte: Zum Gesamtumsatz gehören nicht
- Umsätze aus dem Verkauf von Wirtschaftsgütern des Anlagevermögens und
- bestimmte steuerfreie Umsätze, insbesondere steuerfreie ärztliche Tätigkeiten und steuerfreie Vermietungen.

Rechtsfolgen

Ein Kleinunternehmer
- muss keine USt zahlen,
- hat keinen VSt-Anspruch,
- muss eine vereinfachte USt-Erklärung Voranmeldungen abgeben,
- muss Rechnungen ohne USt stellen. Stellt ein Kleinunternehmer fälschlicherweise Rechnungen mit USt, so muss er die Steuer natürlich zahlen, § 14c UStG.

[1] Tatbestandsvoraussetzungen und Rechtsfolgen bei Kleinunternehmern

Beispiel

B. Trüger verkauft auf dem Flohmarkt auf alt getrimmte Messingleuchter. Er erzielt einen Umsatz von 1.190 €. Er hat für den Einkauf der Leuchter Kosten in Höhe von 990 € incl. USt (832 € + 158 € USt.).
Sollte B. Trüger für die Steuerpflicht optieren, sofern der Vor- und Umsatzsteuersatz bei 19 % liegt?

Lösung:
Nein, denn B. Trüger verkauft auf dem Flohmarkt nur an Endkonsumenten, die nicht vorsteuerabzugsberechtigt sind. Daher ergeben sich folgende Ergebnisse:

Gewinn ohne Option:

	Umsatz	1.190 €	
./.	Kosten	990 €	
Gewinn		200 €	

Gewinn mit Option:

	Umsatz	1.190 €	(brutto)
./.	Kosten	990 €	
+	Vorsteuer	158 €	
./.	Umsatzsteuer	190 €	
	Gewinn:	168 €	

Der Gewinn vermindert sich bei der Optierung um 32 €, dies entspricht der Umsatzsteuer von 19 % auf 168 €.

[2] Beispiel zur Option zur Steuerpflicht

Kleinunternehmer

Kleinunternehmer müssen keine USt zahlen. Sie erhalten aber auch keine VSt-Erstattung, § 19 UStG.

Wer ist Kleinunternehmer?

Ein Unternehmer ist Kleinunternehmer, wenn sein Umsatz inkl. der darauf entfallenden USt

- im vorangegangenen Kalenderjahr 22.000€ (netto 18.487€) nicht überstiegen hat und
- im laufenden Jahr 50.000 € (netto 42.016€) voraussichtlich nicht übersteigen wird, § 19 Abs. 1 S. 1 UStG. Beide Voraussetzungen müssen vorliegen.

Beispiel: Beträgt der Umsatz des Vorjahres 18.000€, so muss im laufenden Jahr USt gezahlt werden. Das gilt auch dann, wenn der voraussichtliche Umsatz des laufenden Jahres nur 40.000 € beträgt und damit kleiner als 50.000 € ist.
Beispiel: Beträgt der Umsatz des Vorjahres 17.000€ und wird für das laufende Jahr ein Umsatz von 20.000€ erwartet, so muss im laufenden Jahr keine USt gezahlt werden. Dies gilt auch, wenn der tatsächliche Umsatz des laufenden Jahres 51.000 € beträgt.
Beispiel: Unternehmer U gründet am 01.01. des laufenden Jahres sein Unternehmen. Er erwartet Umsätze im Erstjahr von 20.000 €. U muss USt zahlen. § 19 Abs. 1 UStG wird für das Gründungsjahr korrigierend ausgelegt: Der Vorjahresumsatz beträgt nicht 0 €. Vielmehr wird geprüft, ob der laufende Umsatz 22.000 € voraussichtlich übersteigen wird oder nicht. Auf die 50.000 €-Grenze kommt es nicht an, Abschnitt 19.1 Abs. 4 UStAE.

Unter die Kleinunternehmerregel fallen vor allem Arbeitnehmer, die nebenberuflich Unternehmer sind. Ferner gehören dazu Unternehmer mit steuerfreien Umsätzen (Vermieter von Wohnungen, Ärzte), da steuerfreie Umsätze nicht zur Ermittlung der Umsatzgrenzen einberechnet werden, § 19 Abs. 3 UStG.

Beispiel: Arzt A erzielt im Vorjahr und im laufenden Jahr steuerfreie Umsätze aus ärztlicher Leistung, § 4 Nr. 14 UStG, i.H.v. 200.000 €. Daneben bezieht er 10.000 € aus steuerpflichtiger Vortragstätigkeit. A ist Kleinunternehmer und muss daher auf seine Vortragstätigkeit keine USt zahlen.
Umsätze aus **Verkauf von Anlagevermögen** werden bei der Berechnung der Umsatzgrenzen nicht mitgezählt, § 19 Abs. 1 S. 2 UStG.

Beispiel: Unternehmer U hat regelmäßig Umsätze von 15.000 €. Im Vorjahr hat er zusätzlich seinen Betriebs-Pkw für 10.000 € verkauft. U ist Kleinunternehmer und muss keine USt zahlen. Der Umsatz aus dem Verkauf des Betriebs-Pkw (Anlagevermögen) wird nicht mitgerechnet.

Folgen der Kleinunternehmereigenschaft

Ein Kleinunternehmer

- muss keine USt zahlen,
- hat keinen VSt-Anspruch,
- muss eine vereinfachte USt-Erklärung und keine Voranmeldungen abgeben,
- muss Rechnungen ohne USt stellen.
- Stellt ein Kleinunternehmer fälschlicherweise Rechnungen mit USt, so muss er die Steuer zahlen, § 14c UStG. [1]

Option zur Steuerpflicht

Ein Kleinunternehmer kann auf die Anwendung des § 19 Abs. 1 UStG verzichten, § 19 Abs. 2 Satz 1 UStG. Damit erhält er den VSt-Abzug. Allerdings muss er dann USt zahlen. Gegenüber Nichtunternehmern verteuert sich dann seine Leistung um 19%. Außerdem erhöht sich der Steuererklärungsaufwand. Es gilt folgende Faustregel: Ein Verzicht lohnt sich,

- wenn VSt anfällt, besonders bei größeren Eingangsumsätzen von Unternehmern, und
- wenn die Abnehmer zum VSt-Abzug berechtigte Unternehmer sind.

Die Option zur Steuerpflicht bindet für fünf Jahre, § 19 Abs. 2 Satz 2 UStG.

Beispiel: Studentin S handelt mit Waren bei eBay. Ihre durchschnittlichen Jahresumsätze betragen 5.000 €. Ihre Verkäufer und ihre Kunden sind überwiegend Nichtunternehmer. S sollte nicht zur Steuerpflicht optieren. Bei einer Option müsste sie USt zahlen. Ihre Abnehmer könnten, da sie keine Unternehmer sind, die USt nicht als VSt abziehen. Außerdem kann S selbst auch keine VSt abziehen, da ihre Verkäufer als Nichtunternehmer keine USt berechnen – weiteres Beispiel siehe [2] auf S. 190.
Beispiel: Vermieter V baut ein Bürohaus und vermietet es an einen Steuerberater. Hier lohnt sich eine sog. Doppeloption. V kann auf die Kleinunternehmerregelung (§ 19 Abs. 2 Satz 2 UStG) und zusätzlich auf die Steuerbefreiung der Vermietung, § 4 Nr. 12a UStG verzichten (§ 19 Abs. 1 Satz 2 UStG). V erhält dann die beim Bau anfallende VSt sofort erstattet. Auf die Miete kann er problemlos 19% USt aufschlagen, da sein Mieter, der Steuerberater, zum VSt-Abzug berechtigt ist.

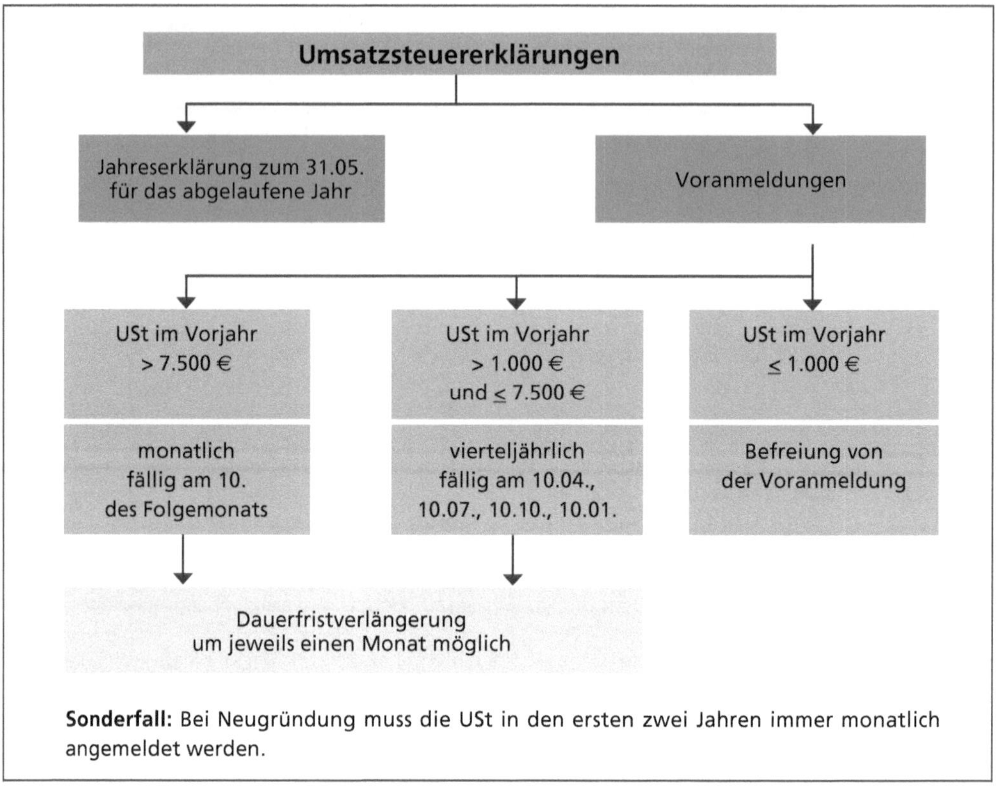

[1] USt-Jahreserklärung und USt-Voranmeldung

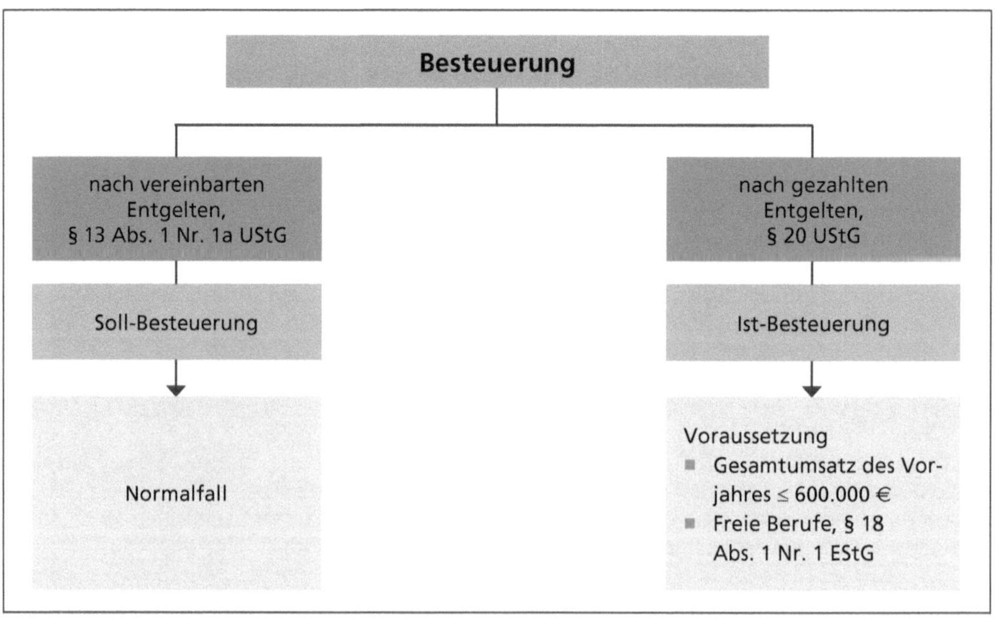

[2] Soll- und Ist-Besteuerung

Besteuerungsverfahren

Umsatzsteuer-Jahreserklärung

Jeder Unternehmer muss jährlich zum 31.07. eine USt-Erklärung für das abgelaufene Kalenderjahr abgeben, § 18 Abs. 3 UStG, § 149 Abs. 2 AO. Die Höhe der USt ist vom Unternehmer selbst zu berechnen (sog. Steueranmeldung, § 150 Abs. 1 S. 3 AO).

USt-Voranmeldungen

Auch bei der USt müssen Vorauszahlungen geleistet werden. Die Höhe der Vorauszahlungen ist vom Unternehmer selbst zu berechnen und zu erklären (sog. Voranmeldung, USt-VA). Die berechnete USt ist zeitgleich mit Abgabe der Voranmeldung zu zahlen, § 18 Abs. 1 S. 4 UStG. Es sind folgende Fälle zu unterscheiden:

- Beträgt die USt des Vorjahres mehr als 7.500 €, so muss **monatlich** eine Voranmeldung abgegeben werden, § 18 Abs. 2 S. 2 UStG. Die Voranmeldung ist immer am 10. des Folgemonats abzugeben. Die Steuer wird zeitgleich fällig. So ist z.B. die Voranmeldung für den Monat Januar am 10. Februar beim Finanzamt abzugeben und zu zahlen.
- Beträgt die USt des Vorjahres mehr als 1.000 € aber nicht mehr als 7.500 €, so sind **vierteljährliche** Voranmeldungen abzugeben, § 18 Abs. 2 S. 1 UStG.
- Beträgt die USt des Vorjahres nicht mehr als 1.000 €, so kann das Finanzamt von der Verpflichtung zur Abgabe von Voranmeldungen befreien.
- Bei der **Neugründung** eines Unternehmens müssen im Gründungsjahr und im folgenden Kalenderjahr **monatlich** Voranmeldungen abgegeben werden, § 18 Abs. 2 S. 4 UStG. [1]

Die USt-VA muss elektronisch dem Finanzamt übermittelt werden, § 18 Abs. 1 UStG. Dies erfolgt mit dem Programm ELSTER (Elektronische Steuererklärung).

Dauerfristverlängerung

Oft ist es organisatorisch nicht möglich innerhalb von zehn Tagen nach Ablauf eines Monats die Buchführung durchzuführen. Nach § 46 UStDV ist es möglich die Frist zur Abgabe USt-VA und zur Zahlung der USt um einen Monat zu verlängern.

Beispiel: Unternehmer U 1 hat einen Antrag auf Dauerfristverlängerung gestellt, Unternehmer U 2 nicht. U 1 muss die USt-Voranmeldung für den Monat Januar am 10.03. abgeben, U 2 dahingegen bereits am 10.02.

Besteuerung nach vereinbarten Entgelten

Die USt entsteht mit Ablauf des Voranmeldungszeitraums, in dem die Leistung ausgeführt worden ist, § 13 Abs. 1 Nr. 1a UStG. Auf die Zahlung durch den Abnehmer kommt es nicht an.

Beispiel: Ein PC-Händler verkauft im Januar einen PC gegen Rechnung. Der Käufer zahlt im März. Die USt entsteht bereits mit Ablauf des Monats Januar und muss daher am 10.02. angemeldet und gezahlt werden (sofern keine Dauerfristverlängerung besteht).

Erhaltene Anzahlungen vor Erbringung der Leistung müssen sofort versteuert werden (sog. **Mindest-Istbesteuerung**), § 13 Abs. 1 Nr. 1a S. 4 UStG.

Beispiel: Unternehmer U verkauft am 10.01. eine Ware. Am 05.02. erhält er eine Anzahlung i.H.v. 119 €. Am 06.03. liefert U die Ware. Am 07.04. erhält U den Restkaufpreis i.H.v. 238 €. U muss für Februar 19 € versteuern und für März (Erbringung der Lieferung) 38 €.

Besteuerung nach vereinnahmten Entgelten

Nach § 20 UStG besteht die Möglichkeit der Besteuerung nach vereinnahmten Entgelten. Das bedeutet, dass die USt erst gezahlt werden muss, wenn der Unternehmer das Geld von seinem Kunden erhalten hat. Voraussetzung ist,

- dass der Gesamtumsatz im vorangegangenen Kalenderjahr nicht mehr als 600.000 € betragen hat, oder
- dass und soweit der Unternehmer Einkünfte nach § 18 Abs. 1 Nr. 1 EStG erzielt. [2]

Die Besteuerung nach vereinnahmten Entgelten gibt kleinen Unternehmern einen Liquiditätsvorteil. Darüber hinaus hilft diese Regelung Freiberuflern. Diese weisen ihren Gewinn nach § 4 Abs. 3 EStG ja erst mit Zahlungseingang aus.

Beispiel: Ein Steuerberater erstellt im Januar eine Steuererklärung. Der Mandant zahlt im März. Der Steuerberater kann beantragen, dass die Steuer nach vereinnahmten Entgelten berechnet wird. Dann entsteht die USt erst mit Ablauf des Monats März und muss zum 10.04. angemeldet und gezahlt werden. Damit kann er seine Aufzeichnungen für die § 4 Abs. 3 EStG-Rechnung zugleich auch für die USt nutzen.

Kapitel 6
Erbschaft- und Schenkungsteuer

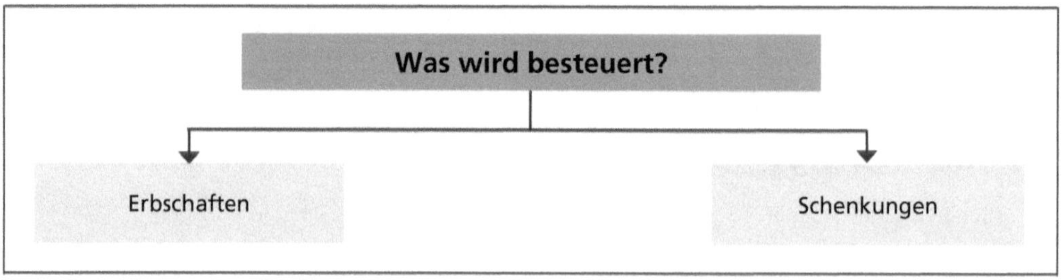

1 Steuerobjekt

Bewertungsgrundsätze

- Unbebaute Grundstücke: Bodenrichtwert (§ 179 BewG)
- Bebaute Grundstücke: Ertragswert, Sachwert, Vergleichswert (§ 182 ff. BewG)
- Betriebsvermögen: Ertragswert, mind. Substanzwert (§ 109 i. V. m. § 11 Abs. 2 BewG)
- Wertpapiere und Kapitalgesellschaftsanteile: Börsenwert bzw. tatsächlicher Ertragswert (§ 11 BewG)
- Übrige Vermögensgegenstände: gemeiner Wert

2 Bewertungsgrundsätze

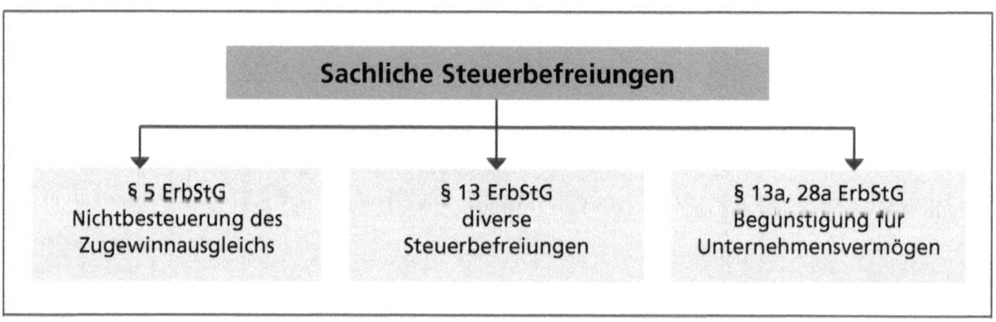

3 Sachliche Steuerbefreiungen

Einführung; Bewertung 1

Was wird besteuert (Steuerobjekt)?

Besteuert werden

- Erbschaften und
- Schenkungen, § 1 Abs. 1 ErbStG. [1]

Die Besteuerung von Schenkungen soll Umgehungen verhindern.

Beispiel: Angenommen, es gäbe keine Schenkungsteuer. Wie könnte ein Vater seiner Tochter Vermögen vererben, ohne ErbSt zahlen zu müssen?

Lösung: Der Vater schenkt das Vermögen seiner Tochter aufschiebend bedingt in der Sekunde vor seinem Tod. Damit könnte er einerseits über das Vermögen bis zu seinem Tod frei verfügen. Andererseits würde keine ErbSt anfallen, da eine Schenkung vorliegt.

Wer wird besteuert (Steuerpflichtiger)?

Nach deutschem Recht wird die erhaltene Erbschaft besteuert. Das nennt man eine **Erbanfallsteuer** im Gegensatz zu einer Nachlasssteuer, bei welcher der Nachlass besteuert wird. Beide Systeme kommen zu unterschiedlichen Steuerbelastungen, wenn es mehrere Erben gibt. Zum einen können bei der Erbanfallsteuer die Freibeträge für jeden Erben angesetzt werden. Zum anderen sinkt der progressive Steuersatz, wenn der Nachlass auf mehrere Erben verteilt wird.

Bei einer Schenkung sind sowohl der Schenker als auch der Beschenkte steuerpflichtig, § 20 Abs. 1 ErbStG. Insgesamt muss die Steuer aber nur einmal gezahlt werden. Diese Lösung ist vielleicht überraschend, aber aus Sicht des Staates leicht zu verstehen: Je mehr Personen eine Steuer schulden, desto einfacher ist es für den Staat, die Steuer zwangsweise zu erheben, sollte sie nicht freiwillig gezahlt werden. Zu berücksichtigen ist auch, dass Schenker und Beschenkter eine Steuerhinterziehung begehen, wenn keine Steuererklärung abgegeben wird.

Bemessungsgrundlage

Besteuerungsgrundlage ist der steuerpflichtige Erwerb. Die Bewertung der einzelnen Vermögensgegenstände erfolgt nach dem Bewertungsgesetz, § 12 ErbStG. [2]

Grundstücke

Der Wert **unbebauter Grundstücke** ergibt sich aus der Multiplikation der Grundflächen mit den Bodenrichtwerten, die von den Gutachterausschüssen der Gemeinden oder Landkreise ermittelt wurden (§ 179 BewG).

Ist ein Grundstück bebaut, gibt es drei Möglichkeiten der Grundstücksbewertung (§182 BewG): Bei der Bewertung von Wohn- bzw. Teileigentum und bei Ein- und Zweifamilienwohnhäusern wird das **Vergleichswertverfahren** angewendet. Hierbei wird der Wert des Grundstücks anhand von Preisen für vergleichbare Grundstücke ermittelt. Das **Ertragswertverfahren** ist für Mietwohngrundstücke sowie für Geschäftsgrundstücke und gemischt genutzte Grundstücke anzuwenden, für die sich eine ortsübliche Miete ermitteln lässt. Der Ertragswert setzt sich dabei aus dem Bodenwert (analog der Wertermittlung bei unbebauten Grundstücken) und einem auf der Grundlage des Ertrags ermittelten Gebäudewert zusammen.

Für Grundstücke, für welche keine Vergleichswerte vorliegen, für Geschäftsgrundstücke und gemischt genutzte Grundstücke, für die sich keine ortsübliche Miete ermitteln lässt, sowie für alle übrigen Grundstücke ist das **Sachwertverfahren** anzuwenden. Der Sachwert setzt sich dabei aus der Summe der HK der Gebäude sowie dem Bodenwert zusammen.

Bei der Übertragung von Grundstücken, welche zu Wohnzwecken vermietet werden, wird ein Bewertungsabschlag von 10 % vorgenommen (§ 13c ErbStG).

Für Erbbaurechte und Grundstücke im Zustand der Bebauung gelten besondere Bewertungsregeln.

Die **Vererbung von selbst genutztem Wohneigentum** an den überlebenden Ehepartner (bzw. eingetragenen Lebenspartner) bleibt unabhängig vom Wert der Immobilie steuerfrei, wenn dieser die Immobilie 10 Jahre weiter selbst nutzt (als Erstwohnsitz) (§ 13 Abs. 1 Nr. 4b EStG). Gleiches gilt für die Vererbung von selbst genutztem Wohneigentum an Kinder, jedoch mit der Einschränkung, dass eine Wohnfläche von 200 qm nicht überschritten werden darf (§ 13 Abs. 1 Nr. 4c EStG).

Betriebsvermögen

Betriebsvermögen ist unter Berücksichtigung der tatsächlichen Verhältnisse und der Wertverhältnisse zum Bewertungsstichtag mit dem gemeinen Wert anzusetzen (§ 12 Abs. 5 ErbStG i.V.m. § 109 und § 11 Abs. 2 BewG).

Wertpapiere und Anteile an Kapitalgesellschaften

Wertpapiere und Kapitalgesellschaftsanteile (Aktien und GmbH-Anteile) werden mit dem Börsenkurs angesetzt. Existiert kein Börsenkurs, so ist der Wert nach dem Ertragswertverfahren oder einer anderen anerkannten Methode zu ermitteln (§ 11 Abs. 2 BewG). [3]

Wert der Erbschaft	Prozentsatz in der Steuerklasse		
bis … €	I	II	III
75.000	7	15	30
300.000	11	20	30
600.000	15	25	30
6.000.000	19	30	30
13.000.000	23	35	50
26.000.000	27	40	50
über 26.000.000	30	43	50

1 Steuersätze der Erbschaftsteuer (§ 19 ErbStG)

Steuerklasse I:

1. der Ehegatte und der Lebenspartner,
2. die Kinder und Stiefkinder,
3. die Abkömmlinge der in Nummer 2 genannten Kinder und Stiefkinder,
4. die Eltern und Voreltern bei Erwerben von Todes wegen.

Steuerklasse II:

1. die Eltern und Voreltern, soweit sie nicht zur Steuerklasse I gehören,
2. die Geschwister,
3. die Abkömmlinge ersten Grades von Geschwistern,
4. die Stiefeltern,
5. die Schwiegerkinder,
6. die Schwiegereltern,
7. der geschiedene Ehegatte und der Lebenspartner einer aufgehobenen Lebenspartnerschaft.

Steuerklasse III:

Alle übrigen Erwerber und die Zweckzuwendungen.

2 Steuerklassen (§ 15 ErbStG)

Freibeträge nach § 16 Abs. 1 ErbStG i.V.m. § 17 ErbStG

Nr. 1. Ehegatten, Lebenspartner (eingetragene)
- a. 500 000 €
- b. zusätzlich Versorgungsfreibetrag 256.000 € (nur bei Erbschaften, nicht bei Schenkungen), § 17 Abs. 1 ErbStG

Nr. 2. Kinder und Enkel, deren Eltern verstorben sind:
- a. 400 000 €
- b. zusätzlich Versorgungsfreibetrag nach § 17 Abs. 2 ErbStG für Erwerbe von Todes wegen
  - i. bis 5 Jahren: 52.000 €
  - ii. 5 – 10 Jahre: 41.000 €
  - iii. 10 – 15 Jahre: 30.700 €
  - iv. 15 – 20 Jahre: 20.500 €
  - v. 20 – 27 Jahre: 10.300 €

Nr. 3. Enkel, deren Eltern noch leben: 200.000 €

Nr. 4. übrige Personen der Steuerklasse I : 100.000 €

Nr. 5. Personen der Steuerklasse II: 20.000 €

Nr. 7. Personen der Steuerklasse III: 20.000 €

3 Freibeträge

Bewertung 2; Tarif

Übrige Vermögenswerte

Die Bewertung der übrigen Vermögenswerte erfolgt zum gemeinen Wert, § 12 Abs. 1 ErbStG i.V.m. § 9 BewG. Gemeiner Wert ist der Einzelverkaufspreis (Verkehrswert).

Zu den übrigen Vermögenswerten, die mit dem gemeinen Wert bewertet werden, gehören insbesondere:

- private Forderungen, Bankguthaben,
- Edelmetalle,
- Schmuck,
- Kunstgegenstände.

Nachlassverbindlichkeiten

Aufgrund des Nettoprinzips sind **Nachlassverbindlichkeiten**, also mitgeerbte Schulden des Erblassers, abzugsfähig. Zu diesen Nachlassverbindlichkeiten gehören auch Bestattungskosten des Erblassers (einschließlich Grabdenkmal und Grabpflege) sowie die Kosten der Abwicklung, Regelung, Verteilung und Erlangung des Erwerbs. Für Bestattung und Abwicklung des Nachlasses kann ohne Nachweis insg. ein Pauschbetrag von 10.300 € (RE 10.9 ErbStR 2019) abgezogen werden.

Sachliche Steuerbefreiungen [3] (S. 180)

Es gibt drei Arten von sachlichen Steuerbefreiungen:

Nichtbesteuerung des Zugewinnausgleichs, § 5 ErbStG

Endet eine Ehe mit Zugewinnausgleich durch Tod oder Scheidung, so ist der während der Ehe erwirtschaftete Vermögenszuwachs gleichmäßig auf beide Ehegatten aufzuteilen. Das bedeutet, dass dem »ärmeren« Ehegatten eine Ausgleichsforderung zusteht. Diese Forderung unterliegt nicht der ErbSt.

Steuerbefreiungen nach § 13 ErbStG

Nach § 13 ErbStG sind u.a. steuerbefreit:

- Hausrat bis 12.000 €,
- Gegenstände, deren Erhaltung im öffentlichen Interesse liegt,
- Schenkungen einer Familienwohnung unter Ehegatten,
- bestimmte Geldzuwendungen als Gegenleistung für Pflegeleistungen,
- Geschenke zum Zweck des Unterhalts und der Ausbildung,
- übliche Gelegenheitsgeschenke,
- Zuwendungen an Religionsgemeinschaften,
- Zuwendungen an politische Parteien.

Begünstigung für Unternehmensvermögen, § 13a i.V.m. 13b, 13c ErbStG

Firmenerben sind (unabhängig vom Verwandtschaftsverhältnis) im Verhältnis zu Erben von anderen Gütern, wie Immobilien, Kunst oder Bargeld, deutlich bevorteilt. So sind nach einer Reform der Erbschaftsteuer in 2016 bis zu einem Firmenvermögen von 26 Mio. € (Freigrenze) 85 % des Wertes des Betriebsvermögens erbschaftsteuerbefreit, sofern das Unternehmen bei einer Lohnsumme von mehr als 400 % mindestens fünf Jahre fortgeführt wird und das sog. Verwaltungsvermögen kleiner als 50 % ist (§§ 13a, 13b ErbStG). Bei einer Behaltefrist von sieben Jahren und einer gleichbleibenden Lohnquote von (insgesamt 700 %) bleiben 100 % des Firmenvermögens erbschaftsteuerfrei, sofern das Verwaltungsvermögen nicht mehr als 20 % beträgt. Bei Unternehmen mit weniger als sechs Beschäftigten entfällt die Lohnsummenprüfung. Beträgt das Verwaltungsvermögen weniger als 10 % des begünstigten Betriebsvermögens, wird es wie begünstigtes Betriebsvermögen behandelt. Für Familienunternehmen wird gemäß § 13a Abs. 9 ErbSt ein Abschlag von 30 % des Unternehmenswertes gewährt. Beträgt der Unternehmenswert mehr als 26 Mio. €, dann schmilzt der Verschonungsabschlag für jede 750.000 € zusätzlichen Erwerbs um einen Prozentpunkt ab. Überschreitet der Erwerb die Grenze von 26 Mio. €, ist die auf das begünstigte Vermögen entfallende Steuer auf Antrag des Erwerbers zu erlassen, soweit er nachweist, dass er persönlich nicht in der Lage ist, die Steuer aus seinem verfügbaren Vermögen zu begleichen, § 28 a ErbStG.

Steuertarif

Steuerklassen

In Abhängigkeit der verwandtschaftlichen Nähe gibt es drei Steuerklassen, § 15 ErbStG. [2]

Persönliche Steuerbefreiungen

Die persönlichen Steuerbefreiungen nach den §§ 16 und 17 ErbStG sind vorseitig aufgeführt. [3]

Steuersatz

Die ErbSt hat in Abhängigkeit von der Steuerklasse drei **Stufengrenzsatztarife**. Die Höhe des Steuersatzes hängt sowohl von der Höhe des steuerpflichtigen Erwerbs als auch von der Steuerklasse ab. Dann wird auf den gesamten Betrag der aus der Tab. [1] zu entnehmende Steuersatz erhoben.

Kapitel 7
Grunderwerbsteuer

Grunderwerbsteuer

Was wird besteuert?

- Verkauf eines Grundstücks
- Rechtsgeschäfte, die auf Übertragung des Eigentums an einem Grundstück gerichtet sind, z. B. Grundstücksschenkungen

Grundstücksbegriff

- Grundstücke
- Erbbaurechte
- Gebäude auf fremdem Boden
- Wohnungseigentum

Wer muss GrESt zahlen?

Käufer und Verkäufer als Gesamtschuldner

Steuerbefreiungen

- Grundstückschenkungen und Erbschaften
- Erwerb zur Teilung eines Nachlasses
- Erwerb vom Ehegatten
- Erwerb in gerader Linie (Eltern, Kindern, Enkeln und Großeltern)

Bemessungsgrundlage

- Gegenleistung
- Grundbesitzwert bei Fehlen einer Gegenleistung

Steuersatz

- 3,5 %
- Bundesländer können davon abweichen (z. B. Berlin 6 %)

1 Überblick über die Grunderwerbsteuer

Überblick

Steuerobjekt
Die Grunderwerbsteuer (GrESt) ist eine Verkehrsteuer. Steuerbar ist der Verkauf eines Grundstücks.

Um Umgehungen zu verhindern, unterliegen darüber hinaus weitere Rechtsvorgänge über inländische Grundstücke der Grunderwerbsteuer, soweit sie darauf gerichtet sind, das Eigentum am Grundstück oder eine eigentümerähnliche Position zu erlangen:
- Eigentumsübergang im Enteignungsverfahren,
- Meistgebot im Zwangsversteigerungsverfahren,
- die unmittelbare oder mittelbare Änderung des Gesellschafterbestandes einer grundbesitzenden Gesellschaft durch Übergang von mind. 90% der Anteile innerhalb von 10 Jahren am Gesellschaftsvermögen auf neue Gesellschafter,
- Verschaffung der Verwertungsbefugnis,
- bestimmte Umwandlungsvorgänge,
- die unmittelbare oder mittelbare Vereinigung von mind. 90% der Anteile an einer grundbesitzenden Gesellschaft (Personen- und Kapitalgesellschaften) in einer Hand bzw. deren Übertragung.

Den Grundstücken stehen gleich (§ 2 GrEStG):
- Erbbaurechte,
- Gebäude auf fremdem Boden,
- Wohnungseigentum.

Steuerschuldner
Steuerschuldner sind der Grundstückserwerber und der -veräußerer. Sie haften als Gesamtschuldner. Das bedeutet, dass beide die Steuer schulden, insgesamt aber nur einmal die Steuer gezahlt werden muss.

Steuerbefreiungen
Bestimmte Erwerbsvorgänge sind von der Steuer befreit, so u.a.
- Grundstücksschenkungen und Erbschaften,
- der Erwerb eines zum Nachlass gehörigen Grundstücks durch Miterben zur Teilung des Nachlasses,
- der Grundstückserwerb durch den Ehegatten des Veräußerers,
- der Erwerb eines Grundstücks durch Personen, die mit dem Veräußerer in gerader Linie verwandt sind, sowie deren Ehegatten (einschließlich Stiefkindern und deren Ehegatten),
- der Erwerb eines geringwertigen Grundstücks (Freigrenze von 2.500 €).

Bemessungsgrundlage
Bemessungsgrundlage ist der Wert der Gegenleistung (§ 8 Abs. 1 GrEStG).

Beispiel: Anton verkauft Berta ein bebautes Grundstück für 100.000 €. Die GrESt soll Berta zahlen. Die GrESt beträgt 3.500 € (= 3,5% x 100.000 €).

Beispiel: Anton verkauft Berta ein bebautes Grundstück. Der Kaufpreis soll 100.000 € zuzüglich der darauf entfallenden GrESt betragen. Die GrESt soll Anton an das Finanzamt zahlen. GrESt?
Lösung: Der Kaufpreis muss 103.627 € (= 100.000 € : (1 ./. 3,5%)) betragen. Die GrESt beträgt dann 3.627 € (= 103.627 € x 3,5%). Wie man sieht, ist diese Lösung steuerlich ungünstiger. In der Praxis wird daher, um die Gegenleistung klein zu halten, immer vereinbart, dass der Käufer die GrESt zahlen muss.

Ist eine Gegenleistung nicht vorhanden oder nicht zu ermitteln, bei Umwandlungen, Einbringungen oder Erwerbsvorgängen auf gesellschaftsvertraglicher Grundlage, wird die Steuer vom Grundbesitzwert (§§ 151, 157 BewG) berechnet (§ 8 Abs. 2 GrEStG).

Steuersatz
Der Steuersatz beträgt 3,5% (§ 11 GrEStG). Nach Art. 105 Abs. 2a S. 2 GG haben aber die Länder die Möglichkeit einen abweichenden Steuersatz festzulegen. Berlin hat den Steuersatz auf 6% angehoben. [1]

Steueraufkommen und Verfahren
Die Grunderwerbsteuer wird von den Ländern erhoben, denen auch das Aufkommen zusteht.

Alle Vorgänge, die der Grunderwerbsteuer unterliegen, müssen vom Notar dem zuständigen Finanzamt angezeigt werden. Dieses setzt die Grunderwerbsteuer durch schriftlichen Steuerbescheid fest. Wenn die Steuer gezahlt ist, erteilt das Finanzamt eine sog. Unbedenklichkeitsbescheinigung, ohne die der Erwerber eines Grundstücks nicht in das Grundbuch eingetragen werden darf.

Kapitel 8
Allgemeines Steuerrecht

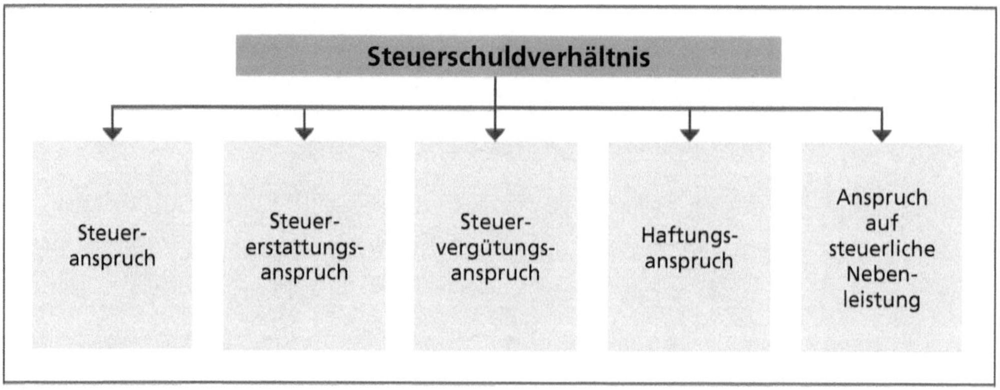

1 Das Steuerschuldverhältnis

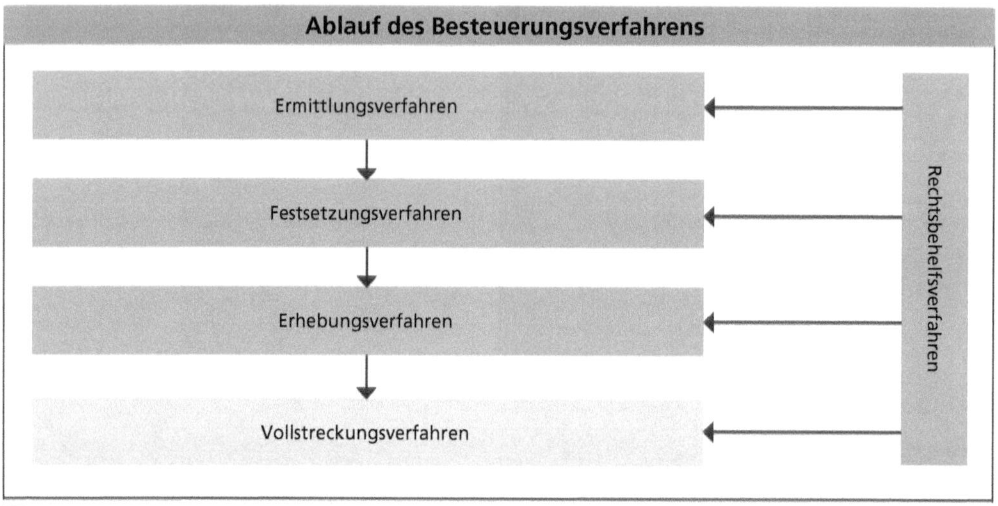

2 Ablauf des Besteuerungsverfahrens

Steuerliche Nebenleistungen, § 3 Abs. 4 AO

- Verzögerungsgeld, § 146 Abs. 2c AO
- Verspätungszuschläge, § 152 AO
- Zuschläge wegen Nichtvorlage von Aufzeichnungen für Vorgänge mit Auslandsbezug gem. § 162 Abs. 4 AO
- Zinsen, §§ 233–237 AO
- Säumniszuschläge, § 240 AO
- Zwangsgelder, § 329 AO
- Kosten, insbesondere der Zwangsvollstreckung, §§ 337–345 AO

3 Steuerliche Nebenleistungen

Einführung

»Allgemeine Normen« sind Normen, die für mehrere Gesetze gelten. Sie werden in einem gesonderten Gesetz **»vor die Klammer gezogen«**. Das Allgemeine Steuerrecht befasst sich folglich mit Normen, die für alle Steuerarten gleichermaßen gelten. Das Allgemeine Steuerrecht ist in der AO und der FGO geregelt. Es umfasst

- das allgemeine Steuerschuldrecht,
- das Besteuerungsverfahren und
- das Steuerprozessrecht.

Vorteil dieses »Vor-die-Klammer-Ziehens« ist der **Rationalisierungseffekt:** Der Gesetzgeber braucht das Besteuerungsverfahren nicht für jede Steuerart gesondert zu regeln. Auch erübrigen sich mühsame Verweisungen. Nachteilig sind aber die **Verständnisschwierigkeiten.** Möchte man etwa wissen, wie die ESt festgesetzt wird, so muss man in zwei Gesetzen, nämlich im EStG und in der AO nachsehen.

Allgemeines Steuerschuldrecht

Der Gesetzgeber wendet hier einen Kunstgriff an: Er definiert das Steuerschuldverhältnis abweichend vom allgemeinen Sprachgebrauch besonders weit. Zum Steuerschuldverhältnis nach **§ 37 AO** gehört nicht nur

- der Steueranspruch, sondern auch
- der Steuererstattungsanspruch (= Rückzahlung **eigener** Steuern, z.B. nach einem erfolgreichen Einspruch),
- der Steuervergütungsanspruch (= Rückzahlung **fremder** Steuern, z. B. der umsatzsteuerlichen Vorsteuer, § 15 UStG),
- der Haftungsanspruch (= Zahlung **fremder** Steuern, z. B. Eltern für die Kinder) und
- der Anspruch auf steuerliche Nebenleistungen (§ 3 Abs. 4 AO: Verzögerungsgelder, Verspätungszuschläge, Zuschläge, Säumniszuschläge, Zinsen, Zwangsgelder, Kosten). [1] [3]

§ 38 AO definiert für das Steuerschuldverhältnis allgemein das Entstehen eines Anspruchs (bzw. einer Schuld aus Sicht des Schuldners): Ein Anspruch des Staates gegen den Bürger entsteht nur, wenn der Gesetzgeber es angeordnet hat. Der Grund: Die Verwaltung selbst kann nur dann von einem Bürger Geld verlangen, wenn das vom Gesetz vorgeschrieben ist. Der Bürger ist also nicht der Willkür eines Finanzbeamten ausgeliefert. Das ist Ausfluss des Rechtsstaatsprinzips.

Steuerbehörden

Deutschland ist ein Bundesstaat. Also gibt es Bundes- und Landesfinanzbehörden. Die Behörden sind in einer dreistufigen Hierarchie aufgebaut:

Örtliche Behörden

Die meisten Steuern werden von den Finanzämtern erhoben. Dazu gehören die ESt, die KSt und die USt. Finanzämter sind Behörden der Bundesländer. Die Finanzämter erlassen die Steuerbescheide. Der Bürger hat üblicherweise nur Kontakt mit dem Finanzamt.

Eine Besonderheit gilt für die GewSt: Diese wird von den Gemeinden erhoben. Allerdings erfolgt die Berechnung der Steuer im Wesentlichen durch die Finanzämter (GewSt-Messbescheid).

Bundessteuern werden von der Bundeszollverwaltung erhoben. Dazu gehören etwa die Mineralölsteuer, die Tabaksteuer und die Stromsteuer. Der Zoll erhebt auch die EUSt.

Mittelbehörden

Finanzämter und untere Zollbehörden werden durch die Oberfinanzdirektionen (sog. Mittelbehörden) geleitet. Die Oberfinanzdirektionen sind Bundes- und Landesbehörden zugleich. In einigen Bundesländern (z. B. Berlin) sind die Oberfinanzdirektionen abgeschafft worden.

Oberste Behörden

Die obersten Steuerbehörden sind das Bundesfinanzministerium und die Finanzministerien der Bundesländer.

Besteuerungsverfahren

Voraussetzung für eine gerechte Steuer ist nicht nur, dass die Steuerhöhe angemessen ist. Auch das Verfahren, indem die Steuer festgelegt wird, muss fair und gerecht sein **(Legitimation durch Verfahren)**. Die Steuerverwaltung darf nicht selbst bestimmen, wie und wann sie von den Bürgern Steuern erhebt. Dies ist Aufgabe des Gesetzgebers. Die Besteuerung erfolgt in folgenden, in der Abgabenordnung detailliert geregelten Schritten: [2]

- Ermittlungsverfahren,
- Festsetzungsverfahren,
- Erhebungsverfahren,
- Vollstreckungsverfahren,
- Rechtsbehelfsverfahren.

Muster eines Einkommensteuerbescheids (verkürzt)
Finanzamt Berlin XY

An Frau
Musterfrau

Bescheid für 2021 Datum
Einkommensteuer – Solidaritätszuschlag

	Einkommensteuer	Solidaritätszuschlag	Ingesamt
Festgesetzt werden	59.425 €	3.268 €	62.693 €
Ab			
– Steuerabzug vom Lohn	./. 12.000 €	./. 660 €	./. 12.660 €
– Einkommensteuervorauszahlungen	./. 20.000 €	./. 1.100 €	./. 21.100 €
Verbleibende Beträge	27.425 €	1.508 €	28.933 €
Bereits getilgt	40.000 €	2.200 €	42.200 €
Erstattung	12.575 €	692 €	13.267 €

Besteuerungsgrundlagen zur Steuerfestsetzung 2019 (= Begründung)

Einkünfte aus selbstständiger Arbeit	100.000 €
Einkünfte aus nichtselbstständiger Arbeit	70.000 €
Gesamtbetrag der Einkünfte	170.000 €
Sonderausgaben	./. 6.758 €
Einkommen/zvE	163.242 €
Einkommensteuer	59.425 €

Rechtsbehelfsbelehrung: Die Festsetzung der Einkommensteuer sowie des Solidaritätszuschlags können mit dem Einspruch angefochten werden. Der Einspruch ist bei dem Finanzamt Berlin XY schriftlich einzureichen oder zur Niederschrift zu erklären. Die Frist für die Einlegung des Einspruchs beträgt einen Monat. Sie beginnt mit Bekanntgabe dieses Bescheids. Die Bekanntgabe gilt mit dem dritten Tag nach Aufgabe zur Post als bewirkt, es sei denn, dass der Bescheid zu einem späteren Zeitpunkt zugegangen ist.

1 Muster eines verkürzten Einkommensteuerbescheids

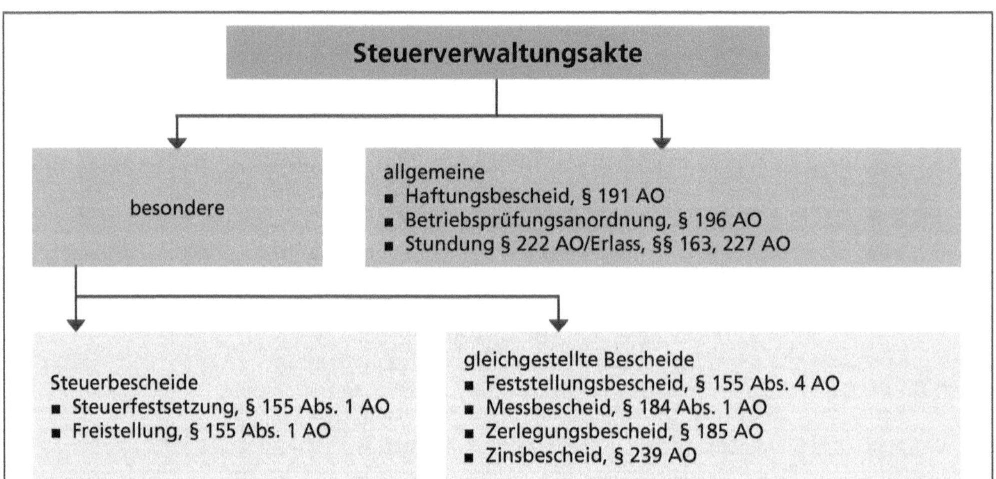

2 Steuerverwaltungsakte

Steuerbescheid

Rechtsstaatliche Vorgaben

Steuern greifen empfindlich in die Privatsphäre des Bürgers ein. Daher hat der Gesetzgeber zum einen genau geregelt, wie hoch die Steuer ist, die ein Bürger zahlen muss. Diese Regelungen finden sich in den einzelnen Steuergesetzen. Der Gesetzgeber hat zum anderen die Form, in der das Finanzamt Steuern vom Bürger eintreiben darf, detailliert geregelt. Diese Regelung findet sich in der Abgabenordnung. Dadurch wird verhindert, dass der Bürger der Willkür von Finanzbeamten ausgesetzt wird. So ist bestimmt, dass Steuern i.d.R. nur durch Steuerbescheide festgesetzt werden dürfen, § 155 Abs. 1 AO. Ein Steuerbescheid ist ein besonderer Verwaltungsakt. Form und Inhalt eines Steuerbescheids sind genau geregelt. So ist vorgeschrieben, dass Steuerbescheide

- **schriftlich** ergehen müssen, § 157 Abs. 1 S. 1 AO,
- eine **Rechtsbehelfsbelehrung** enthalten müssen, § 157 Abs. 1 S. 3 AO,
- eine **Begründung** enthalten müssen, § 121 AO,
- erst wirksam werden, wenn sie bekannt gegeben worden sind, § 124 AO,
- nur innerhalb einer bestimmten Frist, der sog. **Festsetzungsfrist** erlassen werden dürfen, §§ 169 ff AO,
- nur in den vom Gesetzgeber vorgesehenen Fällen aufgehoben oder nachträglich geändert werden dürfen, § 172 AO,
- zwingende Voraussetzung für eine Vollstreckung sind, § 249 AO, und
- immer mit einem **Einspruch** angegriffen werden können, § 347 AO. [1]

Fehlerunabhängige Wirksamkeit

Ein Steuerbescheid wird wirksam mit Bekanntgabe, § 124 Abs. 1 AO. Das bedeutet: Auch ein fehlerhafter Steuerbescheid ist grundsätzlich wirksam und der Bürger muss die Steuer zahlen. Der Bürger kann allerdings gegen einen fehlerhaften Steuerbescheid Einspruch einlegen. Lässt der Bürger jedoch die Einspruchsfrist verstreichen, so kann er eine Änderung nicht mehr verlangen (sog. formelle Bestandskraft).

Beispiel: Das Finanzamt setzt die ESt des Jahres 2005 für Frau F mit 5.000 € fest. Frau F meint, es dürften nur 500 € sein. Frau F muss zunächst 5.000 € zahlen. Sie kann jedoch Einspruch einlegen und den Steuerbescheid überprüfen lassen. Lässt sie die Rechtsbehelfsfrist (ein Monat) verstreichen, so wird der Bescheid formell bestandskräftig und ist dann nicht mehr änderbar.

Vollstreckung

Das Finanzamt kann Steuerforderungen selbst vollstrecken. Damit ist die Verwaltung besser gestellt als ein Bürger: Ein Bürger kann Forderungen gegenüber anderen Bürgern erst nach Erlangung eines Gerichtsurteils vollstrecken lassen.

Den Steuerbescheiden gleichgestellte Verwaltungsakte

Die Regeln für Steuerbescheide gelten auch für folgende Bescheide: [2]

Feststellungsbescheid, § 179 AO

Normalerweise wird die Steuer in einem einzigen Steuerbescheid festgesetzt. Es gibt aber auch Fälle, in denen zunächst ein sog. Feststellungsbescheid (Grundlagenbescheid) ergeht, der eine Teilfrage der Steuerermittlung verbindlich feststellt.

Beispiel: A und B sind Gesellschafter der Farbengroßhandels-OHG. Wie viele Bescheide ergehen für die ESt?

Lösung: Zunächst erlässt das Finanzamt einen Feststellungsbescheid über den Gewinn der OHG sowie über die Aufteilung des Gewinns auf A und B, die sog. »einheitliche und gesonderte Gewinnfeststellung«, § 180 Abs. 1 Nr. 2a AO. Das hat den Vorteil, dass der Gewinn für A und B nach einheitlichen Kriterien ermittelt wird und dass ferner eine doppelte Arbeit vermieden wird. Sodann ergehen die ESt-Bescheide für A und B. Diese Bescheide übernehmen die Gewinnanteile für A und B aus dem Feststellungsbescheid, § 182 Abs. 1 S. 1 AO.

Messbescheid, § 184 AO

Ein weiteres Beispiel eines Feststellungsbescheids ist der GewSt-Messbescheid. Das Finanzamt setzt den GewSt-Messbetrag mit dem GewSt-Messbescheid fest. Erst die Gemeinde setzt die GewSt in dem GewSt-Bescheid fest.

Allgemeine Steuerverwaltungakte

Neben den Steuerbescheiden gibt es noch allgemeine Steuerverwaltungsakte, z.B. Haftungsbescheid, § 191 AO, Prüfungsanordnung, § 196 AO, Erlassbescheid, §§ 163, 227 AO, Stundungsbescheid, § 222 AO. Für diese gelten weniger strenge Anforderungen. Insbesondere gelten hier mit den §§ 130, 131 AO andere Korrekturvorschriften.

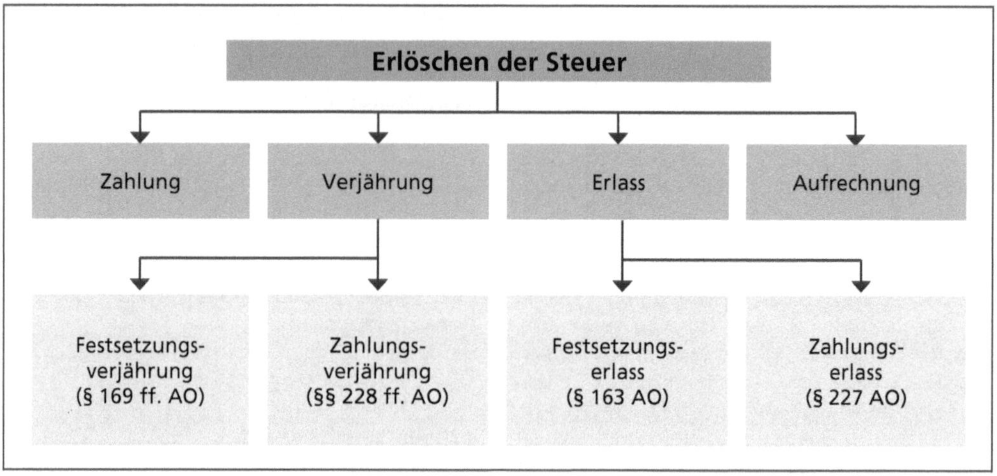

1 Gründe für das Erlöschen einer Steuer

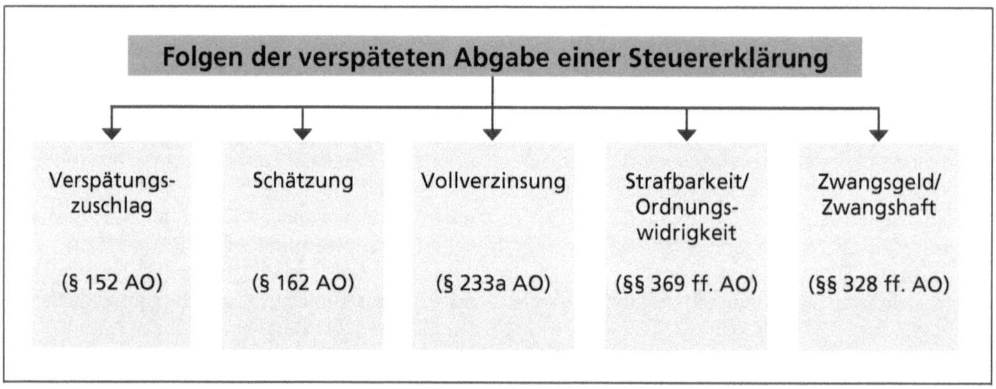

2 Sanktionen bei verspäteter Abgabe der Steuererklärung

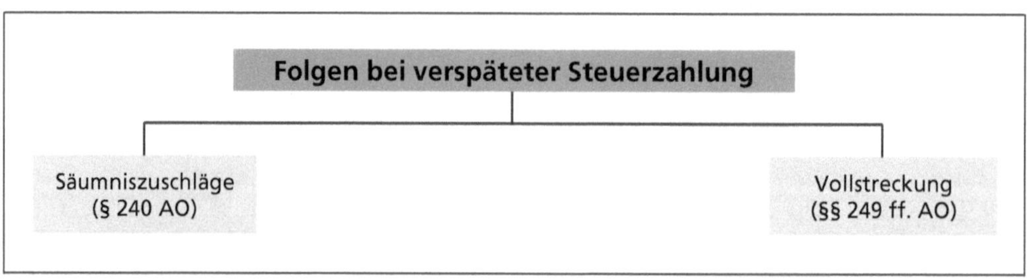

3 Sanktionen bei verspäteter Steuerzahlung

Erlöschen der Steuer

Steuern erlöschen gemäß § 47 AO durch [1]
- Zahlung,
- Verjährung,
- Erlass und
- Aufrechnung.

Verjährung

Steuern erlöschen durch Verjährung. Dadurch soll Rechtssicherheit geschaffen werden. Das Finanzamt muss zügig sicherstellen, dass die Steuern festgesetzt und gezahlt werden. Kommt es dieser Pflicht nicht nach, so erlischt die Steuer. Der Bürger soll davor geschützt werden, dass er vom Finanzamt mit »Uraltforderungen« überrascht wird. Es gibt zwei verschiedene Verjährungen, die Festsetzungs- und die Zahlungsverjährung:

Festsetzungsverjährung, §§ 169 ff. AO

Steuerbescheide dürfen nur innerhalb der sog. Festsetzungsfrist erlassen, geändert oder aufgehoben werden. Die Festsetzungsfrist für die meisten Steuern beträgt vier Jahre, § 169 Abs. 2 Nr. 2 AO. Bei Steuerhinterziehung beträgt die Frist jedoch 10 Jahre (§ 169 Abs. 2 Nr. 2 Satz 2 AO). Die Frist beginnt mit Ablauf des Jahres in dem die Steuererklärung eingereicht worden ist, spätestens jedoch mit Ablauf des dritten Jahres nach Entstehen der Steuer, § 170 Abs. 2 Nr. 1 AO.

Beispiel 1: Die ESt-Erklärung für das Jahr 2000 wird im Jahr 2001 abgegeben.
Fristbeginn: 31.12.2001, Dauer: vier Jahre, Fristende: 31.12.2005. Das bedeutet, dass nach dem 31.12.2005 die Steuer nicht mehr festgesetzt werden darf. Ein bereits erlassener Steuerbescheid darf nicht mehr geändert werden.
Beispiel 2: Die ESt-Erklärung für das Jahr 2000 wird im Jahr 2005 abgegeben.
Fristbeginn: 31.12.2003, Dauer: 4 Jahre, Fristende: 31.12.2007.

Zahlungsverjährung, § 228 ff. AO

Ist ein Steuerbescheid ergangen, so verjährt die festgesetzte Steuer innerhalb von fünf Jahren, wenn sie nicht bezahlt wird. Anders als im Zivilrecht führt die Zahlungsverjährung zu einem Erlöschen der Zahlungspflicht, § 232 AO. Der Zweck der Regelung ist eindeutig: Das Finanzamt muss bei säumigen Zahlen innerhalb von fünf Jahren mit Vollstreckungsmaßnahmen beginnen. Nach einer fünfjährigen Untätigkeit der Behörde muss die Steuer nicht mehr gezahlt werden.

Erlass

In seltenen Fällen können Steuern aus Billigkeitsgründen erlassen werden. Das Steuerrecht kennt, wie bei der Verjährung, zwei Arten des Erlasses, den Festsetzungserlass (§ 163 AO) und den Zahlungserlass (§ 227 AO).

Stundung, § 222 AO

Das Finanzamt kann Steuern stunden, wenn die Einziehung eine erhebliche Härte für den Steuerpflichtigen darstellt. Eine erhebliche Härte ist gegeben, wenn die Einziehung der Steuer persönlich oder sachlich unbillig wäre.
Die Steuerereinziehung ist **persönlich unbillig**, wenn der Steuerpflichtige stundungsbedürftig (z. B. vorrübergehende Liquiditätskrise wegen Krankheit) und stundungswürdig ist, d. h. dass der Steuerrückstand nicht durch eigenes Verschulden herbeigeführt wurde.
Die Steuereinziehung ist **sachlich unbillig**, wenn z. B. in Kürze große Steuererstattungen entstehen, die mit der Steuer verrechnet werden können oder wenn sich der Steuerpflichtige nicht auf die Steuern einstellen konnte.
Eine Steuerstundung ist nur möglich, wenn der Steueranspruch durch die Stundung nicht gefährdet erscheint. In der Praxis versucht die Finanzverwaltung i.d.R. eine Sicherheit für die Zeit der Stundung zu erhalten, § 222 S. 2 AO.

Verspätete Steuererklärung

Verspätungszuschlag, § 152 AO: Wird die Steuererklärung nicht oder verspätet abgegeben, so kann das Finanzamt einen sogenannten Verspätungszuschlag festsetzen. Der Verspätungszuschlag kann max. 25.000 € betragen.
Schätzung, § 162 AO: Wird keine Steuererklärung abgegeben, so kann das Finanzamt die Steuer auf Grundlage einer geschätzten Bemessungsgrundlage festsetzen. Üblicherweise wird hier für den Bürger nicht besonders günstig geschätzt.
Weitere Sanktionen sind: Verzinsung nach § 233a AO, Straftat bzw. Ordnungswidrigkeit sowie Zwangsgeld und Zwangshaft. [2]

Verspätete Steuerzahlung

Wer die festgesetzte Steuer nicht rechtzeitig zahlt, muss ein Prozent Zinsen pro Monat zahlen (**Säumniszuschläge**, § 240 AO). Außerdem kann das Finanzamt im Wege der **Vollstreckung** die Steuer gewaltsam eintreiben, §§ 249 ff. AO. [3]

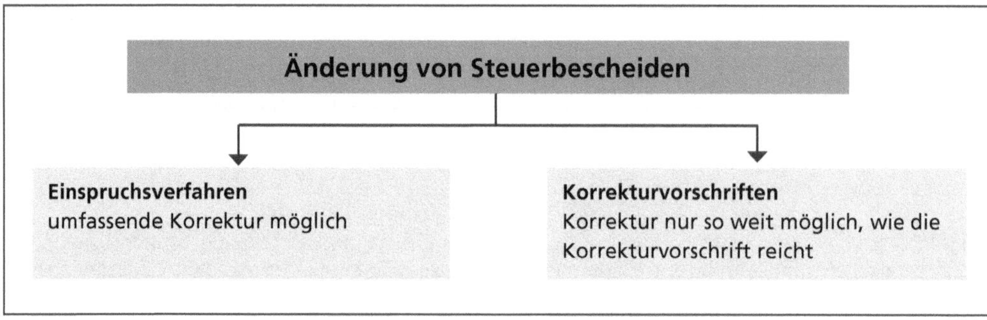

1 Zwei Möglichkeiten der Änderung von Steuerbescheiden

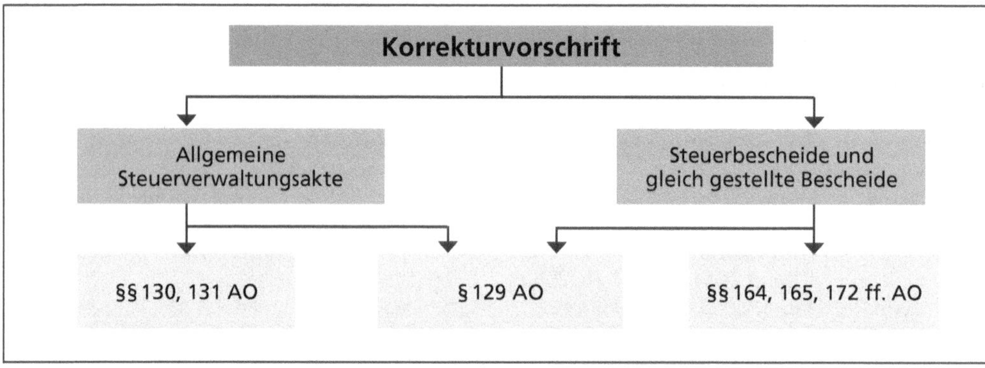

2 Korrekturvorschriften

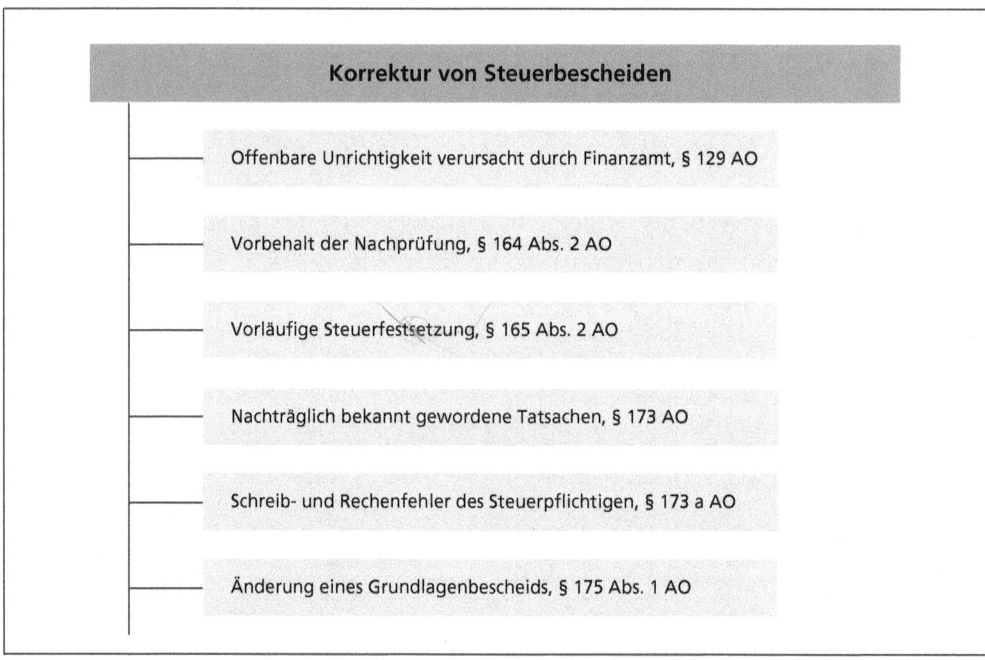

3 Korrektur von Steuerbescheiden

Korrekturvorschriften

Auch ein fehlerhafter Steuerbescheid ist wirksam und die Steuer muss grundsätzlich gezahlt werden, § 124 Abs. 1 S. 2 AO. Auf zwei Wegen ist die Korrektur eines Steuerbescheids möglich: [1]

Einspruch

Zum einen kann der Bürger eine Änderung selbst veranlassen, indem er Einspruch einlegt. Das Finanzamt prüft dann erneut den Sachverhalt und korrigiert den Fehler. Legt der Bürger keinen Einspruch ein, so wird der Steuerbescheid formell bestandskräftig.

Korrekturvorschriften

Zum anderen kann und muss das Finanzamt den Steuerbescheid ändern, wenn die Voraussetzungen einer Korrekturvorschrift vorliegen. Dies gilt allerdings nur, solange die Festsetzungsfrist noch nicht abgelaufen ist. [2], [3]

Liegen die Voraussetzungen einer Korrekturvorschrift nicht vor oder ist die Festsetzungsverjährungsfrist abgelaufen, so kann ein Steuerbescheid endgültig nicht mehr geändert werden (sog. materielle Bestandskraft).

Berichtigung offenbarer Unrichtigkeiten, § 129 AO

Das Finanzamt kann Schreibfehler, Rechenfehler und ähnliche offenbare Unrichtigkeiten berichtigen. Rechtsfehler können nicht korrigiert werden.

Beispiel 1: Beim Erlass des ESt-Bescheids vertippt sich der Sachbearbeiter im Finanzamt und gibt statt 100.000 € Mieteinnahmen nur 10.000€ an. Der Fehler darf korrigiert werden, da es sich um einen Schreibfehler handelt.

Beispiel 2: Beim Erlass des ESt-Bescheids ist der Sachbearbeiter fälschlicherweise der Meinung, dass 15.000 € Zinseinnahmen steuerfrei sind. Dieser Rechtsfehler darf nicht korrigiert werden.

Steuerfestsetzung unter Vorbehalt der Nachprüfung, § 164 AO

Bei größeren Firmen wäre es unökonomisch, wenn das Finanzamt bereits bei Festsetzung der Steuer genau prüft, da ja später i.d.R. eine Betriebsprüfung erfolgt. Der Steuerbescheid wird daher »unter Vorbehalt der Nachprüfung« erlassen und kann i.R.d. Betriebsprüfung geändert werden.

Korrektur wegen nachträglich bekannt gewordener Tatsachen, § 173 AO

Steuerbescheide müssen geändert werden, wenn dem Finanzamt nach Erlass des Bescheids Tatsachen bekannt werden, die zu einer höheren Steuer führen. Eine Korrektur, die zu einer niedrigeren Steuer führt, erfolgt aber nur, wenn der Bürger das verspätete Bekanntwerden der Tatsache nicht verschuldet hat, § 173 Abs. 1 Nr. 2 AO.

Beispiel: Herr A »vergisst« Zinseinnahmen i.H.v. 10.000 € zu erklären. Aufgrund einer Kontrollmitteilung fällt dies auf. Der ESt-Bescheid ist unter Berücksichtigung der Zinseinnahmen zu ändern. Die Zinseinnahmen werden dem Finanzamt erst nach Erlass des ESt-Bescheids, aber innerhalb der Festsetzungsfrist nach 169 ff. AO bekannt.

Schreib- und Rechenfehler des Steuerpflichtigen, § 173a AO

Beispiel: Frau F kauft ein Fachbuch für 100 €. Sie erklärt nur 10 € Werbungskosten. Folge: Der Steuerbescheid ist zu ändern, da ein Schreibfehler vorliegt.

Anpassung von Folgebescheiden an Grundlagenbescheide, § 175 Abs. 1 Nr. 1 AO

Wenn ein Grundlagenbescheid geändert wird, muss der Folgebescheid (§ 182 AO) entsprechend geändert werden.

Beispiel 1: Aufgrund einer Betriebsprüfung wird der einheitlich und gesondert festgestellte Gewinn der A & B-OHG um 10.000 € erhöht. Das hat zur Folge, dass die ESt-Bescheide (= Folgebescheide) der OHG-Gesellschafter A und B entsprechend geändert werden.

Beispiel 2: Aufgrund nachträglich bekanntgewordener Tatsachen erhöht das Finanzamt den GewSt-Messbetrag von 50.000 € auf 100.000 €. Der GewSt-Messbescheid ist Grundlagenbescheid für den GewSt-Bescheid. Folglich kann die Gemeinde den GewSt-Bescheid ändern.

Korrektur wegen eines rückwirkenden Ereignisses, § 175 Abs. 1 Nr. 2 AO

Ein Steuerbescheid ist zu ändern, soweit ein Ereignis eintritt, das steuerliche Wirkung für die Vergangenheit hat.

Beispiel: Nach Festsetzung der ErbSt entstehende Kosten der Nachlassregulierung (§ 10 Abs. 5 Nr. 3 ErbStG) können als rückwirkendes Ereignis zur Korrektur der Steuerfestsetzung führen.

Allgemeine Steuerverwaltungsakte

Für die **allgemeinen Steuerverwaltungsakte** (z.B. Stundung einer Steuer, Erlass einer Steuer, Haftungsbescheid) gelten andere Korrekturvorschriften, nämlich die §§ 130 und 131 AO. Auch hier gibt es eine Korrektur nach § 129 AO.

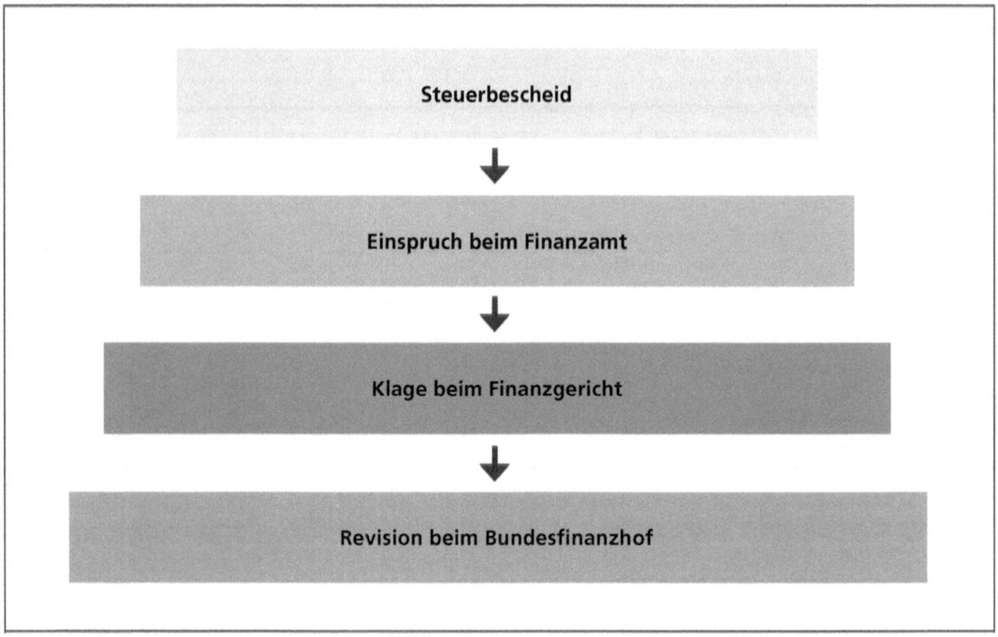

1 Rechtsbehelfsverfahren

Einspruch beim Finanzamt

Gegen einen Steuerbescheid kann der Bürger, wenn er nicht einverstanden ist, Einspruch einlegen.

Einspruchsfrist

Die Einspruchsfrist beträgt einen Monat ab Bekanntgabe des Einspruchs, § 355 AO. Da Steuerbescheide mit der Post versandt werden, weiß das Finanzamt nie genau, wann der Steuerbescheid beim Bürger ankommt. § 122 Abs. 2 AO bestimmt daher, dass der Steuerbescheid am dritten Tag nach Aufgabe zur Post durch das Finanzamt als bekannt gegeben gilt. Die Berechnung der Monatsfrist erfolgt gemäß § 108 Abs. 1 AO nach den Vorschriften der §§ 187 ff. BGB. Das bedeutet, dass die Monatsfrist mit dem Tag nach der Bekantgabe beginnt (Ereignisfrist gem. § 187 Abs. 1 BGB). Sie endet mit Ablauf des Tages der dem Tag der Bekanntgabe entspricht, § 188 Abs. 2 BGB. Ist dieser Tag ein Samstag, Sonntag oder Feiertag, so verlängert sich die Frist bis auf den nächsten Werktag.

Beispiel: Das Finanzamt sendet an Frau Müller am 05.01.2006 einen ESt-Bescheid. Der Steuerbescheid geht Frau Müller am 06.01.2006 zu. Der Steuerbescheid gilt am dritten Tag nach Aufgabe zur Post als zugegangen, also am 08.01.2006. Der tatsächliche Zugang (hier am 06.01.2006) ist irrelevant. Die Einspruchsfrist beginnt daher am 09.01.2006 und endet am 08.02.2006.
Beispiel: Herr Müller erhält einen Steuerbescheid vom 08.01.2006. Der Bescheid gilt am 11.01.2006 als bekannt gegeben. Die Monatsfrist beginnt daher am 12.01.2006 und endet eigentlich am 11.02.2006. Wenn der 11.02.2006 aber ein Samstag ist, wird die Frist auf den nächsten Werktag, also den Montag, den 13.02.2006 verlängert, § 193 BGB.

Form des Einspruchs

Ein Einspruch ist schriftlich einzulegen, § 357 AO. Eine Begründung ist nicht erforderlich, aber hilfreich.

Beispiel: Herr Faul erhält einen Einkommensteuerbescheid. Da er die festgesetzte Steuer für zu hoch hält, ruft er umgehend beim Finanzamt an und beschwert sich über den Bescheid. Der Einspruch ist unzulässig, da er nicht schriftlich erfolgte.

Zuständiges Finanzamt

Der Einspruch ist bei dem Finanzamt einzulegen, welches den Steuerbescheid erlassen hat, § 357 Abs. 2 AO. Das kann bei einem Umzug Probleme geben.

Beispiel: Zieht A von Potsdam nach Berlin und erhält er noch vom Finanzamt Potsdam einen ESt-Bescheid, so ist der Einspruch beim Finanzamt Potsdam einzulegen, obwohl im Übrigen ein Berliner Finanzamt zuständig geworden ist.

Einspruchsentscheidung

Ist der Einspruch zulässig, so prüft das Finanzamt erneut den Fall in vollem Umfang. Wenn es zu der Überzeugung gelangt, dass der Steuerbescheid falsch ist, so hilft es dem Einspruch ab, indem der Steuerbescheid berichtigt wird, § 172 Abs. 1 Nr. 2a AO. Wenn das Finanzamt dahingegen der Auffassung ist, dass der Steuerbescheid zutreffend ist, so erlässt es eine Einspruchsentscheidung, in der der Einspruch zurückgewiesen wird, § 367 AO.

Aussetzung der Vollziehung

Wichtig ist zu wissen, dass der Bürger die Steuer grundsätzlich auch dann zahlen muss, wenn er Einspruch eingelegt hat, § 361 AO. Sollte der Einspruch erfolgreich sein, muss das Finanzamt den zu vielgezahlten Betrag erstatten. Der Bürger kann aber auch zusammen mit dem Einspruch beantragen, die Steuer vorläufig nicht zu zahlen. Das Gesetz nennt das einen Antrag auf Aussetzung der Vollziehung, § 396 AO. Das Finanzamt muss die Aussetzung der Vollziehung gewähren, wenn ernsthafte Zweifel an der Rechtmäßigkeit des Steuerbescheids bestehen.

Klage bei dem Finanzgericht

Gegen eine Einspruchsentscheidung kann der Bürger vor den Finanzgerichten klagen, § 40 Abs. 2 Finanzgerichtsordnung (FGO). Die Klagefrist beträgt einen Monat ab Bekanntgabe der Einspruchsentscheidung, § 47 FGO. Gegen Urteile des Finanzgerichtes gibt es die Möglichkeit der Revision beim Bundesfinanzhof, § 115 FGO.

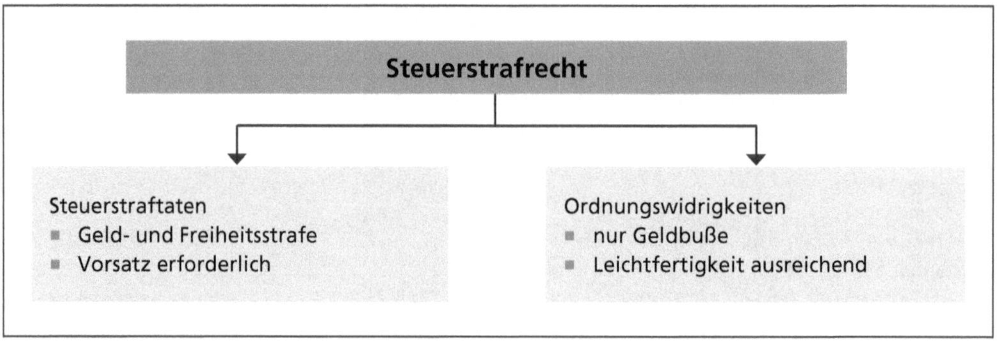

1 Unterschied von Steuerstraftaten und Ordnungswidrigkeiten

Steuerstraftaten

- Steuerhinterziehung, § 370 AO
- Bannbruch, § 372 AO
- Gewerbsmäßiger, gewaltsamer und bandenmäßiger Schmuggel, § 373 AO
- Steuerhehlerei, § 374 AO
- Gewerbs-/bandenmäßige Schädigung des USt-Aufkommens, § 26c UStG

2 Übersicht über Steuerstraftatbestände

Steuerordnungswidrigkeiten

- Leichtfertige Steuerverkürzung, § 378 AO
- Steuergefährdung, § 379 AO
- Gefährdung der Abzugssteuern, § 380 AO
- Verbrauchsteuergefährdung, § 381 AO
- Gefährdung der Einfuhr- und Ausfuhrabgaben, § 382 AO
- Unzulässiger Erwerb von Steuererstattungs- und Vergütungsansprüchen, § 383 AO
- Schädigung des USt-Aufkommens, § 26b UStG
- diverse weitere Tatbestände (z. B. §§ 50e, 50f EStG, § 26a UStG, § 30 BierStG, § 36 AlkStG, § 24 KaffeeStG, § 64 EnergieStG, § 36 TabStG)

3 Übersicht über wichtige Steuerordnungswidrigkeiten

Steuerstrafrecht

Wie im allgemeinen Strafrecht gibt es auch im Steuerstrafrecht eine Zweiteilung: Schwerere Delikte werden als Straftaten bestraft, § 369 ff. AO. Als Sanktionen kommen Geld- und Freiheitsstrafen in Betracht. Leichtere Delikte werden als Ordnungswidrigkeiten geahndet, § 377 AO. Als Sanktion gibt es das Bußgeld. [1]

Steuerhinterziehung, § 370 AO

Die wichtigste Steuerstraftat ist die Steuerhinterziehung. Steuerhinterziehung begeht, wer dem Finanzamt gegenüber

- vorsätzlich, d. h. wissentlich und gewollt
- falsche, unvollständige oder keine Angaben macht und
- dadurch Steuern verkürzt oder andere Vorteile erlangt.

Beispiel: Unternehmer U erklärt wissentlich einen zu niedrigen Gewinn.
Beispiel: Unternehmer U unterlässt die Abgabe der ESt-Erklärung.
Beispiel: Herr A hat in den letzen zwei Jahren seine Zinseinkünfte nicht erklärt. Nun verstirbt A. Seine einzige Erbin ist seine Tochter T. T »erbt« auch die Steuererklärungspflicht des Vaters. Weiß T, dass A die Zinsen nicht versteuert hat, macht sie sich strafbar, wenn sie die hinterzogenen Zinsen nicht nacherklärt.

Nur die vorsätzliche, also wissentlich und gewollt begangene Steuerhinterziehung ist strafbar, § 15 StGB. Dabei muss der Steuerpflichtige nicht den genauen Gesetzeswortlaut kennen. Es genügt, wenn er weiß, dass der Sachverhalt von steuerlicher Relevanz sein kann (sog. Parallelwertung in der Laiensphäre). Es gilt der Grundsatz: Unwissenheit schützt vor Strafe nicht. Kann der Vorsatz nicht nachgewiesen werden, so kommt eine leichtfertige Steuerverkürzung in Betracht.
Beispiel: Frau A gibt die ESt-Erklärung mit drei Jahren Verspätung ab. Sie erklärt, dass sie die Fristen zur Abgabe der Steuererklärung nicht kennt. Frau A handelte vorsätzlich. Man kann sich nicht damit herausreden, das Steuergesetz nicht zu kennen. Anderenfalls könnten sich nur Steuerfachleute strafbar machen. Man darf davon ausgehen, dass Frau A wusste, dass sie Steuern zahlen muss. Folglich wird von ihr verlangt, dass sie ggf. einen Steuerberater aufsucht.
Beispiel: Frau A sucht einen Steuerberater auf. Dieser sagt ihr fälschlicherweise, dass sie die ESt-Erklärung erst nach Aufforderung durch das Finanzamt abgeben muss. Hier hat sich Frau A nicht strafbar gemacht.
Beispiel: Herr A »vergisst« seine Zinseinkünfte zu erklären. Herr A hat eine Steuerhinterziehung begangen. Vergesslichkeit schützt nicht vor Strafe.

Die Verfolgung von Steuerstraftaten verjährt grundsätzlich nach 5 Jahren, in Ausnahmefällen nach 10 Jahren, § 78 StGB, § 376 AO. [2]

Steuerliche Selbstanzeige, § 371 AO

Wer nach begangener Steuerhinterziehung alle unrichtigen oder unterlassenen Angaben einer Steuerart berichtigt oder nacherklärt, wird straffrei. Voraussetzung ist allerdings, dass die hinterzogenen Steuern unverzüglich nachgezahlt werden. Eine strafbefreiende Selbstanzeige ist aber nur möglich, solange das Finanzamt die Tat noch nicht kannte und auch noch nicht mit einer Betriebsprüfung begonnen hat. Die steuerbefreiende Selbstanzeige hat einen klaren fiskalischen Sinn: Bisher verborgene Steuerquellen sollen nutzbar gemacht werden. Allerdings gibt es eine Obergrenze von 25.000 € pro Tat.

Beispiel: Herr A hat in den letzen zwei Jahren seine Zinseinkünfte nicht erklärt. Nun plagen ihn Gewissensbisse. Herr A kann, solange das Finanzamt die Steuerhinterziehung noch nicht entdeckt hat, die Steuern mit strafbefreiender Wirkung nacherklären, § 371 AO, sofern er die Steuern unverzüglich nachzahlt und zu allen Steuerstraftaten in der ESt in vollem Umfang die Erklärung berichtigt.

Leichtfertige Steuerverkürzung, § 378 AO

Ordnungswidrig handelt, wer nicht vorsätzlich, sondern leichtfertig eine Steuerhinterziehung begeht. Leichtfertig bedeutet grob fahrlässiges Handeln. Das liegt vor, wenn der Steuerpflichtige die erforderliche und ihm nach seinen Verhältnissen und Fähigkeiten auch zumutbare Sorgfalt in außergewöhnlich großem Maße missachtet hat. Das ist z. B. der Fall, wenn sich ein Steuerpflichtiger besonders leichtsinnig oder gleichgültig verhält. Auch bei einer leichtfertigen Steuerverkürzung ist eine strafbefreiende Selbsterklärung möglich.

Beispiel: Der Buchhalter B des Unternehmers U ist bei seiner Inventur so nachlässig, dass der Warenbestand zu niedrig angesetzt wird. B hat sich einer leichtfertigen Steuerverkürzung nach § 378 AO schuldig gemacht. B hat als Buchhalter mit der Erstellung des Inventars die steuerlichen Angelegenheiten des U wahrgenommen. Sein Fehler führte zu einer zu niedrigen Steuerfestsetzung. B handelte leichtfertig. [3]

Stichwortverzeichnis